새내기
Python
파이썬

천인국 지음

생능출판

저자 소개

천인국

1983년 서울대학교 전자공학과 공학사
1985년 KAIST 전기및전자공학과 공학석사
1993년 KAIST 전기및전자공학과 공학박사
1985~1988년 삼성전자 종합연구소 주임 연구원
1993년~현재 순천향대학교 컴퓨터공학과 교수
2005년 캐나다 UBC 방문 교수
E-mail: chunik@sch.ac.kr

새내기 파이썬

초판발행 2022년 6월 30일
제1판2쇄 2023년 8월 3일

지은이 천인국
펴낸이 김승기, 김민수
펴낸곳 (주)생능출판사 / **주소** 경기도 파주시 광인사길 143
출판사 등록일 2005년 1월 21일 / **신고번호** 제406-2005-000002호
대표전화 (031)955-0761 / **팩스** (031)955-0768
홈페이지 www.booksr.co.kr

책임편집 신성민 / **편집** 이종무, 유제훈 / **디자인** 유준범
마케팅 최복락, 심수경, 차종필, 백수정, 송성환, 최태웅, 명하나, 김민정
인쇄 성광인쇄(주) / **제본** 일진제책사

ISBN 978-89-7050-555-8 93000
정가 30,000원

머리말

파이썬은 현재 가장 각광받는 언어라고 말할 수 있다. 최근에 인공지능이나 데이터 과학, 영상 처리, 업무 자동화 분야는 파이썬으로 프로그램을 작성하는 것이 거의 표준으로 되어 있다. 해가 갈수록 각 분야에서 파이썬 활용이 폭발적으로 늘어나고 있다. 이 책은 다양한 전공의 학생들에게 파이썬을 소개하고, 해킹 전공에서 파이썬을 활용하기 위한 목적으로 기획되었다. 이 책을 저술하면서 역점을 두었던 몇 가지는 다음과 같다.

- 파이썬 기초부터 심도 있는 내용까지를 다루려고 노력하였다.

- 다양한 그림을 사용하여 내용을 쉽게 이해할 수 있도록 노력하였다.

- 독자들이 흥미를 가질만한 예제(example)를 간추려서 제공하였다.

- 독자들이 다양하게 변형시켜보고 실험할 수 있는 주제는 Lab으로 제공하였고 도전할 수 있는 주제를 제시하였다.

- 독자들이 파이썬 기초를 학습한 후에, 다양한 라이브러리를 이용하여 작품을 만들 수 있도록 14장과 15장을 추가하였다. 14장에서는 데이터 과학을 위한 라이브러리들을 소개하였고 15장에서는 넘파이와 영상처리를 위한 라이브러리를 소개하였다.

이 책이 만들어지기까지 많은 도움이 있었다. 항상 적극적으로 지원해주시는 생능출판사 여러분께 깊은 감사를 표한다. 또 책이 발간될 때마다 오류를 지적해주시고 격려해주시는 많은 독자분들께 감사드린다. 아무쪼록 이 책이 인공지능이나 데이터 과학, 영상 처리, 업무 자동화 분야를 전공하는 미래의 파이썬 프로그래머들에게 조금이라도 도움이 될 수 있다면 필자에게는 큰 보람이 될 것이다.

2022년 6월
지자 친인국

강의 계획

1학기를 16주로 가정하여 다음과 같은 진행을 생각할 수 있다. 상황에 따라 일부 내용은 제외해도 좋을 것이다. 본서의 14장과 15장은 학생들의 전공에 따라서 강의에 포함되거나 제외될 수 있다.

주	해당 chapter	주제
1	1장	파이썬 소개, 개발 도구 설치
2	2장	변수와 자료형
3	3장	수식과 연산자
4	4장	조건문
5	5장	반복문
6	6장	함수
7	7장	리스트
8		중간평가 및 기말 프로젝트 발표
9	8장	튜플, 세트, 딕셔너리
10	9장	문자열과 정규식
11	10장	파일 입출력과 예외 처리
12	11장	tkinter를 이용한 GUI프로그래밍
13	12장	클래스와 객체
14	13장	pygame을 이용한 게임 작성
15	14장, 15장	파이썬 라이브러리 소개
16		기말 평가 및 기말 프로젝트 발표

책의 특징

그림을 통한 개념 전달

중요한 프로그래밍 개념과 원리를 그림을 이용하여 한눈에 쉽게 이해하도록 친절하게 설명하였다.

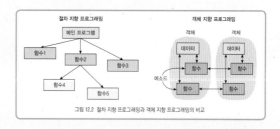

그림 12.2 절차 지향 프로그래밍과 객체 지향 프로그래밍의 비교

다양한 학습 도구 사용

참고 사항이나 주의 사항, 참고하면 좋은 TIP 등을 적절하게 배치하여 흥미있는 학습이 될 수 있도록 자세하게 설명하였다.

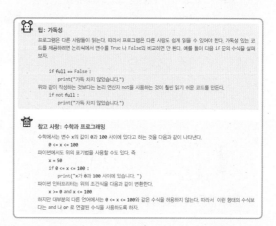

중간점검

각 절에 등장하는 기본 개념과 용어에 대해 복습하기 위하여 단답형 문항으로 이루어진 퀴즈를 두었다.

연습문제

연습문제는 프로그램의 분석이나 부분 프로그램의 작성으로 구성되어 있다.

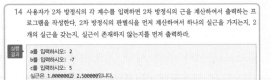

> 7 다음의 코드에서 중복을 제거하여 간결하게 만들 수 있는가?
>
> ```python
> temp = int(input("온도를 입력하시오: "))
>
> if temp < 0:
>     state = "얼음"
>     print(state)
> else :
>     state = "기체"
>     print(state)
> ```

프로그래밍 문제

학습자들이 프로그램의 설계와 구현을 연습할 수 있도록 다양한 프로그래밍 문제를 제공하였다.

> 14 사용자가 2차 방정식의 각 계수를 입력하면 2차 방정식의 근을 계산하여서 출력하는 프로그램을 작성한다. 2차 방정식의 판별식을 먼저 계산하여서 하나의 실근을 가지는지, 2개의 실근을 갖는지, 실근이 존재하지 않는지를 먼저 출력하라.
>
> 실행결과
> ```
> a를 입력하시오: 2
> b를 입력하시오: -7
> c를 입력하시오: 5
> 실근은 1.000000과 2.500000입니다.
> ```
>
> HINT 판별식 r = b**2 - 4*a*c을 계산하여서 실근의 개수를 먼저 파악한다.

LAB과 SOLUTION

앞서 학습한 내용을 바탕으로 Lab에서 실생활에 적용할 수 있는 프로그램을 작성해 보고 Solution에서 직접 자신의 답과 비교해볼 수 있도록 구성하였다.

> **Lab 로또 번호 생성하는 함수 작성**
>
> 하나의 예제로 로또 번호를 생성하는 함수를 작성하고 테스트해보자. 로또 번호는 1부터 45까지의 숫자 6개로 이루어진다. 숫자가 중복되면 안 된다.
>
>

차례

CHAPTER 15   Numpy, Pillow, OpenCV 사용해보기

파이썬 소개

파이썬 소개

1. 프로그래밍 언어란?

프로그램

프로그램 안에는 무엇이 들어 있을까? 프로그램이란 우리가 하고자 하는 작업을 컴퓨터에게 전달하여 주는 역할을 한다. 프로그램은 특정한 작업을 위한 작업 지시서라고 보면 된다. 작업을 지시하려면 명령어(instruction)들을 나열해야 한다. 컴퓨터 프로그램을 설계하고 구현하는 행위를 프로그래밍(programming)이라고 한다.

앞에서 프로그램은 컴퓨터에게 작업을 지시하는 문서와 같다고 했다. 그렇다면 어떤 언어를 사용해야 컴퓨터가 작업 지시를 이해할 수 있을까? 컴퓨터는 프로그래머가 시키는 대로만 하는 단순한 기계이니 사람의 언어를 이해할 것 같지는 않다. 즉 한국어나 영어 등으로 작업을 기술한다면 컴퓨터는 전혀 이해할 수 없을 것이다.

컴퓨터가 바로 알아듣는 언어는 한 가지뿐이다. 0과 1로 구성되어 있는 "001101110001010..."과 같은 이진수이다. 컴퓨터는 이진수의 개념 위에 만들어진 기계이다. 컴퓨터는 모든 것을 0과 1로 표현하고 0과 1에 의하여 내부 스위치 회로들이 ON/OFF(켜짐/꺼짐) 상태로 변경되면서 작업이 진행된다. 즉 0이면 회로를 끄고 1이면 회로를 켠다. 이진수 형태의 언어를 **기계어**(machine language)라고 한다.

그러나 기계어는 인간한테는 상당히 불편한 언어이었기 때문에 좀 더 편리한 언어가 필요했고, 사람들은 점차적으로 인간의 언어에 근접한 프로그래밍 언어들을 만들었다. 이들 프로그래밍 언어들은 기계어와 인간이 사용하는 자연어 중간쯤에 위치한다. 인간이 프로그래밍 언어를 배워서 프로그램을 작성하면 컴파일러(또는 인터프리터)라고 하는 통역 소프트웨어가 프로그램을 기계어로 바꾸어준다. 이것은 영어를 말하는 사람과 한국어를 말하는 사람이 중간에 통역을 두고 이야기하는 것과 비슷하다. 인간이 기계어를 사용하는 것은 너무 힘들고, 그렇다고 컴퓨터가 인간의 언어를 이해한다는 것은 아주 먼 미래의 이야기이다. 따라서 중간에 통역의 역할을 하는 프로그래밍 언어를 두고 작업을 지시하는 것이다. 파이썬은 이러한 프로그래밍 언어의 일종이다.

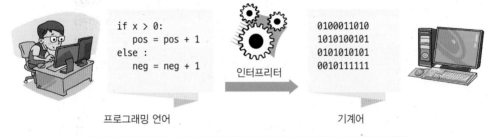

```
if x > 0:
    pos = pos + 1
else :
    neg = neg + 1
```
인터프리터

```
0100011010
1010100101
0101010101
0010111111
```

프로그래밍 언어　　　　　　　　　　　　　　　기계어

그림 1.1　인터프리터는 프로그래밍 언어로 작성된 프로그램을 기계어로 변환한다.

파이썬 소개

프로그래밍 언어는 하나만 있을까? 그렇지 않다. 화장품에도 여러 가지 종류가 있어서 자신에 맞는 것을 구매하듯이 프로그래밍 언어도 많은 종류가 있고 이 중에서 우리의 목적에 맞는 언어를 선택하면 된다. 프로그래밍 세계에는 많은 프로그래밍 언어들이 있다. 많이 사용되는 언어들에는 '파이썬', '자바', 'C', 'C++', 'C#", 'Javascript' 등이 있다.

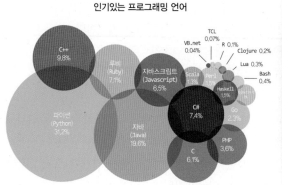

인기있는 프로그래밍 언어

(자료출처: http://www.techtechnik.com)

그림 1.2 파이썬의 개발자 귀도 반 로섬

파이썬(Python)은 최근에 많은 인기를 얻고 있는 프로그래밍 언어이다. 파이썬은 1991년에 **귀도 반 로섬(Guido van Rossum)**이 개발한 대화형 프로그래밍 언어이다. 파이썬이라는 이름은 귀도가 좋아하는 BBC 방송의 코미디 "Monty Python's Flying Circus"에서 따온 것이다. 귀도는 파이썬 이름이 징그러운 파충류와는 전혀 관계가 없다는 점을 강조하고 있다.

파이썬은 범용 프로그래밍 언어이다. 최근에 파이썬이 전 세계적으로 각광을 받는 이유는 무엇일까? 가장 큰 이유는 파이썬의 생산성이 뛰어나기 때문이다. 파이썬을 이용하게 되면 간결하면서도 효율적인 프로그램을 빠르게 작성할 수 있다. 파이썬은 Java, C, C++와 같은 다른 대중적인 언어보다 훨씬 간단하고 깔끔한 구문을 가지고 있어 배우기가 더 쉽다. 파이썬은 컴퓨터 시스템 간에도 이식성이 뛰어나다. 동일한 파이썬 프로그램이 윈도즈, 유닉스, 리눅스, 매킨토시에서 변경 없이 실행된다.

파이썬은 무엇보다도 초보자한테 좋은 언어이다. 그 이유는 파이썬이 **인터프리터 언어(interpreted language)**이기 때문이다. 파이썬에서는 프로그래머가 한 줄의 명령문을 입력하고 엔터키를 치면 인터프리터(해석기)가 이것을 해석해서 바로 실행한다. 파이썬은 실행 전에 컴파일할 필요가 없다(다른 언어는 실행하기 전에 컴퓨터가 이해할 수 있는 기계어로 컴파일하는 과정이 필요하다). 파이썬 프로그래머는 자신이 작성한 명령문의 결과를 즉시 볼 수 있기 때문에 초보 프로그래머한테는 아주 바람직하다.

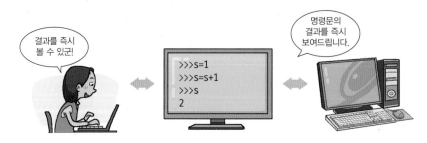

오늘날 많은 프로그래머들은 특정 문제를 해결하는 코드 묶음인 라이브러리 때문에 파이썬을 선택한다. 파이썬에서는 기계 학습, 영상 처리, 컴퓨터 비전, 통계, 데이터 시각화 등과 같은 다양한 분야의 수많은 라이브러리를 찾을 수 있다. 전문적인 개발자들은 이러한 라이브러리를 만들어 거의 무료로 배포한다. 라이브러리를 설치하는 것도 아주 간단하다. pip 도구를 사용하면 된다. 라이브러리를 사용하면 자신의 프로젝트에서 이들의 전문 지식을 활용할 수 있다. 예를 들어 tensorflow와 같은 딥러닝 라이브러리를 사용하여 데이터에서 특정 패턴을 찾을 수 있고, matplotlib와 같은 시각화 라이브러리를 사용하여 결과를 그래프로 표시할 수 있다. 이 책의 후반부에서 이러한 라이브러리 중 일부를 소개한다.

 중간점검

1. 파이썬의 특징을 요약해보자.
2. 프로그래밍 언어의 역할은 무엇인가?

2. 파이썬의 설치

파이썬을 설치해 보자. 파이썬은 아주 다양한 환경에서 사용할 수 있다. 윈도우, 유닉스, 리눅스, 매킨토시에서 사용이 가능하다. 이 책에서는 윈도우 10에서 파이썬을 사용하는 것으로 가정하였다. 파이썬은 설치도 비교적 간단하다. 파이썬을 설치하려면 http://www.python.org/에 접속하여 [Downloads] 메뉴에서 윈도우용 [Python 3.10.0]을 선택한다.

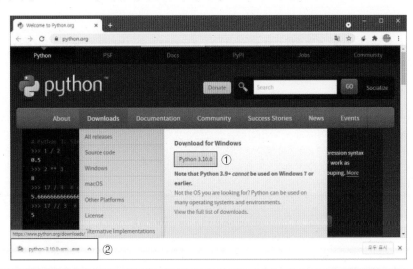

다운로드된 python-3.10.0.exe파일을 실행하여 설치를 시작한다.

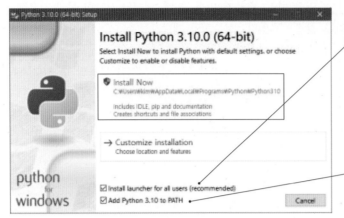

위 화면의 아래에 있는 첫 번째 체크 박스는 컴퓨터 사용자 전체가 사용하게 할 것인지, 아니면 현재의 사용자만 사용할 것인지를 묻는 것이다. "Install launcher for all users"를 체크한다.

두 번째 체크 박스 "Add Python 3.5 to PATH"는 PATH 환경 변수에 파이썬을 추가할 것인지를 묻는다. 이 부분을 설치 시 체크하지 않으면 나중에 직접 환경 변수 PATH를 변경하여야 한다. PATH에 파이썬이 들어 있어야 편리하다. 반드시 체크하도록 하자.

이후에는 모든 것을 기본으로 설정하면 된다. 다른 언어에 비하면 파이썬의 설치는 너무 쉽다. 이제 파이썬 프로그래머가 되기 위한 모든 준비가 완료되었다.

 참고 사항: 파이썬의 메이저 버전

파이썬을 처음 학습할 때 우리가 결정해야 하는 중요한 문제가 있다. "어떤 버전의 파이썬을 써야 할 것인가?"이다. 파이썬에는 2.x와 3.x 버전이 있다. 문제는 이 버전들이 전혀 호환되지 않는다는 점이다. 2.x 버전 프로그램은 3.x 버전 인터프리터에서 실행되지 않는다. 따라서 개발자들은 어떤 버전을 사용해서 개발할 것인지를 미리 결정하여야 한다! 일반적으로 이전에 개발된 많은 라이브러리들을 사용하려면 2.x 버전을 사용하는 것이 좋다고 한다. 하지만 미래를 대비하는 파이썬 개발자라면 3.x 버전을 사용해야 할 것이다. 이 책에서는 3.x 버전을 사용한다.

참고 사항: 파이썬의 마이너 버전

파이썬의 버전은 계속하여 업그레이드되고 있다. 이 책을 집필할 때는 파이썬의 최신 버전이 3.10.0이었지만 여러분이 1장을 읽을 때는 버전이 달라질 수 있다. 따라서 뒤에 붙는 숫자는 신경 안 써도 된다.

또 한 가지 만약 외부 라이브러리를 설치할 때, 버전에 맞는 라이브러리를 찾지 못한다는 오류가 발생하면 파이썬의 버전을 낮추어야 한다. 예를 들어서 최신 버전은 3.10이지만 3.8을 설치해야 하는 경우도 종종 발생한다. 3.8도 파이썬 홈페이지에서 여전히 제공된다.

3. 파이썬 실행

파이썬으로 화면에 "Hello World!"를 출력하는 프로그램을 작성해 보자. 파이썬에는 프로그램을 개발할 수 있는 환경이 포함되어 있는데 이것을 IDLE라고 한다. IDLE(integrated Development Environment)는 '통합 개발 환경'이라는 의미로 프로그램을 개발하는 사람들을 위한 지원 프로그램이라고 생각하면 된다. 우리는 이 도구를 이용하여 파이썬 프로그램을 개발할 것이다. 다음과 같이 IDLE을 실행한다.

윈도우의 시작 버튼을 누르고 [모든 프로그램]-[Python 3.10]-[IDLE(Python 3.10 64-bit)]을 클릭한다.

IDLE이 시작되어서 다음과 같은 윈도우가 등장한다. 파이썬의 버전 정보가 출력되고 >>> 옆에 커서가 깜빡인다. 아래와 같은 화면을 **파이썬 쉘**(python shell)이라고 부른다. 파이썬 쉘에서는 한 번에 하나의 명령이 실행되고 실행 결과가 즉시 화면에 나타난다. >>>은 프롬프트라고 불리고 여기에 우리가 명령을 입력하고 엔터키를 누르면 명령이 실행되고 결과가 화면에 출력된다.

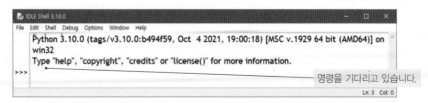

명령을 기다리고 있습니다.

항상 새로운 언어를 배울 때는 다음과 같이 "Hello World!"부터 출력해 보자. 개발 도구가 정상적으로 설치되었는지를 확인하는 과정이다.

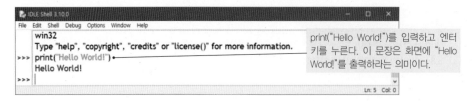

파이썬이 여러분이 지시한 대로 명령을 수행하였음을 알 수 있다. 프로그래밍에서 print는 화면에 텍스트를 표시하는 명령을 의미한다. 프린터에 출력하는 것이 아니다. 우리가 입력한 한 줄은 파이썬 명령이다. 여러분은 프로그래밍을 통하여 컴퓨터를 마음대로 제어하기 시작한 것이다. 여러분은 이제부터 공식적인 파이썬 프로그래머가 되었다. 아직 많은 내용을 학습해야 하지만 시작이 절반이라고 하지 않은가? 축하한다.

팁

실습할 때마다 시작 메뉴에서 파이썬을 찾아서 실행하여도 되지만 작업 표시줄에 아이콘으로 만들어두면 편리할 것이다. 시작 메뉴에서 파이썬 IDLE을 찾아서 마우스 오른쪽 버튼을 누르고 [작업 표시줄에 고정]를 선택한다. 아니면 바탕 화면에 아이콘으로 만들어두자. 시작 메뉴에서 파이썬 IDLE 항목을 찾아서 항목 위에서 마우스 오른쪽 버튼을 누르고 [보내기]->[바탕 화면에 바로 가기 만들기]를 클릭하면 바탕 화면에 단축 아이콘이 생성된다.

노트 : 글자의 크기를 키우려면

파이썬의 IDLE의 글자 크기를 키우려면 [Options]->[Configure IDLE]를 선택한다. 다음과 같은 설정창에서 폰트 크기를 변경할 수 있다.

도전문제

(1) 한글도 출력될까? "안녕하세요?"를 화면에 출력하여 보자.
(2) "programming에 입문하신 것을 축하드립니다."를 출력하여 보자.

첫 번째 프로그램 분석하기

여기서는 앞에서 입력하여 실행한 문장을 분석해볼 것이다. 이 절의 내용이 이해되지 않아도 상관없다. 이 절에 등장하는 용어와 개념은 되풀이하여 설명될 것이다. 파이썬 프로그램은 여러 줄의 명령어로 이루어진다. 한 줄의 명령어를 **문장(statement)**이라고 부른다. 문장들은 차례대로 즉, 순차적으로 파이썬 인터프리터에 의하여 실행된다. 우리가 처음으로 입력한 문장은 다음과 같았다.

```
print("Hello World!")
```

이 문장은 "Hello World!"을 화면에 출력한다. 이 문장에서 print()라는 이름의 함수를 호출하게 된다. **함수(function)**는 특별한 작업을 수행하는 명령어들의 모임이다. print() 함수는 파이썬 언어에 의하여 기본적으로 제공되는 함수로 텍스트를 화면에 출력하는 작업을 한다. 파이썬에서 함수를 사용하려면(이것을 함수 호출이라고 한다.) 다음과 같은 과정이 필요하다.

① 함수의 이름을 적어준다. 여기서는 print이다.
② 함수가 작업을 수행하는데 필요한 데이터를 괄호 안에 적어준다. 여기서는 "Hello World!"를 적어주었다. 이것을 함수의 인수(argument)라고 한다.

print() 함수는 문자열을 화면에 출력한다.

문자열은 따옴표로 둘러싸인 문자들의 모임이다. 텍스트 데이터를 나타낸다.

큰따옴표("...")나 작은따옴표('...') 안에 들어 있는 문자들은 **문자열(string)**이라고 불린다. 문자들을 따옴표 안에 표시하는 이유는 다른 것들과 구분하기 위해서이다. 우리가 Hello라고 쓰면 파이썬은 이것을 함수나 변수라고 생각한다. "Hello"라고 적어야 텍스트라고 생각한다. 만약 우리가 텍스트를 표시하는데 따옴표를 빠뜨리면 다음과 같은 오류가 발생한다.

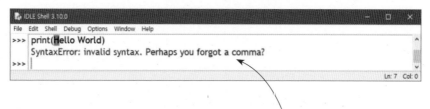

최신 버전의 파이썬 쉘은 인공지능을 가진 것처럼 적절한 오류 메시지를 출력한다.

계산을 해보자.

지금부터 무엇을 하면 좋을까? 컴퓨터는 기본적으로 계산하는 기계이다. 컴퓨터를 이용하여 덧셈, 뺄셈, 곱셈, 나눗셈을 계산해보자. 먼저 10+20을 계산해 보자. 10+20을 입력하고 엔터 키를 누르면 된다.

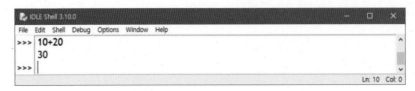

이어서 10-20, 10*20, 10/20도 다음과 같이 계산해 보자.

이번에는 조금 복잡한 계산을 해보자. 반지름이 10cm인 피자의 면적을 계산해 보자. 원의 면적은 $S = \pi r^2$ 이다. 파이썬에는 제곱 연산자가 있다. 바로 **이다. 10**2는 10^2을 의미한다.

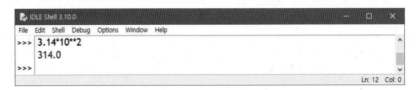

피자의 반지름이 2배가 되면(즉 20cm) 면적이 얼마나 증가할까? 역시 파이썬으로 계산할 수 있다. 약 1256.0이 되어서 상당히 크게 증가하는 것을 알 수 있다(약 4배가 된다).

🐑 **노트**

계산 결과를 출력할 때 print(10+20)이라고 할 수도 있다. 파이썬 셸에서 다음의 2가지 문장은 동일하다.

문자열 출력하기

이번에는 숫자 계산 말고 다른 것도 해보자. 2개의 텍스트를 합쳐보자. 다음과 같은 코드를 입력하고 실행해 보자.

파이썬에서 작은따옴표('...')나 큰따옴표("...")로 둘러싸이면 문자열(string)이 된다. 위의 코드에서 "고양이"는 문자열이다. 문자열에 + 연산자를 적용하면 문자열과 문자열이 연결된다. 콘솔은 문자열을 표시할 때 항상 작은따옴표('...')를 사용한다. 이번에는 문자열에 * 기호를 사용해 보자.

위의 코드에서는 "Hello"가 10번 반복하여 출력되었다. 문자열 뒤에 *가 붙고 숫자가 있으면 그 숫자만큼 문자열을 반복한다. 컴퓨터는 계산도 잘하지만 어떤 것을 반복하는 것에도 소질이 있다.

오류가 발생할 수 있다!

파이썬이 무척 관대한 언어이고 참을성도 많지만 그렇다고 개발자가 아무렇게나 입력하면 안된다. 컴퓨터는 인간과 달라서 상식이 전혀 없고 직설적이다. 프로그래머는 프로그래밍 언어의 문법을 지켜야 한다. 우리가 미국인과 영어로 이야기할 때도 문법을 지키지 않으면 의사소통이 힘든 것처럼 파이썬 프로그래밍도 마찬가지이다. 예를 들어서 다음과 같이 입력해 보자.

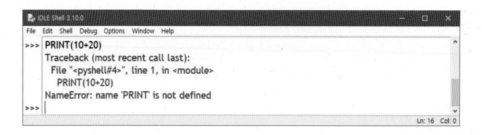

컴퓨터한테 잘못된 수식을 전달하면 오류(Error) 메시지를 출력한다. 오류 메시지를 보면 파이썬은 PRINT가 정의되지 않았다고 이야기하고 있다. 파이썬은 대소문자를 구별하기 때문에 PRINT라고 하면 이것을 어떻게 처리해야 되는지 알지 못한다. 소문자 print로 변경하여야 한다.

텍스트를 출력할 때도 따옴표를 생략하면 오류가 발생한다. "Good Bye"와 같이 따옴표를 붙여주어야 한다.

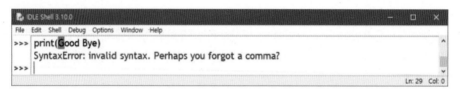

 팁

오류 메시지를 만나면 당황하지 말고 침착하게 오류 메시지를 잘 읽어본다. 오류를 찾아서 수정하는 데 유용한 정보들이 들어있다.

 중간점검

1. "생일축하!!"를 10번 출력하는 명령문을 만들어보자. 문자열 반복을 사용한다.
2. 다음과 같은 명령문을 실행하면 오류가 발생한다. 원인을 알아보자.

```
>>> print("Hello)
```

4. 스크립트 모드

우리의 프로그램은 점점 복잡해지고 길어지고 있다. 만약 프로그램 안의 코드가 수십 줄이 된다면 한 줄씩 입력하는 것은 상당한 고통이다. 좋은 방법이 없을까?

파이썬은 대화형 모드와 스크립트 모드를 동시에 제공한다. 대화형 모드(interactive mode)란 앞 페이지에서 살펴보았듯이 콘솔에서 문장을 한 줄씩 입력하여 실행할 수 있는 모드이다. 스크립트 모드(script mode)는 텍스트 파일을 만들어서 저장한 후에 파이썬 인터프리터가 이 파일을 읽어서 한 번에 전부 실행하는 모드이다. 복잡한 프로그램을 작성할 때는 스크립트 모드를 사용하여야 한다. 아래의 표에서는 대화형 모드와 스크립트 모드를 비교하고 있다.

대화형 모드	스크립트 모드

```>>> print("Hello World!")```
```Hello World!```
```>>> print(10+20)```
```30```
	```print("Hello World!")```
	```print(10+20)```

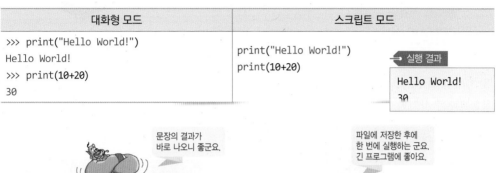

대화형 모드   스크립트 모드

간단한 프로그램을 스크립트 모드로 저장해 보자.

(1) IDLE의 [File] → [New File] 메뉴를 선택한다. 메모장과 같은 텍스트 에디터가 등장한다. 여기에 다음과 같이 입력한다. 파이썬 쉘과는 다르게 바로 실행되지 않는다.

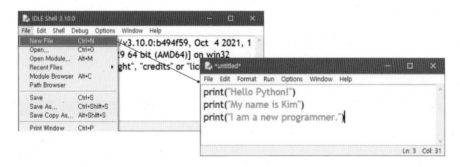

(2) 텍스트 에디터의 [File] → [Save] 메뉴를 선택하여 코드를 파일로 저장한다. 이때 저장한 폴더를 선택할 수 있다. 파이썬 소스 만을 모아두는 폴더를 미리 생성해놓는 것도 좋을 것이다. 파일 이름을 입력하면 자동적으로 .py 확장자가 붙어서 저장된다.

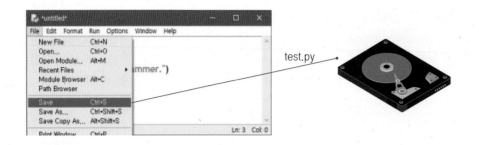

(3) [Run]→[Run Module] 메뉴를 선택하여 코드를 실행해 보자. F5키를 눌러도 된다. 이때 실행결과는 파이썬 쉘에 표시된다. 앞으로 긴 프로그램은 모두 이런 방식으로 실행할 것이다.

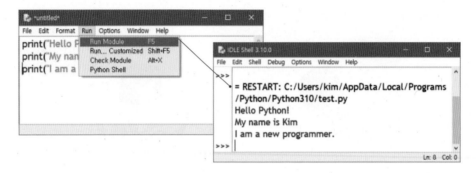

소스 파일 다시 열기

코드가 저장된 파일을 **소스 파일(source file)**이라고 한다. 우리는 언제든지 우리가 저장한 파일을 열어서 다시 실행할 수 있다. 앞에서 저장했던 파일을 다시 읽어서 실행하여 보자. 우리가 인터넷에서 좋은 파이썬 소스를 발견하였다면 이런 식으로 실행하고 변경할 수 있다.

(1) IDLE의 [File] → [Open] 메뉴를 선택한다. 우리가 저장하였던 폴더로 가서 원하는 파일을 선택한다. 텍스트 에디터가 나오고 우리가 입력하였던 소스가 다시 보일 것이다.

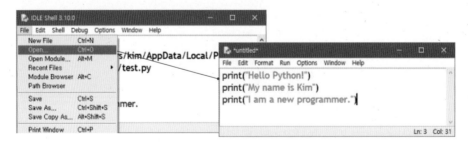

(2) 이 소스 파일을 다시 실행하려면 [Run] → [Run Module] 메뉴를 선택하면 된다.

 노트

콘솔에서는 2+3과 print(2+3)은 동일하다. 즉 5가 출력된다. 하지만 스크립트 모드에서 2+3하면 실행은 되지만 아무것도 출력되지 않는다. 스크립트 모드에서 계산값을 출력하려면 print(2+3)이라고 하여야 한다.

 중간점검

1. IDLE는 두 가지 모드로 사용할 수 있다. 두 가지 모드에 대하여 설명해 보자.
2. 파이썬으로 프로그램을 작성할 때 대문자와 소문자를 구분할까?
3. 파이썬 소스 파일의 확장자는 무엇인가?
4. 스크립트 모드에서 소스 파일을 실행하려면 어떻게 해야 하는가?
5. 다음 소스를 스크립트 모드로 입력한 후에 d:\sources\temp.py로 저장한다. 이 소스를 실행해 보자.

```
print("Hello"+"World")
print("World"*5)
```

Lab 스크립트 모드로 계산을 해보자.

이제 여러분들은 소스 파일을 작성하여 실행할 수 있다. 다음과 같이 덧셈, 뺄셈, 곱셈, 나눗셈 계산 결과를 출력하는 프로그램을 작성해 보자. 산술 연산에 대한 자세한 이야기는 3장에서 하겠지만 간단한 연산은 여기서 할 수 있다. 파이썬에서는 +, −, *, / 기호를 이용하여 덧셈, 뺄셈, 곱셈, 나눗셈을 한다. 이전의 소스를 참조하여서 2+3, 2-3, 2*3, 2/3의 결과를 화면에 출력할 수 있는가?

→ 실행 결과

```
2+3= 5
2-3= -1
2*3= 6
2/3= 0.6666666666666666
```

파이썬에서 문자열과 수식의 결과를 함께 화면에 출력하려면 다음과 같은 문장을 사용한다.

```
print("2+3=", 2+3)
```

lab1.py

```
print("2+3=", 2+3)
print("2-3=", 2-3)
print("2*3=", 2*3)
print("2/3=", 2/3)
```

"..." 안에 있으면 텍스트로 취급한다. 즉 "2+3="은 계산되지 않고 텍스트로 간주되어서 그대로 콘솔에 출력된다. print()를 이용해서 여러 개의 값을 출력하려면 쉼표로 분리해서 적어준다.

도전문제

다음 두 문장의 출력 결과를 예측해 보자. 어떤 점이 다른가?

```
print("2+3")
print(2+3)
```

Lab 오류를 처리해보자.

여러분들은 이제부터 많은 프로그램을 작성할 것이고 많은 오류를 만나게 될 것이다. 이번 실습에서 고의적으로 오류를 발생시켜서 처리해 보자. 뭐든지 대비가 되어 있으면 좋은 것이다. 오류도 미리 경험해 보면 실전에서 당황하지 않을 것이다. 다음과 같은 코드를 입력하고 오류를 하나씩 고쳐보자.

bug.py

```
print(안녕하세요?)
Print("이번 코드에는 많은 오류가 있다네요")
print("제가 다 고쳐 보겠습니다.)
```

---

bug.py

```
print(안녕하세요?)
Print("이번 코드에는 많은 오류가 있다네요")
print("제가 다 고쳐 보겠습니다.)
```

문자열인데 따옴표가 없다.

P가 대문자이다.

끝나는 따옴표가 없다.

debugged.py

```
print("안녕하세요?")
print("이번 코드에는 많은 오류가 있다네요")
print("제가 다 고쳐 보겠습니다.")
```

 도전문제

다음 코드의 오류도 찾아보자.
```
>>> print("3*1의 곱셈결과 = ". "3*1")
```

우리가 원하는 실행결과는 다음과 같다.

```
3*1의 곱셈결과 = 3
```

5. 터틀 그래픽

파이썬이 초보자에게 좋은 점 중의 하나는 화면에 그림을 그리기가 쉽다는 점이다. 파이썬에서는 **터틀 그래픽(turtle graphic)**이 지원된다. 터틀 그래픽은 화면에서 거북이를 이용하여서 그림을 그리는 기능이다. 거북이가 펜을 가지고 있고 우리가 화면에서 거북이를 움직이면 그림이 그려진다.

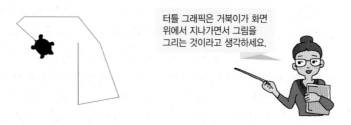

터틀 그래픽은 거북이가 화면 위에서 지나가면서 그림을 그리는 것이라고 생각하세요.

터틀 그래픽은 다음과 같이 동작한다.

① 터틀 그래픽을 시작하면 종이의 한 가운데 거북이가 나타난다.
② 거북이에게 명령을 내리면 거북이가 움직인다. 예를 들어서 "앞으로 전진", "뒤로 후진", "왼쪽으로 방향 전환" 등의 명령을 사용할 수 있다.
③ 거북이가 움직이면서 종이 위에 그림이 그려진다. 거북이가 펜을 가지고 움직인다고 생각하면 된다.

스크립트 모드로 다음과 같이 입력하고 실행해 보자. 거북이가 보이는 별도의 윈도우가 나타난다. # 기호는 주석을 나타낸다. 주석은 소스를 설명하는 글이다.

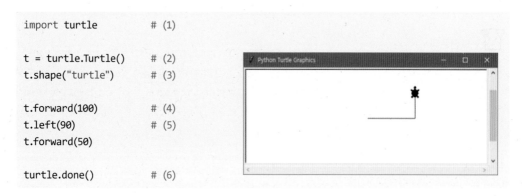

```
import turtle          # (1)

t = turtle.Turtle()    # (2)
t.shape("turtle")      # (3)

t.forward(100)         # (4)
t.left(90)             # (5)
t.forward(50)

turtle.done()          # (6)
```

(1) "import turtle" 문장은 turtle 라이브러리를 불러들인다.
(2) "t = turtle.Turtle()" 문장은 turtle 라이브러리의 Turtle() 함수를 실행하여 거북이를 하

나 생성한다는 의미이다. t는 생성된 거북이의 이름으로 생각하자.

(3)

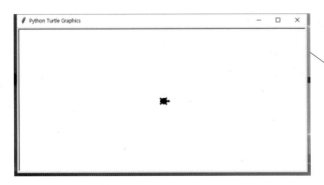

"t.shape("turtle")" 문장은 이름이 t인 거북이의 모양을 "turtle"로 설정한다. 터틀 그래픽에서는 화살표, 거북이 모양을 포함하여 4가지의 모양을 지원한다. 우리는 거북이 모양으로 설정한다. 위의 3개의 문장이 실행되면 화면의 오른쪽에 "Python Turtle Graphics"라는 이름의 캔버스가 나타난다.

(4)

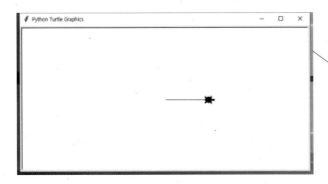

지금부터 거북이를 움직이면 캔버스에 그림이 그려진다. forward(100)은 거북이를 앞으로 100만큼 이동시키는 명령어이다. 거북이가 움직이면서 직선이 그려지는 것을 볼 수 있다. 여기서 100은 100픽셀을 의미한다. 즉 거북이가 앞으로 100 픽셀(pixel)을 움직이면서 직선을 그리게 된다.

(5)

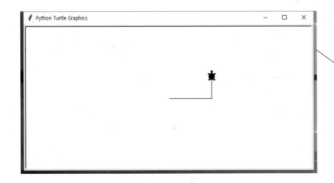

거북이를 왼쪽으로 회전시킨 후에 전진하는 문장이다. 터틀 그래픽에서 원점 (0,0)은 화면의 중앙이다.

(6) 이 문장은 터틀 그래픽을 종료하는 문장이다. 윈도우 상단의 x표 아이콘을 눌러서 터틀 그래픽 윈도우를 닫는다.

노트 : 픽셀이란?

픽셀(pixel)은 컴퓨터 화면을 이루는 짐을 뜻한다. 픽셀은 그림(picture)의 원소(element)라는 의미를 가진다. 한자로는 화소라고 번역할 수 있다.

 팁

터틀 그래픽의 명령어를 단축하여서 쓸 수 있다. 즉 forward는 fd, left는 lt, right는 rt로 적어도 된다.

```
t.fd(100)
t.lt(90)
t.fd(100)
```

 도전문제

(1) 거북이를 움직여서 정사각형을 그려보자. 회전하는 각도를 몇 도로 하여야 하는가?
(2) 거북이를 움직여서 6각형을 그려보자. 회전하는 각도를 몇 도로 하여야 하는가?

Lab 터틀 그래픽으로 삼각형을 그려보자

터틀 그래픽을 이용하여 삼각형을 그려보자. 삼각형의 좌표는 신경 쓰지 말고 모습이 정삼각형이 되도록 거북이를 움직여 보자.

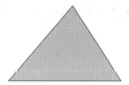

삼각형을 그리는데 필요한 명령은 전부 입력하여 실행시키는 것으로 하자. 터틀 그래픽을 사용하려면 다음과 같이 터틀 그래픽 모듈을 불러들여야 한다.

```
import turtle
```

터틀 그래픽을 사용하여서 화면에 그림을 그리려면 캔버스가 필요하다. 캔버스는 다음과 같이 거북이를 생성하여야 나타난다.

```
t = turtle.Turtle()
```

거북이를 움직이면 그림이 그려진다.

```
t.forward(100)
```

거북이를 회전시키는 명령은 left()와 right()이다. left()와 right()은 입력받은 각도만큼 거북이를 회전시킨다.

---

tri.py

```python
import turtle
t = turtle.Turtle()

t.shape("turtle")
t.forward(100)
t.left(120)
t.forward(100)
t.left(120)
t.forward(100)

turtle.done()
```

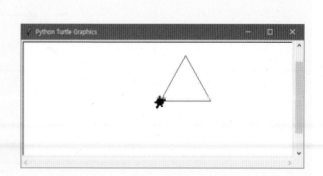

Lab 예제 프로그램 실행해보기

IDLE에서 [Help]→[Turtle Demo]를 누르면 다음과 같은 터틀 그래픽 예제들이 등장한다.
[Examples]에서 예제를 선택하고 화면 하단의 [START] 버튼을 눌러본다.

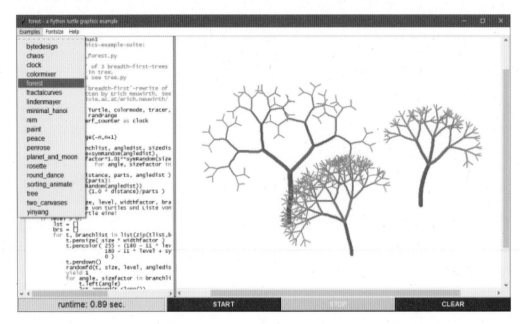

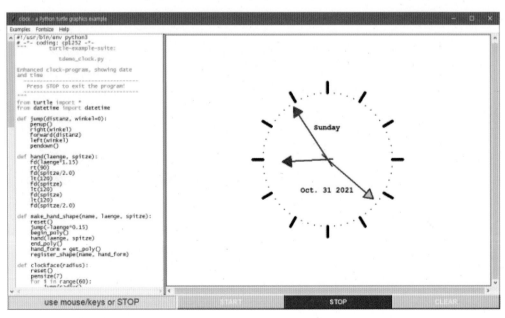

Mini Project 터틀 그래픽으로 집 그리기

터틀 그래픽으로 다음과 같은 집을 그려보자.

삼각형을 먼저 그리고 이어서 사각형을 2개 그리면 된다. 먼저 종이에 거북이가 움직여야 되는 경로를 그린 후에 명령어들을 이용하여서 거북이를 움직여보자.

도형을 색칠하려면 다음과 같은 명령어들을 사용한다.

```
import turtle
t = turtle.Turtle()
t.shape("turtle")
t.fillcolor("brown")

t.begin_fill()
t.goto(0,0)
t.goto(0,100)
t.goto(100,100)
t.goto(100,0)
t.end_fill()

turtle.done()
```

거북이를 특정 좌표로 움직이려면 goto(100, 20)과 같은 명령어를 사용한다. penup()은 펜을 들어서 거북이가 움직이더라도 그림이 그려지지 않게 한다. pendown()은 다시 펜을 내려서 그림을 그린다.

요약 Summary

이 장에서는 파이썬을 설치하고 간단한 프로그램을 작성하고 실행해 보았다. 이번 장에서 우리가 작성한 프로그램은 아주 단순한 작업만을 한다. 다음 장부터 더 흥미롭고 유용한 프로그램들을 작성해볼 것이다. 이번 장에서 학습한 내용을 정리해 보자.

▶ 프로그램은 컴퓨터에 내리는 명령어로 이루어지는 작업 지시서이다.

▶ 프로그래밍 언어는 컴퓨터가 이해할 수 있는 언어이다.

▶ 다양한 종류의 프로그래밍 언어가 있고 파이썬도 프로그래밍 언어의 일종이다.

▶ 파이썬으로 프로그램을 작성하기 위한 개발 환경인 IDLE는 https://www.python.org/에서 다운로드 받을 수 있다.

▶ 파이썬 쉘에서는 프롬프트 >>> 다음에 코드를 입력하고 Enter↵를 누르면 코드가 실행된다.

▶ 산술 계산을 하는 파이썬 연산자에는 +, −, *, /가 있다.

▶ print()는 화면에 문자열이나 계산 결과를 출력할 때 사용하는 함수이다.

▶ 스크립트 모드를 사용하면 코드를 파일에 저장하였다가 한꺼번에 실행할 수 있다.

파이썬은 많이 사용되는 언어인가요?

 그럼요. 최근에 가장 핫한 언어라고 감히 말할 수 있겠네요.
입문자들이 쉽게 배울 수 있는 언어입니다.

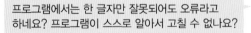 프로그램에서는 한 글자만 잘못되어도 오류라고
하네요? 프로그램이 스스로 알아서 고칠 수 없나요?

 프로그램은 아주 논리적으로 엄밀해야 합니다.
컴퓨터는 프로그래머 마음을 읽을 수 없기 때문에
고치치 않는 것입니다.

연습문제

1 인터프리트 언어의 특징으로 맞는 것을 모두 고르시오.

① 소스 파일 전체를 컴파일해야 실행이 가능하다.

② 소스 코드를 한 줄씩 읽어서 실행한다.

③ 별도의 exe 실행 파일이 생성되지 않는다.

④ 최적화가 가능해서 일반적으로 속도가 빠르다.

2 파이썬의 특징으로 올바른 것을 모두 고르시오.

① 인공지능과 데이터 과학 분야에 탁월하다.

② 배우기는 어려워서 전문가들에게 적합한 언어이다.

③ 인터프리트 언어이다.

④ C언어보다 속도가 빠르다.

3 우리가 사용하는 파이썬 개발 도구는?

① 비주얼 스튜디오   ② IDLE

③ 메모장   ④ 이클립스

4 파이썬 언어는 일반적으로 어디에 많이 이용되는가? 모두 고르시오.

① 운영체제 작성   ② 인공지능

③ 데이터 과학   ④ 컴파일러 작성

5 파이썬으로 "Hey, Python"을 출력하는 문장을 고르시오.

① printf("Hey, Python")   ② print("Hey, Python")

③ println("Hey, Python")   ④ write("Hey, Python")

6 다음 문장 중에서 300이 출력되는 문장을 모두 고르시오.

① print("300")   ② print("100"+"200")

③ print(100+200)   ④ print("100+200")

7 다음 중 올바른 파이썬 소스 파일 이름은?

① test.python ② test.c
③ test.p ④ test.py

8 컴퓨터를 이용하여 문제를 해결할 때, 문제를 해결하는 방법을 인간이 구체적으로 고안하여 알려주어야 한다면 왜 컴퓨터를 사용하는 것인가? 인간이 직접 하는 편이 낫지 않을까? 컴퓨터를 사용하는 경우의 장점을 들어 보라.

9 파이썬에서 대화형 모드와 스크립트 모드의 차이를 설명해 보자.

10 다음 프로그램은 무엇을 출력하는가?

```
print("12 + 9")
print(12 + 9)
```

11 다음 프로그램은 무엇을 출력하는가? 되도록 정확하게 예상해 보자.

```
print("Hi", "Python", "Programmers")
```

12 다음 프로그램은 컴파일 오류를 가지고 있다. 이유는 무엇인가?

```
print(안녕하세요)
```

Programming

1 "환영합니다.", "파이썬의 세계에 오신 것을 환영합니다.", "파이썬은 강력합니다."를 화면에 출력하는 프로그램을 작성하시오. 스크립트 모드로 실행한다.

```
환영합니다.
파이썬의 세계로 오신 것을 환영합니다.
파이썬은 강력합니다.
```

HINT print() 함수를 사용하면 화면에 출력할 수 있다.

2 다음과 같이 사각형 안에 이름을 출력하는 프로그램을 작성해 보자.

```
+==================================+
|                홍길동              |
+==================================+
```

3 다음과 같은 결과를 출력하는 프로그램을 작성해 보자. 6은 1+2+3을 계산하여 출력한다.

```
1+2+3을 계산하면 6입니다.
```

HINT 1+2은 수식이고 "1+2"은 문자열이다. 잘 구별하도록 하자.

4 터틀 그래픽에서 거북이를 이동시켜서 다음과 같은 그림을 그려보자. forward()와 right(), left() 함수만을 사용한다.

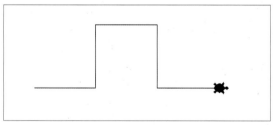

HINT forward(100)은 거북이를 100픽셀 전진시킨다. left(90)은 거북이를 왼쪽으로 90도 회전시킨다. right(90)은 거북이를 오른쪽으로 90도 회전시킨다.

5 거북이에게 몇 개의 명령문을 주어서 햄버거를 사오게 하자. 햄버거 가게는 (300, 200)에 있다고 가정한다. 거북이는 (0, 0) 위치에 있다고 하자.

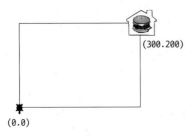

6 터틀 그래픽에서 width() 함수를 호출하면 거북이가 그리는 선의 두께를 두껍게 한다. 거북이를 이동하여서 다음과 같이 두께가 10인 선을 그려보자.

HINT   t.width(10)을 호출하면 선의 두께가 10이 된다.

7 터틀 그래픽에서 color() 함수를 호출하면 거북이가 그리는 선의 색상을 변경할 수 있다. 색상을 파랑색으로 변경하여서 다음과 같이 길이가 100픽셀인 선을 그려보자.

HINT   t.color("blue")을 호출하면 선의 색상이 파랑색이 된다. 색상은 영어 단어로 표시한다.

8 터틀 그래픽에서는 거북이의 모양을 삼각형, 원, 삼각형, 사각형으로 변경할 수 있다. 다음과 같이 shape() 함수를 사용하면 된다. 사각형으로 변경하고 100픽셀 길이의 직선을 그려보자.

실행
결과

```
t.shape("square")
```

HINT   "arrow", "turtle", "circle", "square", "triangle", "classic" 등의 모양이 가능하다.

CHAPTER **2**

변수와 자료형

★ 다음과 같은 작업들을 수행하는 방법을 알고 있나요?
이번 장에서 함께 알아봐요.

1. 리스트를 사용하여 항목들을 저장할 수 있나요?
2. 리스트에서 일부분을 추출할 수 있나요?
3. 리스트를 함수로 전달하거나 반환받을 수 있나요?
4. 리스트 함축을 사용할 수 있나요?
5. 리스트를 2차원으로 만들 수 있나요?

변수와 자료형

1. 이번 장에서 작성할 프로그램

(1) 사칙연산이 가능한 계산기를 만들어 보자. 사용자로부터 2개의 정수를 받아서 더하기, 빼기, 곱하기, 나누기 등을 계산한다. 추가로 x의 y제곱값도 계산해본다.

실행 결과

```
첫 번째 정수를 입력하시오: 10
두 번째 정수를 입력하시오: 2
10 + 2 = 12
10 - 2 = 8
10 * 2 = 20
10 / 2 = 5
```

(2) 사용자로부터 사각형의 크기를 입력받아서 크기에 맞는 사각형을 그려보자. 사용자가 200을 입력했다면 각 변의 길이가 200픽셀인 사각형을 화면에 그린다.

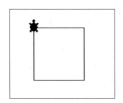

(3) 로봇 기자 프로그램을 만들어 보자.

실행 결과

```
경기장은 어디입니까?서울
이긴팀은 어디입니까?타이거
진팀은 어디입니까?라이온스
우수선수는 누구입니까?홍길동
스코어는 몇대몇입니까?8:7


========================================
오늘 서울에서 야구 경기가 열렸습니다.
타이거와 라이온스는 치열한 공방전을 펼쳤습니다.
홍길동이 맹활약을 하였습니다.
결국 타이거가 라이온스를 8:7로 이겼습니다.
========================================
```

2. 변수

2장에서 첫 번째로 만들어 볼 프로그램은 계산기 프로그램이다. 사용자로부터 받은 2개의 정수를 받아서 여러 가지 연산을 한다. 그런데 사용자가 어떤 수를 입력할지는 미리 알지 못한다. 따라서 우리는 이전 장에서처럼 10+20과 같은 문장을 사용할 수 없다. 어떻게 해야 할까? 이럴 때는 수학에서처럼 "사용자가 입력하는 값을 x, y라고 하자."라고 가정해야 한다. 그러고 나서 x+y나 x-y를 계산하는 것이다. 즉 변수(variable)를 사용해야 한다.

프로그래밍에서 변수는 값(value)을 저장하는 메모리 공간에 이름을 붙인 것이다. 변수는 값을 저장하고 있는 상자로 생각하면 이해하기 쉽다. 이 상자는 컴퓨터 안의 메인 메모리 안에 만들어진다. 상자는 인식표(식별자)를 가지고 있다. 변수는 메모리 공간의 상자를 가리키는 인식표로 생각하자.

변수이름   저장공간

> 변수는 이름 붙인 메모리 공간으로 우리는 여기에 값을 저장할 수 있습니다.

변수 정의하기

파이썬에서는 변수에 값을 저장하기만 하면 변수가 자동으로 생성된다(다른 언어에서는 미리 변수를 선언하는 절차가 필요하다). 변수에 값을 저장하는 문법은 다음과 같다.

$$변수 = 값$$

변수를 하나 생성하여서 정수 100을 저장해보자.

```
>>> x = 100 [Enter↵]
>>>
```

우리가 위와 같이 입력하고 [Enter↵]를 누르면 파이썬 내부에 x가 가리키는 공간에 100이 저장된다. 위의 코드에 있는 '=' 기호는 '같다'는 의미가 아니라 '오른쪽의 값을 왼쪽의 변수가 가리키는 공간에 저장하라'는 할당 연산자이다. 왼쪽과 오른쪽이 같다는 의미가 아니다.

변수가 가리키는 값을 출력하여 보자. 우리가 저장하였던 100이 출력되는 것을 알 수 있다.

```
>>> x
100
```

파이썬 셀에서 변수의 현재값을 확인하려면 변수 이름을 적은 후에 엔터키를 치면 된다. 스크립트에서는 print(x)와 같이 print() 함수를 사용하여야 변수 x의 값을 출력할 수 있다.

변수에 저장된 값은 변경할 수 있다!

변수에 있는 값은 언제든지 바뀔 수 있다(그래서 변수라는 이름이 붙은 것이다). 다음과 같은 코드를 파이썬 셀에서 입력하고 결과를 보자.

```
>>> x = 100
>>> x
100
>>> x = 200
>>> x
200
```

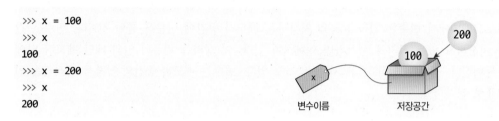

첫 번째 문장에 의하여 변수가 생성되고 100으로 초기화된다. 두 번째 문장에 의하여 변수 x의 값이 200으로 변경되었다.

---

example
예제 두 수의 합 계산하기

변수에 대해서도 덧셈이나 뺄셈을 할 수 있다. 파이썬 셀에서 변수 x와 y에 각각 100과 200을 저장한 후에 x+y 연산을 하여 연산 결과를 변수 sum에 저장해보자. 최종적으로 sum의 값을 출력해보자.

```
>>> x = 100        # (1) 변수 x를 생성하고 100을 저장한다.
>>> y = 200        # (2) 변수 y를 생성하고 200을 저장한다.
>>> sum = x + y    # (3) 변수 sum을 생성하고 x+y를 저장한다.
>>> sum
300
```

문장 (3)을 실행하면 x + y 연산의 결과가 변수 sum에 저장된다. 다음 그림을 참조한다.

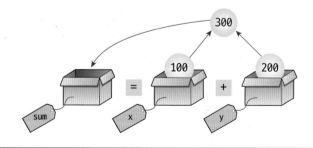

참고사항: 수학에서의 변수와의 차이점

프로그래밍의 변수는 수학에서의 변수 개념과 직접적으로 일치하지 않을 수 있다. 수학에서의 변수는 저장 위치와 같은 물리적인 장소가 없는 추상적 개념이다. 프로그래밍에서 변수의 값은 수학에서처럼 방정식이나 공식의 일부일 필요는 없다. 프로그래밍의 변수는 긴 이름을 사용하여 상대적으로 사용을 설명하는 반면, 수학의 변수는 종종 간결함을 위해 1글자 또는 2글자 길이의 이름을 갖는다.

참고사항

파이썬 셸은 사용자가 생성한 모든 변수를 기억한다. 따라서 예전에 생성된 변수도 살아있다. 만약 초기 상태로 시작하고 싶으면 [Shell]->[Restart Shell] 메뉴 항목을 선택하여야 한다.

경고

입문자들이 가장 많이 틀리는 문제 중의 하나가 =을 '양변이 같다'고 해석하는 것이다. 파이썬에서 = 기호는 '변수에 값을 저장하라'라는 의미이다. 혼동하지 않도록 하자. 등호는 파이썬에서 ==와 같이 표시한다.

중간점검

1. 변수를 다시 설명해보자.
2. 변수 a에 200을 변수 b에 100을 저장한 후에 (a-b)하여 결과를 출력하는 프로그램을 작성해보자.
3. 밑변이 10이고 높이가 10인 삼각형의 면적을 변수를 이용하여 계산하는 프로그램을 작성해보자.

3. 변수의 이름

변수의 이름을 지을 때는 주의하여야 한다. 의미 없는 이름을 사용하는 것보다는 의미 있는 이름을 사용하는 것이 좋다. 변수의 이름을 지을 때는 변수의 역할을 가장 잘 설명하는 이름을 지어야 한다. 좋은 변수 이름은 전체 프로그램을 읽기 쉽게 만든다. 하지만 반대로 즉흥적으로 지은 이름을 사용하게 되면 나중에 프로그램을 읽기가 아주 힘들어진다. 예를 들면 이름과 나이를 나타내는데 a, b라고 하는 것보다 name, age라고 하는 편이 이해하기 쉬울 것이다.

변수의 이름은 다음과 같은 규칙을 지켜서 만들어야 한다.

▶ 첫 글자는 영문자 또는 밑줄 (_) 문자로 시작해야 하며 나머지 문자는 문자, 숫자 또는 밑줄이어야 한다.

▶ #와 같은 기호는 사용할 수 없다. 이름 안에 공백도 허용되지 않는다.

▶ 소문자와 대문자는 서로 다르게 취급된다.

▶ if와 같은 예약어를 이름으로 사용할 수 없다. 예약어란 파이썬이 사용하는 특수한 단어이다. 파이썬의 예약어는 다음과 같다.

False	class	finally	is	return
None	continue	for	lambda	try
True	def	from	nonlocal	while
and	del	global	not	with
as	elif	if	or	yield
assert	else	import	pass	
break	except	in	raise	

유효한 식별자는 다음과 같다.

변수 이름	설명
size	가능하다.
cloud9	가능하다. 변수는 영문자, 숫자, _로 이루어진다.
max_size	가능하다. 변수의 중간에 _가 있어도 된다.
_count	가능하다. _가 앞에 붙으면 클래스 내부에서만 사용하는 변수라는 의미도 있다.

유효하지 않은 식별자는 다음과 같다.

변수 이름	설명
6pack	올바르지 않다! 숫자가 앞에 오면 안 된다.
mid score	올바르지 않다! 중간에 공백이 있으면 안 된다.
class	올바르지 않다! 예약어를 변수의 이름으로 사용할 수 없다.
money#	올바르지 않다! 기호를 변수의 이름으로 사용하면 안 된다.

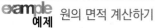 원의 면적 계산하기

우리가 작성해볼 프로그램은 원의 면적을 계산해서 화면에 출력하는 프로그램이다. 이번에는 스

크립트 모드를 사용해보자. 적절한 변수명을 사용해보자.

```
반지름 10인 원의 면적= 314.0
```

프로그램을 작성하려면 문제를 해결하기 위한 절차를 설계한 다음 프로그래밍 언어를 사용하여 해당 절차를 구현해야 한다. 문제를 해결하는 절차를 알고리즘이라고 한다. 원의 면적을 계산하는 문제에 대한 알고리즘은 어떻게 될까? 알고리즘은 자연 언어 또는 의사 코드로 기술될수 있다. 원의 면적을 계산하는 알고리즘은 다음과 같이 기술할 수 있다.

알고리즘

```
STEP #1. 사용자로부터 원의 반지름을 입력받는다.
STEP #2. 공식을 적용하여 면적을 계산한다.
         area = 3.14 * radius * radius
STEP #3. 면적을 화면에 출력한다.
```

이제 위의 알고리즘을 파이썬을 사용하여 구현해보자.

① STEP #1을 구현하려면 사용자로부터 받은 반지름을 어딘가에 저장해야 할 것이다. 물론 컴퓨터의 메모리에 저장하면 되는데, 프로그램에서 컴퓨터 메모리는 변수를 통해서만 접근할 수 있다. 반지름을 저장할 변수 이름을 radius라고 하자. 현재로는 고정된 값을 저장한다. 다음과 같은 문장으로 radius 변수가 선언되고 10으로 초기화된다.

```
radius = 10
```

② STEP #2를 구현해본다. 공식을 적용하여 원의 면적을 계산하고 변수 area에 면적을 저장한다.

```
area = 3.14 * radius * radius
```

③ STEP #3에서는 면적을 화면에 출력하면 된다. 이것은 print() 문장으로 가능하다.

```
print("반지름", radius, "인 원의 면적=", area)
```

우리는 코드에 대한 설명을 #기호를 사용하여 넣을 수 있다. 이것을 주석(comment)이라고 한다. 주석이 추가된 전체 프로그램은 다음과 같다.

```
# 변수 radius에 값을 저장한다.
radius = 10     # radius는 이제 10이다.

# 면적을 계산한다.
```

```
area = 3.14 * radius * radius

# 결과를 출력한다.
print("반지름", radius, "인 원의 면적=", area)
```

실행결과

```
반지름 10 인 원의 면적= 314.0
```

참고사항

변수를 사용하면 어떤 장점이 있을까? 반지름이 변경되었다고 가정하자. 프로그램에서 radius 변수의 값만 변경하면 원의 면적은 자동으로 변경된다.

경고

변수의 이름을 정할 때 함수의 이름과 동일하게 하면 오류가 발생하지는 않지만, 함수를 사용할 수 없게 된다. 예를 들어서 print라는 변수를 생성하면 print() 함수를 사용하는 것이 불가능해진다.

```
>>> print = 100
>>> print(100)
TypeError: 'int' object is not callable
```

참고사항: 긴 변수 이름

변수 이름이 여러 개의 단어로 이루어진 경우, 프로그래머들은 2가지 방법 중에서 하나를 선택한다. 단어의 중간에 언더바를 넣거나 아니면 단어의 첫 글자를 대문자로 한다.

```
>>> product_name = "COMPUTER"
>>> productName = "COMPUTER"
```

중간점검

1. 변수 이름의 첫 번째 글자로 허용되는 것은 무엇인가?
2. 파이썬에서 고유한 의미를 가지고 있는 단어들을 무엇이라고 하는가?
3. 파이썬에서는 대소문자를 구분하는가?

4. 자료형

파이썬에서 변수는 어떤 종류의 데이터를 저장할 수 있을까? 변수는 여러 가지 타입의 데이터를 저장할 수 있다. 일단 **정수(integer)를 저장할 수 있다.** 이것은 int형이라고 불린다. 또 0.123과 같이 부동소수점수(실수)도 저장할 수 있다. 이것은 float형이라고 불린다. 또 변수는 "Hello World!"와 같은 문자열을 저장할 수 있다. 이것을 str형이라고 한다. int형, float형, str

형는 모두 파이썬이 기본적으로 제공하는 중요한 자료형이다. 파이썬에서는 이외에도 아주 다양한 자료형들이 제공된다. 차차 학습하기로 하자.

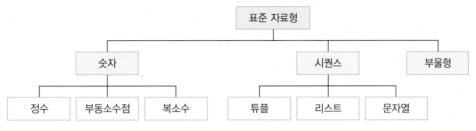

그림 2.1 파이썬의 자료형

자료형	예
정수(int)	..., −2, −1, 0, 1, 2, ...
부동소수점수(float)	3.2, 3.14, 0.12
문자열(str)	'Hello World!', "123"

자료형을 알려면?

특정한 값의 자료형이 무엇인지 알고 싶은 경우가 있다. 이때는 내장 함수 type()을 사용한다. 예를 들어 콘솔에 type(1234)를 입력하면 〈class 'int'〉가 반환된다. 즉 1234는 정수형이라는 의미이다. 변수에 대해서도 type()을 사용할 수 있다.

```
>>> type(1234)          # int 형
<class 'int'>
```

정수형

정수형은 소수점이 없는 수로 1, −23, 0 등이 여기에 속한다. 파이썬에서는 변수 선언이 따로 없으며 변수에 값을 저장하는 순간에 변수의 자료형이 결정된다.

```
>>> x = 1
>>> type(x)
<class 'int'>
```

위의 코드에서 변수 x에 값을 저장하는 순간, x는 정수형 변수가 된다. 파이썬에서는 정수형이 나타낼 수 있는 정수의 범위가 상당히 크다. 다른 언어와 비교하여 정말 큰 정수도 표현이 가

능하다.

```
>>> x = 100**30
>>> x
1000000000000000000000000000000000000000000000000000000000000
```

위의 코드에서 알 수 있듯이, 100을 30제곱한 값도 정수형 변수에 저장할 수 있다. 이것은 정수도 객체로 구현되었기 때문에 가능하다. 객체 개념은 12장에서 살펴보자.

파이썬에서는 다양한 진법으로 정수를 표현할 수 있다. 즉 동일한 정수를 10진수, 16진수, 8진수, 2진수로도 표현할 수 있다. 16진수는 앞에 0x를 붙인다. 8진수는 0o을 붙인다. 2진수는 앞에 0b를 붙인다.

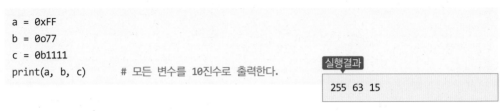

```
a = 0xFF
b = 0o77
c = 0b1111
print(a, b, c)        # 모든 변수를 10진수로 출력한다.
```

실행결과
```
255 63 15
```

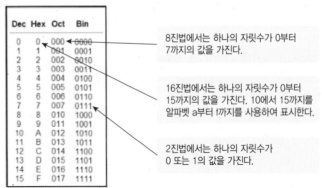

8진법에서는 하나의 자릿수가 0부터 7까지의 값을 가진다.

16진법에서는 하나의 자릿수가 0부터 15까지의 값을 가진다. 10에서 15까지를 알파벳 a부터 f까지를 사용하여 표시한다.

2진법에서는 하나의 자릿수가 0 또는 1의 값을 가진다.

부동소수점형

부동소수점형은 실수를 나타내는 자료형이다. 부동소수점이란 컴퓨터 안에서 실수를 표현하기 위한 하나의 방법이다. 3.14, 1.23456 등이 모두 부동소수점형에 속한다. 1.23e2과 같이 지수를 이용하여 부동소수점수를 표현할 수도 있다. 1.23e2은 1.23×10^2을 의미한다.

```
a = 3.14
b = 1.23e2
print(a, b)
```

실행결과
```
3.14 123.0
```

부동소수점형도 +, −, *, /와 같은 사칙 연산이 가능하다.

```
a = 3.14
b = 7.12
print(a+b, a-b, a*b, a/b)
```

실행결과
```
10.26 -3.98 22.3568 0.4410112359550562
```

문자열

문자열(string)은 문자들의 시퀀스(sequence of characters)이다. 문자들이 실로 연결된 형태를 상상하면 된다.

문자열은 문자들의 순서 있는 집합입니다.

예를 들어서 "Hello"도 문자들이 모인 것이므로 문자열이다. 우리가 사용하는 일상적으로 사용하는 단어, 텍스트들도 프로그램에서는 문자열이 된다.

파이썬에서는 텍스트를 큰따옴표("...") 또는 작은따옴표('...')로 텍스트를 감싸면 문자열이 된다. 즉 다음과 같이 문자열을 생성할 수 있다. 문자열도 변수에 저장될 수 있다.

```
>>> greeting="Merry Christmas!"
>>> greeting
'Merry Christmas!'

>>> greeting='Happy New Year!'
>>> greeting
'Happy New Year!'
```

왜 파이썬에서는 문자열을 나타내는데 큰따옴표와 작은따옴표를 동시에 사용할까? 따옴표 안에 따옴표가 들어가는 경우를 처리하기 위해서이다. 예를 들어서 "철수가 "안녕"이라고 말했습니다." 문장을 생각해보자. "..." 형태의 문자열 안에 "..." 형태의 문자열이 포함되면 컴파일러가 혼동을 한다.

```
>>> message="철수가 "안녕"이라고 말했습니다."
SyntaxError: invalid syntax
```

따라서 이때는 "..." 형태의 문자열 안에 '...' 형태의 문자열을 넣어주면 된다. 반대로 하여도 된다.

```
>>> message="철수가 '안녕'이라고 말했습니다."
>>> message
철수가 '안녕'이라고 말했습니다.
```

지금까지는 한 줄로 된 문자열을 살펴보았다. 그러나 상황에 따라서는 문자열은 여러 줄에 걸칠 수 있다. 파이썬에서 여러 줄로 이루어진 문자열도 입력이 가능하다. 3개의 큰따옴표를 """..."""와 같이 사용하고 각 줄의 끝에 ENTER 키를 입력하면 된다. 3개의 작은따옴표 '''...'''을 사용해도 된다.

```
>>> greeting='''지난 한해 저에게 보여주신 보살핌과 사랑에
깊은 감사를 드립니다.
새해에도 하시고자 하는 일
모두 성취하시기를 바랍니다.'''
>>> greeting
지난 한해 저에게 보여주신 보살핌과 사랑에
깊은 감사를 드립니다.
새해에도 하시고자 하는 일
모두 성취하시기를 바랍니다.
```

문자열은 + 연산자로 합칠 수 있다. 예를 들어서 다음과 같은 문장이 가능하다. 이것을 문자열 접합(string concatenation)이라고 한다.

```
>>> 'Harry ' + 'Porter'
'Harry Porter'
```

변수에 저장된 문자열도 +연산자로 합칠 수 있다.

```
>>> first_name="길동"
>>> last_name="홍"
>>> name = last_name+first_name
>>> name
홍길동
```

문자열 ⟨-⟩ 수치값

만약 다음과 같이 문자열과 정수를 합치라고 하면 오류가 발생한다. 왜 그럴까?

```
>>> "Student"+26
Traceback (most recent call last):
  File "<pyshell#16>", line 1, in <module>
    "Student"+26
TypeError: can only concatenate str (not "int") to str
```

여기서 "Student"는 문자열 타입이고 26은 정수 타입이다. 타입이 다른 데이터를 +로 합치려고 시도하면 오류가 발생한다. 이때는 26을 str()을 이용하여 문자열로 변환한 후에 합쳐야 한다.

```
>>> "Student"+str(26)
'Student26'
```

반대로 문자열을 정수로 변환하는 함수도 있다. 예를 들어서 문자열 "123"을 정수로 변환하려면 int("123")하면 된다. 문자열을 부동소수점으로 변환하려면 float() 함수를 사용한다.

```
>>> price = int("123")
>>> height = float("3.14");
```

문자열의 반복

파이썬에서는 동일한 문자열을 반복시켜서 새로운 문자열을 생성할 수 있다. 예를 들어서 "="을 반복하여서 "=================="과 같은 줄을 손쉽게 만들 수 있다.

```
>>> line = "=" * 50
>>> print(line)
==================================================
```

어떠한 문자열도 * 연산자를 이용하여서 반복시킬 수 있다. 예를 들어서 "Congratulations!"를 3번 되풀이하려면 다음과 같이 한다.

```
>>> message = "Congratulations! "
>>> print(message*3)
Congratulations! Congratulations! Congratulations!
```

문자열 메소드

파이썬에서 모든 것은 객체이다. 객체들은 많은 함수들을 내장하고 있다. 문자열도 예외가 아니다. 문자열도 많은 함수를 가지고 있다. 몇 개만 사용해보자. 문자열은 9장에서 자세히 다루게 된다.

▶ len() 함수는 문자열의 길이를 계산한다.
▶ upper()와 lower() 함수는 문자열을 대문자나 소문자로 바꾼다.
▶ find() 함수는 문자열에서 어떤 단어를 찾는다. 위치는 0부터 시작하는 인덱스로 반환된다.

```
>>> message = "Merry Christmas!"
>>> len(message)           # 문자열의 길이를 반환한다.
16
>>> message.upper()        # 문자열을 대문자로 만들어서 반환한다.
'MERRY CHRISTMAS!'
>>> message.find("Ch")     # 문자열 안에서 "Ch"를 찾는다.
6
```

문자열 안의 문자에 접근하기

문자열은 여러 개의 문자로 이루어진다. 문자열 안의 문자들은 다음과 같은 위치를 가지게 된다.

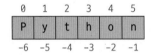

이들 번호는 인덱스라고 하고, 인덱스를 이용하여 다음과 같이 각 문자를 추출할 수 있다.

```
>>> s = "Python"
>>> s[0]        # 첫 번째 문자
'P'
>>> s[1]        # 두 번째 문자
'y'
>>> s[-1]       # 마지막 문자
'n'
```

문자열 안에 변수 출력

문자열에 변수의 값을 삽입하여 출력하는 많은 방법이 있다. 저자가 추천하는 방법은 f-문자열(f-string)이다. 이 방법은 문자열 안에 출력하고 싶은 변수를 중괄호로 감싸서 넣는 방법이다. 문자열 맨 앞에 f를 붙여주고, 중괄호 안에 출력하고 싶은 변수를 넣으면 된다. 예를 들

어서 물건의 가격을 변수에 저장한 후에 "상품의 가격은 10000원입니다."와 같이 출력한다고
하자.

```
>>> price = 10000
>>> print(f"상품의 가격은 {price}원입니다.")
상품의 가격은 10000원입니다.
```

print()에서 상품의 가격이 들어갈 부분은 {price}로 표시되었다. 물론 처음부터 "상품의 가격
은 10000원입니다."라고 하여도 되지만 상품의 가격은 항상 변할 수 있는 값이기 때문에 변수
를 사용하는 것이 좋다. 어떤 타입의 변수라도 f-문자열로 출력할 수 있다.

2개 이상의 변수나 수식도 얼마든지 문자열에 넣을 수 있다. 다음과 같은 코드가 가능하다.

```
product = "coffee"
count = 3
price = 10000
print(f"상품 {product} {count}개의 가격은 {count*price}원입니다.")
```

상품 coffee 3개의 가격은 30000원입니다.

만약 정수나 실수의 자리수까지 세밀하게 지정하고 싶다면 C언어에서 사용하는 형식 지정자도
f-문자열에서 사용할 수 있다. ".2f"라고 하면 소수점 2번째 자리까지 출력하라는 의미이다.

```
pi = 3.141592
print(f"원주율={pi:.2f}")      # 소수점 두번째 자리까지 출력
```

실행결과
원주율=3.14

변수의 세부 구현 사항

파이썬에서는 동일한 변수에 여러 가지 자료형의 데이터를 저장할 수 있다. 이것은 다른 언어들
과 아주 다른 점이다.

```
>>> radius = 10
>>> radius = 3.14
>>> radius = "unknown"
```

파이썬이 변수에 어떤 자료형의 데이터든지 저장할 수 있는 것은, 파이썬에서는 모든 것이 객체
(object)로 되어 있기 때문이다. 정수 10이라고도 하더라도 파이썬에서는 객체로 포장되어서 생

성된다. 변수에 저장되는 것은 실제 값이 아니고 객체를 참조하는 값(객체의 주소로 생각해도 된다)이다. 따라서 어떤 객체라고 하더라도 동일한 변수로 가리킬 수 있다.

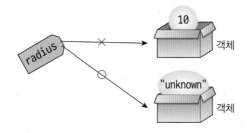

변수에 저장된 객체의 참조값을 알려면 id() 함수를 사용한다. 예를 들어, 변수 x에 저장된 참조값을 알고 싶으면 다음과 같이 id() 함수를 사용한다. 변수의 x 참조값은 2061230735888인 것을 알 수 있다.

```
>>> x = 10
>>> id(x)
2061230735888
```

참조값은 실행할 때마다 달라질 수 있다. 따라서 여러분이 실행할 때는 위의 결과와 다를 수 있다. 참조값을 객체가 저장된 메모리의 주소로 생각하여도 좋다.

다음과 같이 변수를 다른 변수에 복사하는 경우에 어떻게 될까? 우리는 파이썬의 파워 유저가 되어야 하기 때문에 이것도 잘 이해하고 있어야 한다.

```
>>> x = 3
>>> y = x              # 변수 y에 변수 x의 참조값이 복사된다.
>>> id(x)
140721955779472
>>> id(y)              # 같은 주소를 가리킨다.
140721955779472

>>> y = 10             # 변수 y에 새로운 값이 할당되면 주소가 달라진다.
>>> id(y)
140721955779696
```

중간점검

1. 파이썬에는 어떤 자료형이 있는가? 3가지만 말해보자.
2. 변수의 자료형을 알려면 어떤 함수를 사용하는가?
3. id( ) 함수가 반환하는 것은 무엇인가?
4. 파이썬 변수에 정수를 저장하였다가 실수를 저장하는 것도 가능한가? 그 이유는 무엇인가?

5. 사용자로부터 입력받기

input() 함수

앞의 덧셈 프로그램은 항상 동일한 계산만 한다. 즉 항상 100+200만 한다. 만약 어떤 프로그램이 항상 똑같은 계산만을 한다면 큰 효용 가치가 없다. 항상 똑같은 결과만을 출력하기 때문이다. 프로그램이 유용하려면 사용자로부터 입력을 받아서 처리할 수 있어야 한다. 사용자로부터 입력을 받는 방법을 알아보자.

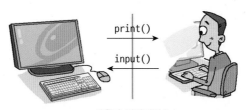

사용자 인터페이스

우리는 input() 함수를 이용하여 사용자로부터 입력을 받을 수 있다. input()은 주어진 메시지를 화면에 출력하고 사용자의 입력을 기다린다. 사용자가 입력하면 input()은 사용자의 입력을 문자열 형태로 반환하고 종료한다.

$$변수 = input("값을 입력하시오")$$

안내 메시지를 출력하고 사용자가 입력한 값을 문자열 형태로 반환한다.

예를 들면, 사용자의 이름을 입력받는 코드는 다음과 같다.

```
>>> name = input("이름을 입력하시오: ")
이름을 입력하시오: 홍길동
>>> name
홍길동
```

만약 input()이 반환하는 문자열을 변수에 저장하지 않으면 없어지게 된다. 위의 코드가 실행되면 파이썬 내부에는 name이라는 변수가 생성되었고 여기에는 "홍길동"이라는 문자열이 저장되었다. 변수 name에는 사용자의 이름이 저장되어 있다. 이 변수를 이용하여 다음과 같이 출력하는 코드를 작성할 수 있다.

```
>>> print(name, "씨, 안녕하세요?")
홍길동 씨, 안녕하세요?
```

print() 함수는 변수와 문자열을 연결하여 출력할 수 있다.

정수 입력

항상 고정된 수를 더하는 것보다는 다음과 같이 사용자로부터 받은 정수들을 더한 후에 결과를 출력한다면 보다 유용한 프로그램이 될 것이다. input() 함수를 사용하여 다음과 같이 작성해보자.

```
x = input("첫 번째 정수를 입력하시오:")
y = input("두 번째 정수를 입력하시오:")
sum = x + y
print("합은 ", sum)
```

```
첫 번째 정수를 입력하시오: 300
첫 번째 정수를 입력하시오: 400
합은  300400
```

하지만 충격적인 결과 "300400"이 나왔다. 어째서 이런 일이 발생한 것일까? 자세히 관찰해보면 파이썬은 300과 400을 문자열로 간주하여서 서로 연결한 것 같다. 파이썬에서 문자열 "300"과 정수 300은 아주 다르다. 컴퓨터 안의 내부적인 표현도 아주 달라진다. 따라서 위의 문제를 해결하려면 문자열 "300"을 정수 300으로 변환하여야 한다.

int() 함수는 문자열을 받아서 정수로 변환하는 함수이다. 파이썬 셸에서 다음과 같이 입력해서 실험해보자.

```
>>> int("300")
300
```

따라서 input() 함수가 반환하는 문자열을 int() 함수에 넘겨서 정수로 변환하여야 한다. 올바른 프로그램을 다음과 같다.

```
x = int(input("첫 번째 정수를 입력하시오:"))      # 문자열을 정수로 변환한다.
y = int(input("두 번째 정수를 입력하시오:"))      # 무자열을 정수로 변화한다
sum = x + y
print("합은 ", sum)
```

```
첫 번째 정수를 입력하시오: 300
첫 번째 정수를 입력하시오: 400
합은  700
```

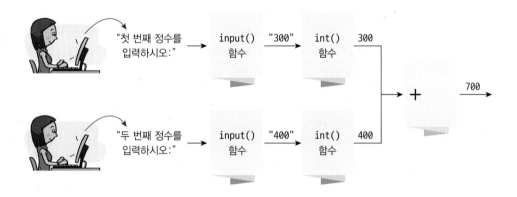

중간점검

1. 사용자의 이름을 물어보고 이어서 2개의 정수를 받아서 덧셈을 한 후에 결과를 출력하는 다음과 같은 프로그램을 작성해보자.

```
이름을 입력하시오: 홍길동
홍길동 씨, 안녕하세요?
파이썬에 오신 것을 환영합니다.
첫 번째 정수를 입력하시오: 300
두 번째 정수를 입력하시오: 400
300 과 400 의 합은 700입니다.
```

Lab 간단한 계산기

이제 이번 장의 첫 번째 목표인 사칙연산이 가능한 계산기를 만들어 보자. 사용자로부터 2개의 정수를 받아서 더하기, 빼기, 곱하기, 나누기 등을 계산한다.

실행
결과

```
첫 번째 정수를 입력하시오: 10
두 번째 정수를 입력하시오: 2
10 + 2 = 12
10 - 2 = 8
10 * 2 = 20
10 / 2 = 5.0
```

사칙연산을 위한 연산자는 이미 알고 있을 것이다. +, −, * /이다. 우리는 이미 사용자로부터 입력을 받는 방법도 알고 있다. 변수의 값과 문자열을 혼합하여 화면에 출력하려면 다음과 같은 문장을 사용한다. f−문자열을 사용하는 것도 좋다.

```python
print(x, "+", y, "=", result)
```

먼저 변수 x의 값이 출력되고 이어서 문자열 "+"가 출력된다. 또 변수 x익 값이 출력되고 이어서 문자열 "="가 출력된다. 마지막으로 변수 result의 값이 출력된다.

```python
x = int(input("첫 번째 정수를 입력하시오: "))      # 문자열을 정수로 변환한다.
y = int(input("두 번째 정수를 입력하시오: "))      # 문자열을 정수로 변환한다.

result = x + y
print(x, "+", y, "=", result)

result = x - y
print(x, "-", y, "=", result)

result = x * y
print(x, "*", y, "=", result)

result = x / y
print(x, "/", y, "=", result)
```

6. 주석과 상수

주석

주석(comment)은 소스 코드에 붙이는 설명글와 같은 것이다. 주석은 프로그램이 하는 일을 설명한다. 주석은 프로그램의 실행 결과에 영향을 끼치지 않는다. 주석은 반드시 있어야 되는 부분은 아니다. 컴파일러는 주석을 무시하며 주석에 대한 기계어 코드를 전혀 생성하지 않는다. 파이썬에서는 '#'로 시작하면 줄의 끝까지 주석으로 취급한다.

예를 들어서 화씨 온도를 섭씨 온도로 변환하는 프로그램에 주석을 붙이면 다음과 같다.

```
##
# 이 프로그램은 화씨 온도를 받아서 섭씨 온도로 변환한다.
#
ftemp = 100                    # 화씨 온도 100를 변수에 저장한다.

ctemp = (ftemp-32.0)*5.0/9.0   # 화씨온도 → 섭씨온도
print("섭씨온도:", ctemp)       # 섭씨온도를 화면에 출력한다.
```

> 주석으로 컴파일러에게 무시되지만 프로그램에 대한 설명이나 메모를 붙이는 것이다.

주석은 컴퓨터를 위한 것이 아니고 프로그램을 읽는 사람을 위한 것이다. 도대체 누가 읽을까? 프로그램은 완성된 후에도 지속적으로 유지보수를 위한 업데이트가 필요하다. 따라서 여러분 또는 후임 개발자가 프로그램의 업데이트를 위하여 소스 코드를 읽을 수 있다. 코드가 상당히 복잡하고 상당한 시간이 흘렀다면, 아무리 자신이 개발했다고 하여도 코드를 분석하는데 많은 시간이 걸릴 수도 있다. 따라서 개발자는 자신의 프로그램이 무엇을 하려고 하는지 주석으로 만들어서 코드에 붙일 필요가 있는 것이다.

주석의 용도가 하나 더 있다. 만약 코드 중에서 실행하고 싶지 않은 문장이 있다면 앞에 # 기호를 놓으면 주석으로 처리된다.

```
##
# 이 프로그램은 정수들의 합을 계산한다.
#
x = 100
y = 200
sum = x + y
#diff = x - y
print("합은 ", sum)
```

이 문장은 실행되지 않는다.

실행결과

합은   300

상수

상수(constant)는 한 번 값이 결정되면 절대로 변경되지 않는 변수를 의미한다. 변수가 내용물이 바뀔 수 있는 박스라면 상수는 한 번 포장되면 내용물을 교체할 수 없는 박스라고 할 수 있다.

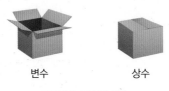

변수   상수

그림 2.2 변수와 상수

다른 프로그래밍 언어에서는 상수를 변수와 다르게 정의하지만 파이썬에서는 개발자에게 모든 것을 맡긴다. 따라서 파이썬에서는 상수도 단순한 변수로 정의한다. 다만 변수의 이름을 대문자로 하여서 일반적인 변수와 구분하는 것이 보통이다. 물론 변수의 이름을 대문자로 한다고 해서 변수를 변경할 수 없는 것은 절대 아니다. 그냥 우리가 그렇게 생각한다는 것뿐이다.

```
TAX_RATE = 0.35
PI = 3.141592
MAX_SIZE = 100
```

그런데 왜 소스에 0.35라고 적지 않고 TAX_RATE처럼 적는 것이 좋을까? 2가지의 이유가 있다. 첫 번째 이유는 0.35보다는 TAX_RATE으로 적으면 소스가 더 쉽게 읽힌다는 것이다. 상수의 이름이 주석의 역할을 한다. 두 번째 이유는 혹시라도 나중에 변경할 필요가 있다면 한 곳만 고치면 되므로 변경이 쉬워진다는 점이다. 자신의 소득에서 소득세를 계산하는 아래 소스를 참고하자.

```
INCOME = 1000
TAX_RATE = 0.35

tax = INCOME * TAX_RATE
net_income = INCOME - tax
...
```

소득과 소득세율이 변경되었다면 상수의 정의만 변경하면 된다.

팁: 매직 넘버를 사용하지 말자

흔히 설명없이 등장하는 숫자를 매직 넘버라고 한다. 예를 들어서 다음과 같이 작성하는 것이다.
```
tax = INCOME * 0.35
```
왜 0.35를 곱하는지가 불분명하다. 이름이 붙은 상수를 사용하면 이러한 문제를 해결할 수 있다.
```
tax = INCOME * TAX_RATE
```

중간점검

1. 사용자로부터 나이를 입력받아서 변수 **age**에 저장하는 문장을 작성해보자.
2. 다음 프로그램은 사각형의 면적을 계산한다. 코드에 주석을 붙여보자.
```
width = 3.0
height = 5.0
print("면적=", width*height)
```

Lab　로봇 기자 만들기

야구 기사를 보면 거의 비슷한 기사가 되풀이 된다. 이긴 팀이나 진 팀, 점수, 경기장, 우수 선수 등의 핵심 요소를 제외한 나머지 부분은 바뀌지 않는다. 기사의 틀을 만들어두고 핵심 요소는 변수로 만들면 자동으로 기사를 작성할 수 있다. 이것을 프로그램을 만들어보자. 사용자에게 경기장, 점수, 이긴 팀, 진 팀, 우수 선수를 질문하고 변수에 저장한다. 이들 문자열에 문장을 붙여서 기사를 작성한다.

```
경기장은 어디입니까?서울
이긴팀은 어디입니까?타이거
진팀은 어디입니까?라이온스
우수선수는 누구입니까?홍길동
스코어는 몇대몇입니까?8:7


==========================================
오늘 서울에서 야구 경기가 열렸습니다.
타이거와 라이온스는 치열한 공방전을 펼쳤습니다.
홍길동이 맹활약을 하였습니다.
결국 타이거가 라이온스를 8:7로 이겼습니다.
==========================================
```

robot.py　　로봇 기자 프로그램

```python
# 사용자의 대답을 변수에 저장한다.
stadium = input("경기장은 어디입니까?")
winner = input("이긴팀은 어디입니까?")
loser = input("진팀은 어디입니까?")
vip = input("우수선수는 누구입니까?")
score = input("스코어는 몇대몇입니까?")

# 변수와 문자열을 연결하여 기사를 작성한다.
print("")
print("==========================================")
print(f"오늘 {stadium}에서 야구 경기가 열렸습니다.")
print(f"{winner}와 {loser}는 치열한 공방전을 펼쳤습니다.")
print(f"{vip}이 맹활약을 하였습니다.")
print(f"결국 {winner}가 {loser}를 {score}로 이겼습니다.")
print("==========================================")
```

Lab 사각형 그리기

변수의 첫 번째 용도는 사용자로부터 받은 입력을 저장하는 것이다. 우리는 사용자로부터 사각형의 크기를 입력받아서 크기에 맞는 사각형을 그려보자.

사각형의 크기는 얼마로 할까요? 200

사용자가 200을 입력했다면 다음과 같이 각 변의 길이가 200픽셀인 사각형을 화면에 그린다.

터틀 그래픽에서 거북이의 각도는 다음과 같다. 초기 상태에서 거북이의 각도는 0도이다.

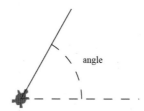

거북이를 forward(length)를 호출하여 움직여도 그림이 그려진다. 아니면 goto(x, y)를 호출하여 거북이를 특정 좌표로 이동시켜도 그림이 그려진다.

사각형의 크기를 변수에 저장해두면 편리하다. 사각형의 크기를 변경하기 위해서는 단순히 size 변수의 값만 변경하면 된다.

rect.py	사각형 그리기 프로그램

```
##
#   이 프로그램은 사용자로부터 크기를 받아서 사각형을 그린다.
#
import turtle
t = turtle.Turtle()
t.shape("turtle")

# 사용자로부터 사각형의 크기를 받아서 size라는 변수에 저장한다.
# 사각형의 크기는 정수이므로 input()이 반환하는 문자열을 int()를 통하여 정수로 변환하였다.
size = int(input("사각형의 크기는 얼마로 할까요? "))

# 사각형을 다음과 같은 코드로 그린다. 이때 변수 size를 사용하자.
t.forward(size)    # size 만큼 거북이를 전진시킨다.
t.right(90)        # 거북이를 오른쪽으로 90도 회전시킨다.
t.forward(size)
t.right(90)
t.forward(size)
t.right(90)
t.forward(size)

turtle.done()
```

 도전문제

    (1) 사용자로부터 크기를 받아서 삼각형을 그려보자.
    (2) 사용자로부터 크기를 받아서 오각형을 그려보자.

사용자가 실시간으로 명령을 주어서 거북이를 조종하는 프로그램을 작성해보자. 이를 위하여 아직 학습하지 않았지만 다음과 같은 무한 반복 구문을 잠시 빌려서 사용하자. while True: 아래에 들여쓰기를 하고 문장을 배치하면 이들 문장은 무한히 반복된다. 무한 반복을 멈추려면 콘솔에서 Ctrl+C를 누른다.

```
while True:
    t.left(10)
    t.forward(200)
    ...
```

사용자는 거북이가 움직이는 거리, 회전 각도, 색상 등을 입력할 수 있다.

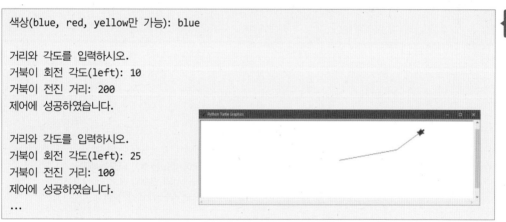

실행
결과

```
색상(blue, red, yellow만 가능): blue

거리와 각도를 입력하시오.
거북이 회전 각도(left): 10
거북이 전진 거리: 200
제어에 성공하였습니다.

거리와 각도를 입력하시오.
거북이 회전 각도(left): 25
거북이 전진 거리: 100
제어에 성공하였습니다.
...
```

거북이의 색상을 변경하려면 t.color("red")와 같이 입력한다.

요 약   Summary

이번 장에서 학습한 내용을 요약 정리해보자.

▶ 변수는 값을 저장하는 상자와 같은 것으로 저장된 값은 나중에 유용하게 사용될 수 있다.

▶ 변수들은 이름을 가지고 있다.

▶ 변수들은 숫자뿐만 아니라 문자열도 저장할 수 있다. 사실은 어떤 것이든지 저장이 가능하다.

▶ 문자열은 큰따옴표("...")나 작은따옴표('...')를 사용할 수 있다.

▶ input() 함수를 이용하여 사용자로부터 문자열을 받을 수 있다.

▶ 파이썬에서 기본 자료형은 int형, float 형, str 형이다.

▶ 문자열을 정수로 변경하려면 int() 함수를 사용한다.

▶ 문자열을 실수로 변경하려면 float() 함수를 사용한다.

▶ 정수나 실수를 문자열로 변경하려면 str()를 사용한다.

수학에서도 변수가 나오는데요.
수학에서의 변수와 프로그래밍에서
변수는 같은 개념인가요?

 약 90% 정도는 같습니다.
다만 수학에서는 메모리 공간이라는 개념은 없죠.
변할 수 있는 값을 기호로 표시한 것은 같습니다.

 사용자로부터 값을 입력받으려면
어떤 함수를 사용하나요?

 input()을 사용합니다.

 사용자로부터 3.14를 입력받아서 변수에
저장하는 문장을 작성해보세요.

음, value = float(input("값을
입력하시오:"))입니다.

1 다음 중 변수를 잘못 사용하고 있는 문장을 모두 고르시오.

① x = 100   ② x + y = 200   ③ sum = x + y   ④ y = y + 1

2 다음 중 변수 이름으로 적절치 않은 것을 모두 고르시오.

① myCar   ② obj.Data   ③ 3apples   ④ _2place

3 문자열을 정수로 변환하는 함수는?

① to_integer()   ② int()   ③ integer()   ④ input()

4 다음과 같은 문장이 실행되었다면 변수 x의 값은 얼마가 되는가?

```
x = 2
x = x + 1
```

5 다음 코드의 실행 결과를 정확하게 적으시오.

```
x = "100"
y = "200"
result = int(x) + int(y)
print(result)
```

6 다음 코드의 실행 결과를 정확하게 적으시오.

```
x = 1
y = 2
result = x / y
print(f"{x}/{y}={result}")
```

7 다음 코드를 실행한 후에 사용자가 200과 300을 입력하였다면 무엇이 출력될까?

```
x = input("숫자 #1: ")
y = input("숫자 #2: ")
result = x + y
print(f"{x}*{y}={result}")
```

8 1, 1.0, "1"의 차이점을 설명하시오.

9 왜 다음과 같은 수식이 오류를 발생시키는가? 올바르게 수정할 수 있는가?

```
'나는 ' + 12 + '개의 사과를 먹었다.'
```

HINT 문자열과 숫자는 합칠 수 없다. 숫자를 문자열로 변환한 후에 문자열과 합쳐야 한다.

10 다음과 같은 수식을 계산하면 결과는 무엇인가?

```
print('apple' + 'grape')
print('apple' * 3)
```

HINT (문자열+문자열)하면 두 개의 문자열이 합쳐진다. (문자열*n)하면 문자열이 반복된다.

Programming

1 농장에 2마리의 닭, 4마리의 돼지, 3마리의 소가 있다고 하자. 전체 다리의 수를 계산하는 프로그램을 작성하고 테스트해보자.

```
닭의 수: 2
돼지의 수: 3
소의 수: 4

전체 다리의 수: 32
```

2 삼각형의 밑변과 높이를 받아서 삼각형의 넓이를 계산하는 프로그램을 작성해보자.

```
삼각형의 밑변:  7
삼각형의 높이:  4
삼각형의 넓이: 14.0
```

3 인터넷 쇼핑몰에서 상품의 가격에 부가세와 배송료를 합하여 전체 가격을 계산하는 프로그램을 작성해보자.

```
상품의 가격: 12000
상품의 개수: 3
부가세(%): 10
배송료: 3000

전체 가격 = 42600
```

4 2개의 변수를 생성하고 10과 20을 저장한다. 이들 2개 변수의 값을 서로 바꾸는 프로그램을 작성하라.

```
바꾸기 전: a = 10 b = 20
바꾸기 후: a = 20 b = 10
```

HINT 파이썬에서는 a, b = b, a와 같은 코드를 이용하여서 변수 2개의 값을 바꿀 수 있다.

5 삼각형의 한 변의 길이를 side 변수로 나타낸다. side 변수의 초기값은 사용자로부터 입력받도록 하자. side 변수를 이용하여 화면에 삼각형을 그려보자.

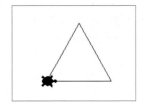

HINT 거북이를 side만큼 전진시키고 120도 왼쪽으로 회전한다. 또 side만큼 전진, 120도 회전, side만큼 전진, 120도 회전을 되풀이하면 삼각형이 그려진다.

6 다음 문자열을 출력하는 파이썬 프로그램을 작성해보자. ''' ''' 형식의 문자열을 이용해보자.

```
반짝 반짝 작은별 아름답게 비치네
동쪽하늘에서도 "서쪽하늘"에서도
반짝 반짝 작은별 아름답게 비치네
```

HINT 문자열의 중간에 "\n"을 넣으면 줄이 바뀐다.

7 사용자로부터 파일이 위치한 드라이브 이름(c), 디렉토리 이름(₩test₩), 파일이름(sample), 확장자(py)를 받아서 완전한 파일 이름(c:₩test₩sample.py)으로 만드는 프로그램을 작성해보자.

```
드라이브 이름: c
디렉토리 이름: \test\
파일 이름: sample
확장자: py

완전한 이름은 c:\test\sample.py
```

8 이번 문제에서는 부동산에 관한 여러 가지 사항을 변수에 저장한다. 예를 들어서 부동산의 주소는 문자열 형태로 street 변수에 저장될 수 있다. 부동산의 가격은 정수 형태의 변수 price에 저장될 수 있다. 방수도 number_of_rooms라는 변수에 저장될 수 있다. 부동산 타입도 문자열 변수 type에 저장될 수 있다.

```
street = "서울시 종로구"
type = "아파트"
number_of_rooms = 3
price = 100000000
```

이들 변수들을 사용하여 다음과 같은 부동산 광고를 화면에 출력하여 보자.

```
##############################
#                            #
#     부동산 매물 광고         #
#                            #
##############################

서울시 종로구 에 위치한 아주 좋은  아파트 가 매물로 나왔습니다. 이  아파트 는  3 개의 방을
가지고 있으며 가격은 100000000 입니다.
```

CHAPTER 3

수식과 연산자

수식과 연산자

1. 이번 장에서 작성할 프로그램

(1) 0부터 9까지의 숫자를 이용한 산수 퀴즈를 만들어보자.

 실행 결과

```
산수 퀴즈에 오신 것을 환영합니다.

2 + 5 = 7
True
7 - 6 = 1
True
2 ** 3 = 8
True
3.0 / 1.5 = 2.0
True
```

(2) 상점에서 필요한 계산기를 만들어 보자. 할인이나 거스름돈 계산 등의 기능이 있어야 한다.

 실행 결과

```
상품의 가격: 10000
상품의 개수: 3
할인율(%): 10

받은 금액: 50000
거스름돈: 23000
```

(3) 자동 판매기를 시뮬레이션하는 프로그램을 작성해보자. 사용자가 지폐를 투입하면 거스름돈을 계산하여서 동전으로 반환한다.

 실행 결과

```
물건값을 입력하시오: 750
받은 금액: 1000

거스름돈은 아래와 같습니다.
500원=0개  100원=2개  10원=5개  1원=0개
```

2. 산술 연산자

산술 연산자는 덧셈, 뺄셈, 곱셈, 나눗셈, 나머지 연산을 실행하는 연산자이다. 우리는 이미 산술 연산자에 대해서는 앞에서 학습하였다. 아래 표에 산술 연산자들을 정리하였다.

연산자	기호	사용예	결과값
덧셈	+	7 + 4	11
뺄셈	–	7 – 4	3
곱셈	*	7 * 4	28
정수 나눗셈	//	7 // 4	1
실수 나눗셈	/	7 / 4	1.75
나머지	%	7 % 4	3
제곱	**	2**3	8

곱셈은 *로 나타낸다. x*y와 같이 써야 한다. xy라고 하면 안 된다. 나눗셈은 /로 표시한다. 수식에서 정수와 부동소수점수를 혼합하여 연산하면 수식의 결과는 항상 부동소수점 값이 된다. 예를 들어서 8+4.0은 부동소수점 값 12.0이다.

파이썬에서 나눗셈은 항상 부동소수점수로 계산된다.

```
>>> 7 / 4
1.75
```
나눗셈은 항상 부동소수점수로 계산된다.

몫과 나머지 연산자

정수 나눗셈 연산자 //와 나머지 연산자 %은 나눗셈에서 몫과 나머지를 계산하는데 사용된다. 즉 x//y는 x를 y로 나눌 때의 몫이고, x%y는 x를 y로 나눌 때의 나머지이다. 예를 들어서 10을 3로 나눈 몫과 나머지를 계산하는 코드는 다음과 같다.

```
x = int(input('피젯수: '))
y = int(input('젯수: '))
q = x // y
r = x % y
print(f"{x}을 {y}로 나눈 몫={q}" )
print(f"{x}을 {y}로 나눈 나머지={r}" )
```

실행결과

```
피젯수: 10
젯수: 3
10을 3로 나눈 몫=3
10을 3로 나눈 나머지=1
```

몫과 나머지는 divmod() 함수를 이용하여도 계산할 수 있다. divmod()는 두 개의 숫자를 받아서 나눗셈의 몫과 나머지를 튜플(8장 참조)로 반환하는 파이썬 표준 라이브러리의 일부이다. 상당히 많이 사용된다.

```
x = 10
y = 3
quotient,remainder = divmod(x, y)
print(quotient, remainder)
```

실행결과
```
3 1
```

그런데 나머지 연산자를 어디에 이용하면 좋을까? 나머지 연산자를 이용하면 짝수와 홀수를 쉽게 구분할 수 있다. 즉 어떤 수를 2로 나누어서 나머지가 0이면 짝수이다.

또 다른 사용 예를 보자. 오늘이 일요일이다. 오늘로부터 10일 후는 무슨 요일일까? 상당히 난해한 문제처럼 보이지만 나머지 연산자를 사용하면 쉽게 해결된다.

```
today = 0
print( (today + 10) % 7 )
```

실행결과
```
3
```

일요일이 숫자로 0이므로 숫자로 3이라면 일(0), 월(1), 화(2), 수(3)이므로 수요일이 된다.

 노트

파이썬 버전 2.X에서는 / 연산자의 결과가 정수가 된다. 주의하자!

거듭제곱 계산하기

거듭제곱(power)을 계산하려면 ** 연산자를 사용한다. 예를 들어서 2^7을 계산하는 파이썬 수식은 2**7이다.

```
>>> 2 ** 7        2의 7승이 계산된다.
128
```

수학에서처럼 지수 연산자는 다른 연산자들보다 높은 우선순위를 가진다. 예를 들어서 10*2**7은 $10×2^7$=1280이다. 다른 연산자하고는 다르게 지수 연산자는 오른쪽에서 왼쪽으로 계산된다. 예를 들어서 2**2**3은 2**(2**3)=2**8=256이 된다.

원리금 계산 프로그램

원리금 합계를 복리로 계산하는 식을 파이썬으로 만들어 보자. 원금 a, 이자율 r, n년 후에 원리금 합계는 b = a(1+r)^n이 된다. 이것을 파이썬으로 만들어서 계산하면 다음과 같다.

interest.py	원리금 계산 프로그램

```python
a = 1000              # 원금
r = 0.05              # 이자율
n = 10                # 기간
result = a*(1+r)**n   # 원리금 합계

print("원리금 합계=", result)
```

실행결과

원리금 합계= 1628.894626777442

도전문제

위의 프로그램에서 원금, 이자율, 기간을 사용자로부터 입력받도록 코드를 수정해보자. float() 함수를 문자열에 적용하여서 문자열을 부동소수점수로 변환한다.

경고

2*2와 2**2의 차이점은 무엇일까? 2*2는 2와 2를 곱하는 것이고 2**2는 2의 2승을 계산하는 것이다. 비록 계산 결과는 같지만 차이점은 알고 있어야 한다.

노트

부동소수점수를 사용할 때는 계산이 부정확할 수도 있음을 알아야 한다. 예를 들어서 파이썬에서 다음과 같은 수식을 계산해보자.

```
>>> 1.2-1.0
0.19999999999999996
```

놀랍게도 0.2가 나오지 않는다. 일반 사람들은 이것을 파이썬의 버그로 생각할 수도 있다. 하지만 아니다. 이것은 컴퓨터 내부에서 실수를 나타낼 때, 2진법을 사용하고 제한된 개수의 비트를 사용하기 때문에 어떤 실수는 이진수로 정확하게 표현할 수 없는 것이다. 10진법에서 1/3이 0.33333...으로 계산되는 것이나 마찬가지이다.

중간점검

1. 10%6의 값은 무엇인가?
2. 나눗셈 연산이 10//6의 값은 얼마인가?
3. 다음의 할당문에서 무엇이 잘못되었는가?

        3 = x

4. 10의 3제곱값을 계산하는 문장을 작성해보자.

3. 할당 연산자

할당 연산자(또는 대입 연산자)는 이미 우리에게 친근하다. 우리가 이제까지 변수에 값을 대입할 때 사용하였던 = 기호가 할당 연산자(assignment operator)이다. = 기호는 "같다"라는 의미가 아니다. 할당 연산자는 변수에 값을 저장하는 연산자이다. =의 왼쪽은 반드시 변수이어야 하고 등호의 오른쪽은 어떠한 수식이라도 가능하다. 다음과 같은 문장들이 가능하다.

```
x = 1            # 변수 x에 1을 할당한다.
value = 3.0      # 변수 value에 3.0을 할당한다.
x = (1/2)+3      # 변수 x에 수식의 결과를 할당한다
```

하나의 값을 여러 변수에 할당하려면 다음과 같은 형식을 사용한다.

```
x = y = z = 0
```

파이썬에서는 동시에 여러 변수에 값을 할당할 수 있다.

```
x, y, z = 10, 20, 30
```

위의 문장에서는 10, 20, 30이 각각 변수 x, y, z에 저장된다. 이것은 여러 변수를 동시에 초기화할 때, 아주 편리하다.

동시 할당문은 다른 프로그래밍 언어에서는 찾아보기 어려운 것으로 잘만 사용하면 아주 편리하다. 예를 들어서 변수 x와 변수 y의 값을 교환할 때, 다음과 같은 할당문을 사용할 수 있다.

```
x, y = y, x       # x와 y의 값을 서로 교환한다.
```

참고 사항

할당 연산자는 책에 따라서 대입 연산자, 배정 연산자라고도 한다. 그리고 알고리즘에서는 할당 연산자를 ← 기호로 표시하기도 한다.

복합 할당 연산자

복합 할당 연산자란 +=처럼 할당 연산자와 다른 연산자를 합쳐 놓은 연산자이다. num += 2는 num = num + 2와 같다. 복합 할당 연산자는 소스를 간결하게 만들 수 있다. 할당 연산자에 다양한 연산자를 조합할 수 있다. 표 3.1에서 가장 많이 사용되는 복합 할당 연산자만을 표시하였다.

표 3.1 복합 할당 연산자

복합 할당 연산자	의미
x += y	x = x + y
x -= y	x = x - y
x *= y	x = x * y
x /= y	x = x / y
x %= y	x = x % y

복합 할당 연산자는 오른쪽에 있는 식을 먼저 계산하여 그 결과에 지정된 산술 연산을 한 후에 왼쪽의 변수에 대입한다. 다음은 몇 가지의 예이다.

```
>>> x = 1000
>>> x += 2          # x는 1002가 된다.
>>> x -= 2          # x는 다시 10000이 된다.
```

example
예제

하루 매출 계산 프로그램

상점에서 프로그램을 이용하여 하루 매출을 편하게 계산하고자 한다. 매우 작은 상점이라 판매하는 상품의 개수는 3개이다. 프로그램은 각 상품의 판매량을 매니저에게 묻는다. 판매량이 입력되면 프로그램은 모든 상품의 판매량과 가격을 이용하여 총 매출을 계산하여 출력한다. 복합 할당 연산자를 사용해본다.

```
판매된 우유의 개수: 3
판매된 콜라의 개수: 2
판매된 김밥의 개수: 5

오늘 총 매출은 29500원입니다.
```

cal_sales.py 원리금 계산 프로그램

```python
total_sales = 0
milk_count = int(input("판매된 우유의 개수: "))
cola_count = int(input("판매된 콜라의 개수: "))
krice_count = int(input("판매된 김밥의 개수: "))

total_sales += milk_count*2000
total_sales += cola_count*3000
total_sales += krice_count*3500

print(f"\n오늘 총 매출은 {total_sales}원입니다.")
```

중간점검

1. 할당 연산자의 왼쪽에 올 수 있는 것은 무엇인가?
2. 등호(=)가 수학에서의 의미와 다른 점은 무엇인가?
3. 복합 할당 연산자 x *= y의 의미를 설명하라.
4. 다음의 할당문이 실행된 후의 변수 a, b, c의 값은?

        a = b = c = 100

5. 현재 x는 1이고 y는 2라고 하자. 다음의 할당문이 실행된 후의 변수 x, y의 값은?

        x, y = y, x

4. 관계 연산자

if-else 문에서 조건을 나타내기 위한 연산자가 관계 연산자이다. 관계 연산자(relational operator)는 두 개의 피연산자를 비교하는데 사용된다. 예를 들면 "변수 x가 변수 y보다 큰지"를 따지는데 사용된다. 관계 연산자의 결과는 참(True) 아니면 거짓(False)으로 계산된다. 파이썬에서는 다음 표와 같은 6가지의 관계 연산자를 사용한다. 우리는 이미 〉연산자는 학습하였다.

표 3.2 관계 연산자

연산	의미	수학적 표기
x == y	x와 y가 같은가?	=
x != y	x와 y가 다른가?	≠
x 〉y	x가 y보다 큰가?	〉
x 〈 y	x가 y보다 작은가?	〈
x 〉= y	x가 y보다 크거나 같은가?	≥
x 〈= y	x가 y보다 작거나 같은가?	≤

관계 수식은 참이나 거짓이라는 값을 생성한다. 파이썬에서 참과 거짓은 True와 False로 표시된다. (100 〉1)라는 관계식을 예로 들어보자. 100이 1보다 크기 때문에 이 수식은 참을 의미하는 값 True를 생성한다. (1 〉100) 수식은 거짓이므로 False 값이 생성된다.

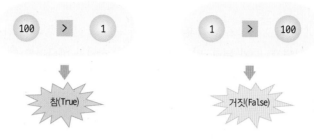

그림 3.1 조건 연산자

조건식에는 변수를 사용할 수 있다. 즉 (x > y)와 같은 수식이 가능하다. 변수 x가 변수 y보다 크면 이 수식의 값은 True가 된다. 반대로 변수 x의 값이 변수 y보다 크지 않으면 False가 된다.

부울 변수

관계 연산자의 결과값은 True 아니면 False인 부울값(Boolean value)이다. 이 값은 변수에 저장될 수 있다. 예를 들어서 변수 radius의 값이 32보다 큰지를 부울형 변수 flag에 저장한 후에 출력해보자.

```
radius = 100
flag = (radius > 32)
print(flag)
```

실행결과

```
True
```

부울값을 저장하는 변수를 부울 변수라고 한다. 부울 변수는 True와 False 중에서 하나의 값을 가진다. 우리는 변수에 True와 False를 직접 저장할 수도 있다. 다음 문장은 powerOn 변수에 True 값을 저장하는 명령문을 나타낸다.

```
powerOn = True
```

부울 변수도 if-else 문에 사용할 수 있다. if-else문은 4장에서 학습한다.

```
expensive = price > 20000    # expensive가 부울 변수이다.
if  expensive :              # 관계 수식 대신에 부울 변수가 들어가도 된다.
    shipping_cost = 0
else :
    shipping_cost = 3000
```

문자열 비교

문자열을 비교할 때도 비교 연산자를 사용할 수 있다. s1 == s2와 같은 조건식은 두 개의 문자열이 완벽하게 일치하면 True가 된다. 만약 문자열 안의 글자가 하나라도 다르면 False가 된다.

```
s1 = "Audrey Hepburn"
s2 = "Audrey Hepburn"
print(s1 == s2)
```

s1 < s2와 같은 조건식은 어떻게 계산될까? 알파벳 순으로 s1이 s2보다 앞에 있으면 True가 되고 그렇지 않으면 False가 된다.

```
s1 = "Audrey Hepburn"
s2 = "Grace Kelly"
print(s1 < s2)
```

기본적으로는 사전 순서이지만 주의할 점도 있다. 모든 대문자는 소문자보다 앞에 있는 것으로 간주된다. 스페이스 문자는 모든 알파벳 문자보다 앞에 있는 것으로 간주된다. 숫자는 문자보다 앞에 있다.

실수와 실수의 비교

다음과 같은 프로그램을 실행시키면 결과가 어떻게 나올까? 3.0의 제곱근을 계산한 후에, 제곱근을 다시 제곱하였다. 즉 $\sqrt{3.0} \times \sqrt{3.0}$ 은 3.0이어야 한다.

```
from math import sqrt

n = sqrt(3.0)
print(n*n == 3.0)
```

False

하지만 결과는 다르다고 나온다. 왜 그럴까? 실수와 실수를 비교할 때는 아주 조심하여야 한다. 왜냐하면 위의 비교는 참이 되기 힘들다. 왜냐하면 컴퓨터에서는 비트의 수가 제한되어 있으므로 복잡한 실수 값은 정확하게 표현되지 않기 때문이다. 따라서 실수 2개가 같은지를 판별하려면 다음과 같이 오차를 감안하여서 비교하여야 한다. 즉 2개의 숫자가 오차 이내로 아주 근접하면 같은 것으로 판정하는 방법이다.

```python
from math import sqrt
n = sqrt(3.0)
print( abs(n*n - 3.0 ) < 0.00001 )
```

```
True
```

abs() 함수는 절대값을 계산하여서 반환한다. 아니면 다음과 같이 math 모듈의 isclose() 함수를 사용한다.

```python
>>> import math
>>> math.isclose(3.14, 3.15)
False
>>> math.isclose(3.141590003, 3.141590002)
True
```

관계 연산자와 밀접한 관계가 있는 논리 연산자는 4장 조건문에서 학습하도록 하자.

경고: ==와 =

아주 많이 하는 오류가 두 값을 비교할 때 == 연산자를 사용하지 않고 = 연산자를 사용하는 것이다. = 연산자는 변수에 값을 할당하는 연산자이다. 비교하려면 ==을 사용한다.

```python
if x = 0 :
    print("x가 0이다.")
```
이 경우 파이썬에서는 구문 오류가 발생한다.

팁

관계 연산자의 우선 순위는 산술 연산자보다 작다. 따라서 다음과 같은 문장은 괄호없이도 안심하고 사용할 수 있다.

```python
number - 1 > 100
```
관계 연산자의 왼쪽과 오른쪽 피연산자가 먼저 계산되고 결과를 비교한다.

중간점검

1. 관계 수식의 결과로 생성될 수 있는 값은 무엇인가?
2. 실수와 실수를 비교할 때 주의해야 할 점은 무엇인가?

5. 비트 연산자

파이썬에서는 정수를 이루고 있는 각각의 비트를 가지고 작업할 수 있는 연산자가 제공된다. 예를 들어, 정수의 특정한 위치에 있는 비트를 추출할 수 있다. 비트 연산자에는 다음과 같은 것들이 있다.

연산자	의미	예
~	비트 NOT	0을 1로, 1을 0으로 바꾼다.
&	비트 AND	두개의 비트가 1인 경우에만 1이 된다.
^	비트 XOR	두 비트가 다르면 1이고 같으면 0이 된다.
|	비트 OR	두개의 비트 중에서 하나만 1이면, 1이 된다.

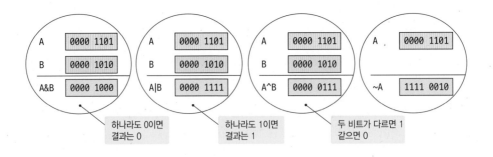

위의 표와 다음 코드의 결과를 비교해보자.

```
a = 0b00001101
b = 0b00001010
print( a&b, a|b, a^b )
print( bin(a&b), bin(a|b), bin(a^b) )
```

실행결과

```
8 15 7
0b1000 0b1111 0b111
```

~ 연산자는 비트 패턴을 반전한다. 즉 ~ 연산자는 0은 1로 만들고 1은 0로 만든다. 비트 NOT 연산자가 가장 간단해 보이지만 파이썬에서 사용할 때는 극도의 주의를 기울여야 한다. 파이썬은 기본적으로 부호 없는 정수를 지원하지 않는다. 즉, 모든 숫자는 부호가 있다고 가정한다.

```
a = 0b00001101
print(~a, bin(~a))
```

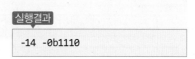

실행결과

-14 -0b1110

예상되는 0b11110010 대신 음수 값을 얻는다! 논리적으로 올바른 결과를 얻으려면 비트 AND 연산자를 활용하는 것이다. 즉 비트를 8비트로 제한하여서 부호비트까지 자동으로 반전되지 않게 만든다.

```
a = 0b00001101
print(~a&255, bin(~a&255))
```

실행결과

242 0b11110010

비트 연산 사용 예

비트 연산은 어떤 경우에 사용될까? 프로그램과 하드웨어 칩 간의 통신에 사용된다. 예를 들어서 세탁기 안에 있는 8개의 센서들의 값을 한 개의 바이트로 반환하는 하드웨어 칩이 있다고 하자. 이 바이트를 status라는 변수로 읽었다고 하자. 특정한 센서값이 1이 되었는지를 검사하는 용도로 사용된다. 예를 들어서 세탁기의 문이 열려있으면 비트 2가 1이라고 하자. 비트 2가 0인지 1인지를 검사하는 코드를 작성해보자.

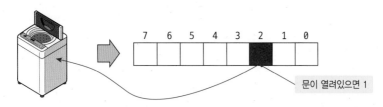

| BitOperator.py | 비트 연산자 실습하기 |

```
status = 0b01101110;
print( "문열림 상태=" , ((status & 0b00000100)!=0) )
```

실행결과

문열림 상태= True

비트 이동 연산자

부호 이동 연산자인 《 연산자는 비트를 왼쪽으로 이동한다. 》 연산자는 반대로 비트를 오른쪽으로 이동한다. 》 연산자는 부호 비트가 왼쪽에 채워진다. 이들은 2로 곱하거나 2로 나누는 효과를 낸다. 따라서 이들을 산술적인 비트 이동 연산이라고 부른다.

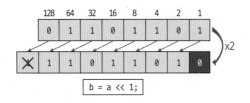 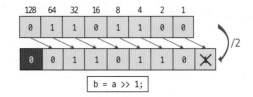

```
a = 0b01101101
print( a<<1, a>>1)
print( bin(a<<1), bin(a>>1))
```

실행결과

```
218 54
0b11011010 0b110110
```

 중간점검

1. 비트 **AND** 연산자를 나타내는 기호는?
2. `0b00011 << 1`의 결과를 예측해보라.

6. 연산자의 우선순위

만약 아래와 같이 하나의 수식이 2개 이상의 연산자를 가지고 있는 경우에는 어떤 연산자가 먼저 수행될 것인가? 예를 들면 다음과 같은 문장에서 가장 먼저 수행되는 연산은 무엇인가?

$$x + \underbrace{\underbrace{y * z}_{①}}_{②}$$

우리는 수학에서 배웠듯이 곱셈과 나눗셈이 덧셈과 뺄셈보다 먼저 수행되어야 한다. **우선순위**(precedence)는 많은 연산들 중에서 어떤 연산을 먼저 수행할지를 결정하는 규칙이다. 각 연산자들은 서열이 매겨져 있다. 즉 곱셈과 나눗셈은 덧셈이나 뺄셈보다 우선순위가 높다. 산술 연산자들의 우선순위를 높은 것부터 나열하면 오른쪽 그림과 같다.

만약 사용자가 이러한 우선순위대로 연산을 하지 않고 다른 순서로 하고 싶은 경우는 어떻게 하면 되는가? 수학에서도 배웠듯이 이 경우에는 괄호를 사용하면 된다.

$$x + \underbrace{y * z}_{①}$$ $$\underbrace{(x + y)}_{①} * z$$
$$\underbrace{}_{②}$$ $$\underbrace{}_{②}$$

파이썬의 산술 연산자의 경우, 다음과 같은 우선 순위를 가진다.

① 지수 **
② 곱셈 *, 나눗셈 /, 나머지 %
③ 덧셈 +과 뺄셈 −

```
>>> 1 + 2 * 3
7
```
2*3이 먼저 계산되고 이어서 1을 더한다. 덧셈 연산자가 우선 순위가 높기 때문이다.

일반적인 수식의 경우, 왼쪽에서 오른쪽으로 계산된다. 물론 괄호가 있다면 괄호가 먼저 계산된다.

```
>>> 4 - 40 - 3
-39
```
4-40이 먼저 계산되고 이어서 −3이 더해진다.

수식 $\dfrac{10+20}{2}$ 의 값을 계산한다고 가정하자. 이것을 10 + 20 / 2와 같이 적어주면 수식의 값이 우리의 예상과 다르게 계산된다.

```
>>> 10 + 20 /2
20.0
```

연산자의 우선 순위에 의하여 20 / 2가 먼저 계산되어 10.0이 되고 이것이 10에 더해지기 때문에 20이 나온 것이다. 이것을 올바르게 계산하려면 괄호를 사용하여서 (10 + 20)이 먼저 계산되도록 하여야 한다.

```
>>> (10 + 20) /2
15.0
```

괄호는 어떤 연산자보다도 먼저 계산된다.

파이썬에서 사용되는 중요한 연산자에 대한 우선 순위를 높은 것부터 아래 표에 정리하였다.

연산자	설명
**	지수 연산자
~, +, −	단항 연산자
*, /, %, //	곱셈, 나눗셈, 나머지 연산자
+, −	덧셈, 뺄셈
>>, <<	비트 이동 연산자
&	비트 AND 연산자
^,		비트 XOR 연산자, 비트 OR 연산자
<=, <, >, >=	비교 연산자
<>, ==, !=	동등 연산자
=, %=, /=, //=, −=, +=, *=, **=	할당, 복합 할당 연산자
is, is not	동등 연산자
in, not in	소속 연산자
not, or, and	논리 연산자

위의 표에서 같은 칸에 있는 연산자들의 우선순위는 같다. 우선순위를 모두 암기하기는 상당히 어렵기 때문에 우선순위를 기억할 수 없으면 먼저 계산되어야 되는 부분을 괄호로 감싸는 것도 좋은 방법이다.

```
( (a + b) * (c − d) ) / (e + f)
```

example 예제 평균 성적 계산 프로그램

평균 성적을 계산하는 프로그램을 작성해보자. 입학한지 얼마 안 되어서 3과목만 수강하였다고 하자. 사용자에게 각 과목의 성적을 입력받는다. 평균을 계산할 때 연산자의 우선순위에 주의하자.

```
국어 성적: 90
수학 성적: 95
영어 성적: 93

평균 성적은 92.67점입니다.
```

average.py	평균 성적 프로그램

```python
score1 = int(input("국어 성적: "))
score2 = int(input("수학 성적: "))
score3 = int(input("영어 성적: "))

avg = ( score1 + score2 + score3 ) / 3.0
print(f"\n평균 성적은 {avg:.02f}점입니다.")
```

여기서 주의할 점은 다음과 같이 계산하면 안된다.

```python
avg = score1 + score2 + score3 / 3.0    # 잘못된 평균 계산
```

위와 같이 계산하면 우선 순위에 의하여 score3 / 3.0 이 먼저 계산되고 여기에 score2와 score1이 더해지게 된다.

 중간점검

1. *와 ** 중에서 어떤 연산자가 우선순위가 높은가?
2. 우선순위가 생각나지 않으면 어떻게 하는 것이 좋은가?
3. + 연산자와 = 연산자 중에서 어떤 연산자가 우선순위가 높은가?

7. 타입 변환과 반올림

서로 다른 자료형의 피연산자를 가지고 수식을 만들면 어떻게 계산될까? 만약 정수와 부동소수점수를 동시에 사용하여 수식을 만들면 파이썬은 자동적으로 정수를 부동소수점수로 변환한다. 이것을 자동적인 타입 변환이라고 한다.

```python
>>> 3 * 1.23    # 이것은 3.0 * 1.23과 같다.
3.69
```

우리는 수식에 int() 함수를 이용하여 강제적으로 부동소수점수를 정수로 만들거나 float() 함수를 이용하여 정수를 부동소수점수로 만들 수 있다.

```
>>> x = 3.14
>>> int(x)
3


>>> y = 3
>>> float(y)
3.0
```

int() 함수는 실수에서 정수 부분만을 얻기 위하여 종종 사용한다.

round() 함수는 실수를 반올림하기 위하여 사용한다. 예를 들면 다음과 같다.

```
>>> x = 1.723456
>>> round(x)
2
```

만약 소수점 2번째 자리까지 반올림하려면 round(x, 2)하면 된다.

```
>>> x = 1.723456
>>> round(x, 2)
1.72
```

int(), float(), round() 함수는 모두 변수가 가지고 있는 값을 변경하는 것은 아니다. 변수의 값을 변환시켜서 우리에게 제공할 뿐이다.

```
>>> x = 1.7
>>> round(x)
2
>>> x
1.7
```

위의 코드에서 변수 x의 값은 타입 변환 이후에도 전혀 변화가 없음을 알 수 있다.

부가가치세 계산 프로그램

하나의 예로 물건의 값의 7.5%가 부가세라고 하자. 물건값이 12345원일 때, 부가세를 소수점 2번째 자리까지 계산하는 프로그램을 작성해보자.

 | 부가세 계산 프로그램

```python
price = 12345
tax = price * 0.075
tax = round(tax, 2)
print(tax)
```

실행결과

925.88

중간점검

1. int형 변수 x의 값을 float형으로 형변환하는 문장을 써보라.
2. 하나의 수식에 정수와 부동소수점수가 섞여 있으면 어떻게 되는가?

Lab 산수 퀴즈 프로그램 Ver.1

0부터 9까지의 숫자를 이용하여서 간단한 산수 퀴즈를 출제하는 프로그램을 만들어보자. 산수 계산은 치매 예방에도 도움이 된다고 한다.

실행 결과

산수 퀴즈에 오신 것을 환영합니다.

```
2 + 5 = 7
True
7 - 6 = 1
True
2 ** 3 = 8
True
3.0 / 1.5 = 2.0
True
```

---

mquiz1.py 산수 퀴즈 Ver.1

```python
print("산수 퀴즈에 오신 것을 환영합니다.\n")

ans = int(input("2 + 5 = "))
print(ans==2+5)
ans = int(input("7 - 6 = "))
print(ans==7-6)
ans = int(input("2 ** 3 = "))
print(ans==2**3)
ans = float(input("3.0 / 1.5 = "))
print(ans==3.0/1.5)
```

 도전문제

숫자가 고정되면 재미가 없다. 어떻게 하면 문제의 숫자들을 랜덤하게 할 수 있을까? 다음과 같은 코드를 테스트해보자.

```python
import random
n = random. randint(0,10)
```

몇 개의 단답형 문제를 출제하고 사용자가 대답한 답안을 채점하는 시스템을 만들어보자.

실행
결과

```
가장 쉬운 프로그래밍 언어는? 파이썬
True
거듭제곱을 계산하는 연산자는? **
True
파이썬에서 출력시에 사용하는 함수이름은? printf
False

점수 = 2
```

---

shortsquiz.py 　단답형 문제 채점 프로그램

```python
score = 0

ans = input("가장 쉬운 프로그래밍 언어는? ")
check = (ans=="파이썬")
print(check)
score += int(check)          ← True는 1로, False는 0으로 변환된다.

ans = input("거듭제곱을 계산하는 연산자는? ")
check = (ans=="**")
print(check)
score += int(check)

ans = input("파이썬에서 출력시에 사용하는 함수이름은? ")
check = (ans=="print")
print(check)
score += int(check)

print(f"점수 = {score}")
```

도전문제

문제를 추가하여 보자. 또 사용자의 점수를 백분율(%)로 표시하여 본다.

Lab 명왕성까지의 시간 계산하기

지구에서 명왕성까지의 평균 거리는 약 48억km라고 한다. 빛의 속도로 가면 시간이 얼마나 걸리는지 계산해보자. 최대한 변수를 많이 사용해보자.

실행 결과

4 시간 26 분

천문학에서 사용하는 숫자들은 아주 크다. 따라서 부동소수점수를 사용하여야 한다.

pluto.py 명왕성까지의 시간 프로그램

```
##
#  이 프로그램은 명왕성까지 빛이 가는 시간을 계산한다.
#
speed = 300000.0                # 빛의 속도
distance = 4800000000.0         # 거리
secs = distance / speed         # 걸리는 시간, 단위는 초
secs = int(secs)                # 부동소수점수->정수 변환
time = secs // 3600             # 초를 시간으로 변환, //은 정수 나눗셈
minute = (secs % 3600) // 60    # 남은 초를 분으로 변환
print(time, "시간", minute, "분")
```

실행 결과

4 시간 26 분

 참고사항: 지수형식

아주 큰 실수는 지수 형식으로 표현이 가능하다. E나 e를 사용하여 지수부를 표현한다. 예를 들어서 빛의 속도 300,000는 3×10^5으로 표현이 가능하고, 코드에서는 다음과 같이 쓴다.

```
>>> speed = 3E5
```

 도전문제

인간이 만든 우주선인 뉴호라이즌호의 속도는 약 초속 **14km**라고 한다. 뉴호라이즌호로 명왕성에 가면 얼마나 시간이 걸리는 계산해보자. 실제로 뉴호라이즌호는 **2015**년에 명왕성에 근처에 도달하였다. 위의 코드에서 speed 변수의 값만 변경하여서 다시 계산해보라.

상점에서 필요한 계산기 프로그램을 만들어보자. 할인이나 거스름돈 계산 등의 기능이 있어야
한다.

```
상품의 가격: 10000
상품의 개수: 3
할인율(%): 10

받은 금액: 50000
거스름돈: 23000
```

실행
결과

---

cashRegister.py   상점 계산기

```python
price = int(input("상품의 가격: "))
amount = int(input("상품의 개수: "))
disRate = int(input("할인율(%): "))/100.0

print()
payment = int(input("받은 금액: "))
total = price*amount
change = payment - (total - total*disRate)

# 결과를 출력한다.
print(f"거스름돈: {int(change)}")        # change를 정수형으로 변환
```

 노트

부동소수점수와 정수를 섞어서 계산하면 결과는 항상 부동소수점수가 된다. 위의 코드에서 변수 change도
disRate 때문에 부동소수점수가 되었다. disRate는 정수를 100.0으로 나누었기 때문에 부동소수점수가 되
었다.

Lab 복리 계산

1626년에 아메리카 인디언들이 뉴욕의 맨해튼 섬을 단돈 60길더(약 24달러)에 탐험가 페터르 미노이트(Peter Minuit)에게 팔았다고 한다. 382년 정도 경과한 2008년의 맨해튼 땅 값은 약 600억 달러라고 한다. 인디언들은 큰 손해를 보았다고 할 수 있다.

하지만 만약 인디언이 24달러를 은행의 정기예금에 입금해두었다면 어떻게 되었을까? 예금 금리는 복리로 6%라고 가정하자. 그리고 382년이 지난 후에는 원리금을 계산하여 보자.

(출처: Getty Images)

우리는 인디언이 맨하탄을 판 금액을 은행에 복리로 저축했을 경우, 382년이 흘렀을 때 얼마가 되는지를 계산해보자. 계산식은 (투자원금 × (1 + 이자율)**투자기간)이다.

invest.py	복리 계산 프로그램

```python
init_money = 24
interest = 0.06
years = 382
print(init_money*(1+interest)**years)
```

실행결과

111442737812.28842

놀랍게도 380년이 지나면 원리금은 1,114억 달러가 되어서 2008년의 땅 값을 넘어서게 된다. 만약 이자율이 약간이라도 더 높으면 그 차이는 더 벌어질 것이다. 이것이 바로 "복리효과"이다. 재투자가 이루어지면 재산이 급격하게 증식되는 것이다.

우리는 왜 변수를 사용하는 것인가? 그런데 예를 들어서 이자율이 6%에서 7%로 증가되었다고 가정하자. 변수를 사용하지 않았다면 전체 수식을 다시 입력하여야 한다. 하지만 변수를 사용하였다면 좀 더 편리하게 계산 할 수 있다. 이 경우에는 interest 변수의 값을 0.07로 변경하고 동일한 수식을 계산하면 변경된 값을 순식간에 얻을 수 있다

도전문제

인디언 예제에서 초기 저금액이나 기한을 나타내는 변수의 값을 변경하면서 수식의 값이 어떻게 변경되는지를 실습해보자. 즉 init_money나 years의 값을 변경하여서 총금액이 어떻게 바뀌는지를 관찰해보자.

Lab 자동판매기 프로그램

자동 판매기를 시뮬레이션하는 프로그램을 작성하여 보자. 사용자는 1,000원짜리 지폐만 사용할 수 있다. 거스름돈을 계산해서 동전으로 반환한다.

```
물건값을 입력하시오: 750
받은 금액: 1000

거스름돈은 아래와 같습니다.
500원=0개  100원=2개  10원=5개  1원=0개
```

실행 결과

---

atm.py   자판기 프로그램

```python
##
#   이 프로그램은 자판기에서 거스름돈을 계산한다.
#
price = int(input("물건값을 입력하시오: "))
payment = int(input("받은 금액: "))

change = payment - price

print("\n거스름돈은 아래와 같습니다.")
# 거스름돈(500원 동전 개수)을 계산한다.
nCoin500 = change//500
change = change%500

# 거스름돈(100원 동전 개수)을 계산한다.
nCoin100 = change//100
change = change%100

# 거스름돈(10원 동전 개수)을 계산한다.
nCoin10 = change//10
change = change%10

# 거스름돈(1원 동전 개수)을 계산한다.
nCoin1 = change

print(f"500원={nCoin500}개 100원={nCoin100}개 10원={nCoin10}개 1원={nCoin1}개")
```

가게에서 사용할 수 있는 상점 계산기의 최종 버전을 만들어보자. 상품의 가격에 부가세와 봉사료를 합하여 전체 가격을 계산하는 프로그램을 작성해보자.

실행
결과

```
상품의 가격: 9000
상품의 개수: 3
세금(10%): 2700
봉사료(5%): 1350
전체 가격 = 31050

받은 금액: 50000


거스름돈: 18950
10000원 지폐의 개수: 1
5000원 지폐의 개수: 1
1000원 지폐의 개수: 3
500원 동전의 개수: 1
100원 동전의 개수: 4
50원 동전의 개수: 1
```

부동소수점수로 계산되면 반올림하여서 정수로 만들어보자. 통신사 카드 할인 등의 기타 필요한 기능을 추가하여도 좋다.

요약 Summary

이번 장에서 학습한 내용을 요약 정리해보자.

▶ 파이썬에서는 덧셈, 뺄셈, 곱셈, 나눗셈을 위하여 +, −, *, / 기호를 사용한다.
▶ 지수 연산자는 **이다.
▶ 나눗셈에서 정수로 몫을 계산하려면 // 연산자를 사용한다.
▶ 나눗셈에서 나머지를 계산하려면 % 연산자를 사용한다.
▶ 우선순위가 높은 연산자가 먼저 계산된다.
▶ *와 /가 +와 −보다 우선순위가 높다.
▶ 연산자의 우선 순서를 변경하려면 괄호를 사용한다.

 현대적인 컴퓨터에서도
계산이 중요한가요?

 그럼요. 아무리 복잡한 처리 과정도 결국은
계산들로 분해되어서 CPU에서 처리됩니다.

 연산자의 우선순위가 생각하지 않는다면
어떻게 해야 하나요?

그냥 괄호 ( )를 사용하면 됩니다.

 100을 3으로 나누어서 나머지를 변수 r에
대입하는 문장을 작성해보세요.

음. 나머지를 구하는 연산자가
%이므로 r = 100%3 이군요.

1 다음의 문장 중에서 오류가 발생하는 것을 모두 고르시오.

① x, y = 100, 200   ② x, y, z = 100, 200, 300

③ x, y = 100 200   ④ x, y = 100

2 다음의 문장 중에서 오류가 발생하는 것을 모두 고르시오.

① x++   ② x += 1   ③ x, y = 10,20   ④ x = x+1

3 다음의 연산 결과는 어떻게 나올까? 정확하게 답해야 한다.

```
0 / 1000
```

① 0   ② 0.0   ③ 1   ④ 오류

4 다음 코드의 실행 결과는 무엇일까? =+와 +=의 의미는 상낭히 다르다.

```
x, y = 100, 200
x =+ 200
y += 200
print(x)
print(y)
```

5 다음 연산자 중에서 가장 우선순위가 높은 것은?

① +   ② −   ③ *   ④ **

6 다음 수식의 값을 적으시오.

(a) 1.0 + 1 // 2   (b) 1.0 + int(3 / 2)

7 다음 비트 연산의 결과를 예측해보자. 직접 코드로 작성하여서 확인하여도 좋다.

```
0xFF & 0x12
0xFF | 0x12
0xFF ^ 0x12
```

8 다음 비트 연산의 결과를 예측해보자. 직접 코드로 작성하여서 확인하여도 좋다.

```
0x01 << 1
0x01 >> 1
```

9 다음과 같은 수식의 값을 계산하는 파이썬 문장을 작성하시오.

$$s = vt + \frac{1}{2}gt^2$$

10 x=20, y=3일 때 다음의 값은 얼마인가?

```
x // y + x % y
```

Programming

1 사용자로부터 두 개의 정수를 받아서 정수의 합, 정수의 차, 정수의 곱, 정수의 평균, 큰 수, 작은 수를 계산하여 화면에 출력하는 프로그램을 작성하라. 파이썬이 제공하는 내장 함수 max(x, y), min(x, y)을 사용해보자.

```
x: 10
y: 20
두수의 합: 30
두수의 차: -10
두수의 곱: 200
두수의 평균: 15.0
큰수: 20
작은수: 10
```

HINT max(x, y)와 같이 호출하면 x와 y중에서 큰 수가 반환된다.

2 철수는 52개의 과자를 친구들에게 3개씩 나누어주려고 한다. 최대 몇 명에게 나누어 줄 수 있는가? 또 남는 과자는 몇 개일까?

```
과자의 개수: 52
한 사람당 나누어주는 과자의 개수: 3

최대 17명에게 나누어줄 수 있습니다.
남는 과자는 1개입니다.
```

3 철수는 첫날에 1원을 받지만, 이후 30일 동안 전날의 2배씩 받기로 하였다. 거듭제곱 연산자를 이용하여 30일이 지난 후의 철수의 일당을 계산해보자.

```
철수가 받을 30일 후의 일당: 1073741824원
```

HINT 1원*2*2*...2를 계산해보자. 거듭제곱 연산자 **을 사용해본다.

4 삼각형의 두 변의 길이를 받아서 나머지 변의 최대 길이를 계산해보자.

```
삼각형의 첫 번째 변의 길이:  8
삼각형의 두 번째 변의 길이:  10
삼각형의 나머지 변의 최대 길이 = 17
```

HINT 삼각형이 되려면 나머지 변은 1에서 (side1+side2)-1의 길이를 가져야 한다.

5 사용자로부터 시간과 분을 받아서 초로 변환하는 프로그램을 작성해보자.

```
시간을 입력하시오:  1
분을 입력하시오: 3
1 시간 3 분은 3780 초입니다.
```

6 사용자로부터 x, y 값을 받아서 (x + y) * (x + y)을 계산하는 프로그램을 작성하고 테스트하라.

```
x의 값을 입력하시오:  4
y의 값을 입력하시오:  3
(4 + 3) ^ 2 = 49
```

7 화씨 온도를 읽어서 섭씨 온도로 변환하는 프로그램을 작성하라. 변환 수식은 다음과 같다.

$$c = (f - 32.0) * \frac{5}{9}$$

```
화씨 온도를 입력하시오: 100
화씨 100도는 섭씨 37.77777777777778도에 해당합니다.
```

8 사용자로부터 두 점의 좌표 (x1, y1)과 (x2, y2)를 입력받아서 두 점 사이의 거리를 계산하는 프로그램을 작성해보자. 스크립트 모드로 작성하라. 거리는 다음 식으로 계산한다.

$$\sqrt{(x_1 - x_2)^2 + (y_1 - y_2)^2}$$

```
x1=0
y1=0
x2=100
y2=100
두점 사이의 거리= 141.4213562373095
```

HINT 제곱근을 계산하려면 0.5승을 하면 된다. x**0.5하면 x의 제곱근이 계산된다.

9 8번 문제에서 계산한 거리가 맞는지, 터틀 그래픽으로 확인해보자. 거북이를 왼쪽으로 45도 회전하여 141만큼 전진시킨다. 다시 거북이를 (0, 0)으로 이동하고 0도를 가리키게 한 후에 100만큼 전진하고 왼쪽으로 90도 회전하여 100만큼 전진한다. 화면에 그려신 직선이 일치하는가?

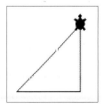

HINT 거북이의 방향을 설정하려면 setheading()을 사용하는 것이 편리하다. 예를 들어서 0도를 가리키게 하려면 setheading(0)이 된다.

10 사용자로부터 4자리의 정수를 받아서 자리수의 합을 계산하는 프로그램을 작성하여 보자. 예를 들어서 사용자가 1234를 입력하였다면 1+2+3+4를 계산하면 된다. 나머지 연산자와 정수 나눗셈 연산자 //를 적극적으로 사용해보자.

```
정수=1234
10
```

HINT 1의 자리수는 number % 10으로 계산할 수 있다. 10의 자리수는 number = number // 10한 후에 동일한 처리를 되풀이 한다. 단 반복문은 사용하지 않는다.

11 2개의 변수를 생성하고 10과 20을 저장한다. 이들 2개 변수의 값을 서로 바꾸는 프로그램을 작성하라.

```
바꾸기 전: a = 10 b = 20
바꾸기 후: a = 20 b = 10
```

12 은행에서 예금의 이자를 계산할 때는 계산하는 방법에 따라 단리와 복리로 구분된다. 단리는 단리는 원금에 대해서만 약정한 이율을 적용하여 이자를 계산하는 방법이다. 이자는 원금에 합산되지 않는다.

$$FV = PV \times (1 + (r \times n))$$

여기서 r은 연이율이고 n은 연단위의 투자기간이다. 복리는 이자에 이자가 붙는다. 따라서 원금과 이자가 재투자된다.

$$FV = PV \times (1 + r)^n$$

사용자로부터 원금과 연리율, 기간을 입력받아서 기간이 지난 후에 원리금 합계를 계산하는 프로그램을 작성하자.

```
원금: 1000000
연이율: 0.05
기간(연단위): 10

원리금 함계(단리): 1500000원
원리금 함계(복리): 1628895원
```

CHAPTER

조건문

★ 다음과 같은 작업들을 수행하는 방법을 알고 있나요?
 이번 장에서 함께 알아봐요.

1. 조건에 따라 서로 다른 문장을 실행할 수 있나요?
2. 관계 연산자와 논리 연산자를 사용해서 복잡한 조건을
   표현할 수 있나요?
3. 여러 개의 문장을 묶어서 조건에 따라 실행할 수
   있나요?
4. 조건문 안에 다른 조건문을 넣을 수 있나요?
5. 조건문을 연속해서 배치할 수 있나요?

1. 이번 장에서 만들 프로그램

컴퓨터 프로그램의 필수적인 특징 중의 하나는 상황에 따라서 서로 다른 결정을 내릴 수 있는 능력이다. 자동차가 도로의 신호등에 따라서 직진하거나 좌회전하는 것처럼 컴퓨터 프로그램은 입력이나 주위 상황에 따라서 서로 다른 동작을 실행할 수 있다. 이번 장에서는 프로그램이 어떻게 결정을 내려서 스마트하게 동작할 수 있는지를 학습한다. 이번 장에서는 다음과 같은 프로그램을 작성해볼 것이다.

(1) 초등학생 조카를 위하여, 산수 퀴즈를 발생시키는 프로그램을 작성해보자. 난수를 이용한다.

```
25 + 78 = 103
맞았습니다.
```

```
25 + 78 = 100
틀렸습니다.
```

(2) 터틀 그래픽을 이용하여 사용자가 선택하는 도형을 화면에 그리는 프로그램을 작성해보자. 도형은 "사각형", "삼각형", "원" 중의 하나이다. 각 도형의 치수도 사용자에게 물어보도록 하자.

```
도형의 종류: 사각형
가로 길이: 100
세로 길이: 100
색상: black
```

(3) 가위, 바위, 보 게임을 만들어보자.

```
선택하시오(1:가위 2:바위 3:보)  1
컴퓨터의 선택(1:가위 2:바위 3:보)  2
컴퓨터가 이겼음
```

2. 제어문

현실 세계의 복잡한 문제를 처리하려면 조건에 따라서 실행을 다르게 하거나 조건에 따라서 반복할 수 있어야 한다. 문장들이 실행되는 순서를 제어하는 문장을 제어문(control statement)라고 한다. 제어문은 조건문과 반복문으로 나누어진다.

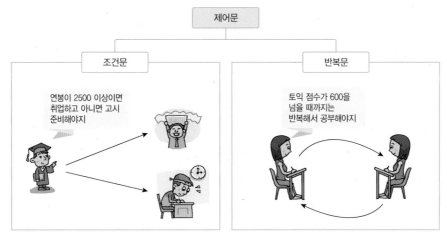

그림 4.1 제어문에는 조건문과 반복문이 있다.

조건문은 어떤 조건에 따라서 문장의 실행 여부가 결정되는 명령문이다. 만약 프로그램에 조건문이 없다면 프로그램은 항상 동일한 동작만을 되풀이 할 것이다. 이것은 마치 날씨를 무시하고 항상 똑같은 옷만 입는 사람과 비슷하다. 자율 주행 자동차가 센서의 신호에 따라 동작을 다르게 하지 않는다면 큰일이 날 것이다.

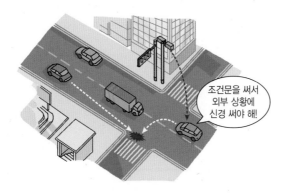

반복문은 특정 조건에 따라서 문장을 반복하여 실행하는 명령문이다. 컴퓨터의 가장 큰 장점이 아무 불평없이 반복하는 것이다. 반복문은 다음 장에서 학습한다.

3가지의 제어 구조

우리가 프로그램을 작성할 때, 사용할 수 있는 3가지의 기본적인 제어 구조가 있다.

▶ 순차 구조(sequence) – 명령어들이 순차적으로 실행되는 구조이다.
▶ 선택 구조(selection) – 둘 중의 하나의 명령어를 선택하여 실행되는 구조이다. 조건문으로 구현된다.
▶ 반복 구조(iteration) – 동일한 명령어가 반복되면서 실행되는 구조이다. 반복문으로 구현된다.

아래 그림은 순차 구조, 선택 구조, 반복 구조를 순서도(flowchart)로 나타낸 것이다.

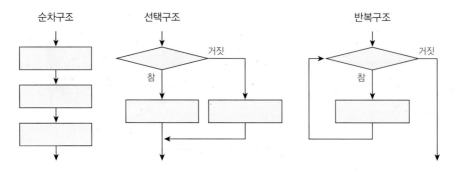

이들 구조는 레고의 기본 블록과 유사하다. 레고의 모든 작품은 기본 블록 몇 가지만을 이용하여 조립된다. 프로그램도 마찬가지이다. 어떤 프로그램이라도 이들 3가지의 기본 블록을 조합하여 만들어진다. 이번 장에서는 선택 구조에 집중하여 학습하자.

중간점검

1. 프로그램에 사용되는 3가지의 제어구조는 어떤 것들인가?
2. 제어문은 _____과 _____으로 나누어진다.

3. if-else 문

조건에 따라서 서로 다른 처리를 하고 싶을 때 사용하는 구조가 if-else 문이다. 예를 들어 우리가 인터넷에서 쇼핑을 한다고 하자. 상품의 가격이 2만원을 넘으면 배송비는 없고 그렇지 않으면 3000원의 배송비가 붙는다. 이런 경우에 사용할 수 있는 문장이 if-else 문이다. 이것을 흐름도로 그리면 그림 2와 같다.

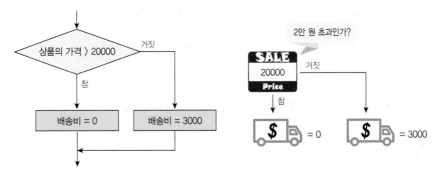

그림 4.2 조건에 따라 서로 다른 결정을 내리는 예

if-else 문의 형식은 다음과 같다. if-else 문장은 "만약 조건이 참이면 이것을 실행하고, 그렇지 않으면 저것을 실행해!"라고 말하는 것과 같다.

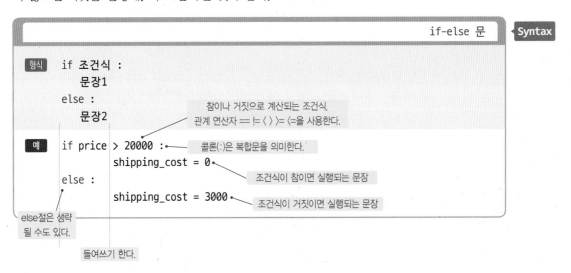

if-else 문에서는 조건을 수식으로 표현하고, 그 수식을 바로 '조건식'이라고 한다. 일반적으로 조건식에는 결과값이 참이나 거짓으로 생성되는 수식이 사용된다. 조건식은 일반적으로 "price > 20000"과 같은 수식이 된다. if-else 문은 주어진 조건식을 계산하여 조건식이 참(True)으로 계산되면 if 아래에 있는 문장을 실행한다. 만약 거짓이면 else 아래에 있는 문장을 실행한다.

쇼핑몰에서 배송비를 계산하는 파이썬 코드를 좀 더 자세히 살펴보자.

```
if  price > 20000 :
□□□□shipping_cost = 0
else :
□□□□shipping_cost = 3000
```

조건식 뒤에는 콜론(:)이 있다. 콜론(:)은 파이썬 인터프리터에게 "아직 전체 문장을 끝내지 않았으니 잠시 해석을 미뤄달라"고 요청하는 기호이다. 조건의 영향을 받는 문장들은 반드시 들여쓰기 하여야 한다. 들여쓰기는 일정하여야 한다. 보통 4개의 스페이스나 탭을 앞에 붙인다. 위의 코드에서 스페이스는 ㅁ기호로 표시되었다.

우리의 배송비 계산 프로그램을 완성해보자.

---

shipping.py | 배송비 계산 프로그램

```python
# 사용자로부터 상품의 가격을 입력받는다.
price = int(input("상품의 가격: "))

# 배송비를 결정한다.
if  price > 20000 :
    shipping_cost = 0
else :
    shipping_cost = 3000

# 배송비를 출력한다.
print("배송비 = ", shipping_cost)
```

실행결과
```
상품의 가격: 30000
배송비 =  0
```

블록

만약 조건이 참인 경우에 여러 개의 문장이 실행되어야 한다면 어떻게 하여야 하는가? 즉 예를 들어서 쇼핑몰에서 상품의 가격이 2만원 초과이면 배송비도 무료이고 10%의 할인을 해준다고 하자. 이런 경우에는 다음과 같이 들여쓰기를 이용하여서 문장들을 묶을 수 있다.

```python
if  price > 20000 :
    shipping_cost = 0
    discount = 0.1
else :
    shipping_cost = 3000
```

블록: 여러 문장들을 묶은 것이다.

위의 코드에서 price의 값이 20000이상이면 2개의 문장이 실행된다. 이들 문장들이 앞에 동일한 개수의 공백을 가지고 있다는 것에 유의하라. 이들 문장들은 동일한 **블록**(block)에 속해 있다. 하나의 블록에 속하는 문장들은 한데 묶여서 실행된다. 블록에 있는 문장들은 앞에 4칸의 공백을 두고 있다. 이 공백들을 ㅁ로 표시해보면 다음과 같다.

```
if  price > 20000 :
    shipping_cost = 0          ← 블록
    discount = 0.1
else :
    shipping_cost = 3000
```

문장 앞에 동일한 개수의 공백이 있으면 이들 문장들은 하나의 블록에 속하게 된다. 만약 동일한 블록에 속해야 하는데 실수로 공백을 더 많이 추가하였다면 오류가 발생한다. 예를 들어서 다음과 같은 코드에서는 오류가 발생한다.

```
if  price > 20000 :
    shipping_cost = 0          ← 들여쓰기가 달라서 동일한 블록이 아니다.
     discount = 0.1
else :
    shipping_cost = 3000
```

실행결과
```
IndentationError: unexpected indent
```

else는 없을 수도 있다.

if-else 문을 사용할 때 만약 else 부분이 필요 없다면 얼마든지 생략할 수 있다. 예를 들어서 배송비를 계산하는 예제에서 우리는 다음과 같이 코드를 작성할 수도 있다.

```
shipping_cost = 3000       # 기본적으로 배송비는 3000원이다.
if  price > 20000 :        # 만약 상품의 가격이 2만원 초과이면
    shipping_cost = 0      # 배송비가 없다.
```

즉 기본적으로 배송료는 3000원으로 설정된다. 하지만 상품의 가격이 20000원을 초과하면 if 문을 사용하여서 배송료를 0으로 만든다. 이때 else는 사용하지 않았다.

 오류 조심: 들여쓰기

파이썬에서는 들여쓰기가 아주 중요하다. **if-else** 문에서도 들여쓰기가 잘못되면 오류가 발생한다.
```
if number > 0 :
    print("양수")
else :
    print("0 또는 음수")
```
0 1   들여쓰기 레벨

어떻게 들여쓰기를 해야 할까? 원하는 만큼 스페이스키를 눌러도 된다. 아니면 탭키를 눌러도 된다. 스파이더 개발 환경에서 탭키를 누르면 자동으로 **4**개의 스페이스 문자가 입력된다. 개발환경의 **Edit** 메뉴에 보면 일반적으로 들여쓰기(**indent**)와 내어쓰기(**unindent**) 항목이 있다. 이것을 이용하여도 된다.

프로그래밍 힌트: 중복 방지

프로그래밍할 때 항상 신경 써야 하는 것이 중복된 문장을 없애는 것이다. 만약 **if-else** 문에 중복된 문장이 있다면 밖으로 꺼내면 된다.

```python
if  price > 20000 :
    shipping_cost = 0
    print("배송비 = ", shipping_cost)
else :
    shipping_cost = 3000
    print("배송비 = ", shipping_cost)
```

위에서 배송비를 출력하는 문장이 중복되었다. 이런 경우에는 다음과 같이 중복된 문장을 밖으로 빼내는 것이 좋다.

```python
if  price > 20000 :
    shipping_cost = 0
else :
    shipping_cost = 3000
print("배송비 = ", shipping_cost)
```

프로그래밍 힌트: pass 키워드

프로그래밍을 하다보면 일단 전체의 골격을 만들어두고 나중에 세부 사항을 채우는 경우도 많다. 이때 사용할 수 있는 것이 pass이다. pass 키워드는 "나중에 채워넣겠음"을 의미한다.

```python
if  price > 60000 :
    pass        # 아직 미구현 상태이다.
else :
    pass        # 아직 미구현 상태이다.
```

중간점검

1. 하나로 묶여진 여러 개의 문장을 무엇이라고 하는가?
2. 파이썬에서 참과 거짓은 무엇으로 표시되는가?
3. 조건에 따라서 실행되어야 하는 문장이 두 개 이상이면 어떻게 하여야 하는가?

4. 논리 연산자

논리 연산자

지금부터는 논리 연산자에 대하여 살펴보자. 복잡한 조건은 하나의 관계 연산자만으로는 표현할 수 없다. 예를 들어서 인터넷 상점에서 상품의 가격이 20000만원 이상이고 "파이썬" 신용카드를 사용할 때만 배송료가 없다고 하자. 이 조건은 관계연산자 한 개만으로는 표현이 불가능하다.

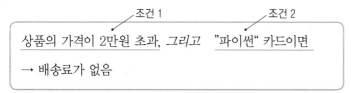

이러한 복잡한 조건을 표현하려면 **논리 연산자**를 사용하여야 한다.

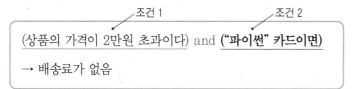

and 연산자는 왼쪽과 오른쪽이 모두 참일 때 전체가 참이 되는 논리 연산자이다.

논리 연산자(logical operator)는 여러 개의 조건을 조합하여 참인지 거짓인지를 따질 때 사용한다. 고등학교에서 and(논리곱), or(논리합), not(논리부정)으로 학습한 내용과 같다. 파이썬에는 조건들을 다양하게 묶을 수 있는 연산자들이 준비되어 있다.

연산	의미
x and y	and 연산, x와 y가 모두 참이면 참, 그렇지 않으면 거짓
x or y	or 연산, x나 y중에서 하나만 참이면 참, 모두 거짓이면 거짓
not x	not 연산, x가 참이면 거짓, x가 거짓이면 참

예를 들어서 상품의 가격이 2만원 이상이고 "python" 신용카드로 결제하는 조건을 논리 수식으로 작성하면 다음과 같다.

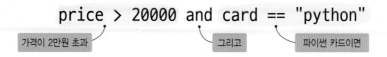

위의 조건은 두 부분으로 구성되며, and 연산자로 연결된다. 각 부분은 True 또는 False 일 수 있다. and 연산자의 경우, 개별식이 모두 참이면 결합된 식이 참이 된다. 식 중 하나가 거짓 이면 결과도 거짓이 된다.

and, or, not 연산자에 대한 진리표는 다음과 같다.

A	B	A and B		A	B	A or B		A	not A
True	True	True		True	True	True		True	False
True	False	False		True	False	True		False	True
False	True	False		False	True	True			
False	False	False		False	False	False			

논리 연산자는 관계 연산자보다 우선순위가 낮다. 따라서 괄호를 사용하지 않고 논리 연산자의 양쪽에 관계식을 작성할 수 있다. 예를 들어 다음과 같다.

```
price > 20000 and card == "python"
```

price > 20000 및 card == "python" 수식이 먼저 평가된다. 그 후에 and 연산자는 결과를 결합한다. 그러나 복잡한 식의 경우, 괄호를 사용하면 코드를 보다 쉽게 읽을 수 있다.

사용자로부터 상품의 가격과 신용 카드 종류를 입력받아서 배송료를 계산하는 프로그램을 작성해보자.

```
price = int(input("가격을 입력하시오: "))
card = input("카드 종류를 입력하시오: ")

if price > 20000 and card == "python" :
    print("배송료가 없습니다.")
else
    print("배송료는 3000원입니다.")
```

실행결과

```
가격을 입력하시오: 30000
카드 종류를 입력하시오: python
배송료가 없습니다.
```

```
가격을 입력하시오: 30000
카드 종류를 입력하시오: java
배송료는 3000원입니다.
```

드 모르간의 법칙

인간은 일반적으로 not 연산자가 적용된 수식을 이해하기 어려워 한다. 논리 학자 드모르간 (De Morgan)의 이름을 딴 드모르간의 법칙을 사용하여 이러한 논리식을 단순화할 수 있다.

$$\neg(P \lor Q) \Longleftrightarrow (\neg P) \land (\neg Q),$$
$$\neg(P \land Q) \Longleftrightarrow (\neg P) \lor (\neg Q)$$

예를 들어서 배송비를 결정할 때, 다음과 같은 문장을 한번에 이해하기는 약간 어렵다.

```
if not (country == "한국" and province != "제주") :
    shipping_cost = 8000
```

따라서 이럴 때는 드모르간의 법칙을 이용하여 다음과 같이 변경하여 작성하는 것이 바람직하다.

```
if country != "한국" or province == "제주" :
    shipping_cost = 8000
```

즉 국가가 한국이 아니거나 행정구역이 "제주"이면 더 높은 배송비를 받는다는 의미가 된다. 원래의 문장과 비교해보자. 어떤 쪽이 더 이해하기 쉬운가?

팁: 가독성

프로그램은 다른 사람들이 읽는다. 따라서 프로그램은 다른 사람도 쉽게 읽을 수 있어야 한다. 가독성 있는 코드를 제공하려면 논리식에서 변수를 True 나 False와 비교하면 안 된다. 예를 들어 다음 if 문의 수식을 살펴보자.

```
if full == False :
    print("가득 차지 않았습니다.")
```
위와 같이 작성하는 것보다는 논리 연산자 not을 사용하는 것이 훨씬 읽기 쉬운 코드를 만든다.
```
if not full :
    print("가득 차지 않았습니다.")
```

참고 사항: 수학과 프로그래밍

수학에서는 변수 x의 값이 0과 100 사이에 있다고 하는 것을 다음과 같이 나타낸다.
```
0 <= x <= 100
```
파이썬에서도 위의 표기법을 사용할 수도 있다. 즉
```
x = 50
if 0 <= x <= 100 :
    print("x가 0과 100 사이에 있습니다. ")
```
파이썬 인터프리터는 위의 조건식을 다음과 같이 변환한다.
```
x >= 0 and x <= 100
```
하지만 대부분의 다른 언어에서는 0 <= x <= 100와 같은 수식을 허용하지 않는다. 따라서 이런 형태의 수식보다는 and 나 or 로 연결된 수식을 사용하도록 하자.

5. 조건 연산자

파이썬에서는 다음과 같은 형식의 조건 연산자가 있다. 간단한 조건문은 조건 연산자를 사용하여도 된다.

$$\text{max\_value} = (\underbrace{x}_{\text{참}} \text{ if } x > y \text{ else } \underbrace{y}_{\text{거짓}})$$

위의 식에서 조건 (x > y)가 참이면 x가 수식의 결과값이 된다. 따라서 x가 max_value로 할당된다. 조건 (x > y)가 거짓이면 y가 수식의 결과값이 된다. 따라서 y가 max_value로 할당된다.

조건 연산자는 아주 간결하게 표현할 수 있어서 상당히 애용된다. 앞의 예제를 조건 연산자로 작성해보면 다음과 같다.

```
shipping_cost = ( 0 if price >= 20000 else 3000 )
```

조건 연산자를 이용한 대표적인 이용사례를 모아보면 다음과 같다.

```
absolute_value = (x if x > 0 else -x)    # 절대값 계산
max_value = (x if x > y else y)          # 최대값 계산
min_value = (x if x < y else y)          # 최소값 계산
```

여기서 반드시 조건 연산자를 감싸는 괄호가 있어야 한다. 괄호가 없으면 할당 연산자가 먼저 계산된다. 조건 연산자를 이용하여서 사용자에게서 받은 두 개의 정수 중에서 큰 수와 작은 수를 출력해보자.

```
x = int(input("첫 번째 수 ="))
y = int(input("두 번째 수 ="))
max_value = (x if x > y else y)
min_value = (y if x > y else x)
print("큰 수=", max_value, "작은 수=", min_value)
```

실행결과

```
첫 번째 수 =10
두 번째 수 =20
큰 수= 20 작은 수= 10
```

중간점검

1. 조건 연산자를 이용하여 변수 age가 21세 미만이면 **"minor"**를 반환하고 그렇지 않으면 **"adult"**를 반환하도록 명령문을 작성해보자.

　　　s = _____

Lab 산술 퀴즈 프로그램

초등학생들을 위하여 산수 퀴즈를 발생시키는 프로그램을 작성해보자.

실행 결과

```
25 + 78 = 103
맞았습니다.
```

```
25 + 78 = 100
틀렸습니다.
```

난수가 필요하다. 파이썬에서 난수는 다음과 같이 생성이 가능하다. 아래 코드는 1부터 100 사이의 난수를 발생한다.

```python
import random
number = random.randint(1, 100)
```

---

mathprob.py 산술 문제 출제 프로그램

```python
##
#   이 프로그램은 산수 문제를 출제한다.
#
import random

x = random.randint(1, 100)
y = random.randint(1, 100)

answer = int(input(f"{x} + {y} = "))

if (x+y)==answer :
    print("맞았습니다")
else :
    print("틀렸습니다")
```

f-문자열을 사용하였다. 변수를 { }로 감싸서 문자열 안에 넣을 수 있다. 앞에 f를 붙인다.

 도전문제

덧셈 뿐만 아니라 뺄셈 문제도 출제할 수 있도록 위의 프로그램을 수정하라.

Lab 동전 던지기 게임

이 예제는 동전을 던지기 게임을 작성해보자. 동전을 던지는 것은 난수를 생성하면 된다. 파이썬에서는 import random한 후에 random.randrange(2)과 같이 하면 0이나 1을 랜덤하게 생성할 수 있다. 아래의 코드에서 빈칸을 채워보자.

```
import random

print("동전 던지기 게임을 시작합니다.")
coin = random.randrange(2)
if _____:
    print("앞면입니다.")
_____:
    print("뒷면입니다.")
print("게임이 종료되었습니다.")
```

실행
결과

동전 던지기 게임을 시작합니다.
뒷면입니다.
게임이 종료되었습니다.

---

coin_tossing.py　　동전 던지기 프로그램

```
import random

print("동전 던지기 게임을 시작합니다.")
coin = random.randrange(2)
if coin == 0 :
    print("앞면입니다.")
else :
    print("뒷면입니다.")
print("게임이 종료되었습니다.")
```

 도전문제

주사위 던지기 게임으로 변환해보자. random.randrange(6)하면 0에서 5까지의 정수를 랜덤하게 생성할 수 있다.

Lab 로그인 프로그램

사용자로부터 아이디를 받아서 프로그램에 저장된 아이디와 일치하는 지 여부를 출력하는 프로그램을 작성해보자.

아이디를 입력하시오: ilovepython
환영합니다.

아이디를 입력하시오: iloveruby
아이디를 찾을 수 없습니다.

---

login.py	로그인 프로그램

```python
id = "ilovepython"
s = input("아이디를 입력하시오: ")
if s == id:
    print("환영합니다.")
else:
    print("아이디를 찾을 수 없습니다.")
```

 도전문제

아이디 검사가 종료되면 바로 패스워드 검사를 하여 보자. 즉 다음과 같은 출력을 가지는 프로그램을 작성한다.

아이디를 입력하시오: ilovepython
패스워드를 입력하시오: 123456
환영합니다.

6. 중첩 if 문

if 문 안에 다른 if 문이 들어갈 수도 있다. 이것을 중첩 if 문이라고 한다. 이것은 마치 교차로가 다음과 같이 연결되는 것과 유사하다.

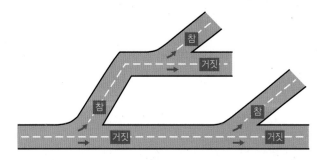

중첩 if 문은 어떤 경우에 사용될까? 앞에서 인터넷 쇼핑몰에서의 배송비 계산을 예로 들었다. 해외로도 배송은 가능한데 배송비는 더 비싸다고 하자. 미국만 가능하다고 하자.

▶ 배송지가 한국이면 다음과 같이 배송비가 결정된다. – "상품의 가격이 2만원 이상이면 배송비는 없고 그렇지 않으면 3000원의 배송비가 붙는다."
▶ 배송지가 미국이면 다음과 같이 배송비가 결정된다. – "상품의 가격이 10만원 이상이면 배송비는 없고 그렇지 않으면 8000원의 배송비가 붙는다."

이런 경우에 사용할 수 있는 문장이 중첩 if 문이다. 중첩 if 문에서는 조건식이 참이면 다른 if 문이 실행된다. 조건문이 거짓인 경우에도 다른 if 문이 실행될 수 있다.

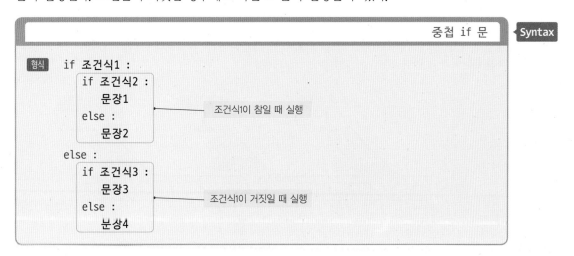

배송비를 계산하는 프로그램을 다시 작성하면 다음과 같다.

```python
# 사용자로부터 상품의 가격을 입력받는다.
country = input("배송지(현재는 korea와 us만 가능): ")
price = int(input("상품의 가격: "))

# 배송비를 결정한다.
if  country == "korea" :
    if  price >= 20000 :
        shipping_cost = 0
    else :
        shipping_cost = 3000
else :
    if  price >= 100000 :
        shipping_cost = 0
    else :
        shipping_cost = 8000

# 배송비를 출력한다.
print("배송비 = ", shipping_cost)
```

실행결과

```
배송지(현재는 korea와 us만 가능): us

상품의 가격: 120000
배송비 =  0
```

7. 연속 if 문

종종 우리는 조건에 따라서 다중으로 분기되는 결정을 내려야 하는 경우가 있다. 이것을 그림으로 그리면 다음과 같다. 우리가 자동차를 운전하고 있다고 가정하자. 교차로들이 연속해서 나타날 수도 있다. 우리는 모든 교차로에서 조건을 검사하여 결정을 내려야 한다. 이것을 연속적인 if문이라고 한다.

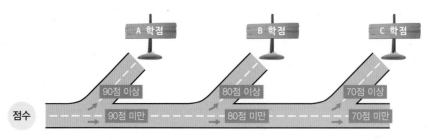

그림 4.3 연속적인 if 문

예를 들어서 성적이 90이상이면 A학점, 80이상이고 90미만이면 B학점, 70이상이고 80미만이면 C학점과 같이 결정하는 것이다. 이 경우 가장 자연스러운 방법은 아래와 같이 if 문 다음에 else if 문을 연속적으로 사용하는 것이다. 만일 이중 하나의 조건식이 참이면 관련된 문장이나 블록이 수행되고 더 이상의 비교는 이루어지지 않는다.

```python
if score >= 90 : print("학점 A")
else :
    if score >= 80 : print("학점 B")
    else :
        if score >= 70 : print("학점 C")
        else :
            if score >= 60 : print("학점 D")
            else :
                print("학점 F")
```

위와 같이 적어야 원칙이지만 상당히 작성하기가 난해하다. 따라서 프로그래머들은 아래와 같이 적는 것을 선호한다. 이것을 연속 if 문이라고 한다. 여기서 elif는 "else if"를 줄인 키워드라고 생각하면 된다.

```python
if score >= 90 :
    print("학점 A")
elif score >= 80 :
    print("학점 B")
elif score >= 70 :
    print("학점 C")
elif score >= 60 :
    print("학점 D")
else :
    print("학점 F")
```

연속 if 문에서는 순서가 아주 중요하다. 다음과 같이 연속 if 문을 작성하는 것은 오류이다. 왜 그럴까?

```python
if score >= 60 :
    print("학점 D")
elif score >= 70 :
    print("학점 C")
elif score >= 80 :
    print("학점 B")
elif score >= 90 :
    print("학점 A")
else :
    print("학점 F")
```

첫 번째 조건식에서 성적이 60점보다 큰지를 검사한다. 성적 90점도 이 조건식에서 참이 되기 때문에 90점이 학점 D를 받을 수 있다. 따라서 연속 if 문에서는 제일 특수한 경우를 먼저 검사하여야 한다. 가장 일반적인 경우를 나중에 검사한다. 즉 90점 이상을 먼저 검사하여 걸러낸 다음에 80점 이상인지를 검사하면 안전하다.

그리고 다음과 같이 독립적인 if 문을 여러 개 쓰는 것과의 차이점을 알아야 한다.

```python
if score >= 90 :
    print("학점 A")
if score >= 80 :
    print("학점 B")
if score >= 70 :
    print("학점 C")
if score >= 60 :
    print("학점 D")
if score < 60 :
    print("학점 F")
```

위의 프로그램에서 만약 성적이 72점이면 다음과 같이 출력된다. if 문들이 배타적이 아니기 때문이다. 즉 잘못된 결과가 출력된다.

실행
결과

```
학점 C
학점 D
```

학생들의 성적을 받아서 학점을 출력하는 전체 프로그램은 다음과 같다.

score.py	학점 결정 프로그램

```python
# 성적을 받아서 학점을 결정하는 프로그램
score = int(input("성적을 입력하시오: "))

if score >= 90 :        score가 90 이상
    print("학점 A")
elif score >= 80 :      score가 80 이상, 90 미만인 경우
    print("학점 B")
elif score >= 70 :
    print("학점 C")
elif score >= 60 :
    print("학점 D")
else :
    print("학점 F")
```

실행결과

```
성적을 입력하시오: 88
학점 B
```

Lab 지진 상황 출력하기

리히터 규모는 리히터 지진계에 기록된 수치로, 1935년 미국의 지질학자 리히터(C. Richter)가 지진의 강도를 나타내기 위해 제안한 개념이다. 사용자로부터 지진의 리히터 규모를 받아서 그 영향을 출력하는 프로그램을 작성해보자.

리히터 규모	영향
2.0 미만	지진계에 의해서만 탐지 가능합니다.
2.0-3.9	물건들이 흔들리거나 떨어집니다.
4.0-6.9	빈약한 건물에 큰 피해가 있습니다.
7.0-7.9	지표면에 균열이 발생합니다.
8.0-9.0	대부분의 구조물이 파괴됩니다.

리히터 규모를 입력하시오: 5.2
빈약한 건물에 큰 피해가 있습니다.

실행
결과

---

earthquake.py	지진 상황 출력하기

```python
scale = float(input("리히터 규모를 입력하시오: "))

if scale >= 8.0 :
    print("대부분의 구조물이 파괴됩니다. ")
elif scale >= 7.0 :
    print("지표면에 균열이 발생합니다.")
elif scale >= 4.0 :
    print("빈약한 건물에 큰 피해가 있습니다. ")
elif scale >= 2.0 :
    print("물건들이 흔들리거나 떨어집니다.")
else :
    print("지진계에 의해서만 탐지 가능합니다. ")
```

조건문을 이용하여서 오늘의 운세를 알려주는 프로그램을 개발해보자. 난수를 발생하여서 난수에 해당하는 운세를 출력한다.

 실행 결과

행운의 매직볼로 오늘의 운세를 출력합니다.
확실히 이루어집니다.

난수는 다음과 같은 문장으로 발생이 가능하다.

```
import random
i = random.randint(1, 8)
```

위의 문장이 실행되면 변수 i는 1부터 8 사이의 난수를 가지게 된다.

magicball.py 오늘의 운세 출력하기

```
import random

print("행운의 매직볼로 오늘의 운세를 출력합니다. ")
answers = random.randint(1, 8)
if answers == 1:
    print("확실히 이루어집니다.")
elif answers == 2:
    print("좋아 보이네요")
elif answers == 3:
    print("믿으셔도 됩니다.")
elif answers == 4:
    print("저의 생각에는 no입니다.")
else:
    print("다시 질문해주세요.")
```

 도전문제

위의 코드에서는 5부터 8까지의수는 사용하지 않는다. 운세에서 나올 수 있는 몇 가지의 경우를 더 추가해보자.

Lab 도형 그리기

터틀 그래픽을 이용하여 사용자가 선택하는 도형을 화면에 그리는 프로그램을 작성해보자. 도형은 "사각형", "삼각형", "원" 중의 하나이다. 각 도형의 치수는 사용자에게 물어보도록 하자.

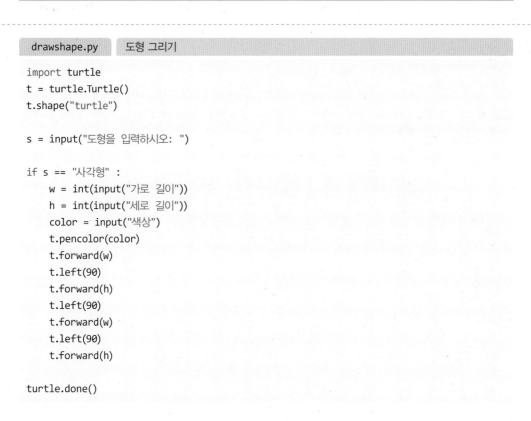

실행 결과

```
도형의 종류: 사각형
가로 길이: 100
세로 길이: 100
색상: black
```

---

drawshape.py	도형 그리기

```python
import turtle
t = turtle.Turtle()
t.shape("turtle")

s = input("도형을 입력하시오: ")

if s == "사각형" :
    w = int(input("가로 길이"))
    h = int(input("세로 길이"))
    color = input("색상")
    t.pencolor(color)
    t.forward(w)
    t.left(90)
    t.forward(h)
    t.left(90)
    t.forward(w)
    t.left(90)
    t.forward(h)

turtle.done()
```

 도전문제

위의 프로그램에서 "사각형"만을 지원하고 있다. "삼각형", "원"인 경우에 도형을 그리는 코드를 추가하라.

Mini Project 가위, 바위, 보 게임

컴퓨터와 가위, 바위, 보 게임을 하는 프로그램을 작성하라. 컴퓨터는 사용자에게 알리지 않고 가위, 바위, 보 중에서 임의로 하나를 선택한다. 사용자는 프로그램의 입력 안내 메시지에 따라서, 3개 중에서 하나를 선택하게 된다. 사용자의 선택이 끝나면 컴퓨터는 누가가 무엇을 선택하였고 누가 이겼는지, 비겼는지를 알려준다.

 실행결과

```
선택하시오(1: 가위 2:바위 3:보) 1
컴퓨터의 선택(1: 가위 2:바위 3:보) 2
컴퓨터가 이겼음
```

HINT 사용자의 선택과 컴퓨터의 선택을 연속적인 if-else로 비교한다. Math.randint(1, 3)으로 1부터 3사이의 난수를 발생하여서 컴퓨터의 선택으로 한다.

사용자가 하나를 선택한다. 컴퓨터가 하나를 선택한다. 승자를 결정한다.

이 장에서는 다음과 같은 내용들을 학습하였다.

▶ 다음과 같은 관계 연산자를 학습하였다.

연산	의미
x == y	x와 y가 같은가?
x != y	x와 y가 다른가?
x > y	x가 y보다 큰가?
x < y	x가 y보다 작은가?
x >= y	x가 y보다 크거나 같은가?
x <= y	x가 y보다 작거나 같은가?

▶ 논리 연산자 and나 or 를 사용하면 조건들을 묶을 수 있다.

연산	의미
x and y	and 연산, x와 y가 모두 참이면 참, 그렇지 않으면 거짓
x or y	or 연산, x나 y중에서 하나만 참이면 참, 모두 거짓이면 거짓
not x	not 연산, x가 참이면 거짓, x가 거짓이면 참

▶ 문장의 실행 순서를 바꾸는 2가지 종류의 제어문은 조건문과 반복문이다.

▶ if-else 문의 구조를 주석으로 설명하여 보시오.

```
if 조건식 :
    문장1        #_____
else :
    문장2        #_____
```

▶ 조건에 따라서 실행되어야 하는 문장이 두개 이상이면 이들 문장을 들여쓰기 한다. 이것을 복합문(블록)이라고 한다.

▶ if-else 문 안에 다른 if-else 문이 포함될 수 있다.

 "변수 x가 10보다 크고 20보다 작다"를 수식으로 표현하면?

"x>10 and x<20" 입니다.

 "변수 x가 10보다 크거나 20보다 작다"를 수식으로 표현하면?

"x>10 or x<20" 입니다.

1 수식 (10 > 20) and (20 > 10)의 결과값은 얼마인가? (　)

　① 0 　　　　　　　② 1 　　　　　　③ True 　　　　　④ False

2 조건 "x가 0 또는 1이면"을 올바르게 구현한 것을 모두 고르시오. (　)

　① if x==0 and x==1 : 　　　　　　② if x==0 or x==1 :

　③ if not (x!=0 and y!=1) : 　　　　④ if not(x==0 and x==1) :

3 다음 코드의 실행 결과를 옆에 적어보자.

```
(a)
x = 6
y = 20
if x > 3 :
    if y < 30 :
        print(x+y)
else:
    print(x*y)
```

```
(b)
x = 2
y = 20
if x > 3 :
    if y < 30 :
        print(x+y)
else:
    print(x*y)
```

4 다음의 2개의 if 문을 논리 연산자를 사용하여 하나의 if 문으로 다시 작성하시오.

```
(a)
if x > 10 :
    if x < 20 :
        print(x)
```

```
(b)
if x < 10 :
    print(x)
if x > 20 :
    print(x)
```

5 x 변수가 1과 100 사이의 값을 가지면 True 결과값을 생성하는 부울식을 작성하시오.

6 다음과 같은 문장에서 잘못된 것은 무엇인가?

```
if x = y :
    print("두개의 값은 같음!")
```

7 다음의 코드에서 중복을 제거하여 간결하게 만들 수 있는가?

```python
temp = int(input("온도를 입력하시오: "))

if temp < 0:
    state = "얼음"
    print(state)
else :
    state = "기체"
    print(state)
```

8 동일한 기능을 하는 다음 두 개의 코드 중에서 가독성이 높은 것은 어떤 것인가? 그 이유는?

```python
if heated == False :
    print("난방이 가동되지 않았음!")
```

```python
if not heated :
    print("난방이 가동되지 않았음!")
```

9 사용자가 음수를 입력하면 "음수가 입력되었습니다."와 "음수를 입력하면 안 됩니다." 메시지가 출력되어야 한다. 이것을 구현한 다음 코드에서 잘못된 부분은 어떤 부분인가?

```python
number = int(input("정수를 입력하시오: "))
if number < 0 :
    print("음수가 입력되었습니다.")
print("음수를 입력하면 안 됩니다.")
```

10 다음 코드에서 괄호를 제거하고 다시 문장을 작성할 수 있는가?

```python
if not(city=="서울" or city=="부산" )
```

11 사용자의 성적으로부터 학점을 계산하는 코드가 다음과 같이 작성되었다. 잘못된 것은 없는지 체크하라.

```
score = 87
if score >= 90:
    grade = "A"
if score >= 80:
    grade = "B"
if score >= 70:
    grade = "C"
if score >= 60:
    grade = "D"
```

12 다음의 2개의 코드 중에서 어떤 것이 더 좋은가? 그리고 그이유는 무엇인가?

(a)
```
if age < 20:
    print("투표할 수 없습니다.")
if age >= 20:
    print("투표할 수 있습니다.")
```

(b)
```
if age < 20:
    print("투표할 수 없습니다.")
else:
    print("투표할 수 있습니다.")
```

Programming

1 사용자로부터 2개의 정수를 받아서 첫 번째 정수가 두 번째 정수로 나누어 떨어지는 지를 검사하는 프로그램을 작성하라. 즉 약수인지를 검사한다.

> 정수를 입력하시오: 18
> 정수를 입력하시오: 6
> 약수입니다.

HINT (x % y)의 결과가 0이면 y가 x의 약수이다.

2 사용자로부터 정수를 입력받아서 "양수", "0", "음수"로 출력하는 프로그램을 작성하라.

> 정수를 입력하시오: 1
> 양수

3 사용자로부터 하나의 문자를 입력받아서 문자가 'R'이나 'r'이면 "Rectangle"이라고 출력한다. 'T'이거나 't'이면 "Triangle", 'C'이거나 'c'이면 "Circle"이라고 출력하는 프로그램을 작성한다. 그 외의 문자가 들어오면 "Unknown"이라고 출력한다.

> 문자를 입력하시오: C
> Circle

4 사용자로부터 3개의 정수를 읽어 들인 후에 if-else 문을 사용하여 가장 작은 값을 결정하는 프로그램을 작성하라.

> 3개의 정수를 입력하시오: 10, 20, 30
> 제일 작은 정수는 10입니다.

HINT 3개의 정수를 동시에 입력받으려면 다음과 같은 명령문을 사용한다.
    x, y, z = eval(input("3개의 정수를 입력하시오: "))
이어서 먼저 x와 y를 비교하여 작은 값은 찾고, 이 값과 z를 비교하면 된다.

5 놀이 공원에서 롤러코스터에 타려면 키가 140cm 이상이고 나이가 10살 이상이어야 한다고 가정하자. 사용자에게 키와 나이를 질문한 후에 "타도 좋습니다" 또는 "죄송합니다"를 출력하는 프로그램을 작성하여 보자.

키를 입력하시오(cm): 145
나이를 입력하시오: 11
타도 좋습니다.

HINT if height > 140 and age >= 10:처럼 논리 연산자 and로 조건을 연결한다.

6 사용자로부터 키를 입력받아서 표준 체중을 계산한 후에 사용자의 체중과 비교하여 저
체중인지, 표준인지, 과체중인지를 판단하는 프로그램을 작성하라. 표준 체중 계산식은
다음을 사용하라.

$$표준\ 체중 = (키 -100) \times 0.9$$

체중과 키를 입력하시오: 180 80
과체중입니다.

HINT a, b = input("체중과 키를 입력하시오:").split()을 사용한다.

7 본문에서 덧셈 퀴즈를 자동으로 생성해보았다. 이번에는 덧셈, 뺄셈, 곱셈, 나눗셈 중에
서 하나를 랜덤하게 선택하고 피연산자도 난수로 생성하여 사용자에게 제시하고 사용자
의 답을 자동으로 채점하는 프로그램을 작성해보자.

1 / 5의 값은? 0.2
맞았습니다.

7 + 5의 값은? 12
맞았습니다.

8 다음과 같이 정의되는 함수의 함수값을 계산하여 보자. 사용자로부터 x값을 입력받아서
함수값을 계산하여 화면에 출력한다. x는 실수이다.

$$f(x) = \begin{cases} x^3 - 9x + 2 & x \le 0 \\ 7x + 2 & x > 0 \end{cases}$$

x의 값을 입력하시오: 3.0
f(x)의 값은 23.000000

HINT 자료형은 실수형을 사용한다. x의 3제곱은 x**3 수식으로 계산한다.

9 BMI(Body Mass Index)는 체중(kg)을 신장(m)의 제곱으로 나눈 값으로 체지방 축적을
잘 반영하기 때문에 비만도 판정에 많이 사용한다. 사용자로부터 신장과 체중을 입력받
아서 BMI 값에 따라서 다음과 같은 메시지를 출력하는 프로그램을 작성하여 보자.

BMI	메시지
20~24.9	정상입니다.
25~29.9	과체중입니다.
30이상	비만입니다.

```
무게(킬로그램): 86
키(미터): 1.83
당신의 BMI: 25.680074054167036
과체중입니다.
```

10 사용자가 입력한 정수가 2 또는 3으로 나누어지지만 2와 3을 모두 약수로 가지지 않는 수인지를 검사하는 프로그램을 작성한다. 예를 들어서 4는 2로 나누어지지만 3으로 나누어지지 않는다.

```
정수를 입력하시오: 4
2 또는 3으로 나누어지지만 2와 3으로 동시에 나누어지는 않는 수
```

11 1부터 99까지 2자리의 정수로 이루어진 복권이 있다고 하자. 2자리가 전부 당첨 번호와 일치하면 1등상 100만원을 받는다. 2자리 중에서 하나만 당첨 번호와 일치하면 50만원을 받고 하나도 일치하지 않으면 상금은 없다. 복권 번호는 난수로 생성하도록 하자.

```
복권 번호(1-99사이)를 입력하시오: 89
당첨 번호는 23입니다.
상금은 없습니다.
```

12 연도를 입력하면 띠를 출력하는 프로그램을 작성해보자. 띠는 연도를 12로 나누어서 결정된다. 나머지가 0이면 원숭이띠, 1이면 닭띠, 2이면 개띠, ... 11이면 양띠이다.

```
연도를 입력하시오: 1980
양띠입니다.
```

13 윤년은 2월달이 29일 까지 있는 연도이다. 연도가 4로 나누어지지만 100으로 나누어지지 않거나 또는 연도가 400으로 나누어 떨어지면 윤년이다. 사용자가 연도를 입력하면 윤년을 판별할 수 있는 프로그램을 작성하라.

```
연도를 입력하시오: 2020
윤년입니다.
```

14 사용자가 2차 방정식의 각 계수를 입력하면 2차 방정식의 근을 계산하여서 출력하는 프로그램을 작성한다. 2차 방정식의 판별식을 먼저 계산하여서 하나의 실근을 가지는지, 2개의 실근을 갖는지, 실근이 존재하지 않는지를 먼저 출력하라.

 실행 결과

```
a를 입력하시오: 2
b를 입력하시오: -7
c를 입력하시오: 5
실근은 1.000000과 2.500000입니다.
```

`HINT` 판별식 r = b**2 - 4*a*c을 계산하여서 실근의 개수를 먼저 파악한다.

15 사용자로부터 영어 단어를 받아서 단어가 단수인지 복수인지를 출력하는 프로그램을 작성하라. 복수 단어는 무조건 "s"로 끝난다고 가정하라.

 실행 결과

```
단어를 입력하시오: apples
복수 단어입니다.
```

`HINT` 단어의 끝 글자는 word[-1]과 같이 접근할 수 있다.

16 사용자로부터 정수를 받아서 3의 배수이면 "Python"를 출력한다. 만약 5의 배수이면 "Concert"을 출력한다. 만약 3의 배수이면서 동시에 5의 배수이면 "Python Concert"를 출력한다.

 실행 결과

```
정수를 입력하시오: 3
Python
```

```
징수를 입력하시오: 5
Concert
```

17 사용자로부터 pH 농도를 받아서 "알칼리", "산", "중성"으로 나누어서 출력하는 프로그램을 작성하라.

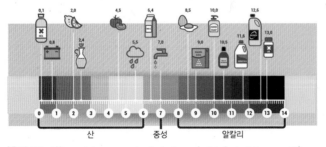

(출처: https://www.sciencenewsforstudents.org/article/scientists-say-ph)

```
pH를 입력하시오: 9.0
알칼리입니다.
```

18 사용자로부터 변수 이름을 받아서 적합한 이름인지 아닌지를 출력해주는 프로그램을 작성해보자. 많은 규칙 중에서 첫 글자가 숫자이면 안되는 것만 검사해보자.

```
변수 이름을 입력하시오: count
사용할 수 있습니다.
```

```
변수 이름을 입력하시오: 3product
사용할 수 없습니다.
```

HINT 2장에서 학습한 변수 이름에 대한 규칙을 복습하자.

19 간단한 주사위 게임을 작성해보자. 주사위를 3번 굴려서 나오는 점수를 모두 합한다. 주사위 면이 1이 나오면 불운이라고 간주되어서 다음번 값은 배제된다. 즉 1, 2, 3이 나오면 2는 합계에서 제외되어서 1 + 0 + 3 = 4가 된다. 주사위 면이 6이 나오면 행운이라고 간주되어서 다음번 점수는 무조건 2배가 된다. 예를 들어서 2, 6, 5가 나오면 5의 값은 2배가 되어서 2 + 6 + 10 = 18이 된다.

```
1, 2, 3 -> 4
2, 6, 5 -> 18
```

HINT random.randint(1, 6)을 사용하여 1부터 6 사이의 난수를 생성한다.

반복문

★ 다음과 같은 작업들을 수행하는 방법을 알고 있나요?
   이번 장에서 함께 알아봐요.

1. 원하는 횟수만큼 특정한 문장을 반복할 수 있나요?
2. 리스트의 모든 요소에 대하여 반복할 수 있나요?
3. 어떤 조건이 만족될 때까지 반복할 수 있나요?
4. 반복문 안에 반복문을 넣을 수 있나요?
5. 무한 반복문을 만들 수 있나요?

1. 이번 장에서 만들 프로그램

반복(iteration)은 동일한 문장을 여러 번 반복시키는 구조이다. 인간은 똑같은 작업을 반복하는 것을 싫어하고 새롭고 흥미로운 것들을 좋아한다. 하지만 컴퓨터는 반복적인 작업을 지루해하지 않으면서, 실수 없이 빠르게 할 수 있다. 이것이 컴퓨터의 가장 큰 장점이다. 이번 장에서는 다음과 같은 프로그램을 작성해볼 것이다.

(1) 숫자 퀴즈 프로그램을 작성해보자. 컴퓨터는 사람이 맞출 때까지 힌트를 주면서 반복한다.

```
1부터 100 사이의 숫자를 맞추시오
숫자를 입력하시오: 50
너무 낮음!
...
숫자를 입력하시오: 89
축하합니다. 시도횟수= 6
```

(2) 반복과 터틀 그래픽을 이용하여 다음과 같은 그림을 그려보자(횟수 반복). 거북이를 전진하고 각도를 변경하는 연산을 되풀이 한다. 리스트에 여러 개의 색상을 저장하였다가 번갈아 사용한다.

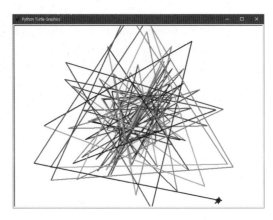

2. 왜 반복이 중요한가?

인간은 항상 새롭고 흥미로운 것들을 좋아한다. 인간은 똑같은 작업을 반복하는 것을 지루해한다. 하지만 우리들의 생활에서는 반복적인 작업들이 필요하다. 예를 들어서 여러 부품을 모아 완제품을 조립 라인의 작업자는 똑같은 작업을 반복하여야 한다. 어떻게 하면 좋을까? 컴퓨터를 사용하면 된다. 반복적이고 단순한 작업은 컴퓨터를 시키면 된다. 동일한 작업을 오류 없이 반복하는 것은 컴퓨터가 잘할 수 있는 일이다.

그림 5.1 반복적인 작업

반복(iteration)은 같은 처리 과정을 되풀이하는 것이다. 반복은 어디에 필요할까? 예를 들어서 학생들의 성적을 처리해야 한다고 가정하자. 학생수가 30명이라면 동일한 작업을 30번 반복하여야 한다. 만약 학생 수가 1000명이라면 1000번을 반복하여야 한다. 동일한 처리 과정을 반복하는 것은 프로그래밍에 있어서 아주 자주 발생한다.

그림 5.2 반복은 같은 처리 과정을 반복하는 것이다.

반복의 예

하나의 예로 화면에 회사에 중요한 손님이 오셔서 대형 전광판에 '방문을 환영합니다!'를 5번 출력해야 한다고 가정하자. 전광판은 파이썬으로 구동된다고 가정하자.

반복 구조를 사용하지 않는다면 다음과 같이 동일한 문장을 Ctrl+C를 사용하여 복사한 후에 Ctrl+V로 붙여넣기 하여야 한다.

```
print("방문을 환영합니다!")
print("방문을 환영합니다!")
print("방문을 환영합니다!")
print("방문을 환영합니다!")
print("방문을 환영합니다!")
```

물론 반복 횟수가 5번일 때는 위와 같이 "복사해서 붙여넣기" 하여도 된다. 하지만 1000번 반복해야 한다면 어떻게 할 것인가? 아직 반복 구조를 학습하지 않았지만, 이런 경우에 for 문을 사용한다면 다음과 같이 간단하게 1000번 반복할 수 있다.

```
for i in range(1000):          # 아직 이해하지 않아도 된다!!
    print("방문을 환영합니다!")
```

반복의 종류

파이썬에서는 2가지 종류의 반복이 있다.

▶ 횟수 반복(for 문): 정해진 횟수만큼 반복한다.
▶ 조건 반복(while 문): 특정한 조건이 성립되는 동인 반복한다.

횟수 반복

횟수 반복은 반복의 횟수를 미리 아는 경우에 사용한다. 예를 들어서 "환영합니다" 문장을 10번 반복하여 출력해야 한다면 횟수 제어 반복문을 사용할 수 있다. 파이썬에서는 항목들을 모아 놓은 시퀀스라는 객체가 있고 여기에서 항목을 하나씩 가져와서 반복하게 된다. 시퀀스에 항목이 더 이상 없으면 반복이 종료된다.

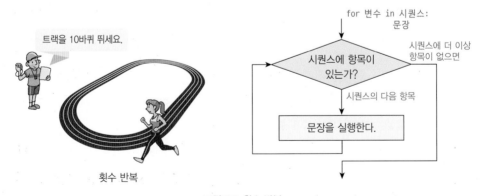

그림 5.3 횟수 반복

조건 반복

조건 반복은 특정한 조건이 만족되는 동안 계속 반복한다.

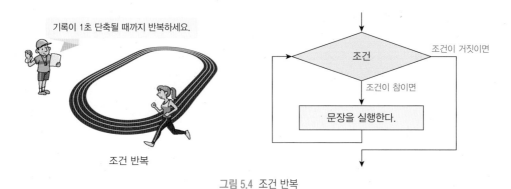

그림 5.4 조건 반복

참고사항

프로그래밍에서 반복은 흔히 루프(loop)라고 한다. 왜냐하면 프로그램이 반복할 때 이전 단계로 되돌아가는데 이것이 동그라미를 그리는 것처럼 보이기 때문이다.

중간점검

1. 프로그램에 반복 구조가 필요한 이유는 무엇인가?
2. 반복문에는 _____문, _____문이 있다.
3. 조건 반복과 횟수 반복을 설명해보자.

3. 리스트란?

모든 프로그래밍 언어에서는 여러 개의 자료들을 모아서 하나의 묶음으로 저장할 수 있는 기능을 제공한다. 파이썬에서 가장 널리 사용되는 데이터 구조는 리스트(list)이다. 리스트는 7장에서 자세히 학습하겠지만 우리는 그때까지 기다릴 수 없다. 리스트는 반복 구조에서는 필수적으로 필요하다. 여기서는 간단히 리스트의 개념만을 살펴본다.

리스트를 생성하려면 항목(item)들을 쉼표로 분리하여 대괄호 안에 넣으면 된다. 예를 들어서, 우리가 수강하고 있는 과목들의 리스트를 생성하려면 다음과 같이 한다.

```
slist = [ "영어", "수학", "사회", "과학" ]
```

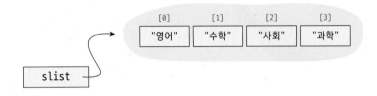

우리는 리스트에 숫자도 저장할 수 있다.

```
list1 = [ 1, 2, 3, 4, 5 ]
```

우리는 공백 리스트를 생성한 후에 코드로 리스트에 값을 추가할 수도 있다. 공백 리스트를 생성하는 문장은 list = [ ]이다. 다음 코드는 공백 리스트를 생성한 후에 append() 함수를 이용하여서 리스트에 값들을 추가하는 코드이다.

```
list = []              # 공백 리스트를 생성한다.
list.append(1)         # 리스트에 정수 1을 추가한다.
list.append(2)         # 리스트에 정수 2을 추가한다.
list.append(6)         # 리스트에 정수 6을 추가한다.
list.append(3)         # 리스트에 정수 3을 추가한다.

print(list)            # 리스트를 출력한다.
```

실행결과

```
[1, 2, 6, 3]
```

리스트의 요소에 접근하기

우리는 리스트에 저장된 값을 삭제하거나 교체할 수 있다. 리스트 안에 저장된 항목들에는, 0부터 시작하는 순차적인 번호가 할당된다. 이 번호를 인덱스(index)라고 한다.

```
slist = [ "영어", "수학", "사회", "과학" ]
```

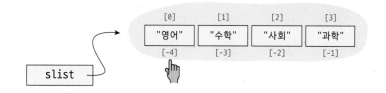

우리는 인덱스를 가지고 리스트 안의 특정한 항목에 접근할 수 있다. 예를 들어서 첫 번째 항목을 화면에 출력하는 문장은 다음과 같다.

```
>>> slist = [ "영어", "수학", "사회", "과학" ]
>>> slist[0]
영어                # 리스트의 첫 번째 항목을 출력한다.
```

파이썬에서는 음의 인덱스도 있다. 리스트의 끝에서부터 −1, −2, −3, ... 과 같이, 음의 인덱스가 매겨져 있다. 음의 인덱스를 사용하면 리스트의 마지막 원소를 쉽게 알 수 있다. slist[−1]이라고 하면 된다.

이번에는 리스트에 저장된 항목을 변경하여 보자. 예를 들어서 slist의 마지막 항목을 "과학"에서 "컴퓨터"로 변경하여 본다.

```
slist = [ "영어", "수학", "사회", "과학" ]
slist[-1] = "컴퓨터"
print(slist)
```

실행결과

```
['국사', '수학', '사회', '컴퓨터']
```

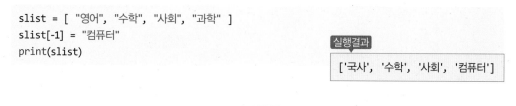

 중간점검

1. [1, 2, 3, 4, 5]를 저장하는 리스트 **myList**를 생성해보자.
2. **myList**의 첫 번째 항목을 **0**으로 변경해보자.
3. **myList**의 마지막 항목을 **9**로 변경해보자.

4. 횟수 제어 반복

일반적으로 횟수 제어 반복을 for 루프라고도
한다. 왜냐하면 많은 언어에서 횟수 제어 반복
을 for 키워드를 사용하여 제공하고 있기 때문
이다.

for 루프의 형식은 다음과 같다.

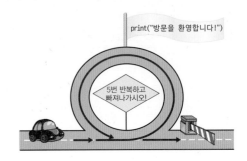

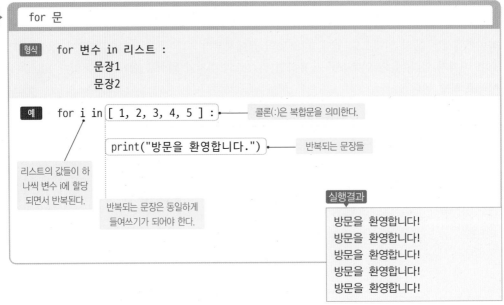

여기서 i는 변수이고, [1, 2, 3, 4, 5]는 리스트(list)이다. 리스트 안의 값들이 변수 i로 하나씩
할당되면서 들여쓰기된 명령문이 실행된다. 결과적으로 위의 코드는 print() 명령문을 5번 반
복한다. 반복되는 명령문은 반드시 들여쓰기 하여야 한다.

위의 코드가 실행되는 절차를 아래 그림에 보였다.

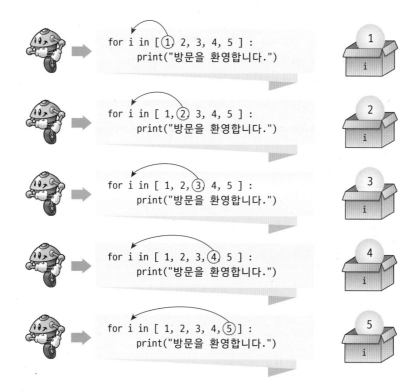

```
for i in [ ①, 2, 3, 4, 5 ] :
    print("방문을 환영합니다.")
```

```
for i in [ 1, ②, 3, 4, 5 ] :
    print("방문을 환영합니다.")
```

```
for i in [ 1, 2, ③, 4, 5 ] :
    print("방문을 환영합니다.")
```

```
for i in [ 1, 2, 3, ④, 5 ] :
    print("방문을 환영합니다.")
```

```
for i in [ 1, 2, 3, 4, ⑤ ] :
    print("방문을 환영합니다.")
```

참고 사항

여기서 반복되는 명령문들은 반드시 들여쓰기하여야 한다. 들여쓰기는 스페이스 4개로 하는 것이 좋다. 파이썬에서는 들여쓰기된 문장들을 묶어서 블록(block)이라고 한다. 블록에 속하는 문장들은 운명 공동체이다. 들여쓰기 되지 않은 문장은 블록에 속하지 않는다. 반복을 원하는 않는 문장은 들여쓰기를 하지 않으면 된다. 블록은 함수를 정의할 때도 요긴하게 사용된다.

팁

횟수 반복은 안전성에 있어서는 조건 반복보다 좋다고 볼 수 있다. 횟수 반복은 일정 시간에 지나면 종료되지만 조건 반복에서는 조건을 잘못 사용하면 종료되지 않을 수도 있기 때문이다.

중간점검

1. 다음 코드의 출력을 쓰시오.

```
for i in [9, 8, 7, 6, 5] :
    print("i=", i)
```

range() 함수

앞에서는 리스트에 정수들을 저장해두고 하나씩 꺼내서 반복하였다. 하지만 반복 횟수가 1000번이라면 이 방법이 불가능하다. 하지만 너무 걱정할 필요는 없다. range() 함수가 준비되어 있다. range() 함수로 반복 횟수를 전달하면 range() 함수가 자동으로 순차적인 정수들을 생성해준다.

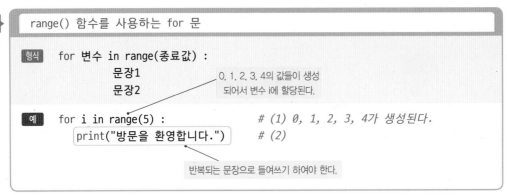

Syntax ▶ range() 함수를 사용하는 for 문

형식
```
for 변수 in range(종료값) :
    문장1          0, 1, 2, 3, 4의 값들이 생성
    문장2          되어서 변수 i에 할당된다.
```

예
```
for i in range(5) :          # (1) 0, 1, 2, 3, 4가 생성된다.
    print("방문을 환영합니다.")   # (2)
```
반복되는 문장으로 들여쓰기 하여야 한다.

위의 코드는 "방문을 환영합니다."를 5번 출력하는 문장을 for 문으로 작성한 것이다. range(5)는 0, 1, 2, 3, 4까지의 값을 반환한다. 반복할 때마다 변수 i에 이 값들을 대입하면서 문장을 반복한다. 즉 첫 번째 반복에서는 i는 0이고 되고 두 번째 반복에서는 1이 된다. 마지막 반복에서 i는 4가 된다. 반복되는 문장은 들여쓰기 하여야 한다. 들여쓰기가 있는 문장들만이 반복된다.

파이썬 셸에서 range() 함수에 list() 함수를 적용시키면 range() 함수가 생성하는 정수들을 볼 수 있다.

```
>>> list(range(10))
[0, 1, 2, 3, 4, 5, 6, 7, 8, 9]
```

range() 함수는 숫자들을 생산하는 공장으로 생각하면 된다. range(5)은 5개의 정수를 생성한다. 0, 1, 2, 3, 4가 바로 그것이다.

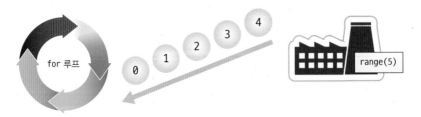

그림 5.5 range() 함수는 숫자들을 생산하는 공장이라고 생각하자.

range() 함수의 일반적인 형식은 다음과 같다. range(start, stop, step)이라고 호출하면 start에서 시작하여 (stop-1)까지 step 간격으로 정수들이 생성된다. 여기서 start와 step가 생략되면 start는 0으로 간주되고 step은 1로 간주된다.

예를 들어서 range(0, 5, 1)이라고 하면 0, 1, 2, 3, 4까지의 정수가 반환된다. range(5)이라고 하면 start와 step은 생략된 것으로 range(0, 5, 1)와 같다.

만약 1부터 시작하여서 5까지 반복하고 싶다면 어떻게 하면 될까? range(1, 6, 1)을 사용하면 될 것이다. 반복하면서 변수 i의 값을 출력하여 보자.

```
for i in range(1, 6, 1):
    print(i, end=" ")
```

end=" "와 같이 지정하면 줄이 바뀌지 않고 한 줄에 전부 출력된다.

실행결과
```
1 2 3 4 5
```

만약 10부터 시작하여서 1까지 반복하고 싶다면 어떻게 하면 될까? range(10, 0, -1)을 사용하면 될 것이다. 반복하면서 변수 i의 값을 출력하여 보자.

```
for i in range(10, 0, -1):
    print(i, end=" ")
```

실행결과
```
10 9 8 7 6 5 4 3 2 1
```

아주 간단한 문제 몇 개를 해결해보자. 1부터 n까지의 합은 어떻게 계산하면 좋을까?

sum.py	1부터 n까지의 합 계산 프로그램

```
sum = 0
n = 10
for i in range(1, n+1) :
    sum = sum + i
print("합=", sum)
```

실행결과
```
합= 55
```

구구단 중에서 9단의 일부를 출력해보자.

multable.py 구구단 출력 프로그램

```
for i in range(1, 6) :
    print("9 *", i, "=", 9*i)
```

실행결과

```
9 * 1 = 9
9 * 2 = 18
9 * 3 = 27
9 * 4 = 36
9 * 5 = 45
```

경고: range(10)에 10은 포함되지 않는다!

range(10) 함수를 사용할 때 가장 혼동하는 부분이 1에서 10까지의 정수가 생성된다고 생각하는 것이다. 반복 횟수로 생각하면 10번 반복은 맞다. 하지만 생성되는 정수는 0부터 9까지이다. 이것은 컴퓨팅의 오랜 논쟁거리였다. 최근에는 0부터 시작하는 것이 대세가 되었다. 암튼 range(10)하면 10번 반복되고 생성되는 정수는 0부터 9까지이다. 만약 1부터 10까지의 정수가 필요하면 range(1, 11)로 하면 된다.

참고 사항

range(a, b)를 사용하는 for 루프는 몇 번이나 반복될까? 정답은 (b-a)번이다. a부터 시작하여서 b-1까지 반복되는 것이다.

중간점검

1. 다음 코드의 출력을 쓰시오.
```
for i in range(1, 5, 1) :
    print(2*i)
```
2. 다음 코드의 출력을 쓰시오.
```
for i in range(10, 0, -2) :
    print("Student" + str(i))
```

for 문을 이용하여서 팩토리얼을 계산해 보자. 팩토리얼 n!은 1부터 n까지의 정수를 모두 곱한 것을 의미한다. 즉, n! = 1× 2×3×······×(n−1)×n이다. 20!의 값은 얼마나 될까? 아마 여러분은 깜짝 놀라게 될 것이다.

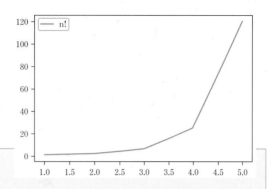

```
정수를 입력하시오: 20
20 !은 2432902008176640000 이다.
```

실행 결과

---

factorial.py   팩토리얼 계산하기

```python
n = int(input("정수를 입력하시오: "))
fact = 1
for i in range(1, n+1):
    fact = fact * i
print(n, "!은", fact, "이다.")
```

팩토리얼의 값은 생각보다 아주 커질 수 있다. 그리고 fact의 초기값은 반드시 1이어야 한다. 0이면 안 된다. 왜냐하면 팩토리얼은 정수를 전부 곱해서 계산하는 것이므로 초기값이 0이면 결과는 0이 되어 버린다. 따라서 반드시 1로 초기화를 시켜야 한다.

n이 5라고 하면 다음과 같이 반복이 진행된다.

	i의 값	반복여부	fact 값
1번째 반복	1	반복	1*1
2번째 반복	2	반복	1*1*2
3번째 반복	3	반복	1*1*2*3
4번째 반복	4	반복	1*1*2*3*4
5번째 반복	5	반복	1*1*2*3*4*5

 도전문제

팩토리얼을 거꾸로 계산해보자.

n! = n×(n-1)×······×2×1

위의 프로그램을 어떻게 수정하여야 하는가?

Lab n-각형 그리기

터틀 그래픽에서도 반복을 사용할 수 있다. 반복을 이용하여 다각형을 화면에 그려보자. 예를 들어서 90도 회전하면서 직선을 4개 그리면 정사각형이 된다. 사용자로부터 정수 n을 받아서 n-각형을 그리는 프로그램을 작성할 수 있는가? text_input()을 이용하여 사용자로부터 정수를 입력받자.

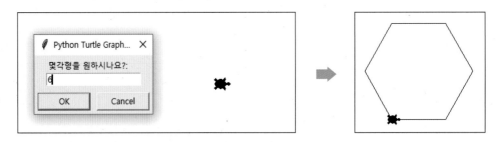

---

drawshape1.py | 다각형 그리기

```python
import turtle
t = turtle.Turtle()
t.shape("turtle")

s = turtle.textinput("", "몇각형을 원하시나요?:")
n=int(s)

for i in range(n):
    t.forward(100)
    t.left(360/n)

turtle.done()
```

 도전문제

한 변의 크기도 사용자로부터 받아보자. forward(100)이 아니고 forward(len)가 되도록 하라.

5. 조건 제어 반복

조건 제어 반복은 어떤 조건이 만족되는 동안 반복하기 때문에 붙여진 이름이다. 예를 들어서 1000만원의 투자금을 가진 사람이 있다고 하자. 투자금을 주식에 투자하여서 1년에 7%씩 버는 것을 목표로 하고 있다. 이 사람이 원금을 2배로 만들려면 기간이 얼마나 걸릴까? 우리는 다음과 같은 순서도를 생각할 수 있다.

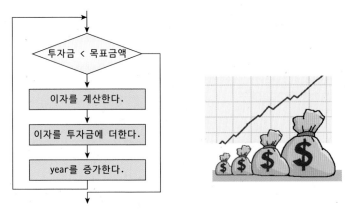

그림 5.6 투자금 계산 알고리즘

파이썬에는 조건에 따라서 반복을 계속하는 구조가 있다. 바로 while 문이다. while 문은 다음과 같은 구문을 가지고 있다.

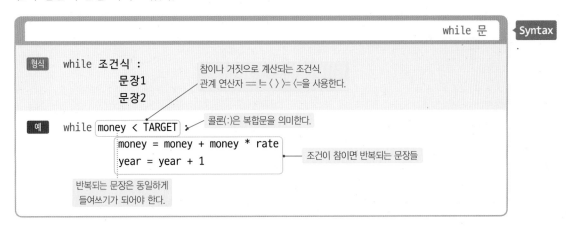

while 뒤에 반복 여부를 결정하는 조건식을 둔다. 위의 코드에서는 money < TRAGET 이 조건식이 된다. 이 조건식이 True이면 반복이 계속된다. 조건식이 False가 되면 반복은 종료된다. 우리가 앞에서 학습하였던 for 문은 횟수 반복 구조라고 할 수 있다. 반면에 while 문은 조

건 반복 구조라고 할 수 있다. while 문은 어떤 조건이 만족 되는 동안, 반복을 계속한다.

example 예제 투자금을 2배로 만드는 기간 프로그램

money.py	자금이 2배가 되는데 걸리는 시간 계산

```python
TARGET = 2000       # 목표 금액
money = 1000        # 초기 자금
year = 0            # 연도
rate = 0.07         # 이자율

# 현재 금액이 목표 금액보다 작으면 반복한다.
while money < TARGET :
    money = money + money * rate
    year = year + 1

print(year, "년")
```

실행결과

11 년

example 예제 1과 10까지의 합 계산하기

횟수를 알 수 없는 경우에만 while 루프를 사용할 수 있는 것은 아니다. 횟수를 알고 있는 경우에도 while 루프를 사용할 수 있다. 예를 들어서 1부터 10까지의 합을 계산하는 예제를 while 루프로 작성해보자.

sum2.py	1과 10까지의 합 계산하기

```python
# 제어 변수를 선언한다.
i = 1
sum = 0

# i 값이 10보다 작으면 반복
while i <= 10 :
    sum = sum + i
    i = i + 1

print("합계는", sum)
```

실행결과

합계는 55

위의 코드와 같이 while 루프를 사용하여 10번을 반복할 수 있다. 변수 i는 반복 횟수를 저장

하는 변수여서 반복 제어 변수라고 불린다.

else가 있는 while 루프

파이썬에서는 특이하게도 while 루프에 else를 붙일 수 있다. else는 조건식이 False이 평가되면 실행된다. 만약 while 루프가 break 문으로 종료되면 else는 무시된다. 다음은 이를 설명하는 예이다.

else.py	else가 있는 while 루프

```python
i = 0

while i < 3:
    print("루프 안쪽")
    i = i + 1
else:
    print("else 부분")
```

실행결과
```
루프 안쪽
루프 안쪽
루프 안쪽
else 부분
```

 참고 사항

반복 루프를 작성할 때, 입문자에게 상당히 어려운 문제가 초기 조건과 반복 조건식이다. 여기서 잘못 생각하면 1만큼의 오류가 발생할 수 있다. 프로그래밍에서는 무척 엄격하게 생각하여야 한다. 두리뭉실 넘어가면 항상 그곳에서 오류가 발생한다. 예를 들어서 우리의 투자 기간 계산 예제에서 year의 초기값은 0이어야 할까? 아니면 1이어야 하는가? 조금 생각해보면 year의 초기값은 0이어야 한다. 1년이 지나면 투자금은 수익률만큼 증가되어 있어야 한다. 초기에는 수익이 없으므로 투자금은 증가되지 않았다. 따라서 year=0에서 시작하는 것이 맞다. 이번에는 반복 조건을 생각해보자. while money < 2000이어야 할까? 아니면 while money <= 2000이어야 할까? money가 2000만원이 되면 반복은 중단되어야 한다. 우리의 문제는 투자금이 2배가 되는 최소의 기간을 찾는 것이었기 때문이다. 2000만원이 되었는데 반복이 한 번 더 이루어지면 잘못되는 것이다.

 팁

조건 제어 루프는 사전에 반복이 몇 번 일어날지를 알 수 없는 경우에 사용된다.

 중간점검

1. if 문과 while 문을 비교하여 보라. 조건식이 같다면 어떻게 동작하는가?
2. for 문과 while 문을 비교해보자. 어떤 경우에 for 문을 사용하는 것이 좋은가? 또 어떤 경우에 while 문을 사용하는 것이 좋은가?

Lab 사용자가 입력하는 숫자의 합 계산하기

사용자가 입력한 숫자들을 더하는 프로그램을 작성해보자. 사용자가 yes라고 답한 동안에만 숫자를 입력받는다.

```
숫자를 입력하시오:  10
계속?(yes/no): yes
숫자를 입력하시오:  20
계속?(yes/no): no
합계는 :  30
```

이 프로그램은 루프의 끝에서 사용자가 입력하는 문자열이 'no'일 때까지 반복을 계속한다. 즉, 더할 숫자들이 남아 있으면 반복을 계속한다. 알고리즘이 정지하기 전에 얼마나 많은 숫자들이 입력될 지 알 수 없기 때문에 조건 제어 루프가 사용되었다.

sum3.py	입력된 숫자들의 합을 계산

```python
total = 0
answer = "yes"                      # 반복이 수행되려면 answer의 초기값은 "yes"
while answer == "yes":              # answer가 "yes"인지를 검사한다.
    number = int(input("숫자를 입력하시오:  "))
    total = total + number
    answer = input("계속?(yes/no): ")
print("합계는 : ", total)
```

조건 제어 루프에서 어떤 경우에서 반복이 전혀 되지 않을 때가 있다. 이것은 while 루프에서는 반복이 시작되기 전에 조건을 검사하기 때문이다. 만약 조건이 거짓이면 반복이 전혀 일어나지 않는다. 다음 파이썬 코드를 보자.

```python
total = 0
answer = "no"
while answer == "yes":
    number = int(input("숫자를 입력하시오:  "))
    total = total + number
    answer = input("계속?(yes/no) ")
print("합계는 : ", total)
```

프로그램이 실행되었을 때, while 루프의 조건이 참이 되지 않는다. 따라서 프로그램은 반복문의 내부에 있는 문장을 실행하지 않고 지나가게 된다.

Lab 숫자 맞추기 게임

이 예제는 프로그램이 가지고 있는 정수를 사용자가 알아맞히는 게임이다. 사용자가 답을 제시하면 프로그램은 자신이 저장한 정수와 비교하여 제시된 정수가 더 높은지 낮은지 만을 알려준다. 정수의 범위를 1부터 100까지로 한정하면 최대 7번이면 누구나 알아맞힐 수 있다. 정수의 범위를 1부터 1,000,000까지 확대하더라도 최대  20번이면 맞출 수 있다. 왜 그럴까? 이진 탐색의 원리 때문이다. 정렬되어 있는 숫자 중에서 중간값과 한 번씩 비교할 때마다 탐색의 범위는 1/2로 줄어든다. 예를 들어서 1부터 100사이에서 50과 비교하여서 50보다 작다는 답변을 들었다면, 다음 탐색 범위는 1부터 50이 된다. 그렇지만 물론 게임이기 때문에 운도 따른다. 게임이 끝나면 몇 번 만에 맞추었는지도 함께 출력하자.

실행 결과

```
1부터 100 사이의 숫자를 맞추시오

숫자를 입력하시오: 50
너무 낮음!

숫자를 입력하시오: 75
너무 낮음!

숫자를 입력하시오: 89
축하합니다. 시도횟수= 3
```

프로그램은 반복 루프를 사용하여 사용자가 정확하게 정수를 알아맞힐 때까지 반복한다. 반복 루프 중에서 while 루프가 적당한데 반복 횟수를 미리 알 수 없기 때문이다. 사용자가 정답을 알아맞히면 몇 번 만에 알아맞혔는지를 화면에 출력한다. 사용자가 제시한 정수와 정답을 비교하는데 if 문이 사용된다.

```
while guess != answer
    사용자로부터 숫자를 guess로 입력받는다.
    시도횟수를 증가한다.
    if( guess < answer )
        숫자가 낮다고 출력하다,
    if( guess > answer )
        숫자가 높다고 출력한다.
    "축하합니다"와 시도횟수를 출력한다.
```

guess.py	숫자 퀴즈 프로그램

```python
import random

tries = 0                            # 시도 횟수
guess = 0;                           # 사용자의 추측값
answer = random.randint(1, 100)      # 1과 100사이의 난수

print("1부터 100 사이의 숫자를 맞추시오")

while guess != answer:
    guess = int(input("숫자를 입력하시오: "))
    tries = tries + 1
    if guess < answer:
        print("너무 낮음!")
    elif guess > answer:
        print("너무 높음!")

if guess == answer:
    print("축하합니다. 시도횟수=", tries)
else:
    print("정답은 ", answer)
```

3개의 변수가 선언되어서 사용된다. 변수 answer는 정답을 저장하고 있다. 변수 guess에는 사용자가 입력한 정수가 저장된다. 만약 answer와 guess가 일치하면 반복이 종료된다. tries 는 사용자의 시도 회수를 기록한다.

반복 루프는 while 루프를 이용하여 구현되었다. while 루프의 조건 검사 부분에서 guess가 answer와 같은지를 검사한다. 만약 guess가 answer와 같으면 반복을 중단하고 시도 횟수를 출력한 다음에 종료한다.

사용자로부터 정수를 입력받은 후에, 이것을 answer에 저장된 정수와 비교한다. if 문을 사용하여 guess가 number보다 작은지 큰지를 검사하여 적당한 메시지를 출력한다.

 도전문제

시도 횟수를 최대 10번으로 제한하려면 위의 프로그램을 어떻게 변경하여야 하는가?

Lab 산수 문제 생성 프로그램

초등학생들을 위하여 산수 문제를 발생시키는 프로그램을 작성해보자. 한 번이라도 틀리면 반복을 중단한다.

```
25 + 78 = 103
잘했어요!!

3 + 32 = 37
틀렸어요. 복습하세요.
```

난수가 필요하다. 파이썬에서 난수는 다음과 같이 생성이 가능하다. 아래 코드는 1부터 100 사이의 난수를 발생한다.

```python
import random
number = random.randint(1, 100)
```

| mathquiz.py | 산수 문제 생성 프로그램 |

```python
import random

flag = True
while flag:
    x = random.randint(1, 100)
    y = random.randint(1, 100)
    answer = int(input(f"{x} + {y} = "))
    if answer == x + y:
        print("잘했어요!!")
    else:
        print("틀렸어요. 복습하세요.")
        flag = False
```

f-문자열을 사용하였다. 변수를 { }로 감싸서 문자열 안에 넣을 수 있다. 앞에 f를 붙인다.

도전문제

(1) 덧셈 뿐만 아니라 뺄셈, 곱셈, 나눗셈 문제도 출제할 수 있도록 위의 프로그램을 수정하라.
(2) 한 번이라도 맞으면 반복을 종료하도록 위의 프로그램을 수정하라.

어떤 경우에 반복되는 횟수를 알 수 없을까? 가장 대표적인 경우가 사용자로부터 어떤 값을 받아서 처리하는 경우이다. 사용자가 입력하는 값을 예측하기 힘들기 때문이다. 예를 들어서 사용자가 암호를 입력하고 프로그램에서 암호가 맞는지를 체크한다고 하자.

```
암호를 입력하시오: 12345678
암호를 입력하시오: password
암호를 입력하시오: pythonisfun
로그인 성공
```

알고리즘을 생각해보자. 암호는 "pythonisfun"이라고 가정하자.

1. 암호=""
2. 암호가 "pythonisfun"이 아니면 다음을 반복한다.
   * 사용자로부터 암호를 입력받는다.
3. "로그인 성공"을 출력한다.

이 알고리즘은 암호가 올바르게 입력될 때까지 반복한다. 사용자가 몇 번 만에 올바른 암호를 입력할 지를 미리 알 수 없기 때문에 조건 제어 루프가 사용되었다. 이 알고리즘을 파이썬으로 구현하면 다음과 같다.

password.py 　암호 프로그램

```python
password = ""
while password != "pythonisfun":
    password = input("암호를 입력하시오: ")
print("로그인 성공")
```

이 예제에서의 조건은 입력된 암호가 "pythonisfun"인지 여부이다. 알고리즘이 조건이 참인지를 검사한다. 만약 참이면 알고리즘은 "로그인 성공"이라는 메시지를 출력하고 종료한다. 만약 거짓이면 알고리즘은 루프의 처음으로 돌아가서 조건이 참이 될 때까지 실행을 계속한다.

 도전문제

위의 프로그램은 암호만을 입력받는다. 일반적인 인터넷 포탈과 같이 아이디와 암호를 입력받아서 체크하도록 위의 코드를 수정하여 보자. 아이디와 암호가 맞지 않을 때는 경고 메시지를 출력하도록 한다.

6. 중첩 반복문

놀이공원의 롤러코스터에는 스릴감을 극대화하기 위하여 루프 안에 작은 루프들을 만들어 놓는다. 프로그램에서도 반복 루프 안에 다시 반복 루프가 있을 수 있다.

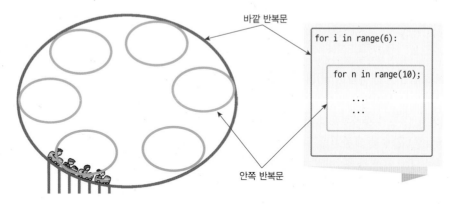

그림 5.7 중첩 반복문은 반복 루프 안에 또 다른 반복 루프가 들어있는 것이다.

반복문은 중첩하여 사용될 수 있다. 즉 반복문 안에 다른 반복문이 포함될 수 있다. 이러한 형태를 **중첩 반복문**(nested loop)이라고 한다. 외부에 위치하는 반복문을 외부 반복문(outer loop)이라고 하고 안쪽의 반복문을 내부 반복문(inner loop)라고 한다. 내부 반복문은 외부 반복문이 한번 반복할 때마다 새롭게 실행된다.

중첩 반복문에서 가장 주의할 점은 각각의 반복문을 제어하는 변수가 달라야 한다는 점이다. 그림 5.7에서도 외부 반복문을 제어하는 변수는 i이고 내부 반복문을 제어하는 변수는 n으로 서로 다르다. 만약 같은 변수가 사용되면 논리적인 오류가 발생할 가능성이 높다.

사각형 패턴 출력하기

중첩 반복문은 실제 프로그래밍에서 자주 등장한다. 예를 들어서 사각형과 비슷한 데이터를 처리하는데 유용하다. 다음 예제는 *기호를 사각형 모양으로 출력한다.

여기서는 반복문으로 for 루프를 사용하여 보자. 주의할 점은 외부의 for 루프가 반복시키는 문장이 2개 이상이기 때문에 적절한 들여쓰기를 이용하여 이들을 블록으로 만들어 주어야 한다.

```python
for y in range(5) :          외부 반복문
    for x in range(10) :     내부 반복문
        print("*", end="" )
    print("")        # 내부 반복문이 종료될 때마다 실행
```

위의 프로그램을 실행하면 50개의 *가 화면에 정사각형 모양으로 출력된다. *를 출력하는 문장의 외부에는 두개의 for 루프가 중첩되어 있다. 외부의 for 루프는 변수 y를 0에서 4까지 증가시키면서 내부의 for 루프를 실행시킨다. 내부의 for 루프는 변수 x를 0에서 9까지 증가시키면서 print() 함수를 호출한다. 내부 for 루프가 한번 실행될 때마다 화면에는 10개의 *가 그려진다. 내부 for 루프가 한 번씩 종료될 때마다 줄바꿈 문자가 화면에 출력되어 다음 줄로 넘어가게 된다.

---

example 예제 삼각형 패턴 출력하기

앞의 예제를 조금 변경시켜서 다음과 같이 출력되도록 하여 보자. 실행 결과를 자세히 분석하여 보면 y번째 줄에서 y개의 *를 출력하는 것을 알 수 있다. 따라서 바깥쪽 제어 변수인 y의 값을 안쪽 반복 회수로 사용하면 된다. 그리고 y는 1부터 시작해야 한다.

```
*
**
***
****
```

nested2.py　　**중첩 반복문**

```python
for y in range(1, 4) :
    for x in range(y):        내부 반복문은 y번 반복한다.
        print("*", end="" )
    print("")        # 내부 반복문이 종료될 때마다 실행
```

 중간점검

1. 다음 코드의 출력을 쓰시오.
```python
for i in range(3) :
    for j in range(3) :
        print(i, "곱하기", j, "은", i*j)
```

Lab 주사위 합이 6이 되는 경우

라스베가스와 같은 도박장에 가면 주사위 게임이 있다. 주사위 2개를 던졌을 때, 합이 6이 되는 경우를 전부 출력하여 보자. 예를 들어서 (1, 5), (2, 4),...와 같이 출력되면 된다. 이 프로그램도 중첩 반복문을 사용하여야 한다. 즉 외부 반복문은 첫 번째 주사위의 경우의 수만큼 반복해야 하고 내부 반복문은 두 번째 주사위의 경우의 수만큼 반복하여야 한다.

실행 결과

```
첫 번째 주사위=1 두 번째 주사위=5
첫 번째 주사위=2 두 번째 주사위=4
첫 번째 주사위=3 두 번째 주사위=3
첫 번째 주사위=4 두 번째 주사위=2
첫 번째 주사위=5 두 번째 주사위=1
```

 dice.py   중첩 반복문

```python
##
#  이 프로그램은 주사위 2개의 합이 6인 경우를 전부 출력한다.
#
for a in range(1, 7) :
    for b in range(1, 7) :
        if a + b == 6 :
            print(f"첫 번째 주사위={a} 두 번째 주사위={b}" )
```

도전문제

2개를 주사위를 던져서 6이 나올 확률은 5/36이다. 이것을 난수를 이용하여 **1000**번 가상적인 주사위를 던진 후에 6이 나오는 횟수를 세어서 이론적인 확률값과 비교하는 프로그램을 작성해보자.

	경우의 수
$P(S=2) = \frac{1}{36}$	(1,1)
$P(S=3) = \frac{2}{36}$	(1,2), (2,1)
$P(S=4) = \frac{3}{36}$	(1,3), (3,1), (2,2)
$P(S=5) = \frac{4}{36}$	(1,4), (4,1), (2,3), (3,2)
$P(S=6) = \frac{5}{36}$	(1,5), (5,1), (2,4), (4,2), (3,3)
$P(S=7) = \frac{6}{36}$	(1,6), (6,1), (2,5), (5,2), (3,4), (4,3)
$P(S=8) = \frac{5}{36}$	(2,6), (6,2), (3,5), (5,3), (4,4)
$P(S=9) = \frac{4}{36}$	(3,6), (6,3), (4,5), (5,4)
$P(S=10) = \frac{3}{36}$	(4,6), (6,4), (5,5)
$P(S=11) = \frac{2}{36}$	(5,6), (6,5)
$P(S=12) = \frac{1}{36}$	(6,6)

Lab 모든 조합 출력하기

디저트 전문점이 있다. 세트 메뉴를 선택하면 손님은 커피 중에서 하나를 고르고, 케이크 중에서도 하나를 고를 수 있다. 다음과 같이 음료와 케이크가 저장된 두 가지 리스트를 가지고 있다고 하자. 디저트 전문점에서 손님이 주문 가능한 모든 조합을 만들어보자.

```
coffee = [ "Americano" , "Latte" , "Mocha" ]
cake = [ "CheeseCake" , "StrawberryCake", "ChocolateCake" ]
```

```
Americano CheeseCake
Americano StrawberryCake
Americano ChocolateCake
Latte CheeseCake
Latte StrawberryCake
Latte ChocolateCake
Mocha CheeseCake
Mocha StrawberryCake
Mocha ChocolateCake
```

 모든 조합 출력하기

```python
##
#  이 프로그램은 중첩 반복문을 사용하여서 모든 조합을 출력한다.
#
coffee = [ "Americano" , "Latte" , "Mocha" ]
cake = [ "CheeseCake" , "StrawberryCake", "ChocolateCake" ]

for co in coffee:
    for ca in cake:
        print(co + " " + ca)
```

도전문제

디저트 전문점에서는 커피의 사이즈를 나타내는 **"Large"**, **"Medium"**, **"Small"** 중에서 하나를 선택할 수 있다고 하자. 디저트 전문점에서 손님이 주문 가능한 모든 조합을 만들어보자.

7. 무한 루프와 break, continue

조건 제어 루프에서 가끔은 프로그램이 무한히 반복하는 일이 발생한다. 이것은 무한 루프(infinite loop)로 알려져 있다. 무한 반복이 발생하면 프로그램은 빠져 나올 수 없기 때문에 문제가 된다. 하지만 가끔은 무한 루프가 사용되는데 예를 들면 신호등 제어 프로그램은 무한 반복하여야 하기 때문이다. 무한 반복 루프는 다음과 같은 형태를 가진다.

	무한루프 문	◀ Syntax

```
형식    while True  :
            if 조건 :
                break        # 반복을 중단한다.
            if 조건 :
                continue     # 다음 반복을 시작한다.
```

while 루프의 조건에 True가 있다. 조건이 항상 참이므로 무한히 반복된다. 하지만 무한 루프라고 하더라도 어떤 조건이 성립하면 무한 루프를 빠져나와야 하는 경우도 많다. 이런 경우는 if 문장을 사용하여서 루프를 빠져나오게 된다. break 문장은 while 루프나 for 루프를 강제적으로 빠져 나올 때 사용하는 문장이다.

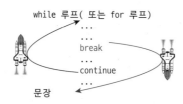

```
        while 루프( 또는 for 루프)
                ...
                ...
                break
                ...
            continue
                ...
    문장
```

신호등이 색상이 녹색(green)이 될 때까지 대기하는 프로그램

```
신호등 색상을 입력하시오 red
신호등 색상을 입력하시오 yellow
신호등 색상을 입력하시오 green
전진!!
```

| break.py | 무한 루프와 break 프로그램 |

```
while True:
    light = input('신호등 색상을 입력하시오 ')
    if light == 'green':
        break
print( '전진!!')
```

위의 코드에서는 화면에 '신호등 색상 입력하시오 '을 출력하고 사용자의 입력을 기다린다. while True:로 되어 있으므로 무한 루프이다. 사용자가 'green'를 입력하면 break 문장을 실행하여서 무한 루프를 빠져나간다. 'green'가 아니면 계속 반복한다.

무한 루프는 실제 코드에서 많이 사용된다. 특히 반복을 빠져나가는 조건이 까다로운 경우에 많이 사용된다. 예를 들어서 사용자가 입력한 수가 3의 배수이거나 음수인 경우에 while 루프를 빠져나가야 한다고 하자. 이때는 아래 그림의 왼쪽과 같이 while 루프의 조건문을 만드는 것보다, 오른쪽처럼 무한 루프를 만들고 그 안에서 루프를 벗어나는 조건을 검사하는 편이 이해하기 쉽다.

```
while not (x%3==0 or x<0 )            while True:
    ...                                  if x%3 == 0: break
    ...                                  if x<0 : break
    ...                                  ...
```

continue 명령문은 강제적으로 반복 루프의 처음으로 돌아가게 한다. continue 문을 사용하는 다음 예제를 보자.

example
예제
1부터 10에서 3의 배수만 빼고 출력하기

실행
결과
```
1 2 4 5 7 8 10
```

| continue.py | continue를 사용하는 프로그램 |

```
for i in range(1, 11):
    if i%3 == 0 :         # 3의 배수이면
        continue          # 다음 반복을 시작한다.
    print(i, end=" ")     # 줄바꿈을 하지 않고 스페이스만 출력한다.
```

i%3 값이 0이면(즉 3의 배수이면) continue 문이 실행되어서 다음 반복을 실시한다. 따라서 아래에 있는 print() 함수 호출이 이루어지지 않는다.

Lab 파이 계산하기

파이(π)는 원주와 지름의 비율을 나타내는 상수이다. 파이를 계산하는 것은 무척 시간이 많이 걸리는 작업으로 주로 수퍼 컴퓨터의 성능을 시험하는 용도로 사용된다. 지금은 컴퓨터의 도움으로 10조개의 자리수까지 계산할 수 있다. 파이를 계산하는 가장 고전적인 방법은 Gregory-Leibniz 무한 수열을 이용하는 것이다.

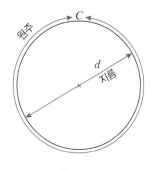

$$\pi = \frac{4}{1} - \frac{4}{3} + \frac{4}{5} - \frac{4}{7} + \frac{4}{9} - \frac{4}{11} + \cdots$$

위의 수열은 간단하기 하지만 수렴은 상당히 늦다고 알려져 있다. 약 70자리까지는 계산할 수 있다. 사용자가 입력한 반복 횟수까지 위의 무한 수열을 계산하는 프로그램을 작성하여 보라.

```
반복횟수:10000
Pi = 3.141493
```

파이 계산 프로그램을 사용자로부터 반복 횟수를 입력받는다. while 루프나 for 루프를 이용하여서 반복 횟수만큼 반복시키면 된다.

```
사용자로부터 반복횟수 loop_count를 입력받는다.
분자 = 4.0
분모 = 1.0
sum = 0.0
while loop_count > 0 :
    sum = sum + 분자 / 분모
    분자 = -1.0* 분자
    분모 = 분모 + 2.0
    loop_count 하나 감소
sum을 출력한다.
```

cal_pi.py | 파이 계산 프로그램

```
##
#   이 프로그램은 파이값을 계산한다.
#
divisor = 1.0
divident = 4.0
sum = 0.0
loop_count = int(input("반복횟수:"))
while loop_count > 0 :
    sum = sum + divident / divisor
    divident = -1.0 * divident
    divisor = divisor + 2
    loop_count = loop_count - 1;
print(f"Pi = {sum}")
```

 도전문제

(1) 위의 프로그램은 파이를 약 70자리까지 계산할 수 있다. 다음과 같은 수식을 사용하면 약 300자리까지 계산할 수 있는 것으로 알려져 있다.

$$\pi = 3 + \frac{4}{2 \times 3 \times 4} - \frac{4}{4 \times 5 \times 6} + \frac{4}{6 \times 7 \times 8} - \frac{4}{8 \times 9 \times 10} + \cdots$$

이 수열을 반복 루프를 사용하여서 계산하는 프로그램을 작성하고 테스트하라.

(2) while 문을 사용하지 말고 for 문을 사용하여서 위의 프로그램을 다시 작성해보자. 어떤 반복 구조가 사용하기 편리한가?

이번 장에서 리스트를 소개하였다. 리스트에 저장된 데이터를 이용하여서 간단한 그래프를 그려보자. 그래프를 그리는 라이브러리는 Matplotlib이다. 13장에서 소개한다. 다음과 같은 명령어로 Matplotlib를 설치할 수 있다.

```
C> pip install matplotlib
```

실행
결과

가장 기본이 되는 선그래프를 그려보자. 선그래프를 그리려면 x값과 y값이 필요하다. 우리가 x값과 y값을 리스트 형태로 plot() 함수로 전달하면, plot() 함수는 이것으로 선 그래프를 그린다. 정수의 제곱값을 리스트에 저장한 후에 그래프로 그려보자.

```python
import matplotlib.pyplot as plt

X = [1, 2, 3, 4, 5, 6]
Y = [1, 4, 9, 16, 25, 36]

plt.plot(X, Y)
plt.show()
```

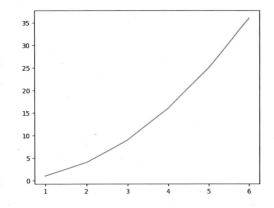

도전문제

X.append(10)과 같이 리스트에는 동적으로 값을 추가할 수 있다. 제곱값을 리스트 Y에 반복문으로 추가하여서 그래프를 그려보자.

Lab 거북이를 랜덤하게 움직이게 하자

윈도우 상에서 거북이가 술에 취한 것처럼 랜덤하게 움직이게 하여 보자.

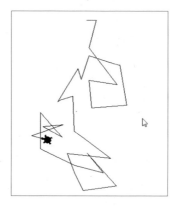

난수를 발생시키는 것은 아주 많이 사용되는 작업이다. 파이썬에서는 다음과 같은 문장으로 난수를 발생할 수 있다.

```
import random
number = random.randint(1, 100)
```

randint(1, 100)이라고 호출하면 1에서 100 사이의 난수가 생성된다.

반복과 난수를 결합하면 거북이를 랜덤하게 움직일 수 있다. 간단하게 알고리즘을 만들어보면 다음과 같다.

```
다음을 30번 반복한다.
[1, 100] 사이의 난수를 발생하여 변수 length에 저장한다.
거북이를 length만큼 움직인다.
[-180, 180] 사이의 난수를 발생하여 변수 angle에 저장한다.
거북이를 angle만큼 회전시킨다.
```

random_walk.py	랜덤 워크 프로그램

```
##
#   이 프로그램은 터틀 그래픽으로 랜덤 워크를 구현한다.
#
① import turtle
② import random
③ t = turtle.Turtle()
④ t.shape("turtle")
⑤
⑥ for i in range(30):
⑦     length = random.randint(1, 100)
⑧     t.forward(length)
⑨     angle = random.randint(-180, 180)
⑩     t.right(angle)


turtle.done()
```

① turtle 모듈을 포함한다.

② random 모듈을 포함한다.

③ 터틀 윈도우를 생성한다.

④ 터틀의 모양을 거북이로 변경한다.

⑤ 빈줄이다.

⑥ 30번 반복한다.

⑦ 1부터 100 사이의 난수를 생성하여 length 변수에 저장한다.

⑧ length만큼 거북이를 전진시킨다.

⑨ −180부터 180 사이의 난수를 생성하여 angle 변수에 저장한다.

⑩ angle변수만큼 거북이를 오른쪽으로 회전한다.

 도전문제

거북이가 **90도**로만 방향을 전환할 수 있다면 위의 프로그램은 어떻게 수정되어야 할까? 거북이는 **90도, 180도, 270도, 360** 중에서 하나를 선택하여 앞으로 전진한다.

반복문을 터틀 그래픽과 결합하면 상당히 복잡한 형상을 쉽게 그릴 수 있다. 예를 들어서 다음과 같은 그림을 그릴 수 있다.

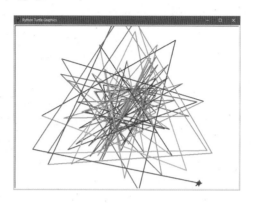

위의 그림은 거북이를 전진시키면서 동시에 회전시키면 그려진다. 반복이 진행될수록 전진은 많이 하고 회전도 많이 한다.

spiral.py	스파이럴 프로그램

```python
import turtle
import random

t = turtle.Turtle()
t.shape('turtle')
t.width(3)
t.speed(7)
colors = ['orange', 'red', 'violet', 'green', 'blue']

for i in range(100):
    t.color(random.choice(colors))      # 리스트 중에서 랜덤하게 하나를 선택한다.
    t.right(20 + i)
    t.forward(1 + (i * 6))
    t.right(30 + i)

turtle.done()
```

 도전문제

각 반복에서 거북이가 회전하는 각도와 전진하는 거리를 다르게 해서 결과가 어떻게 달라지는지 본다.

우리는 앞에서 컴퓨터가 숨기고 있는 숫자를 사람이 맞추는 프로그램을 살펴보았다. 이번에는 반대로 하여 보자. 사용자가 숨기고 있는 숫자를 컴퓨터가 알아맞히는 프로그램을 작성해보자. 게임 도중에 사용자는 숫자를 변경하면 안 된다.

실행
결과

```
컴퓨터가 당신이 생각하는 숫자를 알아맞히는 게임입니다.
하나의 숫자를 생각하세요.
컴퓨터가 제시한 숫자보다 정답이 높으면 high, 낮으면 low라고 하세요.
컴퓨터가 숫자를 맞추면 yes라고 하세요.

숫자가 50 인가요? low
숫자가 25 인가요? high
숫자가 37 인가요? high
숫자가 42 인가요? yes
```

요 약   Summary

이번 장에서 반복에 대하여 살펴보았다. for 문과 while 문은 들여쓰기된 문장들을 반복한다. while 문은 루프의 첫 부분에서 반복 조건을 검사한다. for 문은 시퀀스에서 항목들을 하나씩 가져다가 반복한다. 이번 장에서의 반드시 기억해야할 핵심적인 내용은 다음과 같다.

▶ 문장들을 반복 실행하려면 for 문이나 while 문을 사용한다.
▶ 반복 실행되는 문장들을 들여쓰기 하여야 한다.
▶ for 문은 반복 회수를 정해져있을 때 유용하다.
▶ while 문은 반복 조건이 정해져 있을 때 유용하다.
▶ 반복문의 초입에서 조건식은 검사된다.

 100번 반복하는 문장을 for로 만들어보세요.

```
for i in range(100):
        ....
```

 100번 반복하는 문장을 while로 만들어보세요.

```
i=0
while i<100:
        ...
        i++;
```

 어떤 반복 구조가 편한가요?

약간은 for가 편한거 같네요. 하지만 반복 횟수를 모를 때는 while을 써야 겟죠?

1 다음은 무한 반복을 구현한 명령문이다. 올바르게 구현한 것을 모두 고르시오. ( )

  ① while True :   ② for True :   ③ while False :   ④ for False :

2 다음 코드는 몇 번이나 반복하는가?

  (a) for i in range(29): print("Hello")

  (b) for i in range(1, 10, 3): print("Hello")

3 왼쪽 반복문을 range() 함수를 사용하는 형태로 바꿔보자.

```
for i in [1, 3, 5, 7, 9, 11]:
    print("Hello");
```
➡
```
for i in _____:
    print("Hello");
```

4 다음의 프로그램에서 생성되는 출력 결과는 무엇인가?

```
for i in range(0, 10, 2) :
    print(i)
```
➡

5 다음의 for 루프를 while 루프로 변환하라.

```
sum = 0
for i in range(10, 0, -1):
    sum = sum + 1
```
➡
```
_____:
_____
_____
```

6 다음의 while 루프를 for 루프로 변환하라.

```
sum = 0
i = 0
while sum < 100000:
    sum = sum + 1
    i = i + 1
```
➡
```
_____:
_____
_____
_____
```

7 다음의 코드의 출력은?

```
for x in range(10) :
    if x > 5 : continue
    if x > 8 : break
    print("Hello World!")
```

➡

8 다음의 코드를 실행하면 어떻게 될까?

```
i = 0
while i < 10 :
    print(i)
```

➡

9 다음 코드의 출력은?

```
i = 0
while i <= 10:
    print("Hi !")
    i = i + 1
```

➡

10 다음 코드의 출력은?

```
i = 1
while i < 10:
    if i%2 == 0:
        print(i)
    i = i + 1
```

➡

11 다음 코드의 출력을 예상해보자. 각 단계에서 변수의 값을 예상해보시오.

```
n = 1234
sum = 0
while n > 0 :
    digit = n % 10
    sum = sum + digit
    n = n // 10

print(sum)
```

➡

HINT %는 나머지를 계산하는 연산자이다. //은 나눗셈에서 몫을 계산한다.

12 다음 반복 루프가 끝나면 sum은 얼마가 될까?

```
sum = 0
for i in range(100):
    for j in range(100):
        for k in range(100):
            sum += 1
```

13 다음 중첩 루프의 실행 결과는 무엇일까?

```
numbers = [10, 20]
items = ["TV", "Phone"]

for x in numbers:
    for y in items:
        print(x, y)
```

Programming

1 2부터 50 사이의 모든 짝수를 출력하는 반복 루프를 작성한다.

```
2 4 6 8 10 12 14 16 18 20 22 24 26 28 30 32 34 36 38 40 42 44 46 48 50
```

HINT x%2한 결과가 0이면 x는 짝수이다.

2 리스트에 저장된 정수들의 합을 계산하는 프로그램을 작성해보자. 내장 함수 sum()은 이용하지 않는다.

```
리스트: [ 11, 22, 23, 99, 81, 93, 35 ]
정수들의 합은 364
```

3 사용자가 입력한 정수의 모든 약수를 화면에 출력하는 프로그램을 작성하라.

```
정수를 입력하시오: 60
약수: 1 2 3 4 5 6 10 12 15 20 30 60
```

HINT 약수는 % 연산자로 알 수 있다.

4 중첩 반복문을 사용하여서 다음과 같이 출력하는 프로그램을 작성하여 보자.

```
정수를 입력하시오: 5
1
1 2
1 2 3
1 2 3 4
1 2 3 4 5
```

HINT 중첩 반복 구조를 사용한다.

5 다음과 같이, 마일을 킬로미터로 변환하는 표를 출력하는 프로그램을 작성하시오.

마일	킬로미터
1	1.609
2	3.218
...	
10	16.090

HINT 1마일은 1.609킬로미터이다.

6 터틀 그래픽과 반복을 사용하여 싸인(sine) 그래프를
그려보자. 거북이를 싸인값에 따라서 움직이면 된다.

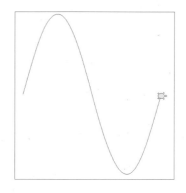

> **HINT** 싸인값은 math.sin() 함수로 계산이 가능하다. 프로그램
> 의 첫 부분에 import math를 추가한다. 각도를 라디안으로 변환
> 하여야 한다. radian = 3.14 * degree / 180.0 수식을 사용
> 한다.

7 구구단표를 출력하는 프로그램을 작성하라. 형식은
정확히 일치하지 않아도 된다.

```
1 2 3 4 5 6 7 8 9
2 4 6 8 10 12 14 16 18
3 6 9 12 15 18 21 24 27
4 8 12 16 20 24 28 32 36
5 10 15 20 25 30 35 40 45
6 12 18 24 30 36 42 48 54
7 14 21 28 35 42 49 56 63
8 16 24 32 40 48 56 64 72
9 18 27 36 45 54 63 72 81
```

8 $1^2 + 2^2 + 3^2 + \cdots + n^2$ 의 값을 계산하여 출력하여 보자.

```
n의 값을 입력하시오: 10
계산값은 385입니다.
```

> **HINT** i를 1부터 n까지 증가시키면서 result에 i*i를 더한다. result의 초기값은 0이어야 한다.

9 사용자가 2개의 정수(a와 b)를 입력하면 이들 정수의 최대 공약수를 찾아보자. 예를 들
어서 3와 6의 최대 공약수는 3이다. 최대 공약수를 계산하는 유클리드의 알고리즘이 있
지만 우리는 아주 직관적인 방법을 사용해보자. 정수 k를 1부터 하나씩 증가시키면서
a%k==0이고 b%k==0인 정수를 찾는다. 이들 정수는 모두 약수이고 이 중에서 최대 정
수가 최대 공약수가 된다.

```
첫 번째 정수를 입력하시오: 3
첫 번째 정수를 입력하시오: 6
3과 6의 최대 공약수는 3입니다.
```

10 몬테카를로 시뮬레이션을 이용하여 파이의 값을 계산하여 보자. 몬테카를로 시뮬레이션
은 난수를 이용하여 문제를 해결한다. 아래와 같이 사각형과 원을 그리고 난수를 생성하
여서 그림 위에 찍는다. 원의 반지름은 1이라고 하자. 그러면 원의 면적은 π이고 사각형의
면적은 4이다. 따라서 점이 원 내부에 찍힐 확률은 (원의 면적)/(사각형의 면적)=π/4가 된다.

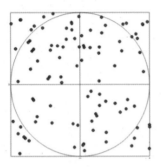

따라서 점을 10000000개 정도 찍으면 우리는 π의 값을 꽤 정확하게 추정할 수 있다.

> 파이의 값은 3.14124입니다.

11 피보나치 수열은 다음과 같이 성의되는 수열이다.

$$f_0 = 0$$
$$f_1 = 1$$
$$f_{i+1} = f_i + f_{i-1} \quad \text{for} \quad i = 1, \ 2, \ \cdots$$

피보나치 수열에서는 앞의 2개의 원소를 합하여 뒤의 원소를 만든다. 피보나치 수열은 컴
퓨터에서도 탐색 문제 등에 사용되기도 한다. 피보나치 수열을 생성하여 출력하는 프로
그램을 작성하여 보자.

> 몇 번째 항까지 구할까요? 10
> 0, 1, 1, 2, 3, 5, 8, 13, 21, 34, 55

HINT 3개의 변수 a=0, b=1, c를 사용하여서 c=a+b; a=b; b=c;을 반복한다.

12 2와 20 사이에 있는 모든 소수(prime number)를 찾는 프로그램을 작성하라. 정수가 소
수가 되려면 1과 자기 자신만을 약수로 가져야 한다.

> 2 3 5 7 11 13 17 19

HINT 소수의 약수는 1과 자기자신뿐이다. 따라서 1부터 자기 자신 사이에 약수가 하나라도 있다면 소수
가 아니다.

13 다음 수열의 합을 계산하는 프로그램을 작성하시오.

$$1/3 + 3/5 + 5/7 + ... 99/101$$

실행
결과

```
46.10464832285218
```

14 사용자가 게임판의 크기를 입력하면 다음과 같이 "---"와 "|" 문자를 이용하여 게임판
을 그려주는 프로그램을 작성해보자.

실행
결과

```
게임판의 크기: 3
 ---  ---  ---
|   |   |   |
 ---  ---  ---
|   |   |   |
 ---  ---  ---
|   |   |   |
 ---  ---  ---
```

HINT 문자열 반복 기능도 사용해보자.

15 0부터 9까지의 정수에 대하여 반복한다. 특정 숫자가 3으로 나누어 떨어지면 'fizz'를 출
력하고, 5로 나누어 떨어지면 'buzz'를 출력한다. 3과 5로 나누어 떨어지면 'fizzbuzz'를
출력한다. 숫자가 3 또는 5로 나누어 떨어지지 않으면 '*'을 출력하라.

실행
결과

```
fizzbuzz
*
*
fizz
*
buzz
fizz
*
*
fizz
```

16 반복과 난수를 함께 사용하면 화면에 랜덤한 원을 그릴 수 있다. 화면에 10개의 랜덤한 원을 그리는 프로그램을 작성하라. 원의 중심과 반지름이 모두 난수이어야 한다.

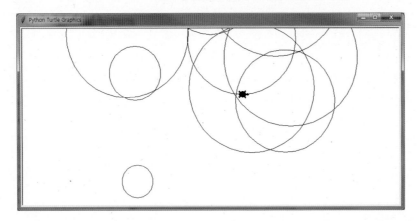

HINT 1부터 100 사이의 난수를 발생하려면 r = random.randint(1, 100) 문장을 사용한다. 프로그램의 첫 부분에 import random 문장도 추가해야 한다. 원의 중심, 원의 반지름을 모두 난수로 설정한다.

함수

6 함수

1. 이번 장에서 만들 프로그램

이번 장에서는 함수에 대하여 알아본다. 프로그램을 작성하다보면 동일한 처리를 반복해야 하는 경우가 많이 발생한다. 이러한 경우에 유용하게 사용할 수 있는 도구가 함수(function)이다. 함수를 이용하면 우리가 여러 번 반복해야 되는 처리 단계를 하나로 모아서 필요할 때 언제든지 호출하여 사용할 수 있다. 우리는 이미 많은 함수들을 사용하였는데 이번 장에서는 우리가 직접 함수를 작성해서 사용해볼 것이다.

(1) 피자의 면적을 계산하려고 한다. 20cm 피자 2개를 시키는 것이 좋을까? 아니면 30cm 피자 하나를 시키는 것이 유리할까? 가격은 같다고 하자. 원의 반지름을 받아서 피자의 면적을 계산하는 함수를 작성해서 사용해보자.

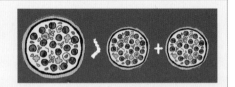

```
20cm 피자 2개의 면적: 2512.0
30cm 피자 1개의 면적: 2826.0
```

(2) 터틀 그래픽에서 사각형을 그리는 함수를 정의하고 사용해본다.

(3) ATM 프로그램을 구현해본다.

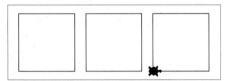

```
핀 번호를 입력하시오: 1234

1- 잔액보기   2- 인출   3- 저금   4- 종료
번호를 선택하시오: 1
잔액은 0원입니다.
....
```

2. 함수란?

함수

우리의 프로그램은 점점 커지고 복잡해지고 있다. 이 상황은 집을 굉장히 어질러 놓은 것과 비슷하다. 집을 정리하기 위해서는 물건들을 분류하여서 상자에 넣는 것도 좋다. 프로그램도 마찬가지이다. 관련 있는 코드들을 하나로 묶어서 전체 프로그램을 정리할 필요가 있다. 그래야만 전체 프로그램이 이해하기 쉽고, 관리하기 쉬워진다.

함수(function)는 명령어들을 모아서 특정 작업을 수행하게 하고, 여기에 이름을 붙인 것이다. 우리는 이미 많은 함수들을 사용하였다. 화면에 출력할 때 사용해왔던 print()가 함수이다. 또 입력을 담당하는 input()도 함수이다. 절대값을 반환하는 abs()도 함수이다.

함수는 작업에 필요한 데이터를 전달받을 수 있으며, 작업이 완료된 후에는 작업의 결과를 호출자에게 반환할 수 있다. 함수는 입력을 받아서 처리한 후에 결과를 반환하는 상자로 그릴 수 있다. 예를 들어서 아래 그림의 abs() 함수는 외부로부터 정수를 받은 후에, 정수의 절대값을 계산하여 반환한다.

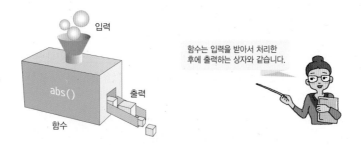

함수는 입력을 받아서 처리한 후에 출력하는 상자와 같습니다.

함수를 사용하는 것을 "함수를 호출(call)한다"고 한다. 예를 들어서 다음과 같은 문장을 보자.

```
>>> value = abs(-100)
```

abs()는 라이브러리 math에서 지원하는 함수이다. abs(-100)이라는 수식을 이용하여 프로그램은 abs() 함수를 호출한다. abs() 함수는 -100을 받아서 절대값 100을 계산하여 반환하게 된다. 함수의 반환값은 변수 value에 저장된다.

함수의 필요성

프로그램을 작성하다 보면 동일한 처리를 반복해야 하는 경우가 많이 발생한다. 우리가 이미 작성한 코드를 재활용하여서 사용할 수 있으면 정말 좋을 것이다. 재활용은 프로그래밍에서도 중요한 기술이다.

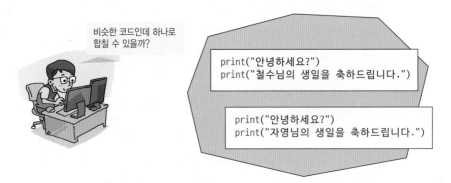

그림 6.1 함수는 코드의 중복을 막을 수 있다.

인터넷 쇼핑몰에서 고객의 생일이 되면 축하 메일을 보내는 프로그램이 있다고 하자. 축하 메시지를 생성하기 위하여 위의 그림과 같은 코드를 작성하였다. 위의 그림에서 2개의 코드 조각은 아주 유사하다. 첫 번째 코드는 "철수"의 생일을 축하하는 메시지를 출력하고, 두 번째 코드는 "자영"의 생일을 축하하는 메시지를 출력한다. 사람의 이름만 다르고 다른 메시지는 동일하다. 물론 필요할 때마다 이 코드를 복사하여 사용하여도 된다. 하지만 이것은 상당히 귀찮은 작업이다. 이 2개의 코드 조각을 합쳐서 하나로 만들면 코드의 길이가 거의 절반으로 줄어들 것이다.

이러한 경우에 유용하게 사용할 수 있는 도구가 함수이다. 함수를 이용하면 우리가 여러 번 반복해야 되는 처리 단계를 하나로 모아서 필요할 때 언제든지 호출하여 사용할 수 있다.

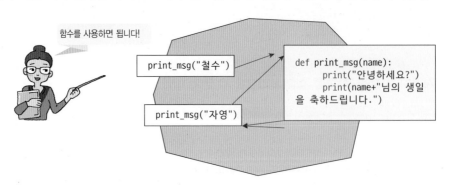

그림 6.2 함수는 코드를 재사용하는 방법이다.

우리는 이제까지는 파이썬이 기본적으로 제공해준 print()나 input() 함수만을 사용하였다. 이제부터는 우리도 함수를 직접 작성하여 사용해보자. 함수를 사용하면 장점이 많기 때문이다. 먼저 함수를 정의하는 작업부터 살펴보자.

참고 사항

함수는 프로그래밍 언어에 따라서 서브루틴. 메소드. 서브 프로그램이라고도 한다.

참고 사항: 코드를 복사하는 방법의 단점

- 코드를 수정하려면 여러 곳을 손봐야 한다. 즉 유지관리가 어렵다.
- 코드의 길이가 증가한다.
- 가독성이 떨어진다.

중간점검

1. 코드를 복사하는 것보다 함수를 사용하는 것이 좋은 이유는 무엇인가?
2. 함수를 사용하려면 함수를 _____하여야 한다.

3. 함수 작성하고 호출하기

파이썬에서 함수를 정의하는 문법을 알아보자. 원의 면적을 계산하여 반환하는 함수 get_area()를 작성하면 다음과 같다.

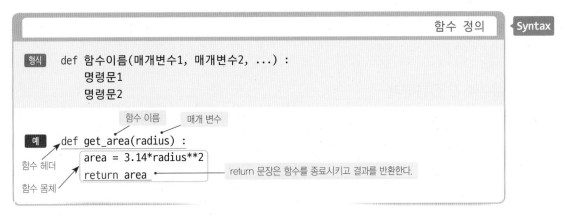

함수는 크게 헤더와 몸체로 나누어진다. **헤더(header)**는 def 키워드로 시작한다. 이어서 함수의 이름과 매개 변수를 적어주고 콜론(:)을 찍어준다. 콜론을 찍는 이유는 인터프리터가 성급하게 해석하지 말라는 의미이다. 함수는 몸체까지 입력되어야 비로소 해석을 시작할 수 있다. **매개 변수(parameter)**는 외부에서 전달되는 데이터를 함수로 전달하는 변수이다.

함수의 **몸체(body)**에는 함수가 수행하는 작업을 위한 명령어들이 들어간다. 예를 들어서 get_area() 의 몸체에는 원의 면적을 계산하기 위한 문장이 들어있다. 면적을 계산한 후에는 return 키워드를 이용하여 계산 결과를 반환한다. return이 실행되면 함수가 종료한다. 함수 몸체 안의 문장들은 똑같은 간격으로 들여쓰기 되어야 한다.

함수 호출

함수를 정의하는 목적은 함수를 사용하기 위해서이다. 그렇다면 함수를 사용하려면 어떻게 하여야 하는가? 함수를 **호출(call)**하여야 한다. **함수 호출(function call)**이란 get_area()과 같이 함수의 이름을 써주는 것이다. 파이썬의 문장들은 즉시 실행되는 것이 원칙이지만 예외적으로 함수 안의 문장들은 호출되기 전까지는 전혀 실행되지 않는다. 함수가 호출되면 함수 안에 있는 문장들이 실행되며 실행이 끝나면 호출한 위치로 되돌아간다. 예를 들어서 get_area()을 호출한다고 하면 다음과 같은 순서로 프로그램이 실행된다.

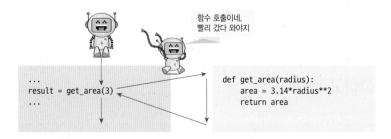

함수는 일단 작성되면 몇 번이라도 호출이 가능하다. 이것이 사실 함수의 가장 큰 장점이다. 예를 들어서 원의 면적을 계산하는 작업이 2번 필요하다면 get_area() 함수를 2번 호출하면 되는 것이다.

함수에 값 전달하기

우리는 함수에 값(정보)을 전달할 수 있다. 이 값을 인수(argument)라고 한다.

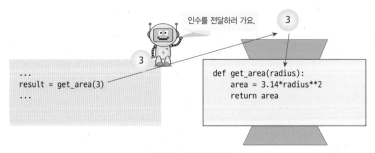

그림 6.3 함수의 인수

예를 들어서 get_area() 함수에서 원의 반지름은 외부로부터 전달받는다.

```python
def get_area(radius):
    area = 3.14*radius**2
    return area

result = get_area(3)
print("반지름이 3인 원의 면적=", result)
```

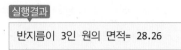
실행결과
반지름이 3인 원의 면적= 28.26

함수 헤더에 변수 radius가 있다. 이 변수 radius를 통하여 함수로 값이 전달된다. 코드에서 get_area()를 호출할 때 숫자 3을 전달하고 있다. 이것이 radius 변수로 전달되는 것이다. 전달되는 값을 **인수(argument) 또는 인자**라고 하고 인수를 전달받는 변수를 **매개 변수(parameter)**라고 한다. 위의 코드에서 get_radius()를 호출할 때 전달되는 값 3이 인수이며, get_radius()에서 이값을 전달받는 변수 radius가 매개 변수가 된다.

값 반환하기

지금까지, 함수는 우리기 주는 값을 받아서 작업을 처리하였다. 그러나 함수가 매우 유용한 것은 함수가 값을 반환할 수 있기 때문이다. 함수로부터 되돌아오는 값을 반환 값이라고 한다.

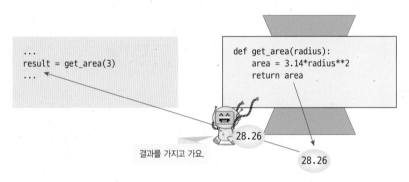

그림 6.4 함수의 반환값

함수가 값을 반환하려면 return 키워드를 사용하면 된다. get_area() 함수는 원의 면적을 계산한 값을 area 변수에 저장한 후에, 이 값을 get_area() 함수를 호출한 곳으로 보낸다. 이 값은 어디로 갈까? 반환 값은 함수를 호출한 코드로 전달된다. get_area() 함수는 값 28.26을 반환하고, 이 값은 변수 result에 저장된다.

참고 사항: 여러 개의 값 반환하기

파이썬에서는 함수가 여러 개의 값을 반환할 수 있다. 다음과 같은 형식을 사용한다. 이것은 8장에서 학습하는 튜플을 통하여 이루어진다.

```python
def get_input():
    return 2, 3

x, y = get_input()        # x는 2이고 y는 3이다.
```

참고 사항: 함수의 몸체를 나중에 작성하고 싶을 때

파이썬에서 함수의 헤더만 결정하고 몸체는 나중에 작성하고 싶은 경우에는 **pass** 키워드를 사용할 수 있다.

```python
def sub():
    pass
```

경고: 매개 변수를 변경한다고 해서 인수가 변경되지 않는다.

만약 변수를 함수의 인수로 보내면 변수의 값이 매개 변수로 복사된다. 따라서 매개 변수를 변경한다고 해서 인수가 변경되지는 않는다.

```python
def set_radius(radius):
    radius = 100
    return


r = 20
set_radius(r)
print(r)
```

실행결과

```
20
```

위의 코드에서 변수 r의 값이 함수 안의 **radius**로 전달된다. 함수 안에서 **radius**를 변경한다고 해서 변수 r이 변경되지는 않는다. 변수 r의 값만 전달되는 것이고 변수 r이 직접 함수로 전달되지는 않는다. 하지만 만약 리스트가 전달된다면 리스트는 원본이 직접 전달된다. 따라서 함수 안에서 리스트를 변경하면 원본 리스트가 변경된다. 이점 주의하도록 하자.

중간점검

1. 함수에 전달되는 값을 무엇이라고 하는가?
2. 함수 안에서 전달되는 값을 받는 변수를 무엇이라고 하는가?
3. 사용자로부터 2개의 정수를 받아서 반환하는 함수를 작성해보자.
4. 값을 반환하는 키워드는 무엇인가?
5. x와 y를 받아서 x+y, x-y 값을 반환하는 함수 addsub(x, y)를 정의해보자.

4. 여러 함수가 있는 프로그램

여러 개의 함수가 포함된 프로그램을 작성할 때는 함수 정의 및 명령문의 순서에 주의해야 한다. 앞의 프로그램을 다시 살펴보자.

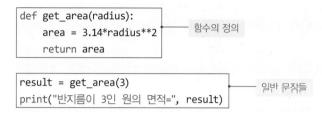

```
def get_area(radius):
    area = 3.14*radius**2
    return area
```
함수의 정의

```
result = get_area(3)
print("반지름이 3인 원의 면적=", result)
```
일반 문장들

파이썬 인터프리터는 소스 코드를 읽을 때 함수 정의와 일반 문장들을 순서대로 읽는다. 함수 정의 안의 문장은 함수가 호출될 때까지 실행되지 않는다. 반면에 함수 외부에 있는 문장은 발견될 때마다 즉시 실행된다. 따라서 함수를 호출하기 전에 반드시 함수를 정의해야 한다. 예를 들어, 다음은 실행 오류를 생성한다.

```
result = get_area(3)
print("반지름이 3인 원의 면적=", result)

def get_area(radius):
    area = 3.14*radius**2
    return area
```
함수가 정의되기 전에 호출하였으므로 실행 오류이다.

```
Traceback (most recent call last):
  File "C:/Users/chun/AppData/Local/Programs/Python/Python310/kkk.py", line 1, in
<module>
    result = get_area(3)
NameError: name 'get_area' is not defined
```

인터프리터는 get_area() 함수가 프로그램에서 나중에 정의될 것이라는 사실을 모른다. 그러나 함수 내에서는 아직 정의되지 않은 함수를 호출할 수는 있다. 다음은 완벽하게 합법적이다.

```
def main() :
    result1 = get_area(3)
    print("반지름이 3인 원의 면적=", result1)

def get_area(radius):
```
함수 안에서는 정의되지 않은 다른 함수를 호출하여도 된다.

```
    area = 3.14*radius**2
    return area

main() ●————————————————  함수의 외부에 있는 문장이기 때문
                           에 여기서부터 실행이 시작된다.
```

get_area() 함수가 main() 뒤에 정의되어 있어도 get_area() 함수는 main() 함수 안에서 호출된다. 이것이 왜 문제가 되지 않는지 보려면 실행 흐름을 생각해보자. main()과 get_area() 함수의 정의가 먼저 처리된다. 마지막 줄의 main() 함수 호출 문장은 어떤 함수에도 포함되지 않는다. 따라서 즉시 실행된다. 따라서 main() 함수가 호출된다. main 함수 안의 문장들이 실행되고 get_area()가 호출된다. 하지만 이 시점에서는 파이썬 인터프리터가 이미 get_area()를 읽은 후이다. 따라서 전혀 문제가 발생하지 않는다.

파이썬에서 함수를 정의하고 사용할 때는 모든 문장을 함수에 넣고 하나의 함수를 시작점으로 지정하는 것도 좋다. 혼동을 막을 수 있다. 앞의 프로그램에서 main() 함수는 실행이 시작되는 지점이다. main() 함수는 다른 언어에서도 사용되는 메인 함수 이름이다.

 팁: 함수 이름

함수 이름은 어떻게 짓는 것이 좋을까? 일반적으로 동사+명사의 형태를 사용하는 것이 좋다. 우리의 예제에서 **get**은 동사이고 **area**는 명사이다.
또 함수와 같은 이름의 변수를 사용해버리면 오류가 발생한다. 파이썬 인터프리터는 변수 이름과 함수 이름을 구분하지 않는다. 다음 예제를 보자.

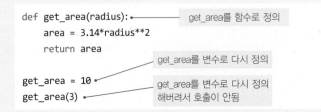

```
def get_area(radius): ●————————  get_area를 함수로 정의
    area = 3.14*radius**2
    return area
                         ┌————  get_area를 변수로 다시 정의
get_area = 10 ●——————————┘
                         ┌————  get_area를 변수로 다시 정의
get_area(3) ●————————————┘       해버려서 호출이 안됨
```

 중간점검

1. 주어진 사각형의 면적을 계산하는 함수 **get_rect_area(w, h)**를 정의해보자. 여기서 w는 너비, h는 높이이다.
2. **main()** 함수를 정의하고 **main()** 함수 안에서 **get_rect_area()**를 호출해보자.

Lab 피자 크기 비교

20cm 피자 2개를 시키는 것이 좋을까? 아니면 30cm 피자 하나를 시키는 것이 유리할까? 가격은 같다고 하자. 원의 반지름을 받아서 피자의 면적을 계산하는 함수를 작성해서 사용해보자.

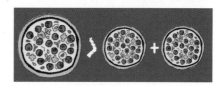

```
20cm 피자 2개의 면적: 2512.0
30cm 피자 1개의 면적: 2826.0
```

▶ STEP #1: 함수가 무엇을 해야 하는지를 생각해보자. 함수는 반지름을 받아서 원의 면적을 반환하면 된다.

▶ STEP #2: 함수의 입력과 출력을 결정한다. 우리의 함수는 반지름만 입력으로 받으면 된다. 반지름을 받는 매개 변수를 radius라고 하자. 함수의 출력은 원의 면적이다.

▶ STEP #3: 함수를 구현한다.

| pizza.py | 피자의 면적을 비교하는 프로그램 |

```python
def main() :
    print("20cm 피자 2개의 면적:", get_area(20)+get_area(20))
    print("30cm 피자 1개의 면적:", get_area(30))

## 원의 면적을 계산한다.
# @param radius 원의 반지름
# @return 원의 면적
#
def get_area(radius) :
    if radius > 0 :
        area = 3.14*radius**2
    else :
        area = 0
    return area

main()
```

5. 디폴트 매개 변수

디폴트 인수

파이썬에서는 함수의 매개 변수가 기본값을 가질 수 있다. 이것을 디폴트 인수(default argument)라고 한다. 예를 들어 보자. 다음과 같이 인사를 하는 함수 greet()가 있다고 하자. greet()는 항상 2개의 인수를 받아야 한다.

```python
def greet(name, msg):
    print("안녕 ", name + ', ' + msg)

greet("철수","좋은 아침!")
```

안녕 철수, 좋은 아침!

만약 우리가 greet() 함수에 2개의 인수를 전달하지 않으면 오류가 발생한다.

```python
>>> greet("영희")
...
TypeError: greet() missing 1 required positional argument: 'msg'
>>>
```

만약 인수가 부족한 경우에 기본값을 넣어주는 메카니즘이 있다면 편리할 것이다. 바로 이것이 디폴트 인수이다.

```python
def greet(name, msg="별일없죠?"):
    print("안녕 ", name + ', ' + msg)

greet("영희")
```

안녕 영희, 별일없죠?

greet() 함수를 호출할 때, 만약 msg로 값이 전달되지 않으면 자동으로 "별일없죠?"란 문자열로 가정한다.

키워드 인수

파이썬에서 대부분의 인수들은 함수 호출 시에 위치에 의하여 구별된다. 예를 들어서 pow(1, 10)은 pow(10, 1)과는 다르다. 함수 호출 pow(1, 10)은 1의 10제곱값을 계산할 것이고 pow(10, 1)은 10의 1제곱을 계산할 것이다.

하지만 **키워드 인수**(keyword argument) 방법에서는 인수들 앞에 키워드를 두어서 인수들을 구분한다. 키워드 인수는 인수의 이름을 명시적으로 지정해서 값을 매개 변수로 전달하는 방법이다. 예를 들어서 다음과 같이 매개 변수가 3개인 함수가 있다고 가정하자.

```
def sub(x, y, z):
    print("x=", x, "y=", y, "z=", z)
```

calc() 함수는 다음과 같이 호출할 수 있다.

```
>>> sub(10, 20, 30)
x= 10 y= 20 z= 30
```

10은 매개 변수 x로 전달되고, 20은 매개 변수 y로, 30은 매개 변수 z로 전달된다. 이와 같이, 위치로 인수를 전달하는 방법을 **위치 인수**(positional argument)라고도 한다. 하지만 우리는 다음과 같이 매개 변수의 이름에 값을 직접 대입하여서도 전달할 수 있다.

```
>>> sub(x=10, y=20, z=30)
x= 10 y= 20 z= 30
```

이 방법의 장점은 인수의 위치가 매개 변수의 위치와 달라도 된다는 것이다. 키워드 인수를 사용할 때는 인수들이 어떤 순서로 전달되어도 상관없다.

```
>>> sub(y=20, x=10, z=30)
x= 10 y= 20 z= 30
```

위치 인수와 키워드 인수과 섞일 수 있지만, 반드시 위치 인수가 키워드 인수 앞에 나와야 한다.

```
>>> sub(10, y=20, z=30)
x= 10 y= 20 z= 30
```

다음과 같이 하면 잘못된 것이다. 키워드 인수 뒤에 위치 인수가 나올 수 없다.

```
>>> sub(x=10, 20, 30)
SyntaxError: positional argument follows keyword argument
```

 팁

파이썬에 기본으로 제공하는 함수들은 모두 디폴트 인수와 키워드 인수를 지원한다. 따라서 디폴트값을 가지고 있는 함수도 많이 있다.

 패턴 출력 함수 만들기

기호를 받아서 다음과 같은 패턴을 출력하는 함수 printPattern()을 작성하고 테스트헤보자.

실행
결과

```
>>> printPattern(5, "#")
#####
#####
#####
#####
#####
```

만약 기호가 주어지지 않으면 "#"를 사용한다. 횟수가 주어지지 않으면 패턴의 높이는 5로 한다.

| pattern.py | 패턴 출력 프로그램 |

```
import random

def printPattern(rows=5, char="#"):

    for _ in range(rows):
        for _ in range(5):
            print(char, end="")
        print()

printPattern(5, "A")
printPattern(3)
```

_은 이름 없는 변수를 의미한다. 변수를 사용하지 않지만 변수가 필요한 경우에 사용한다.

실행결과

```
AAAAA
AAAAA
AAAAA
AAAAA
AAAAA
#####
#####
#####
```

가변 인수

파이썬에서는 가변 인수도 허용한다. 함수로 전달되는 인수의 개수가 변할 수 있다. 함수 안에서 전달되는 값의 개수를 파악할 수 있다. 예를 들면 다음과 같은 함수를 작성하는 것이 가능하다.

```python
def varfunc(*args ):
    print (args)

print("하나의 값으로 호출")
varfunc(10)
print("여러 개의 값으로 호출")
varfunc(10, 20, 30)
```

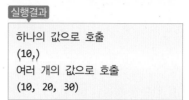

실행결과

```
하나의 값으로 호출
(10,)
여러 개의 값으로 호출
(10, 20, 30)
```

이 기능을 사용하여서 전달받는 모든 값의 합을 계산하는 함수 add()를 작성해보면 다음과 같다.

```python
def add(*numbers) :
    sum = 0
    for n in numbers:
            sum = sum + n
    return sum

print(add(10, 20))
print(add(10, 20, 30))
```

실행결과

```
30
60
```

* 연산자로 언패킹하기

이번에는 *와 **을 이용하여 포장을 푸는 연산자(unpacking)에 대해 알아보자. 이러한 연산자를 알아야 하는 이유는 이들 연산자를 사용하는 코드가 있고, 이것의 의미를 모르면 코드를 이해할 수 없기 때문이다.

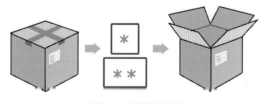

그림 6.5 언패킹 연산자

*와 **를 이용하여 언패킹하는 연산자는 파이썬 2에서 도입되었다. 파이썬 3.5버전 부터는 훨씬 강력해졌다. 언패킹 연산자는 파이썬에서 반복 가능한 객체의 값을 포장 해제하는 연산자이다. 단일 별표 연산자 *는 파이썬이 제공하는 모든 반복 가능한 객체(iterable)에서 사용할 수 있지만 이중 별표 연산자 **는 딕셔너리 객체에서만 사용할 수 있다. 예제를 살펴보자.

```
>>> alist = [ 1 , 2 , 3 ]
>>> print(*alist)
1 2 3
```

함수 print()로 리스트의 포장을 풀어서 전달하였다. 따라서 리스트 안에 저장된 1, 2, 3이 개별 인수인 것처럼 print()로 전달된다. 리스트로 전달할 때와 실행 결과를 비교해보자.

```
>>> alist = [ 1 , 2 , 3 ]
>>> print(alist)
[1, 2, 3]
```

사용자 정의 함수에도 다음과 같이 이 기능을 사용할 수 있다. 이때에는 개수가 일치하여야 한다.

```
def sum(a, b, c):
    print(a + b + c)

alist = [1, 2, 3]
sum(*alist)
```

실행결과
```
6
```

리스트 my_list 앞에 *을 붙여서 함수 sum()에 전달하면, my_list 안의 값들이 sum() 메소드로 각각 전달된다.

 중간점검

1. 인수와 매개 변수는 다시 한번 설명해보자.
2. 디폴트 인수란 무엇인가? 예를 들어보자.
3. 키워드 인수란 무엇인가? 예를 들어보자.
4. 매개 변수 앞에 * 기호가 있다면 무슨 의미인가?

6. 람다 함수

람다 함수(lambda function)는 작은 익명 함수이다. 람다 함수는 여러 개의 인수를 받을 수 있지만 수식은 하나만 가질 수 있다. 람다 함수는 함수를 호출하지 않고, 외부로 함수를 전달할 때 사용한다. 우리는 11장 계산기 프로그램에서 람다 함수를 사용하게 될 것이다.

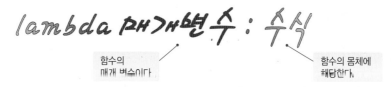

함수의
매개 변수이다

함수의 몸체에
해당한다.

예를 들어서 매개 변수에 10을 더한 값을 반환하는 정상적인 함수와 람다 함수를 동시에 작성해서 호출해보자.

```
# 정상적인 파이썬 함수
def func1(x):
    return x + 10

# 람다 함수
func2 = lambda x : x + 10

result = func1(2)
print(result)
result = func2(2)
print(result)
```

실행결과
```
12
12
```

람다 함수도 여러 개의 매개 변수를 가질 수 있다. 첫 번째 매개 변수와 두 번째 매개 변수를 더하여 그 합을 반환하는 람다 함수를 작성하여 호출해보면 다음과 같다.

```
func = lambda x, y : x + y

result = func(2, 3)
print(result)
```

실행결과
```
5
```

람다 함수는 함수 객체를 동적으로 생성하여 반환할 때 많이 사용된다. 예를 들어서 리스트의 모든 항목을 제곱하고 싶은 경우, map() 함수와 함께 람다 함수를 사용할 수 있다.

```
myList = [1, 2, 3, 4, 5, 6, 7, 8, 9]
result = map(lambda x: x**2, myList) # [1, 4, 9, 16, 25, 36, 49, 64, 81]
```

map() 함수는 리스트의 각 항목에 람다 함수를 적용한다.

7. 함수를 사용하는 이유

소스 코드의 중복성을 없애준다.

많은 이유가 있을 수 있겠지만 가장 중요한 이유는 소스 코드의 중복을 막기 위해서이다. 한번 만들어진 함수는 여러 번 호출하여 사용할 수 있기 때문에 소스 코드를 중복해서 작성할 필요가 없다. 따라서 소스 코드의 양을 줄일 수 있다. 프로그램에서 중복되는 부분을 함수로 만들면 다른 여러 곳에서 그 함수를 호출하여 똑같은 작업을 시킬 수 있다. 즉 작성된 함수는 여러 번 호출이 가능하기 때문에 프로그램을 간결하게 만들 수 있다.

한번 작성된 함수는 다른 프로그램을 작성할 때도 사용이 가능하다.

한번 작성된 함수는 다른 프로그램을 만들 때도 그대로 이용할 수 있다. 텍스트 에디터로 복사/붙여넣기하면 된다. 하나의 프로그램에서 잘 동작하는 함수는 이미 디버깅이 완료되어 있기 때문에 다른 프로그램을 작성할 때도 유용하게 사용할 수 있는 것이다.

복잡한 문제를 단순한 부분으로 분해할 수 있다.

아주 중요한 또다른 이유는 한 번만 실행되는 작업이라고 할지라도 함수를 사용하게 되면 개발 과정이 쉬워지고, 보다 체계적으로 되면서 유지보수도 쉬워진다는 것이다. 일반적인 상용 프로그램은 우리가 지금까지 작성해온 프로그램들보다 훨씬 크고 복잡하다. 이러한 대규모의 프로그램을 개발하고 유지 보수하기 위해서는 전체 프로그램이 하나의 덩어리로 되어 있는 것보다 작은 부분들로 나누어져 있는 것이 더 관리하기가 쉽다. 회사 전체가 하나로 되어 있지 않고 영업팀, 연구개발팀, 총무팀 등으로 나누어져 있어야 만이 관리하기가 쉬운 것과 같은 원리이다.

구체적인 예로 숫자들의 리스트를 읽어서 크기순으로 정렬하여서 화면에 출력하는 프로그램을 작성한다고 생각하여 보자. 모든 작업을 다음과 같이 main() 안에서 할 수도 있다.

```python
def main() :
    # 숫자들의 리스트를 키보드에서 읽어들이는 코드
    ....
    # 숫자들을 크기순으로 정렬하는 코드
    ....
    # 정렬된 숫자들의 리스트를 화면에 출력하는 코드
    ...
main()
```

물론 이렇게 한다고 하여 프로그램 실행이 잘못되는 것은 아니다. 다만 이 방법은 좋은 방법은 아니라는 것이다. 전체 작업을 작은 작업들로 분해하는 것이 더 좋은 방법이다. main() 함수 안에서 모든 작업을 다하는 것보다는, 작은 작업들을 수행하는 함수들을 호출하는 것이 좋다. 이런 방식으로 다시 작성하여 보면 다음과 같다. 이 방법을 사용하면 소스 코드는 약간 길어지지만, 앞의 방법보다 훨씬 더 잘 정리되어 있다.

```python
# 숫자들의 리스트를 키보드에서 읽어 들이는 함수
def read_list() :
    ...
# 숫자들의 리스트를 크기순으로 정렬하는 함수
def sort_list() :
    ...
# 숫자들의 리스트를 화면에 출력하는 함수
def print_list() :
    ...
def main() :
    ...
    read_list()
    sort_list()        코드를 함수로 포장하면 이해하기 쉬
    print_list()       워진다. 소스의 가독성이 좋아진다.
    ...
main()
```

위의 소스에서 3개의 함수 read_list(), sort_list(), print_list()는 프로그래머가 구체적으로 구현하여야 할 것이다. 구체적인 함수의 구현은 생략하기로 하자.

이러한 방법을 구조화 프로그래밍이라고도 한다. 구조화 프로그래밍은 다음과 같이 큰 작업을 계속 나누어서 설계하는 기법이며, 나누어진 부분이 너무 단순해서 함수로 구현될 수 있을 때까지 나눈다.

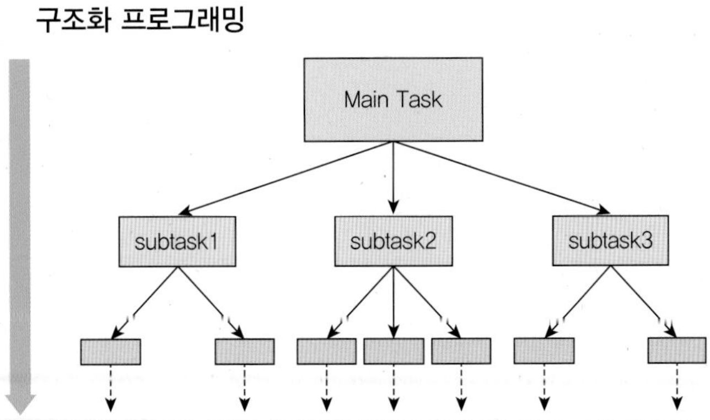

구조화 프로그래밍

그림 6.6 구조화 프로그래밍

각 함수들은 특징적인 한 가지 작업(기능)만을 맡아야 한다. 하나의 함수가 여러 가지 작업을 하면 안 된다. 다른 것과 구별되는 한 가지의 작업만을 하여야 한다. 만약 함수 안에서 여러 작업들이 섞여 있다면 각각을 다른 함수들로 분리하여야 한다. 이런 식으로 함수를 사용하게 되면 작업별로 분류할 수 있어서 소스 코드의 가독성이 높아진다. 또한 함수 이름만 보아도 어떤 작업인지 대략 알 수가 있어서 다른 사람이 읽기가 쉬워진다.

팁

프로그램을 작성할 필요성이 발생한 경우, 바로 컴퓨터 앞에서 앉아서 키보드로 타이핑을 시작하는 것은 좋은 습관은 아니다. 타이핑을 시작하기 전에 먼저 프로그램이 무엇을 해야 하는 지를 숙고하여야 한다. 좋은 전략 중의 하나는 이 전체 목적을 더 작은 작업들로 분리하는 것이다. 항상 전체 목적도 잊으면 안 되고 또한 이 목적을 성취하기 위하여 각 부분들이 어떻게 결합될 것인지도 생각하여야 한다. 설계가 끝나면 최종적으로 컴퓨터 앞에 앉아서 문제를 코딩하기 시작한다. 절대로 하나의 큰 문제로 접근하지 말라. 큰 문제를 작은 조각들로 분리한 후에 독립적으로 작성하여야 한다.

중간점검

1. 함수 사용의 장점을 이야기해보자.
2. 구조화 프로그래밍이란 무엇인가?

Lab 사각형을 그리는 함수 작성하기

터틀 그래픽에서는 원을 그리는 함수는 제공하지만, 정사각형을 그리는 함수는 제공하지 않는다. 이상한 일이지만 어떻게 하겠는가? 우리가 직접 만들어서 사용하자. 일단 함수의 이름은 square()라고 하자. 터틀 그래픽에서는 어떻게 정사각형을 그릴 수 있을까? 거북이를 주어진 길이만큼 전진시키고 90도 방향을 전환하는 작업을 4번 반복하면 된다.

즉 정사각형을 그리는 함수는 다음과 같다.

```
def square(length):      # length는 한변의 길이
    for i in range(4):
        t.forward(length)
        t.left(90)
```

이번 실습에서는 위의 함수를 호출하여서 다음과 같은 그림을 그려보자.

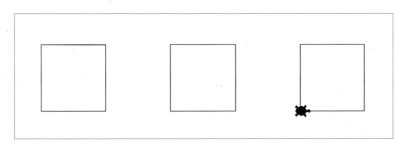

Solution 사각형을 그리는 함수 작성하기

draw_rect.py   사각형을 그리는 프로그램

```python
##
#   이 프로그램은 사각형을 그리는 함수를 작성하고 사용한다.
#

import turtle
t = turtle.Turtle()
t.shape("turtle")

def square(length):          # length는 한변의 길이    ← 함수 정의
    t.down()
    for i in range(4):
        t.forward(length)
        t.left(90)
    t.up()

square(100);                 # square() 함수를 호출한다.
t.forward(120)
square(100);
t.forward(120)
square(100);

turtle.done()
```

 도전문제

(1) 6각형을 그리는 함수도 작성할 수 있는가? 일반적인 N-각형을 그리는 함수도 작성할 수 있는가?
(2) 몇 가지의 색상을 리스트에 저장하고 번갈아 사용해서 사각형을 채울 수 있는가?

Lab 구조화 프로그래밍 실습

온도를 변환해주는 프로그램을 작성해보자. 물론 이것은 그다지 어려운 문제는 아니다. 하지만 이 실습을 통하여 구조화 프로그래밍을 체험해보자. 프로그램은 섭씨 온도를 화씨 온도로 변환할 수 있어야 하고, 또 반대로 변환할 수 있어야 한다. 다음과 같은 사용자 인터페이스를 가져야 한다.

실행 결과

```
1. 섭씨 온도->화씨 온도
2. 화씨 온도->섭씨 온도
3. 종료

메뉴를 선택하세요: 1

섭씨 온도를 입력하시오: 37.0
화씨 온도 =   98.6

1. 섭씨 온도->화씨 온도
2. 화씨 온도->섭씨 온도
3. 종료

메뉴를 선택하세요: 3
```

여기서는 구조화 프로그래밍 기법을 사용해보자. 복잡한 문제를 분해한 후에 함수로 작성한다.

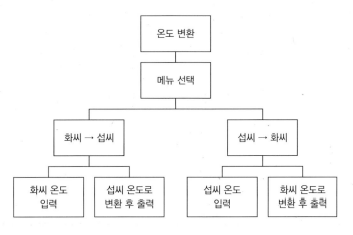

conv_temp.py 온도 변환 프로그램

```python
def menu() :
    print("1. 섭씨 온도->화씨 온도")
    print("2. 화씨 온도->섭씨 온도")
    print("3. 종료")
    selection = int(input("메뉴를 선택하세요: "))
    return selection

def ctof(c) :
    temp = c*9.0/5.0 + 32
    return temp

def ftoc(f) :
    temp = (f-32.0)*5.0/9.0
    return temp

def input_temp(msg) :
    t = float(input(msg))
    return t

def main() :
    while True:
        index = menu()
        if index == 1 :
            t = input_temp("섭씨 온도를 입력하시오:")
            t2 = ctof(t)
            print("화씨 온도 = ", t2, "\n")
        elif index == 2 :
            t = input_temp("섭씨 온도를 입력하시오:")
            t2 = ftoc(t)
            print("섭씨 온도 = ", t2, "\n")
        else :
            break
main()
```

Lab 로또 번호 생성하는 함수 작성

하나의 예제로 로또 번호를 생성하는 함수를 작성하고 테스트해보자. 로또 번호는 1부터 45까지의 숫자 6개로 이루어진다. 숫자가 중복되면 안 된다.

파이썬에서 1부터 45까지의 난수는 random.randint(1, 45)하면 된다. 숫자들은 리스트에 저장해보자. 공백 리스트는 []는 만들 수 있고, 리스트에 항목을 추가하려면 myList.append(number)를 사용한다. 함수는 리스트도 반환할 수 있다. 중복을 막기 위하여 if number not in myList: 하여서 True가 나올 때만 리스트에 추가한다.

```
[36, 43, 26, 45, 24, 11]
```

실행 결과

---

lotto.py   로또 숫자 생성 프로그램

```python
import random

def getLotto() :
    myList = []                         # 공백 리스트 생성
    while len(myList) != 6:             # 6개의 숫자가 생성될 때까지 반복
        number = random.randint(1, 45)  # 1부터 45 사이의 난수 생성
        if number not in myList:        # 리스트에 숫자가 없으면
            myList.append(number)       # 리스트에 난수를 추가
    return myList                       # 리스트를 반환한다.

lottoList = getLotto()
print(lottoList)
```

8. 변수의 범위

우리는 이제까지 아무 생각 없이 변수를 만들어서 사용하였다. 하지만 함수를 알게 되면서 변수에 대하여 다시 생각해보아야 한다. 다음 코드를 보자.

지역 변수

```python
def func():
    x = 100     # 지역 변수 생성
    print(x)

func()
```

실행결과
```
100
```

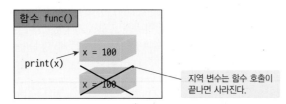

위의 코드에서 변수 x는 함수 func() 안에서만 사용할 수 있다. 함수 안에서 생성되는 변수를 지역 변수(local variable)라고 한다. 지역 변수는 함수가 종료되면 사라지게 된다. 따라서 변수 x를 함수의 외부에서 사용하려고 하면 오류가 발생한다.

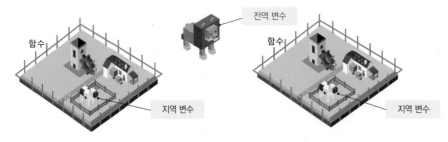

그림 6.7 전역 변수와 지역 변수

전역 변수

반면에 함수의 외부에서 생성된 변수는 프로그램의 어디서나 사용할 수 있다. 이러한 변수를 전역 변수(global variable)라고 한다. 전역 변수는 프로그램이 실행되는 동안, 계속해서 존재한다.

```
gx = 100

def func1():
    print(gx)       # 전역 변수 사용 가능

def func2():
    print(gx)       # 전역 변수 사용 가능

func1()
func2()
```

실행결과

```
100
100
```

함수 안에서 전역 변수 변경하기

우리는 앞에서 함수 안에서 전역 변수의 값을 출력해보았다. 우리는 함수 안에서 전역 변수의 값에 접근할 수 있다. func1()은 전역 변수 gx의 값을 출력한다. 하지만 우리가 함수 안에서 전역 변수의 값을 변경한다면 파이썬은 상당히 이상하게 반응한다. 예를 들어서 다음과 같이 함수 func2() 안에서 전역 변수 gx에 값을 저장하면 과연 전역 변수의 값이 변경될까? 출력해보자.

```
gx = 100

def func1() :
    print("func1() :", gx)

def func2() :
    gx = 200                      # 여기서 지역 변수 gx가 생성된다.
    print("func2() :", gx)    # 지역 변수 gx를 사용한다.

myfunc1()
myfunc2()
print("외부: ", gx)
```

실행결과

```
func1() : 100
func2() : 200
외부:   100
```

전역 변수 gx의 값은 변경되지 않았다! 어떻게 된 것인가? 파이썬에서는 함수 안에서 변수에 값을 저장하면 새로운 지역 변수가 만들어진다. 파이썬에서 변수는 값을 저장하는 순간 만들어진다. 따라서 myfunc() 안의 gx 변수는 지역 변수로 새롭게 생성된다. 전역 변수 gx가 아닌 것이다.

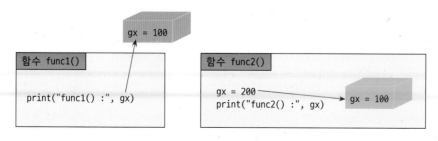

그렇다면 함수 안에서 전역 변수의 값을 변경하고 싶은 경우에는 어떻게 하여야 할까? 이때는 global이라는 키워드를 사용하여 컴파일러에게 전역 변수를 사용하겠다고 알려주어야 한다.

```python
gx = 100

def func1() :
    print("func1() :", gx)

def func2() :
    global gx          # 전역 변수 gx를 사용하겠음
    gx = 200           # 전역 변수 gx가 200으로 변경
    print("func2() :", gx)

myfunc1()
myfunc2()
print("외부: ", gx)
```

실행결과

```
func1() : 100
func2() : 200
외부:  200
```

이번에는 전역 변수 gx의 값이 올바르게 변경되었다.

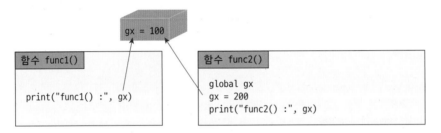

 팁

전역 변수는 필요한 곳에서만 사용하는 것이 좋다. 예를 들어서 터틀 그래픽에서 거북이 객체를 나타내는 t는 전역 변수로 하여도 좋을 것이다.

중간점검

1. 지역 변수와 전역 변수는 어떻게 다른가?
2. 함수 안에서 전역 변수의 값을 읽을 수 있는가?
3. 함수 안에서 전역 변수의 값을 변경하면 어떻게 되는가?

함수 $f(x) = x^2 + 1$을 계산하는 함수를 작성하고 이 함수를 이용하여 화면에 f(x)를 그려보자. 거북이 객체는 전역 변수 t로 생성해보자. changeColor() 함수 안에서 전역 변수 t의 색상을 "blue"로 변경해본다.

HINT 함수를 f(x)로 정의하고 x를 0에서 150까지 변경하면서 f(x) 값을 계산하여 거북이를 움직이면 된다. x축과 y축도 함께 그려보자. 함수의 값이 무척 커질 수 있으므로 함수의 값에 0.01을 곱해서 거북이를 움직여본다.

---

draw_func.py 함수 그리기 프로그램

```python
import turtle
t = turtle.Turtle()          # t는 전역 변수가 된다.
t.shape("turtle")
t.speed(0)

def f(x):
    return x**2+1

def changeColor():
    t.color("blue")          # 전역 변수 t를 사용한다.

t.goto(200, 0)
t.goto(0, 0)
t.goto(0, 200)
t.goto(0, 0)

changeColor()
for x in range(150):
    t.goto(x, int(0.01*f(x)))

turtle.done()
```

Mini Project   ATM 구현하기

이 프로젝트에서는 ATM 기계의 기본적인 기능을 함수로 구현해
보자. ATM 프로그램은 다음과 같은 기능을 가지고 있다.

▶ 인증을 위한 사용자 핀 입력
▶ 계정 잔액 확인
▶ 예금 입력
▶ 예금 인출

각 기능은 별도의 함수로 작성한다. 예를 들면 저금하는 함수는 deposit(), 인출하는 함수는
withdraw() 등의 함수로 구현한다. 만약 전역 변수가 필요하다면 전역 변수를 정의하여 사용
한다.

```
핀 번호를 입력하시오: 1234

1- 잔액보기   2- 인출   3- 저금   4- 종료
번호를 선택하시오: 1
잔액은 0원입니다.

1- 잔액보기   2- 인출   3- 저금   4- 종료
번호를 선택하시오: 3
금액을 입력하시오: 10000
잔액은 10000원입니다.
...
```

요 약 Summary

이번 장에서 함수에 대하여 살펴보았다.

▶ 함수는 특정한 작업을 수행하는 코드의 묶음에 이름을 붙인 것이다.

▶ 함수를 호출할 때 전달되는 값이 인수이다. 함수 안에서 인수를 받는 변수를 매개변수라고 한다.

▶ 함수 몸체 안의 문장들은 함수가 호출되기 전까지는 실행되지 않는다.

▶ 파이썬에서는 매개 변수의 이름을 지정하여 인수를 전달할 수도 있다. 이것을 키워드 인수라고 한다.

▶ 함수는 2개 이상의 값을 반환할 수 있다. 반환된 값은 튜플 형태로 압축되어서 반환된다.

▶ 지역 변수는 함수 안에서 생성된 변수로서 함수 호출이 종료되면 소멸된다. 전역 변수는 함수 외부에서 생성된 변수로 프로그램이 실행되는 동안, 존재한다.

▶ 함수 몸체 안에서 전역 변수의 값을 변경하려면 global 키워드를 사용하여서 전역 변수를 사용하겠다고 인터프리터에 알려주어야 한다.

 함수가 뭔가요?

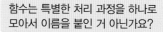 함수는 특별한 처리 과정을 하나로 모아서 이름을 붙인 거 아닌가요?

 함수의 최대 장점이 무엇일까요?

한 번만 작성해두면 여러 번 사용할 수 있다는 거 아닌가요?

 함수에 데이터를 보내고 받을 수 있나요? 이것들을 무엇이라고 하나요?

보내는 데이터를 인수라고 하고 받는 데이터를 반환값이라고 하는거 같은데요.

1 함수 sub()를 올바르게 정의한 문장은?

① def sub() pass   ② def sub(): pass

③ function sub() pass   ④ function sub(): pass

2 함수 sub()를 호출하고, 함수의 반환값을 변수 value에 저장하는 올바른 문장을 고르시오.

① value = sub   ② sub = value()

③ value = sub()   ④ sub() = value

3 다음 코드는 두 개의 정수 중에서 큰 수를 반환하는 함수 max()를 정의한 것이다. 빈칸을 채워라.

```
def max(_____) :
    if a > b:
        result = a
    else:
        result = b
    _____ result
```

4 다음과 같은 헤더를 가지는 함수가 있다고 하자. 다음의 함수 호출 중에서 올바른 것을 모두 고르시오.

```
def sub(a, b, c, d):
    pass
```

① sub(a=1, 2, 3, 4)   ② sub(a=1, b=2, 3, 4)

③ sub(1, 2, 3, d=4)   ④ sub(a=1, 2, 3, d=4)

5 다음 코드의 실행 결과를 적어보자. 이러한 실행 결과가 나오는 이유는 무엇인가?

```
def mistery(a, b, min):
    if a < b : min=a
    else : min = b
min = 0
mistery(10, 20, min)
print(min)
```

6 다음 코드의 실행 결과를 적어보자.

```python
def sub(name, age=20):
    print(name, age)

sub('Kim', 26)
```

➡

7 다음 코드의 실행 결과를 적어보자.

```python
def sub(a=2, b=3):
    print(a, b)
sub()
sub(a=10)
sub(5, 6)
sub(b=10)
```

➡

8 다음 코드의 실행 결과를 적어보자.

```python
def sub(a, b):
    return a+b, a-b

x, y = sub(10, 20)
print(x, y)
```

➡

9 다음 코드의 실행 결과를 적어보자.

```python
num = 1
def sub():
    num = 5
    print(num)

sub()
print(num)
```

➡

10 다음 코드의 실행 결과를 적어보자.

```python
num = 1
def sub():
    global num
    num = 5
    print(num)

sub()
print(num)
```

➡

Programming

1 원의 둘레를 계산하는 함수 get_peri(radius)을 정의하고 테스트한다. 만약 원의 반지름이 주어지지 않았으면 5.0으로 간주한다. 함수의 "디폴트 인수"를 사용하라.

```
get_peri() = 31.416919999999998
get_peri(4.0) = 25.133536
```

2 덧셈, 뺄셈, 곱셈, 나눗셈을 수행하는 함수를 각각 작성하고 테스트하라.

```
첫 번째 정수를 입력하시오: 10
두 번째 정수를 입력하시오: 20
(10 + 20 ) = 30
(10 - 20 ) = -10
(10 * 20 ) = 200
(10 / 20 ) = 0.5
```

HINT add(a, b)와 같은 함수를 작성하고 테스트한다.

3 2번에서는 4개의 함수를 작성하였다. 하나의 함수 calc() 안에서 덧셈, 뺄셈, 곱셈, 나눗셈을 모두 수행하고 4개의 계산값을 동시에 반환하도록 수정해보자.

```
첫 번째 정수를 입력하시오: 10
두 번째 정수를 입력하시오: 20

30, -10, 200, 0.5이 반환되었습니다.
```

4 성적이 90점이상이면 A, 80점 이상이면 B, 70점 이상이면 C, 60점 이상이면 D, 그외에는 F를 반환하는 함수 getGrade(score)를 작성하고 테스트하라.

```
점수를 입력하세요: 83
성적은 B 입니다
```

5 섭씨 온도와 화씨 온도를 변환하는 2개의 함수를 만들고 이들을 호출하여서 섭씨 0도에 서 섭씨 100도까지 10도 간격으로 변환 테이블을 출력해보자.

```
def c_to_f(c) :
    pass

def f_to_c(f) :
    pass
```

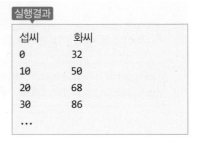

섭씨	화씨
0	32
10	50
20	68
30	86
...	

6 패스워드를 검증하는 함수 check_pass(p)를 작성하고 테스트하라. 패스워드에는 적어 도 8글자 이상이어야 한다. 또 적어도 1글자의 대문자와 소문자가 들어가야 한다. 또 적 어도 1개의 숫자가 들어가야 한다.

실행 결과

패스워드를 입력하시오: abcdefgh
사용할 수 없습니다. 다시 입력하세요!

패스워드를 입력하시오: abcdefG1
사용할 수 있습니다.

7 사용자로부터 2개의 정수를 받아서 수학 문제를 만들어서 화면에 출력하는 함수를 작성 하고 테스트하시오.

실행 결과

첫 번째 정수를 입력하시오: 10
두 번째 정수를 입력하시오: 20
정수 10+20의 합은?

8 사용자가 일정 구간의 값을 입력할 때까지 사용자에게 입력을 요청하는 함수 getIntRange(a, b, msg)를 작성하고 테스트하라. 이 함수를 테스트하기 위하여 날짜 (월, 일)를 입력받아서 출력하는 프로그램을 작성해보자.

실행 결과

날짜를 입력하시오(월과 일)
월을 입력하시오(1부터 12사이의 값): 13
월을 입력하시오(1부터 12사이의 값): 1
일을 입력하시오(1부터 31사이의 값): 32
일을 입력하시오(1부터 31사이의 값): 3

입력된 날짜는 1월 3일입니다.

9 사용자로부터 두 개의 정수를 입력받아서 최대 공약수를 찾는 함수 getGCD(a,b)를 작성해보자. 가장 간단한 알고리즘을 생각하자.

```
첫 번째 정수: 36
두 번째 정수: 12
12
```

10 주어진 정수가 소수인지를 검사하는 함수 testPrime(n)를 작성하고 이 함수를 호출하여서 2부터 100 사이의 소수를 출력하여 보자.

```
2 3 5 7 11 13 17 19 23 29 31 37 41 43 47 53 59 61 67 71 73 79 83 89 97
```

11 인간과 컴퓨터가 주사위 게임을 하는 프로그램을 작성해보자. 실행 결과는 다음과 같다.

```
==========   dice_game() 호출 ===========
인간: 주사위값= 6
컴퓨터: 주사위값= 2
인간승리
==========   dice_game() 복귀 ===========

중단할까요? (y/n): y
```

주사위는 자동으로 던져진다. 주사위 게임을 하나의 함수로 작성해보자.

12 다음과 같이 터틀 그래픽을 이용하여 사각형을 안에서 바깥으로 확장하면서 그리는 프로그램을 작성하라.

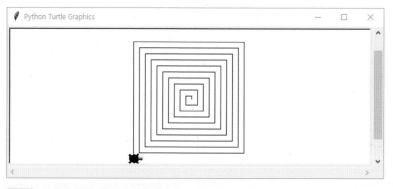

HINT 다음과 같은 함수를 사용해보자.

```
def draw_square(size):
    for i in range(4):
        t.fd(size)
        t.left(90)
        size = size + 5
```

13 터틀 그래픽에서 거북이를 움직이지 않고 선을 긋는 함수 draw_line()을 정의하고 이것을 이용하여 다음과 같은 거미줄과 같은 모양을 그려보자. 거북이는 항상 중앙에 위치한다.

```
def draw_line():
    turtle.forward(100)
    turtle.backward(100)
```

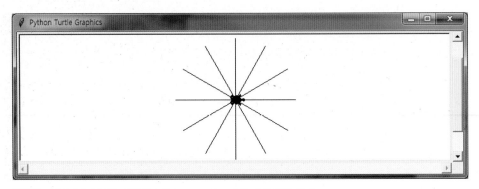

HINT 거북이를 약간씩 회전시키면서 draw_line()을 호출하면 된다.

리스트

★ 다음과 같은 작업들을 수행하는 방법을 알고 있나요?
  이번 장에서 함께 알아봐요.

1. 리스트를 사용하여 항목들을 저장할 수 있나요?
2. 리스트에서 일부분을 추출할 수 있나요?
3. 리스트를 함수로 전달하거나 반환받을 수 있나요?
4. 리스트 함축을 사용할 수 있나요?
5. 리스트를 2차원으로 만들 수 있나요?

1. 이번 장에서 만들 프로그램

리스트는 아주 유용한 자료 저장 수단이다. 파이썬이 인기를 얻게 된 이유 중의 하나가 리스트와 같은 직관적인 자료 구조를 쉽게 사용할 수 있기 때문이다. 이번 장에서 작성해볼 프로그램은 다음과 같다.

(1) 데이터를 리스트에 저장하고 내장 함수를 이용하여 최대값이나 최소값, 평균을 계산해보자.

```
성적을 입력하시요: 10
성적을 입력하시요: 20
성적을 입력하시요: 60
성적을 입력하시요: 70
성적을 입력하시요: 80

성적 평균= 48.0
최대점수= 80
최소점수= 10
80점 이상= 1
```

(2) 주사위를 600번 던졌을 때 각 면이 몇 번이나 나오는지를 데이터로 저장하고 이 데이터를 막대 그래프로 시각화하여 보자.

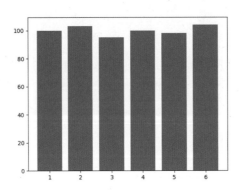

2. 리스트의 개요

왜 리스트가 필요한가?

프로그램을 작성하다 보면 여러 개의 값을 저장하고 처리하여야 하는 경우가 많다. 파이썬에서는 리스트(list)가 이런 목적으로 사용된다. 리스트는 항목(item)들을 저장하는 컨테이너로서, 리스트 안에 항목들이 순서를 가지고 저장된다. 리스트는 항목의 개수가 증가하면 자동으로 늘어나고 항목의 개수가 감소하면 자동으로 줄어든다. 리스트는 어떤 타입의 항목이라도 저장할 수 있다. 파이썬에서 리스트는 정말 유용하고 많이 사용된다.

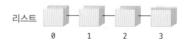

예를 들어서 지난 1주일에서 가장 더운 날을 찾아보자. 가장 더운 날을 찾으려면 1주일 치 기온을 어딘가에 저장하여야 한다. 그리고 각 날짜의 기온을 비교하여야 한다. 컴퓨터는 사람처럼 직관적으로 7개의 숫자를 보고 최대값을 바로 알 수는 없다.

MON	TUE	WED	THU	FRI	SAT	SUN
28	31	33	35	27	26	25

1주일 치 기온을 저장하기 위하여 temp1, temp2, temp3, temp4, temp5, temp6, temp7과 같이 변수를 7개 만드는 것은 매우 비효율적이다.

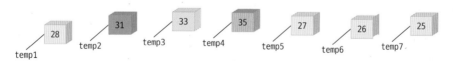

이런 경우에 우리는 리스트를 사용한다. 리스트는 여러 개의 값을 한 번에 저장할 수 있는 데이터 구조이다. 1주일 치 기온을 저장하는 temps라는 이름의 리스트를 만들어보면 다음과 같다. 파이썬에서 리스트는 대괄호 [...]을 이용하여 만들어진다. 리스트 안에 저장된 각각의 데이터를 항목(item) 또는 요소(element)라고 한다. 항목들은 콤마를 이용하여 분리하여야 한다.

$$\text{temps} = [28, 31, 33, 35, 27, 26, 25]$$

리스트　　　　항목

리스트의 항목 접근하기

리스트의 항목에 접근하려면 어떻게 하면 될까? 이때는 항목의 인덱스를 사용한다. 인덱스 (index)란 리스트에서의 항목의 위치(번호)이다.

리스트의 인덱스는 0부터 시작한다. 인덱스가 3인 항목(네 번째 항목)를 출력하려면 print(temps[3]) 하면 된다.

```
>>> temps = [ 28, 31, 33, 35, 27, 26, 25]
>>> print(temps[3])
35
```

우리는 언제든지 리스트의 항목값을 변경할 수 있다. 예를 들어서 리스트 temps의 인덱스 3번을 36으로 변경하고 싶으면 다음과 같이 하면 된다.

```
>>> temps[3]=36
```

 참고 사항: 리스트에 저장할 수 있는 항목

리스트에는 다양한 유형의 데이터를 저장할 수 있다. 예를 들어 다음의 리스트에는 학생의 이름(문자열), 성적 (실수), 졸업년도(정수)가 저장되어 있다.

```
[ "Kim", 3.9, 2023 ]
```

음수 인덱스

파이썬의 리스트에서 아주 편리한 기능 중의 하나가 "음수 인덱스"이다. 다른 프로그래밍 언어에서 인덱스는 항상 0부터 시작하는 정수로, 음수는 허용되지 않는다. 하지만 파이썬에서는 음수를 인덱스로 사용한다. 리스트의 가장 마지막 항목의 인덱스는 −1이다. 그 앞의 항목은 −2가 된다. 아래의 그림을 참조하자.

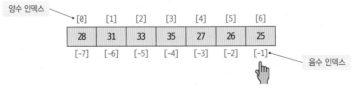

그림 7.1 리스트의 인덱스

음의 인덱스는 어디에 사용하는 것일까? 하나만 살펴보자. 리스트의 마지막 요소에 접근하려면 무조건 temps[-1]이라고 하면 된다. 리스트의 길이에 상관없다. 물론 리스트의 길이를 len(temps)로 계산한 후에 temps[len(temps)-1]이라고 하여도 된다. 하지만 temps[-1]가 훨씬 간결하다. 파이썬이 얼마나 간결한 언어인지를 다시 한번 알 수 있다.

인덱스 오류

인덱스를 사용할 때는 인덱스가 적정한 범위에 있는지를 항상 신경 써야 한다. 예를 들어서 다음과 같은 문장은 잘못되었다.

```
>>> temps = [ 28, 31, 33, 35, 27, 26, 25]
>>> temps[7] = 29
IndexError: list index out of range
```

temps 리스트는 7개의 항목이 저장되어 있지만, 인덱스는 0에서 6까지만 존재한다. 따라서 인덱스 7은 허용되지 않는다. 따라서 다음과 같이 리스트의 길이를 확인하고 값을 저장할 수도 있다.

```
if 7 < len(temps)
    Lemps[7] = 29
```

리스트 방문

리스트 안에 저장된 요소들을 전부 방문하는 코드는 어떻게 작성하면 좋을까? 몇 가지의 방법이 있다.

① 인덱스 값을 사용하여 방문

```
temps =[28,31,33,35,27,26,25]

for i in range(len(temps)):
    print(temps[i], end=', ')
```

end=', '은 값을 출력한 후에 줄을 바꾸지 말고 ","을 붙이라는 의미이다.

실행결과
```
28, 31, 33, 35, 27, 26, 25,
```

len(temps)는 리스트의 길이를 반환한다. 이것을 range()에 넣어서 0부터 (리스트의 길이-1)까지의 정수를 생성한다. 이 정수를 인덱스로 사용하여 요소에 접근한다.

② 만약 인덱스 값이 필요없다면 다음과 같이 for-each 루프를 사용하는 것이 편리하다.

```
temps =[28,31,33,35,27,26,25]

for element in temps:
    print(element, end=', ')
```

실행결과

```
28, 31, 33, 35, 27, 26, 25,
```

리스트 temps의 요소들이 하나씩 element로 대입되면서 반복된다.

리스트에 어떤 값이 있는지를 알고 싶다면?

리스트에 어떤 특정한 값이 저장되어 있는지를 알고 싶은 경우가 종종 있다. 이때는 다음과 같이 "if value in list" 구문을 사용하면 된다.

```
temps =[28,31,33,35,27,26,25]

if 33 in temps:
    print("리스트에 33이 있음!")
```

실행결과

```
리스트에 33이 있음!
```

반대로 어떤 특정한 값이 리스트에 없다는 것을 확인하고 싶으면 "if value not in list" 구문을 사용한다.

```
temps =[28,31,33,35,27,26,25]

if 99 not in temps:
    print("리스트에 99가 없음!")
```

실행결과

```
리스트에 99가 없음!
```

3. 리스트 연산들

파이썬은 리스트 처리를 매우 편리하게 해주는 풍부한 연산들을 제공한다. 이들 연산은 메소드 형태로 제공된다. 메소드는 객체가 가지고 있는 함수이다. 우리는 파이썬에서는 모든 것이 객체로 되어 있다. 리스트도 객체이다. 이들 연산들은 파이썬에서 아주 중요하다. 항상 기억하도록 하자.

append()

리스트를 만들 때, 공백 리스트를 먼저 생성해놓고 항목을 하나씩 추가하여도 된다. 리스트에 몇 개의 항목이 들어갈 것인지를 예측할 수 없을 때, 이 방법은 유용하다. append()는 새로운 요소를 리스트의 맨 끝에 추가한다.

```python
fruits = [ ]                    # 공백 리스트를 생성한다.
fruits.append("apple")          # 리스트에 "apple"을 추가하다.
fruits.append("banana")         # 리스트에 "banana"를 추가한다.
print(fruits)
```

실행결과
```
['apple', 'banana']
```

insert()

insert() 함수는 지정된 위치에 요소를 추가한다.

```python
fruits = ["apple", "banana", "grape"]
fruits.insert(1, "cherry")
print(fruits)
```

실행결과
```
['apple', 'cherry', 'banana', 'grape']
```

fruits.insert (1, "cherry") 문장은 인덱스 1에 "cherry"를 삽입한다. 공간을 만들기 위하여 1번 인덱스 이후의 모든 요소가 하나씩 뒤로 이동한다.

 참고 사항

눈매가 날카로운 독자들은 앞의 소스에서 **fruits.append("apple")** 문장에서 중간에 점(.)이 있는 것을 눈치챘을 것이다. 점(.)은 무엇을 의미할까? 파이썬에서 모든 것은 객체(object)이다. 객체는 관련되는 변수와 함수를 묶은 것이다. 리스트도 객체이다. 객체 안에 있는 함수를 사용할 때는 객체의 이름을 쓰고 점(.)을 붙인 후에 함수의 이름을 적는다. 객체 안에 있는 함수를 메소드라고 한다.

리스트 탐색하기

우리는 리스트에서 특정한 항목을 간단하게 찾을 수 있다. 얼마나 편리한 기능인가? 다른 언어에서는 상당한 코드 작성이 필요한 작업이다. 파이썬에서 특정 항목이 리스트의 어디에 있는지를 알려면 index()를 사용한다.

```
fruits = ["apple", "banana", "grape"]
n = fruits.index("banana")        # n은 1이 된다.
```

만약 탐색하고자 하는 항목이 리스트에 없다면 오류가 발생한다. 따라서 탐색하기 전에 in 연산자를 이용하여 리스트 안에 항목이 있는지부터 확인하는 편이 안전하다. 우리는 in 연산자를 사용하면 리스트에 항목이 있는지 없는지를 알 수 있다.

```
if "banana" in fruits:
    print(fruits.index("banana"))
```

요소 삭제하기

우리는 앞에서 리스트에 항목을 추가하거나 변경할 수 있음을 알았다. 항목을 삭제하는 것도 가능할까? 항목이 저장된 위치를 알고 있다면 pop(i)을 사용한다. 항목의 값만 알고 있다면 remove(value)를 사용한다.

① pop(i)은 리스트에서 i번째 항목을 삭제하여 우리에게 반환한다. 리스트의 첫 번째 항목을 삭제하여 가져오려면 pop(0)이다. 리스트의 마지막 항목을 삭제하려면 pop(-1)이다.

```
fruits = ["apple", "banana", "grape"]
item = fruits.pop(0)     # "apple"이 삭제된다.
print(fruits)
```

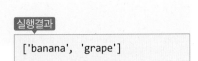

실행결과

```
['banana', 'grape']
```

② remove(value)는 리스트에서 지정된 값을 삭제한다. 삭제된 값은 반환하지 않는다.

```
fruits = ["apple", "banana", "grape"]
fruits.remove("banana")
print(fruits)
```

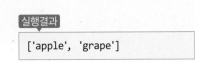

실행결과

```
['apple', 'grape']
```

remove()를 사용할 때는 삭제하고자 하는 항목의 위치를 알 필요가 없다. 단지 항목이 있다는 사실만 알면 된다. 지정된 항목이 리스트에 없으면 오류가 발생한다. 그렇다면 우리는 어떻게 항목이 리스트 안에 있는지를 알 수 있을까? 앞에서도 언급하였지만 in 연산자를 사용하면 된다.

```
if "banana" in fruits:
    fruits.remove("banana")
```

리스트 연산 정리

이제까지 등장한 리스트 관련 연산들을 그림과 표로 정리하면 다음과 같다. 반드시 기억하도록 하자.

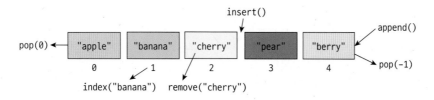

연산의 예	설명
mylist[2]	인덱스 2에 있는 요소
mylist[2] = 3	인덱스 2에 있는 요소를 3으로 설정한다.
mylist.pop(2)	인덱스 2에 있는 요소를 삭제한다.
len(mylist)	mylist의 길이를 반환한다.
"value" in mylist	"value"가 mylist에 있으면 True
"value" not in mylist	"value" mylist에 없으면 True
mylist.sort()	mylist를 정렬한다.
mylist.index("value")	"value"가 발견된 위치를 반환한다.
mylist.append("value")	리스트의 끝에 "value"요소를 추가한다.
mylist.remove("value")	mylist에서 "value"가 나타나는 위치를 찾아서 삭제한다.

최소값, 최대값, 합계

리스트 안에서 최소값, 최대값, 합계를 계산하려면 파이썬에 기본적으로 내장된 함수를 사용하면 된다. 예를 들어서 리스트 요소들의 합을 계산하려면 sum() 함수를 사용하여서 다음과 같이 프로그래밍할 수 있다. 리스트에서 최대값이나 최소값을 찾으려면 min()이나 max() 내장 함수를 사용하면 아주 편리하다.

```
numbers = [10, 20, 30, 40, 50]
print("합=",sum(numbers))          # 항목의 합계를 계산한다.
print("최대값=",max(numbers))       # 가장 큰 항목을 반환한다.
print("최소값=",min(numbers))       # 가장 작은 항목을 반환한다.
```

실행결과
```
합= 150
최대값= 50
최소값= 10
```

정렬

리스트의 요소들을 정렬시키는 연산은 아주 많이 사용된다. 리스트의 sort() 메소드를 사용하는 방법을 먼저 살펴보자.

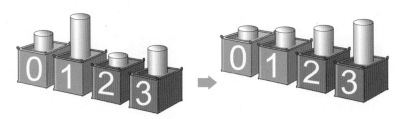

리스트가 가지고 있는 sort() 메소드는 제자리(in-place)에서 리스트를 정렬한다. 따라서 sort()가 호출되면 원본 리스트가 변경된다. 아래의 코드에서 리스트 a는 정렬된 상태로 변경된다.

```
a = [ 3, 2, 1, 5, 4 ]
a.sort()          # [1, 2, 3, 4, 5]
```

역순으로 리스트를 정렬하려면 키워드 인수인 reverse를 True로 설정하면 된다.

```
a = [ 3, 2, 1, 5, 4 ]
a.sort(reverse=True)
print(a)
```

실행결과

```
[5, 4, 3, 2, 1]
```

두 번째 방법을 살펴보자. 내장 함수 sorted()를 리스트에 사용하면, 정렬된 새로운 리스트를 반환한다. 원래의 리스트는 수정되지 않는다.

```
numbers = [10, 3, 7, 1, 9, 4, 2, 8, 5, 6]
ascending_numbers = sorted(numbers)
print( ascending_numbers )
```

실행결과

```
[1, 2, 3, 4, 5, 6, 7, 8, 9, 10]
```

리스트에서 랜덤으로 선택하기

프로그램을 작성하다 보면 리스트 안에서 항목을 랜덤하게 선택해야 하는 경우가 꽤 있다. 이럴 때 사용할 수 있는 함수가 random 모듈이 가지고 있는 choice()이다.

```
import random

numberList = [1, 2, 3, 4, 5, 6, 7, 8, 9, 10]
print("랜덤하게 선택한 항목=", random.choice(numberList))
```

실행결과

랜덤하게 선택한 항목= 6

문자열로 이루어진 리스트에서도 랜덤하게 선택할 수 있다.

```
import random
movie_list = ["Citizen Kane", "Singing in the Rain", "Modern Times",
              "Casablanca", "City Lights"]

item = random.choice(movie_list)
print ("랜덤하게 선택한 항목=", item)
```

실행결과

랜덤하게 선택한 항목= Citizen Kane

두번째로 큰수 계산하기

example
예제

이 실습에서는 숫자들이 저장된 리스트에서 두 번째로 큰 수를 찾아보자. 여러 가지 재미있는
코드가 많이 나올 거 같다.

두 번째로 큰 수= 15

실행
결과

| second1.py | 2번째로 큰 수 찾기 프로그램 |

```
list1 = [1, 2, 3, 4, 15, 99]

# 리스트를 정렬한다.
list1.sort()

# 뒤에서 두 번째 요소를 출력한다.
print("두 번째로 큰 수=", list1[-2])
```

예제 최대값 최소값 제외하기

체조와 같은 콘테스트에서는 심판들의 점수 중에서 최소값과 최대값은 제외하는 경우가 많다. 파이썬을 이용하여 심판들의 점수가 리스트에 저장되어 있다고 가정하고 최소값과 최대값을 리스트에서 제거하는 프로그램을 작성해보자.

```
제거전 [10.0, 9.0, 8.3, 7.1, 3.0, 9.0]
제거후 [9.0, 8.3, 7.1, 9.0]
```

많은 방법이 있을 수 있다. 파이썬이 제공하는 함수를 사용할 수도 있고 아니면 우리가 직접 함수를 작성할 수도 있다. 파이썬에서 제공하는 remove() 함수와 내장 함수 min(), max()를 사용해보자.

gym_score1.py   최대값과 최소값 제거하기

```python
scores = [10.0, 9.0, 8.3, 7.1, 3.0, 9.0]
print("제거전", scores)
scores.remove(max(scores))
scores.remove(min(scores))
print("제거후", scores)
```

Lab 성적 처리 프로그램

학생들의 성적을 사용자로부터 입력받아서 리스트에 저장한다. 성적의 평균을 구하고 최대점수, 최소점수, 80점 이상 성적을 받은 학생의 숫자를 계산하여 출력해보자. 리스트의 함수 sum(), len(), max(), min()을 많이 사용해보자.

```
성적을 입력하시요: 10
성적을 입력하시요: 20
성적을 입력하시요: 60
성적을 입력하시요: 70
성적을 입력하시요: 80

성적 평균= 48.0
최대점수= 80
최소점수= 10
80점 이상= 1
```

score_proc.py 성적 처리 프로그램

```python
STUDENTS = 5
lst = []
count=0

for i in range(STUDENTS):
    value = int(input("성적을 입력하시요: "))      # 문자열->정수 변환
    lst.append(value)

print("\n성적 평균=", sum(lst) / len(lst))
print("최대점수=", max(lst))
print("최소점수=", min(lst))

for score in lst:
    if score >= 80:
        count += 1
print("80점 이상=", count)
```

4. 리스트 합병, 복제, 비교

리스트 합병과 복제

2개의 리스트를 합병하여 새로운 리스트를 만들 수 있다. 합병은 + 연산자를 사용한다.

```python
fruits1 = [ "apple", "cherry" ]
fruits2 = [ "banana", "blueberry" ]
fruits = fruits1 + fruits2
print(fruits)
```

실행결과

```
['apple', 'cherry', 'banana', 'blueberry']
```

만약 동일한 리스트를 여러 번 복제하여서 합병하려면 복제 연산자인 *을 사용한다. 아래 코드에서는 리스트를 3번 복제하여서 합친다.

```python
numbers = [ 1, 2, 3 ] * 3     # 리스트는 [1, 2, 3, 1, 2, 3, 1, 2, 3]이다.
```

리스트 복제는 고정된 값으로 리스트를 초기화할 때 많이 사용된다. 예를 들어 다음과 같이 크기가 12이고, 0으로 초기화된 리스트를 생성할 수 있다.

```python
numbers = [0] * 12     # 리스트는 [0, 0, 0, 0, 0, 0, 0, 0, 0, 0, 0, 0]이다.
```

리스트 비교

우리는 비교 연산자 ==를 사용하여서 2개의 리스트를 비교할 수 있다. 리스트를 비교하려면, 먼저 2개의 리스트가 동일한 타입의 데이터를 가지고 있어야 한다. 제일 먼저 리스트의 첫 번째 항목을 비교한다. 첫 번째 항목의 비교에서 False가 나오면 더 이상의 비교는 없고 False가 반환된다. 첫 번째 항목이 같으면 두 번째 항목을 비교한다. 리스트 안의 모든 항목이 비교될 때까지 동일한 작업을 반복한다. 리스트 안의 모든 요소를 비교하여 모두 True가 나오면 전체 결과가 True가 된다.

예를 들어서 list1과 list2를 == 연산자를 이용하여 비교해보면 다음과 같다. 첫 번째 항목이 ==로 비교되고 이어서 두 번째 항목이 ==로 비교된다. 리스트의 모든 항목에 대하여 == 연산이 True가 나오면 True가 된다.

```python
list1 = [ 1, 2, 3 ]
list2 = [ 1, 2, 3 ]
print(list1 == list2)     # True
```

〉와 같은 연산자는 어떻게 동작되는 것일까? 뭐든지 확실하게 알아야 자신 있게 사용할 수 있다. 역시 마찬가지로 첫 번째 항목이 〉로 비교되고 이어서 두 번째 항목이 〉으로 비교된다. 리스트 전체 항목에 대하여 〉 연산이 True로 나오면 list1 〉 list2도 True가 된다.

```
list1 = [ 3, 4, 5 ]
list2 = [ 1, 2, 3 ]
print(list1 > list2)        # True
```

만약 사용자 정의 객체가 리스트 안에 들어 있는 경우에 == 연산자를 사용하려면, 개발자가 객체의 특수 메소드인 __eq__()을 구현하여야 올바르게 비교가 된다.

리스트 복사하기

리스트 변수에는 어떤 값이 저장될까? 아래의 그림에서도 보면 변수 temps에 리스트가 저장되는 것은 아니다. 리스트는 다른 곳(히프 메모리)에 저장되고 리스트의 참조값(reference)만 변수 temps에 저장된다. 참조값이란 메모리에서 리스트 객체의 식별자라고 생각하면 된다. 평상시에는 이런 사소한 것에 신경 쓸 필요는 없다. 하지만 우리가 리스트를 복사하려고 할 때는 신경을 써야 한다. 실제로 이것 때문에 많은 오류가 발생한다. 만약 우리가 리스트를 복사하기 위하여 아래와 같은 문장을 실행하였다고 하자. 어떤 일이 벌어질까?

```
temps = [28, 31, 33, 35, 27, 26, 25]
values = temps
```

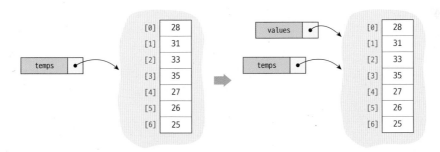

그림 7.1 변수만 복사하면 리스트는 복사되지 않는다.

결론부터 말하자면 리스트는 복사되지 않는다. temps와 values는 모두 동일한 리스트를 가리키고 있다. values는 temps 리스트의 별칭이나 마찬가지이다. 이것을 **얕은 복사**(shallow copy)라고 한다. 만약 우리가 values를 통하여 리스트 요소의 값을 변경한다면 temps 리스트도 변경된다. 이것을 확인해보자.

```
temps = [28, 31, 33, 35, 27, 26, 25]
values = temps

print(temps)            # temps 리스트 출력
values[3] = 39          # values 리스트 변경
print(temps)            # temps 리스트가 변경되었다.
```

실행결과

```
[28, 31, 33, 35, 27, 26, 25]
[28, 31, 33, (39,) 27, 26, 25]
```

그렇다면 리스트를 올바르게 복사하는 방법은 무엇일까? 이것을 **깊은 복사**(deep copy)라고 한다. 몇 가지 방법이 있다. 한 가지 방법은 list()를 사용하는 방법이다. list()는 다른 리스트나 데이터들을 받아서 새로운 리스트를 생성하는 생성자 함수이다.

```
temps = [28, 31, 33, 35, 27, 26, 25]
values = list(temps)
```

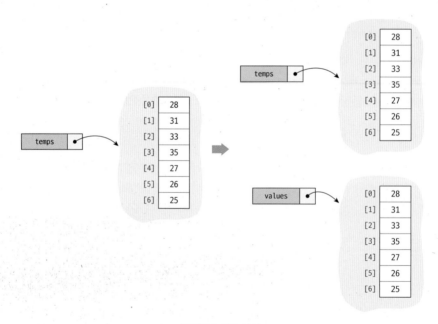

그림 7.2 깊은 복사

list() 함수는 다양한 용도로 사용된다. 예를 들어서 range() 함수의 반환값을 모아서 리스트로 만들 때도 사용한다. 무언가를 리스트로 변환하고 싶으면 일단 list() 함수를 사용해보자. 웬만하면 다 된다.

```
numbers = list(range(10))
print(numbers)
```

```
[0, 1, 2, 3, 4, 5, 6, 7, 8, 9]
```

5. 슬라이싱

슬라이싱(slicing)은 리스트의 일부를 잘라서 추출하는 기법이다. 리스트에서 numbers[2:7]와 같이 적으면 인덱스 2부터 시작하여서 항목들을 추출하다가 인덱스 7이 나오기 전에 중지된다. 따라서 추출되는 항목의 인덱스는 2, 3, 4, 5, 6가 된다. 추출되는 항목의 개수는 7-2 = 5개가 된다.

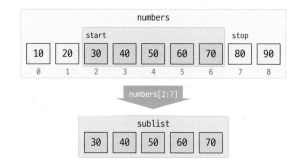

리스트를 슬라이싱하면 원본 리스트는 손상되지 않는다. 새로운 리스트가 생성되어서 우리에게 반환된다. 즉 슬라이스는 원본 리스트의 복사본이라고 생각하면 정확하다.

슬라이싱에서 첫 번째 인덱스를 생략하면, 리스트의 처음부터라고 가정한다.

```
numbers[:3]  # [10, 20, 30]
```

두 번째 인덱스가 생략되면 리스트의 끝까지라고 가정한다. 이것은 생각보다 편리한 기능이다. 리스트의 끝은 리스트마다 달라서 계산하기 어렵기 때문이다.

```
numbers[3:]  # [40, 50, 60, 70, 80, 90]
```

극단적인 표현도 가능하다. 콜론만 있으면 리스트의 처음부터 끝까지라고 생각한다.

```
numbers[:] # [10, 20, 30, 40, 50, 60, 70, 80, 90]
```

numbers[:]가 새로운 리스트를 생성하기 때문에 이것을 이용하여 우리는 리스트의 복사본을 생성할 수도 있다. [:]은 리스트의 깊은 복사본을 만든다.

```
new_numbers = numbers[:]
```

고급 슬라이싱

슬라이싱을 할 때, 단계(step)을 지정할 수 있다.

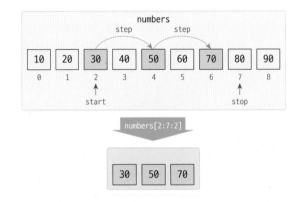

위의 코드와 같이 numbers[2:7:2]라고 하면 첫 번째 2는 시작 인덱스, 7은 종료 인덱스이고, 2는 단계를 나타내는 값이다. 즉 인덱스 2에서 시작하여서 2씩 증가하면서 요소들을 추출한다.

우리는 슬라이싱을 이용하여 많은 작업을 하나의 문장으로 처리할 수 있다. 예를 들어서 음수 단계값을 이용하여 역순 리스트를 쉽게 만들 수 있다.

```
>>> numbers = [ 10, 20, 30, 40, 50, 60, 70, 80, 90 ]
>>> numbers[:: -1]
[90, 80, 70, 60, 50, 40, 30, 20, 10]
```

위의 코드에서 슬라이스의 시작 인덱스와 종료 인덱스가 생략되었으므로 슬라이스의 범위는 리스트의 처음부터 끝이다. 단계가 -1이므로 리스트의 끝에서부터 시작 위치까지 반복하게 된다.

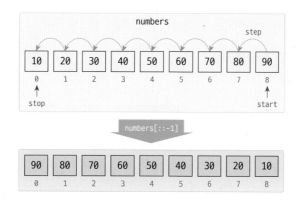

리스트의 슬라이스에 다른 리스트를 저장하여 리스트의 일부를 수정할 수 있다. 리스트의 나머지 부분은 변경되지 않는다. 아래의 코드는 lst 리스트의 처음 3개의 요소를 새로운 값으로 대체하고 나머지는 변경하지 않는다.

```
>>> lst = [1, 2, 3, 4, 5, 6, 7, 8]
>>> lst[0:3] = ['white', 'blue', 'red']
>>> lst
['white', 'blue', 'red', 4, 5, 6, 7, 8]
```

여기서 잠깐 퀴즈를 풀어보자. 아래와 같은 연산이 끝나면 lst의 내용은 어떻게 될까?

```
>>> lst = [1, 2, 3, 4, 5, 6, 7, 8]
>>> lst[::2] = [99, 99, 99, 99]          2씩 건너뛰면서 두번째 리스트의
>>> lst                                   요소들로 첫 번째 리스트의 요소
[99, 2, 99, 4, 99, 6, 99, 8]              들을 변경한다.
```

슬라이싱을 이용하여 리스트의 모든 요소를 삭제하려면 어떻게 하면 될까?

```
>>> lst = [1, 2, 3, 4, 5, 6, 7, 8]
>>> lst[:] = [ ]
>>> lst
[]
```

리스트의 요소들은 슬라이싱을 통해서도 삭제가 가능하다. 이때는 del 문장을 사용하여야 한다. del 문장은 리스트의 pop() 함수와 유사한 기능을 한다. 우리가 삭제하고자 하는 요소의 위치를 알고 있다면 다음과 같이 삭제할 수 있다.

```
>>> numbers = list(range(0, 10))      # 0에서 시작하여 9까지를 저장하는 리스트
>>> numbers
[0, 1, 2, 3, 4, 5, 6, 7, 8, 9]

>>> del numbers[-1]                    # 마지막 항목을 삭제한다.
>>> numbers
[0, 1, 2, 3, 4, 5, 6, 7, 8]
```

슬라이스를 이용하여 리스트의 인덱스 0부터 인덱스 1까지를 삭제해보자.

```
>>> del numbers[0:2]
>>> numbers
[2, 3, 4, 5, 6, 7, 8]
```

전체를 삭제하려면 다음과 같이 한다.

```
>>> del numbers[:]
>>> numbers
[]
```

문자열과 리스트

문자열은 문자들이 모인 리스트라고 생각할 수 있다. 우리가 이때까지 학습한 인덱스나 슬라이싱은 문자열 객체에도 그대로 적용된다.

```
s = "Monty Python"
```

위와 같은 문자열은 다음과 같은 인덱스를 가지고 있다. 슬라이싱도 리스트와 완전히 동일하게 적용된다.

```
s = "Monty Python"
print(s[0])          # M
print(s[6:10])       # Pyth
print(s[-12:-7])     # Monty
```

리스트 슬라이싱 연습

예제

리스트 슬라이싱을 잘 이용하면 아주 편리하다. 반면에 이해하기 어렵기도 하다. 꾸준한 연습 밖에는 다른 방법은 없다. 예를 들어서 아래와 같이 순차적인 정수가 저장된 리스트가 있다고 하자.

```
numbers = [ 1, 2, 3, 4, 5, 6, 7, 8, 9, 10 ]
```

(1) 리스트 슬라이싱 만을 이용하여 리스트의 요소들의 순서를 거꾸로 하면서 하나씩 건너 뛰어 보자.

```
[10, 8, 6, 4, 2]
```

실행
결과

```
numbers = [ 1, 2, 3, 4, 5, 6, 7, 8, 9, 10 ]
reversed = numbers[::-2]
print(reversed)
```

(2) 리스트 슬라이싱 만을 이용하여 첫 번째 요소만을 남기고 전부 삭제할 수 있는가?

```
[1]
```

실행
결과

```
numbers = [ 1, 2, 3, 4, 5, 6, 7, 8, 9, 10 ]
numbers[1:] = [ ]
print(numbers)
```

6. 리스트 함축

파이썬은 "**리스트 함축**(list comprehensions)" 또는 "**리스트 컴프리헨션**"이라는 개념을 지원한다. 파이썬만의 아주 특이한 문법으로 적절히 사용하면 아주 편리하고 간결하다. comprehension은 함축, 포함, 내포라는 의미이다.

리스트 함축은 수학자들이 집합을 정의하는 것과 유사하다. 수학에서는 제곱값의 집합은 $\{ x^2 \mid x \in N \}$ 와 같이 정의할 수 있다. 즉 자연수에 속하는 x에 대하여 x^2 값을 계산하고 이것들을 모아서 집합을 생성한다. 리스트 함축에서는 리스트의 요소를 생성하는 문장을 리스트 안에 넣는다. 예를 들면 다음과 같다.

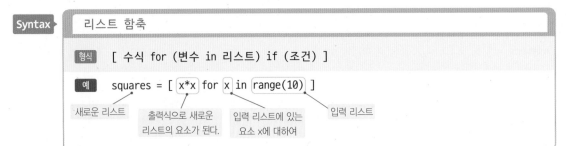

Syntax 리스트 함축

형식 [수식 for (변수 in 리스트) if (조건)]

예 squares = [x*x for x in range(10)]
- 새로운 리스트
- 출력식으로 새로운 리스트의 요소가 된다.
- 입력 리스트에 있는 요소 x에 대하여
- 입력 리스트

위의 문장을 해석해보면 다음과 같다. "range(10)에 속하는 모든 정수에 대하여 x^2를 계산하여서 리스트를 생성한다". 결과적으로 다음과 같은 리스트가 된다.

```
squares = [ 0, 1, 4, 9, 16, 25, 36, 49, 64, 81 ]
```

리스트 함축을 사용하면 간결하게 리스트를 생성할 수 있다는 큰 장점이 있다. 만약 리스트 함축을 사용하지 않는다면 다음과 같이 반복문을 사용해야 할 것이다.

```
squares = []

for x in range(10):
    squares.append(x*x)
```

리스트 함축에는 if를 사용하여 조건이 추가될 수 있다. 예를 들어서 0부터 9 사이의 정수 중에서 짝수만을 제곱한 값을 생성하는 리스트 함축은 다음과 같다.

```
squares = [ x*x for x in range(10) if x % 2 == 0 ]
```
- 출력식
- 입력 리스트
- 조건

squares = [0, 4, 16, 36, 64] 이 된다.

리스트 함축을 일반 반복 루프와 비교하면 다음과 같다.

일반 for 루프

```
squares = [ ]
for x in range(10):
          if x%2 == 0 :
                    squares.append(x*x)
```

리스트 함축

```
squares = [ x*x for x in range(10) if x%2 == 0 ]
```

다양한 리스트 함축

예를 들어 가격들이 저장된 리스트가 있는 경우, 가격이 음수이면 0으로 바꾸는 코드는 다음과 같다.

```
>>> prices = [135, -545, 922, 356, -992, 217]
>>> mprices = [i if i > 0 else 0 for i in prices]
>>> mprices
[135, 0, 922, 356, 0, 217]
```

위의 코드에 조건 연산자 i if i > 0 else 0이 있다. 이것은 파이썬에게 숫자가 양수이면 그대로 출력하지만 숫자가 음수이면 0으로 변경하도록 지시한다.

리스트 함축은 숫자에 대해서만 적용되는 것은 아니다. 어떤 자료형에 대해서도 리스트 함축을 적용할 수 있다. 단어를 저장하는 리스트가 있다고 하자. 단어의 첫 글자만을 추출하여 리스트로 만들어보자.

```
>>> words = ["All", "good", "things", "must", "come", "to", "an", "end."]
>>> letters = [ w[0] for w in words ]
>>> letters
['A', 'g', 't', 'm', 'c', 't', 'a', 'e']
```

리스트 함축에는 여러 개의 인수를 추가할 수 있다. 예를 들어서 x 와 y 인수를 동시에 사용하는 리스트 함축은 다음과 같다.

```
>>> numbers = [x+y for x in ['a','b','c'] for y in ['x','y','z']]
>>> numbers
['ax', 'ay', 'az', 'bx', 'by', 'bz', 'cx', 'cy', 'cz']
```

이때는 하나의 리스트와 다른 리스트에서 요소를 하나씩 꺼내어서 상호곱 형태로 처리하게 된다. 첫 번째 리스트의 'a'과 두 번째 리스트의 모든 요소가 더해져서 ['ax', 'ay', 'az']이 된다. 이어서 첫 번째 리스트의 'b'와 두 번째 리스트의 모든 요소가 더해져서 ['bx', 'by', 'bz']가 추가된다. 마지막으로 첫 번째 리스트의 'c'와 두 번째 리스트의 모든 요소가 더해져서 ['cx', 'cy', 'cz']가 추가된다.

리스트 함축의 단점

리스트 함축은 유용하며 읽고 디버깅하기 쉬운 우아한 코드를 작성하는 데 도움이 될 수 있지만 모든 상황에 적합한 선택은 아니다. 특히 코드가 느리게 실행되거나 더 많은 메모리를 사용할 수 있다. 코드의 성능이 떨어지거나 이해하기 어려운 경우 다른 방법을 선택하는 것이 좋다.

예를 들어서 1부터 1000까지의 정수의 제곱을 합하려면 리스트 함축을 이용할 수 있다.

```
>>> sum([i * i for i in range(1000)])
332833500
```

하지만 1부터 10억까지를 제곱하여 합하는 연산을 리스트 함축으로 하는 것은 좋은 생각이 아니다. 아래의 코드를 입력하여 실행해보자. 컴퓨터가 상당 시간 동안 응답하지 않는 것을 볼 수 있다.

```
>>> sum([i * i for i in range(1000000000)])
333333332833333333500000000        # 상당한 시간이 소요된다.
```

파이썬이 10억개의 정수가 저장되는 리스트를 만들려고 하기 때문에 많은 메모리를 사용한다. 이때는 차라리 다음과 같이 평범한 for 루프를 사용하는 것이 좋다.

```
sum = 0
for i in range(100000000):
    sum += i*i
print(sum)
```

실행결과
```
333333328333333350000000
```

 예제 2의 배수이면서 3의 배수인 수 찾기

0부터 99까지의 정수 중에서 2의 배수이고 동시에 3의 배수인 수들을 모아서 리스트로 만들어보자. 리스트 함축을 사용한다.

실행
결과
```
[0, 6, 12, 18, 24, 30, 36, 42, 48, 54, 60, 66, 72, 78, 84, 90, 96]
```

리스트 함축을 사용하면 코드가 너무 간단해진다.

리스트 함축 사용하기

```python
numbers = [x for x in range(100) if x % 2 == 0 and x % 3 == 0]
print(numbers)
```

합계 리스트 생성

1번째 요소가 원래 리스트의 0부터 1번째 요소까지의 합계인 리스트를 생성하는 프로그램을 작성하라. 즉 다음과 같은 실행 결과를 가진다. 리스트의 합계는 sum() 함수로 계산하는 것이 가장 편리하다.

```
원래 리스트:  [10, 20, 30, 40, 50]
새로운 리스트:  [10, 30, 60, 100, 150]
```

list_comp2.py   누적값 리스트 만들기

```python
list1=[10, 20, 30, 40, 50]

list2=[sum(list1[0:x+1]) for x in range(0, len(list1))]

print("원래 리스트: ",list1)
print("새로운 리스트: ",list2)
```

직각 삼각형 찾기

피타고라스의 정리를 만족하는 삼각형들을 리스트 함축으로 찾아보자. 삼각형 한 변의 길이는 1부터 30 이하이다.

```
[(3, 4, 5), (5, 12, 13), (6, 8, 10), (7, 24, 25), (8, 15, 17), (9, 12, 15), (10, 24, 26), (12, 16, 20), (15, 20, 25), (20, 21, 29)]
```

pytha_tri.py   정삼각형 찾기

```python
[(x,y,z) for x in range(1,30) for y in range(x,30) for z in range(y,30) if x**2 + y**2 == z**2]
```

Lab 주사위 시뮬레이션

데이터 과학에서는 데이터를 시각화하는 것도 매우 중요하다. 시각화는 단순히 원시 데이터를 보는 것 이상의 데이터를 이해하는 강력한 방법을 제공한다. 파이썬에서는 Seaborn과 Matplotlib의 두 가지 오픈 소스 시각화 라이브러리를 사용할 수 있다. 우리는 주사위를 600번 던졌을 때 각 면이 몇 번이나 나오는지를 데이터로 정리하고 이 데이터를 막대 그래프로 시각화하여 보자. 이 그래프는 실행때마다 달라질 수 있다.

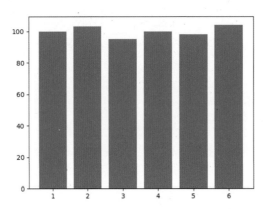

---

dice_simul.py	주사위 시뮬레이션

```python
import matplotlib.pyplot as plt
import random

values = [random.randint(0, 5) for i in range(600)]        # 주사위를 600번 던져서
                                                             # 난수 리스트를 생성한다.

faces = [ 1, 2, 3, 4, 5, 6 ]
rolls = [ 0, 0, 0, 0, 0, 0 ]

for x in values :
    rolls[x] = rolls[x] + 1

plt.bar(faces, rolls)        # 리스트에 저장된 값으로 그래프를 그린다.
plt.show()                   # 그래프를 화면에 출력한다.
```

randint(a, b)는 a에서 b 사이의 난수를 반환한다. a와 b는 모두 난수에 포함된다.

7. 2차원 리스트

우리는 2차원 테이블을 이용하여 많은 일들을 처리한다. 예를 들어서 학생들의 과목별 성적도 2차원 형태로 나타낼 수 있다.

학생	국어	영어	수학	과학	사회
김철수	1	2	3	4	5
김영희	6	7	8	9	10
최자영	11	12	13	14	15

파이썬에서는 리스트를 2차원으로 만들 수 있다.

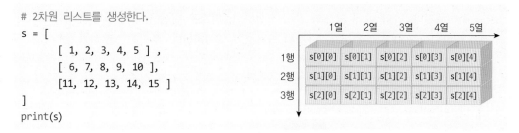

```
# 2차원 리스트를 생성한다.
s = [
      [ 1, 2, 3, 4, 5 ] ,
      [ 6, 7, 8, 9, 10 ],
      [11, 12, 13, 14, 15 ]
]
print(s)
```

```
[[1, 2, 3, 4, 5], [6, 7, 8, 9, 10], [11, 12, 13, 14, 15]]
```

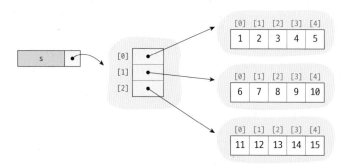

그림 7.3 2차원 리스트의 구현

위의 코드에서 리스트 [1, 2, 3, 4, 5]가 첫 번째 행을 나타내고 리스트 [6, 7, 8, 9, 10]가 두 번째 행을 나타낸다.

위의 2차원 리스트는 초기값이 미리 결정되어 있어서 정적으로 생성되었다. 실제로는 동적으로 2차원 리스트를 생성하는 경우가 더 많다. 리스트의 크기가 매우 큰 경우에도 동적으로 생성하여야 한다. 많은 방법이 있다. 가장 많이 사용되는 방법부터 살펴보자.

```python
# 동적으로 2차원 리스트를 생성한다.
rows = 3
cols = 5

s = [ ]
for row in range(rows):
    s += [[0]*cols]         # 2차원 리스트끼리 합쳐진다.

print("s =", s)
```

실행결과

```
s = [[0, 0, 0, 0, 0], [0, 0, 0, 0, 0], [0, 0, 0, 0, 0]]
```

위의 코드에서 [[0]*cols] 하면 [0]이 cols만큼 반복되어서 [[0, 0, 0, 0, 0]]와 같이 된 후에 리스트 s에 더해진다. 만약 아래 코드와 같이 작성하면, 리스트 덧셈 규칙에 따라, 1차원 리스트 두 개가 병합되어서 다음과 같이 s가 1차원 리스트가 되어버린다. 주의하도록 하자.

```python
...
for row in range(rows):
    s += [0]*cols          # 1차원 리스트끼리 합쳐진다.
...
```

실행결과

```
s = [0, 0, 0, 0, 0, 0, 0, 0, 0, 0, 0, 0, 0, 0, 0]
```

요소 접근

2차원 리스트에서 요소에 접근하려면 2개의 인덱스 번호를 지정하여야 한다. 첫 번째 번호가 행 번호이고 두 번째 번호가 열 번호가 된다. 예를 들어서 2차원 리스트 s에서 2번째 행의 1번째 열에 있는 요소는 s[2][1]가 된다.

```python
score = s[2][1]
```

2차원 리스트에 저장된 모든 값을 출력하려면 다음과 같이 이중 루프를 사용하여야 한다.

```
s = [ [ 1, 2, 3, 4, 5 ] ,
      [ 6, 7, 8, 9, 10 ],
      [11, 12, 13, 14, 15 ] ]

# 행과 열의 개수를 구한다.
rows = len(s)

for r in range(rows):
    for c in range(len(s[r])):
        print(s[r][c], end=",")
    print()
```

```
1,2,3,4,5,
6,7,8,9,10,
11,12,13,14,15,
```

여기서 len(s)는 행의 개수이고 len(s[r])은 행 r이 가지고 있는 열의 개수이다.

리스트 안에 다른 리스트를 내장하는 것도 가능하다. 이것은 실제 프로그래밍에서 많이 사용
된다.

```
a = ['a', 'b', 'c']
n = [1, 2, 3]
x = [a, n]          # 리스트 x 안에 리스트 a와 n이 들어 있다.
                    # x = [['a', 'b', 'c'], [1, 2, 3]]
```

Lab 전치 행렬 계산

행렬의 전치 연산을 파이썬으로 구현해보자. 인공 지능을 하려면 행렬에 대하여 잘 알아야 한다. 중첩 된 for 루프를 이용하면 행렬의 전치를 계산할 수 있다.

$$\begin{bmatrix} 1 & 2 & 3 \\ 4 & 5 & 6 \\ 7 & 8 & 9 \end{bmatrix}^{T} = \begin{bmatrix} 1 & 4 & 7 \\ 2 & 5 & 8 \\ 3 & 6 & 9 \end{bmatrix}$$

```
원래 행렬= [[1, 2, 3], [4, 5, 6], [7, 8, 9]]
전치 행렬= [[1, 4, 7], [2, 5, 8], [3, 6, 9]]
```

방법 #1

행렬은 2차원 리스트를 사용하면 될 것이다. 일반 for 루프를 사용한 코드는 다음과 같다.

tranpose1.py	전치 행렬 찾기

```python
transposed = []
matrix = [[1, 2, 3], [4, 5, 6], [7, 8, 9]]

print("원래 행렬=", matrix)
# 열의 개수만큼 반복한다.
for i in range(len(matrix[0])):
    transposed_row = []
    for row in matrix:                    # 행렬의 각 행에 대하여 반복
        transposed_row.append(row[i])     # 각 행의 i번째 요소를 row에 추가한다.
    transposed.append(transposed_row)

print("전치 행렬=", transposed)
```

방법 #2

리스트 함축을 사용하면 다음과 같이 간단하게 전치 행렬을 계산할 수 있다. 하지만 머리는 좀 더 복잡해진다.

tranpose2.py	전치 행렬 찾기

```python
matrix = [[1, 2, 3], [4, 5, 6], [7, 8, 9]]
print("원래 행렬=", matrix)

transposed = [[row[i] for row in matrix] for i in range(len(matrix[0]))]
print("전치 행렬=", transposed)
```

리스트 함축의 중첩 루프는 일반 중첩 루프처럼 작동하지 않는다. 위 프로그램에서 for i in range(len(matrix[0]))가 먼저 실행되고 이어서 row[i] for row in matrix가 실행된다. 따라서 처음에는 값이 i에 할당되고 row[i]가 가르키는 항목이 리스트 transpose에 추가된다.

지뢰찾기는 예전에 윈도우에 무조건 포함되어 있어서 상당히 많은 사람들이 즐겼던 프로그램이다. 윈도우 7에서도 제어판에서 추가할 수 있다. 2차원의 게임판 안에 지뢰가 숨겨져 있고 이 지뢰를 모두 찾아내는 게임이다. 지뢰가 없는 곳을 클릭했을 때 숫자가 나오면 주변칸에 지뢰가 숨겨져 있다는 것을 의미한다. 예를 들어서 숫자가 2이면 주변칸에 지뢰가 두개 있다는 의미가 된다.

지뢰찾기 게임을 작성해보자. 10×10 크기의 2차원 리스트를 만들고 여기에 지뢰를 숨긴다. 지뢰가 아닌 곳은 .으로 표시하고 지뢰인 곳은 #로 표시하여 보자. 어떤 칸이 지뢰일 확률은 난수를 발생시켜서 결정한다. 전체의 30%를 지뢰로 하고 싶으면 발생된 난수가 0.3보다 적은 경우에 현재 칸에 지뢰를 놓으면 된다.

```
. . # . . . . # # . .
. . # . # # # . . .
. . # . . . # . .
# # . # # . # . # .
. # . . . . . . . #
# . . # . # # . . .
# # . # . # # . . .
. . # # . . . # . .
. . . . . . . . # .
. . . . # . . # # .
```

실행
결과

실제 지뢰 찾기 게임처럼 주변에 있는 지뢰의 개수를 숫자로 표시해보자.

Mini Project **TIC-TAC-TOE 게임**

우리나라의 오목과 유사한 외국의 게임이 Tic-Tac-Toe이다. Tic-Tac-Toe 게임은 유아들을 위한 게임으로 잘 알려져 있다. Tic-Tac-Toe는 3×3칸을 가지는 게임판을 만들고, 경기자 2명이 동그라미 심볼(O)와 가위표 심볼(X)을 고른다. 경기자는 번갈아 가며 게임판에 동그라미나 가위표를 놓는다. 가로, 세로, 대각선으로 동일한 심볼을 먼저 만들면 승리하게 된다. 다음과 같이 텍스트 모드에서 컴퓨터와 사람이 Tic-Tac-Toe 게임을 할 수 있는 프로그램을 작성하여 보자.

```
 │ │
---│---│---
 │ │
---│---│---
 │ │
다음 수의 x좌표를 입력하시오: 0
다음 수의 y좌표를 입력하시오: 0
 X│ O│
---│---│---
 │ │
---│---│---
 │ │
다음 수의 x좌표를 입력하시오: 1
다음 수의 y좌표를 입력하시오: 1
 X│ O│ O
---│---│---
 │ X│
---│---│---
 │ │
...
```

컴퓨터는 단순히 비어 있는 첫 번째 칸에 놓는다고 가정한다. 좌표는 (0, 0)에서 (2, 2) 사이이다.

 도전문제

컴퓨터가 좀 더 지능적으로 다음 수를 생각하도록 코드를 추가하여 보자.

요 약 Summary

이번 장에서 리스트에 대하여 살펴보았다.

▶ 리스트는 일련의 값을 저장하는 컨테이너이다.

▶ 리스트의 각 요소는 인덱스라는 정수로 접근된다. 예를 들어서 i번째 요소는 mylist[i]가 된다.

▶ 리스트 인덱스는 리스트 요소 수보다 작아야 한다. 잘못된 인덱스를 제공하면 오류가 발생할 수 있다.

▶ 인덱스를 사용하여 리스트 요소들을 반복 처리할 수 있다.

▶ 리스트 변수는 리스트의 참조값만을 가지고 있다. 변수를 복사한다고 해서 전체 리스트가 복사되는 것은 아니다.

▶ insert() 메소드를 사용하여 리스트의 임의 위치에 새로운 요소를 삽입할 수 있다.

▶ in 연산자는 요소가 리스트에 포함되어 있는지 테스트한다.

▶ pop() 메소드를 사용하여 리스트의 임의 위치에서 요소를 제거할 수 있다.

▶ remove() 메소드를 사용하여 리스트에서 원하는 요소를 제거할 수 있다.

▶ + 연산자를 사용하여 두 리스트를 연결할 수 있다.

▶ list() 함수를 사용하여 하나의 리스트의 복사본을 만들 수 있다.

▶ 슬라이스 연산자 (:)를 사용하여 부분 리스트를 만들 수 있다.

▶ 리스트 함축은 기존 리스트를 기반으로 새로운 리스트를 작성하는 우아한 방법이다.

▶ 사용자가 이해하기 어려운, 매우 긴 리스트 함축을 남용하는 것은 피해야 한다.

▶ 모든 리스트 함축은 for 루프로 다시 작성할 수 있지만 모든 for 루프를 리스트 함축으로 바꿀 수 있는 것은 아니다.

 정수 1, 2, 3, 4를 저장하는 리스트를 만들어보세요.

myList = [1, 2, 3, 4]
맞죠?

1 다음과 같은 코드는 리스트에 저장된 정수를 1만큼 증가시키는 코드이다. 하지만 오류가
  발생한다. 잘못된 점은 무엇인가? len() 함수를 이용하여서 올바르게 수정하여 보자.

```
values = [1, 2, 3, 4, 5, 6, 7, 8, 9, 10]
for i in range(0, 11) :
    values[i] += 1
```

2 values = [1, 2, 3, 4, 5, 6]과 같은 리스트가 있다고 하자. 다음 수식의 값을 쓰시오.

  (a) values[1]   _____   (b) values[−1]   _____

  (c) values[1:3]   _____   (d) value[−3:−1])   _____

3 values = [1, 2, 3, 4, 5, 6]과 같은 리스트가 있다고 하자. 다음 수식의 값을 쓰시오.

  (a) len(values)   _____   (b) values.index(3)   _____

  (c) max(values)   _____   (d) sum(values)   _____

4 values = [ ]과 같은 공백 리스트가 있다고 하자. 다음과 같은 값으로 values을 채우는
  코드를 작성하시오. 리스트 함축을 사용해도 좋다.

  (a) [0 0 0 0 0 0 0 0 0 0]   _____

  (b) [1 2 3 4 5 6 7 8 9 10]   _____

  (c) [2 4 6 8 10]   _____

  (d) [1 4 9 16 25 36 49 64 81 100]   _____

5 list1 = [1, 2, 3]와 list2 =[4, 5, 6]가 있다고 하자. 다음 수식이 반환하는 값은 무엇
  인가?

  (a) list1 + list2   _____

  (b) list1 * 2   _____

  (c) list1 == list2   _____

6 values = [1, 3, 2, 5, 4, 6]과 같은 리스트가 있다고 하자. 다음과 같은 함수를 순차적으로 호출한다고 하자. 각 함수 호출이 끝난 후에, 리스트는 어떻게 될까?

(a) values.append(10) _____

(b) values.pop() _____

(c) values.insert(1, 20) _____

(d) del values[0:3] _____

(e) values.sort(reverse=True) _____

7 다음 코드의 출력은 무엇인가?

```
aList = [x+y for x in ['Hello ', 'Good '] for y in ['World', 'Bye']]
print(aList)
```

8 다음 코드의 출력은 무엇인가?

```
aList = [1, 2, 3, 4]
aList[1:4] = [5, 6, 7]
print(aList)
```

9 다음 코드의 출력은 무엇인가?

```
aList = [1, 2, 3, 4, 5, 6, 7]
bList =  [2 * x for x in aList]
print(bList)
```

10 다음의 리스트를 올바르게 복사하는 문장을 모두 고르시오.

```
aList = [10, 20, 30, 40]
```

① nList = aList.copy() ② nList.copy(aList)

③ nList = copy(aList) ④ nList = list(aList)

11 다음 코드의 출력은?

```
values = [ 1, 2, 3, 4, 5, 6, 7, 8, 9, 10]
result = 0
for i in range(0, len(values), 2) :
    result = result + values[i]
print(result)
```

12 myArray = [[1, 2, 3], [4, 5, 6], [7, 8, 9]]가 있다고 하자. 다음 수식이 반환하는 값은 무엇인가?

(a) myArray[0][1] _____

(b) myArray[1][2] _____

(c) myArray[1] _____

Programming

1 리스트에 정수들이 저장되어 있다고 하자. 이들 정수들의 곱을 계산하는 프로그램을 작성하라.

```
입력 리스트 = [1, 2, 3, 4]
결과값 = 24
```

2 리스트의 중복된 항목을 제거하는 프로그램을 작성해보자.

```
입력 리스트 = [10, 20, 30, 20, 10, 50, 60]
결과 리스트 = [10, 20, 30, 50, 60]
```

3 주어진 리스트에서 10이 리스트 안에 존재하면 10을 100으로 바꾸는 프로그램을 작성하라. 리스트의 첫 번째 10만 100으로 변경한다.

```
입력 리스트 = [5, 10, 15, 20, 25]
결과 리스트 = [5, 100, 15, 20, 25]
```

4 주어진 리스트에서 모든 10을 삭제하는 코드를 작성하라. 삭제 함수를 작성하여 호출해 본다.

```
입력 리스트 = [5, 10, 15, 10, 25]
결과 리스트 = [5, 15, 25]
```

5 주어진 리스트 요소를 제곱하여 출력하는 코드를 작성하라.

```
입력 리스트 = [1, 2, 3, 4, 5]
결과 리스트 = [1, 4, 9, 16, 25]
```

6 1부터 100 사이의 난수 10개를 생성하여 리스트 values를 채우는 반복 루프를 작성하라.

```
[38, 42, 12, 8, 74, 8, 68, 80, 69, 48]
```

HINT 동적으로 리스트에 추가할 때는 append()를 사용한다.

7 리스트에 저장된 값으로 다음과 같이 별표를 출력하여 막대 그래프를 그리는 프로그램을 작성하라.

```
20      ********************
1       *
12      ************
9       *********
18      ******************
```

HINT   리스트에서 점수를 꺼내서 정수만큼 *을 출력하면 된다. 문자열 반복도 사용해보자.

8 문자열이 저장된 리스트를 가정하자. 문자열 중에서 "aba"처럼 첫 번째 문자와 마지막 문자가 동일한 문자열 수를 계산하는 프로그램을 작성하고 테스트하라.

```
['aba', 'xyz', 'abc', '121']
문자열의 개수= 2
```

HINT   처음 문자는 word[0], 마지막 문자는 word[-1]처럼 접근할 수 있다.

9 2개의 리스트를 받아서 공통 항목이 하나 이상 있으면 True를 반환하는 함수를 작성하고 테스트하라.

```
list1= [1, 2, 3, 4, 5, 6]
list2= [6, 7, 8, 9, 10]
True
```

HINT   2개 리스트에 대하여 반복하면서 x==y인 요소를 찾는다.

10 다음과 같은 리스트를 생성하고 리스트에서 무작위로 항목을 선택하는 프로그램을 작성해보자.

```
list1= ['a0', 'a1', 'a2', 'a3', 'a4', 'a5', 'a6', 'a7', 'a8', 'a9']
a5
```

HINT   random.choice()도 아주 유용한 메소드이다. 리스트에서 랜덤하게 선택한다.

11 다음과 같은 2개의 리스트가 있다. 2개의 리스트에 공통적인 요소를 추출하는 코드를 작성해보자.

```
a= [1, 2, 3, 4, 5 ]
b= [1, 3, 3, 4, 5, 6, 7]

결과= [1, 3, 4, 5]
```

12 다음과 같은 정수들이 리스트에 저장되어 있다. 이 리스트와 터틀 그래픽을 이용하여 다음과 같은 그림을 그리는 코드를 작성하라.

```
aList = [10, 20, 30, 40, 50, 60, 70, 80, 90, 100, 110, 120]
```

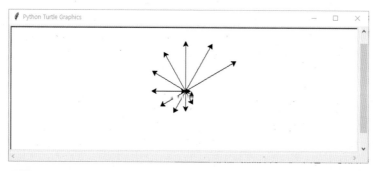

HINT 거북이를 회전시키면서 forward(value)와 backward(value)를 반복하면 된다.

13 색상을 리스트에 저장한다. 리스트에 저장된 색상을 하나씩 꺼내어 거북이의 색상으로 설정하면서 속이 채워진 사각형을 그리는 프로그램을 작성해보자.

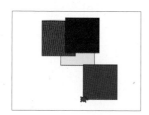

HINT draw_square(x, y, c)를 작성하고 for c in ["yellow", "red", "purple", "blue"]: t.draw_square(x, y, c)을 호출한다.

14 터틀 그래픽을 이용하여 간단한 달리기 게임을 작성해보자. 주사위를 던져서 한번에 얼마나 전진할 것인지를 결정한다. 이것은 다음과 같은 코드로 가능하다.

```
die = [1,2,3,4,5,6]              # 주사위의 면을 리스트에 저장한다.
distance = random.choice(die)   # 리스트 중에서 하나를 랜덤하게 선택한다.
```

```
one = turtle.Turtle()
one.color("blue")
one.shape("arrow")

two = turtle.Turtle()
two.color("red")
two.shape("turtle")
```

15 각 요소가 "#" 이고 크기가 3×4×5인 3차원 배열을 생성하는 프로그램을 작성하고 테스트하라. 리스트 함축을 적극적으로 사용해보자.

 실행 결과

```
[[['#', '#', '#', '#'], ['#', '#', '#', '#'], ['#', '#', '#', '#']], [['#', '#', '#', '#'], ['#',
'#', '#', '#'], ['#', '#', '#', '#']]]
```

HINT 리스트 함축 안에 다른 리스트 함축을 두면 2차원 리스트가 된다.

16 배열을 이용하여 간단한 극장 예약 시스템을 작성하여 보자. 아주 작은 극장이라서 좌석이 10×10이다. 사용자에게 먼저 좌석 배치표를 보여준다. 즉 예약이 끝난 좌석은 1로, 예약이 안 된 좌석은 0으로 나타낸다.

 실행 결과

```
---------------------
 1  2  3  4  5  6  7  8  9  10
---------------------
 0  0  0  0  0  0  0  0  0  0
 0  0  0  0  0  0  0  0  0  0
 0  0  0  0  0  0  0  0  0  0
 0  0  0  0  0  0  0  0  0  0
 0  0  0  0  0  0  0  0  0  0
 0  0  0  0  0  0  0  0  0  0
 0  0  0  0  0  0  0  0  0  0
 0  0  0  0  0  0  0  0  0  0
 0  0  0  0  0  0  0  0  0  0
원하시는 좌석의 행번호를 입력하세요(종료는 -1): 2
원하시는 좌석의 열번호를 입력하세요(종료는 -1): 3
예약되었습니다.
```

HINT 2차원 리스트를 이용한다.

17 1913년 모나코의 몬테카로 룰렛 게임 테이블에
서는 20번 연속해서 구슬이 검정색 칸에 떨어졌
다. 사람들은 이제는 빨간색에 떨어질 때가 되
었다고 생각하고 빨간색에 더 큰 베팅을 하기
시작했다. 하지만 롤렛 휠에는 기억장치가 없다.
한번 회전할 때마다 빨간색 또는 검은색으로 떨
어질 확률은 이전과 항상 동일하다 (즉 18/37). 결국 29회 연속으로 검정색으로 떨어진
후에야 빨간색이 나왔다. 도박사들은 많은 돈을 잃었다고 한다. 리스트에 동전 던지기 10
번의 결과를 저장한다. 가장 길게 앞면이나 뒷면이 연속해서 나왔던 위치를 찾아보자.

H	T	H	H	H	T	T	H	T	H	T	T

```
[1, 1, 0, 0, 1, 0, 1, 1, 1, 0]
최대 연속 길이= 3
```

HINT 리스트 안에 저장된 값들을 방문하면서 앞과 뒤의 값이 같으면 카운터 값을 증가시킨다.

18 소수를 구하는데 고대의 그리스 수
학자 에라스토스테네스에 의하여 개
발된 에라스토스테네스 체(Sieve of
Erastosthenes)라는 알고리즘이 있
다. 이 알고리즘은 정해진 범위안의
소수를 찾아주는 비교적 간단한 방
법이다. 우리는 2부터 100사이의 소수를 찾는다고 하자. 이 알고리즘은 공백 리스트를
생성하여서 2부터 100까지의 숫자를 추가한다. 알고리즘은 가장 작은 소수인 2부터 시
작한다. 상식적으로 2의 배수는 소수가 아닌 것이 확실하다. 정해진 범위 안에서 2의 배
수(2, 4, 6, 8, ...)를 모두 찾아서 리스트에서 삭제한다. 다시 3의 배수(3, 6, 9,...)를 모
두 찾아서 리스트에서 삭제한다. (100-1)의 배수까지 삭제한 후에도 리스트에 남아 있는
값은 소수가 된다. 이 알고리즘을 이용하여 2부터 100사이의 소수를 찾아보라.

```
2 3 5 7 11 13 17 19 23 29 31 37 41 43 47 53 59 61 67 71 73 79 83 89 97
```

HINT 리스트에서 삭제할 때는 remove()나 pop()을 사용할 수 있다.

튜플, 세트, 딕셔너리

## CHAPTER 8

튜플, 세트, 딕셔너리

1. 이번 장에서 만들 프로그램

튜플, 딕셔너리, 세트는 아주 유용한 데이터 저장 수단이다. 파이썬이 인기를 얻게 된 이유 중의 하나가 이러한 자료구조를 쉽게 사용할 수 있기 때문이다. 이번 장에서 작성해볼 프로그램은 다음과 같다.

(1) 간단한 표절 검사 프로그램을 작성해보자.

첫 번째 문자열:Alice was beginning to get very tired of sitting by her sister on the bank, and of having nothing to do
두 번째 문자열:Kim was beginning to get very tired of sitting by her sister on the bank, and of having nothing to do

표절률 = 85.71428571428571

(2) 연락처를 관리하는 프로그램을 작성해보자.

1. 연락처 추가
2. 연락처 삭제
3. 연락처 검색
4. 연락처 출력
5. 종료
메뉴 항목을 선택하시오: 1

이름: KIM
전화번호: 123-4567

2. 자료구조란?

파이썬에서 자료들을 저장하는 여러 가지 구조들이 있다. 이를 자료구조(data structure), 또는 데이터 구조라 부른다.

파이썬의 가장 기초적인 자료 구조는 시퀀스(sequence)이다. 앞장에서 학습한 리스트가 바로 시퀀스의 대표적인 예이다. 시퀀스는 요소(element)로 구성되어 있고 요소 간에는 순서가 있다. 시퀀스의 요소들은 번호를 부여받는다. 이들 번호를 인덱스(index)라고 한다. 첫 번째 인덱스는 0이고 두 번째 인덱스는 1과 같이 된다. 파이썬은 6가지 타입의 내장 시퀀스(str, bytes, bytearray, list, tuple, range)를 가지고 있다.

시퀀스에 속하는 자료 구조들은 동일한 연산을 공유한다. 예를 들면 인덱싱(indexing), 슬라이싱(slicing), 덧셈 연산(adding), 곱셈 연산(multiplying) 등은 모든 시퀀스에서 동일하다. 추가로 파이썬 내장 함수들도 동일하게 사용할 수 있다. 시퀀스의 길이를 반환하는 len() 함수, 시퀀스에서 최대값을 계산하는 max()가 대표적이다.

파이썬 시퀀스 함수

```
append()                          pop()              copy()

      count()                                    index()

len()                                reverse()       min()
         insert()

   remove()                    max()
```

앞장에서 리스트를 학습하였으므로 여기서는 튜플, 세트, 딕셔너리 등의 나머지 자료구조들을 탐구해보자.

 중간점검

1. 리스트는 시퀀스에 속하는가?
2. 시퀀스에 속하는 자료구조의 특징은 어떤 것들이 있는가?

3. 튜플

리스트와 튜플(tuple)은 아주 유사하다. 하지만 리스트와는 다르게 튜플은 변경이 불가능하다. 이것만 제외하면 튜플은 리스트와 동일하다. 리스트와 마찬가지로 인덱싱, 슬라이싱, 동일한 함수들이 지원된다. 튜플은 (...)을 사용하여 정의된다.

Syntax ▶

> **튜플**
>
> | 형식 | **튜플_이름 = (항목1, 항목2, ...)** |
>
> 공백 튜플을 생성한다.
>
> | 예 | .fruits = ( )
> 초기값을 가진 튜플을 생성한다.
> fruits =("apple","banana","grape")
> 튜플의 이름
> result = fruits[1]◀──── 인덱스를 사용하여 요소에 접근한다.

위의 문법 박스에서도 알 수 있지만, 튜플은 변경할 수 없다는 점만 빼면 리스트와 아주 유사하다.

```
>>> fruits = ("apple", "banana", "grape")
```

"apple", "banana", "grape"와 같이 괄호 없이 항목들을 쉼표로 분리하여도 자동으로 튜플이 생성된다.

```
>>> fruits = "apple", "banana", "grape"
```

주의할 점이 하나 있다. 요소가 하나뿐인 튜플을 만들 때는 요소의 끝에 반드시 쉼표(,)를 추가하여야 한다. 쉼표가 없으면 어떻게 될까? 그냥 평범한 수식이 되어버린다. 튜플이 아닌 것이다.

```
>>> single_tuple = ("apple",)      # 쉼표가 끝에 있어야 한다.
>>> single_tuple
("apple",)
>>> no_tuple = ("apple")      # 쉼표가 없으면 튜플이 아니라 수식이 된다.
>>> no_tuple
"apple"
```

튜플의 요소도 인덱스를 사용하여서 접근할 수 있다.

```
>>> fruits = ("apple", "banana", "grape")
>>> fruits[1]
banana
```

하지만 리스트와는 다르게 요소를 변경할 수는 없다.

```
>>> fruits[1] = "pear"      # 오류 발생!
TypeError: "tuple" object does not support item assignment
```

튜플도 반복 루프를 이용하여 요소를 하나씩 처리할 수 있다.

```
fruits =("apple","banana","grape")
for f in fruits:
    print(f, end=" ")                  # apple banana grape 출력
```

튜플 ⟨−⟩ 리스트

튜플은 다른 자료구조로부터도 얼마든지 생성할 수 있다. 예를 들어서 리스트로부터 생성하는 명령어는 다음과 같다.

```
>>> myList = [1, 2, 3, 4]
>>> myTuple = tuple(myList)      # tuple()는 튜플을 생성하는 함수이다.
>>> myTuple
(1, 2, 3, 4)
```

위의 코느에서 tuple()은 다른 자료구조를 받아서 튜플로 변환하는 함수이다. 정확히 말하자면 튜플 객체를 생성하여 반환하는 함수이다.

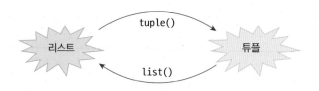

반대로 튜플을 리스트로 바꾸려면 list() 함수를 사용한다.

```
>>> myTuple= (1, 2, 3, 4)
>>> myList = list(myTuple)      # list()는 리스트를 생성하는 함수이다.
>>> myList
[1, 2, 3, 4]
```

튜플 연산들

앞에서도 언급하였지만 튜플은 한번 생성되면 요소를 추가할 수 없다. 튜플은 변경 불가 객체이기 때문이다. 튜플에서 요소를 삭제하는 것도 금지되어 있다. 하지만 += 연산자를 이용하여서 다른 튜플을 추가하는 것은 가능하다. 이때는 기존의 튜플이 변경되는 것이 아니고 새로운 튜플이 생성되어 반환된다.

```
>>> fruits = ("apple", "banana", "grape")
>>> fruits += ("pear", "kiwi")
>>> fruits
("apple", "banana", "grape", "pear", "kiwi")
```

튜플 패킹과 언패킹

여러 개의 항목으로 튜플을 생성하는 것을 튜플 패킹(packing)이라고도 한다. 이것은 마치 여러 개의 데이터가 하나의 변수 안으로 압축되는 느낌을 주기 때문이다.

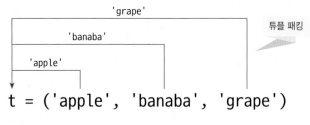

그림 8.1 튜플의 패킹 연산

중요한 것은 이것을 반대로 할 수도 있다는 점이다. 즉 하나의 튜플 안에 저장된 데이터를 풀어서 개별 변수에 저장할 수도 있다. 이것을 튜플 언패킹(unpacking)이라고 한다.

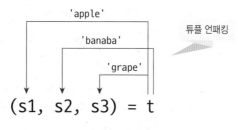

그림 8.2 튜플의 언패킹 연산

예를 들어서 튜플 t를 위와 같이 (s1, s2,s3)에 대입하면 자동으로 패킹이 풀려서 s1에는 'apple'이, s2에는 'banana'가, s3에는 'grape'가 저장된다. 이것은 상당히 많이 사용되고 있는 기능이니 철저하게 이해해두자.

```
>>> x = ("apple", "banana", "grape")        # 튜플 패킹
>>> (s1, s2, s3) = x                         # 튜플 언패킹
```

서로 다른 자료형에 대해서도 패킹과 언패킹이 가능하다.

```
>>> student = ("Kim" , [3.1, 3.6, 4.0, 0.0])
>>> name, grades = student
>>> name
Kim
>>> grades
[3.1, 3.6, 4.0, 0.0]
```

흔히 패킹과 언패킹을 이용하여 데이터의 순서를 바꾸기도 한다.

```
n1 = 10
n2 = 90
n1, n2 = (n2, n1)
print(n1, n2)
```

실행결과

```
90 10
```

함수로부터 2개 이상의 값을 반환받는 것도 튜플을 통하여 구현된다.

enumerate() 사용하기

우리는 for 문을 리스트에 사용하면 리스트의 요소들을 하나씩 꺼내서 처리할 수 있다는 것을 알고 있다. 그런데 때로는 요소의 인덱스 값도 필요한 경우가 종종 있다. 이런 경우에 enumerate() 함수를 사용하면 인덱스 값과 요소 값에 안전하게 접근할 수 있다.

enumerate()

이 함수는 반복 가능한 객체(리스트나 튜플)를 받아서, 각 요소에 대해 (인덱스, 값) 형태의 튜플을 반환한다.

```
fruits = ["apple","banana","grape"]
for index, value in enumerate(fruits):
    print(index, value)
```

실행결과

```
0 apple
1 banana
2 grape
```

enumerate()가 반환하는 결과가 무엇인지를 알기 위하여 다음 코드에서는 내장 함수 list를 사용하여 enumerate()가 반환하는 결과를 리스트에 저장한 후에 출력하였다.

```
fruits = ["apple","banana","grape"]
result = list(enumerate(fruits))
print(result)
```

실행결과

```
[(0, "apple"), (1, "banana"), (2, "grape")]
```

튜플의 장점

튜플과 리스트는 아주 유사하다. 그렇다면, 왜 리스트 대신에 튜플을 사용할까? 즉 튜플의 장점은 무엇인가?

▶ 튜플을 통하여 반복하는 것이 리스트 반복보다 빠르다. 튜플은 변경 불가능 객체이기 때문이다. 그만큼 처리 코드가 간단해진다.

▶ 변경 불가능한 요소들로 이루어진 튜플은 딕셔너리의 키가 될 수 있다. 딕셔너리는 다음 절에 자세히 설명된다. 리스트는 변경 가능하기 때문에 딕셔너리의 키가 될 수 없다.

▶ 만약 다른 개발자가 특정 데이터를 변경하는 것을 금지하려면 튜플을 사용하면 된다.

	리스트	튜플
문법	항목을 [ ]으로 감싼다.	항목을 ( )으로 감싼다.
변경여부	변경 가능한 객체	변경 불가능한 객체
메소드	약 46개의 메소드 지원	약 33개의 메소드 지원
용도	딕셔너리에서 키로 이용할 수 없다.	딕셔너리에서 키로 이용할 수 있다.

 중간점검

1. 튜플이 리스트와 다른 점은 무엇인가?
2. 리스트를 튜플로 바꾸려면 어떤 함수를 사용하는가?
3. 패킹과 언패킹을 설명해보자.
4. enumerate() 함수가 하는 역할은 무엇인가?

4. 세트

세트(set)는 우리가 수학에서 배웠던 집합을 구현한 자료구조이다. 세트는 고유한 값들을 저장하는 자료구조라고 할 수 있다. 세트의 요소들은 순서를 가지지 않는다. 또 인덱스로 요소를 액세스할 수 없다. 세트는 특정 순서를 유지할 필요가 없으므로 세트 연산은 리스트 연산보다 훨씬 빠르다. 만약 응용 프로그램에서 순서가 없는 항목들의 집합을 원한다면 세트가 최선의 선택이 된다. 하지만 중복된 항목은 없어야 한다.

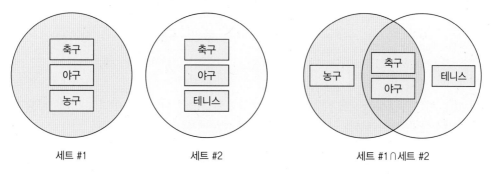

그림 8.3 세트의 개념

세트 생성하기

파이썬에서 세트를 생성하려면 수학에서와 같이, 요소들을 중괄호 기호 { ... }로 감싸면 된다.

Syntax ▶

> 세트
>
> **형식** 세트_이름 = { 항목1, 항목2, 항목3, ... }
>
> **예** numbers = {1, 2, 3}●————— 초기화된 세트를 생성한다.
> values = set( )●————— 공백 세트를 생성한다.

예를 들어서 정수 1, 2, 3을 저장하는 세트 numbers는 다음과 같이 생성된다.

```
numbers = { 1, 2, 3 }
```

리스트로부터 세트를 생성하는 것도 가능하다. set() 함수를 사용한다. 세트는 집합이기 때문에 요소가 중복되면 자동으로 중복된 요소를 제거한다. 이것도 꼭 기억해두자. 리스트에서 중복된 항목을 제거하고 싶으면 이 방법을 사용하면 된다.

```
numbers = set([1,2,3,1,2,3])
print(numbers)
```

실행결과
```
{1, 2, 3}
```

문자열로부터 세트를 생성하는 것도 가능하다. 이때는 각 문자들이 하나의 요소가 된다.

```
letters = set("abc")
print(letters)
```

실행결과
```
{'a', 'b', 'c'}
```

비어 있는 세트를 생성하려면 인수 없는 set() 함수를 사용한다. { }가 아니다. { }은 공백 딕셔너리를 생성한다. 딕셔너리가 훨씬 많이 사용되기 때문에 세트가 밀린 것이다.

```
numbers = set()
```

세트의 연산

세트에 대해서도 all(), any(), enumerate(), len(), max(), min(), sorted(), sum() 등의 메소드를 사용할 수 있다. all()은 세트의 모든 요소가 True인 경우에만 True가 된다. any()는

하나의 요소라도 True이면 True를 반환한다.

세트도 컨테이너이므로 len() 함수를 사용하여서 세트 안에 저장된 항목의 개수를 얻을 수 있다.

```
fruits = {"apple","banana","grape"}
size = len(fruits)                        # size는 3이 된다.
```

어떤 항목이 세트 안에 있는지를 검사하려면 in 연산자를 사용하면 된다.

```
fruits = { "apple", "banana", "grape" }
if "apple" in fruits:
    print("집합 안에 apple이 있습니다.")
```

실행결과

집합 안에 apple 이 있습니다.

세트의 항목은 순서가 없기 때문에 인덱스를 가지고 세트의 항목에 접근할 수는 없다. 하지만 for 반복문을 이용하여 각 항목들에 접근할 수는 있다.

```
fruits = { "apple","banana","grape"}
for x in fruits:
    print(x, end=" ")
```

실행결과

grape banana apple

여기서 주의할 점은 항목들이 출력되는 순서는 입력된 순서와 다를 수도 있다는 점이다. 우리의 예제에서도 입력된 순서는 "apple", "banana", "grape"이지만 출력되는 순서는 "grape", "banana", "apple" 이다. 세트가 리스트와 비교하여 속도가 빠른 이유도 항목을 저장할 때 순서를 고려하지 않기 때문이다.

만약 정렬된 순서로 항목을 출력하기를 원한다면 다음과 같이 sorted() 함수를 사용하면 된다.

```
fruits ={"apple","banana","grape"}
for x in sorted(fruits):
    print(x, end=" ")
```

실행결과

apple banana grape

요소 추가하고 삭제하기

세트는 변경 가능한 객체이다. 따라서 세트에 요소를 추가하거나 삭제할 수 있다. 그러나 세트의 요소에는 인덱스가 없기 때문에 인덱싱이나 슬라이스 연산은 의미가 없다. 우리는 add() 메소드를 이용하여서 하나의 요소를 추가할 수 있다. 예를 들어서 다음과 같은 문장이 가능하다.

```
fruits = {"apple","banana","grape"}
fruits.add("kiwi")
```

요소를 삭제할 때는 remove() 메소드를 사용할 수 있다.

```
fruits = {"apple","banana","grape", "kiwi"}
fruits.remove("kiwi")
```

세트의 모든 요소를 삭제하려면 clear() 메소드를 사용한다.

```
fruits = {"apple","banana","grape","kiwi"}
fruits.clear()          # 공백 세트가 된다.
```

세트 함축 연산

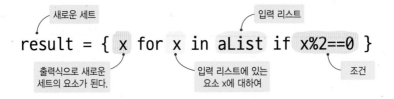

```
aList = [ 1,2,3,4,5,1,2 ]
result = { x for x in aList if x%2==0 }
print(result)
```

실행결과

```
{2, 4}
```

리스트 함축과 모든 것이 동일하고 [...] 대신에 {...}가 사용되는 것만 다르다.

부분 집합 연산

파이썬의 세트는 수학의 집합과 같은 것이므로 부분 집합도 생각할 수 있다. 어떤 집합이 다른 집합의 부분 집합인지를 검사하려면 〈 연산자나 issubset() 메소드를 사용한다. 〈= 연산자는 진부분 집합을 검사한다.

```
A = {"apple","banana","grape"}
B = {"apple","banana","grape","kiwi"}

if A < B :                          # 또는 A.issubset(B) :
    print("A는 B의 부분 집합입니다.")
```

A는 B의 부분 집합입니다.

2개의 세트가 같은지도 검사할 수 있다. 이것은 ==와 != 연산자를 사용하는 것이 가장 쉽다.

```
A = {"apple","banana","grape"}
B = {"apple","banana","grape","kiwi"}
if A == B :
    print("A와 B는 같습니다.")
else :
    print("A와 B는 같지 않습니다.")
```

A와 B는 같지 않습니다.

교집합, 합집합, 차집합 연산

세트가 유용한 이유는 교집합이나 합집합과 같은 여러 가지 집합 연산을 지원하기 때문이다. 이것은 연산자나 메소드로 수행할 수 있다. 일단 다음과 같은 2개의 집합이 세트로 정의되어 있다고 가정하자.

```
A = {"apple", "banana", "grape"}
B = {"apple", "banana", "kiwi"}
```

합집합은 2개의 집합을 합하는 연산이다. 물론 중복되는 요소는 제외된다. 합집합은 | 연산자나 union() 메소드를 사용한다.

```
C = A | B          # 또는 C = A.union(B)
print(C)
```

```
{'banana', 'grape', 'apple', 'kiwi'}
```

교집합은 2개의 집합에서 겹치는 요소를 구하는 연산이다. 교집합은 & 연산자나 intersection() 메소드를 사용한다.

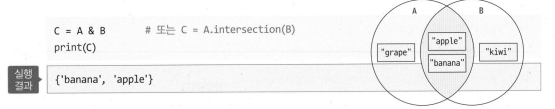

```
C = A & B        # 또는 C = A.intersection(B)
print(C)
```

실행 결과
```
{'banana', 'apple'}
```

차집합은 하나의 집합에서 다른 집합의 요소를 빼는 것이다. 차집합은 − 연산자나 difference() 메소드를 사용한다.

```
C = A - B        # 또는 C = A.difference(B)
print(C)
```

실행결과
```
{'grape'}
```

리스트 ⟨−⟩ 세트

리스트에 set() 함수를 적용하면 세트가 된다. 또 세트에 list() 함수를 적용하면 리스트가 된다. 이것을 잘 이용하면 아주 쉽게 문제를 처리할 수도 있다.

예를 들어보자. 정수들의 리스트가 있다고 하자. 리스트 안에 서로 다른 정수는 몇 개나 있을까? 파이썬에서는 아주 간단한다. 리스트를 세트로 변환시킨 후에 len() 함수를 적용한다.

```
list1 = [ 1,2,3,4,5,1,2,4 ]
print(len(set(list1)))
```

실행결과
```
5
```

이번에는 2개의 정수 리스트가 있다고 하자. 2개의 리스트에 공통적으로 들어 있는 숫자는 어떻게 얻을 수 있을까?

```
list1 =[ 1,2,3,4,5 ]
list2 =[ 3,4,5,6,7 ]
print(set(list1)&set(list2))
```

실행결과
```
{3, 4, 5}
```

세트 메소드

연산	설명
set()	공백 세트 생성
set(seq)	시퀀스에서 요소를 꺼내서 세트를 만든다.
s1 = { e1, e2, e3, ...}	초기값이 있는 세트는 중괄호로 만든다.
len(s1)	세트에 있는 요소의 수
e in s1	e가 세트가 있는지 여부
add(e)	e를 세트에 추가한다.
remove(e) discard(e)	e를 세트에서 삭제한다.
clear()	세트의 모든 요소를 삭제한다.
s1.issubset(s2)	부분 집합인지를 검사한다.
s1 == s2 s1 != s2	동일한 집합인지를 검사한다.
s1.union(s2) s1 | s2	합집합
s1.intersection(s2) s1 & s2	교집합
s1.difference(s2) s1 − s2	차집합

 중간점검

1. 리스트와 세트의 차이점은 무엇인가?
2. 세트에 저장된 항목에 접근할 때 인덱스를 사용할 수 있는가?
3. 세트 A와 세트 B의 교집합을 계산하는 수식을 만들어보자.
4. 세트에 항목을 추가하는 함수는?

Lab 간단한 표절 검사 프로그램

사용자로부터 2개의 문자열을 받아서 두 문자열의 공통 단어의 개수를 카운팅하여 표절률을 계산해보자.

첫 번째 문자열:Alice was beginning to get very tired of sitting by her sister on the bank, and of having nothing to do
두 번째 문자열:Kim was beginning to get very tired of sitting by her sister on the bank, and of having nothing to do

표절률 = 85.71428571428571

---

str_ex1.py　　　이 프로그램은 문자열 2개의 공통 단어를 추출한다.

```python
s1=input("첫 번째 문자열:")
s2=input("두 번째 문자열:")

s1 = s1.lower()              # 문자열을 소문자로 만드는 메소드, 9장 참조
s2 = s2.lower()
list1 = s1.split(" ")        # 문자열을 단어로 분리하는 메소드, 9장 참조
list2 = s2.split(" ")

total = len(list1)           # 단어의 개수
n = len(list(set(list1)&set(list2)))   # 세트 교집합으로 공통 단어 개수 계산

print(f"\n표절률 = {100*n/total}")
```

Lab 중복되지 않은 단어의 개수 세기

작문을 할 때 다양한 단어를 사용하면 높은 점수를 받는다. 단어를 얼마나 다양하게 사용하여 텍스트를 작성하였는지를 계산하는 프로그램을 작성해보자. 중복된 단어는 하나만 인정한다. 집합은 중복을 허용하지 않기 때문에 단어를 집합에 추가하면 중복되지 않은 단어가 몇 개나 사용되었는지를 알 수 있다.

입력 텍스트: I have a dream that one day every valley shall be exalted and every hill and mountain shall be made low

사용된 단어의 개수= 17
{"be", "and", "shall", "low", "have", "made", "one", "exalted", "every", "mountain", "I", "that", "valley", "hill", "day", "a", "dream"}

---

 str_ex2.py   이 프로그램은 중복되지 않은 단어의 개수를 센다.

```python
txt = input("입력 텍스트: ")
words = txt.split(" ")
unique = set(words)          # 집합으로 만들면 자동적으로 중복을 제거한다.

print("사용된 단어의 개수= ", len(unique))
print(unique)
```

도전문제

학생의 작문 리포트를 입력으로 받아서 중복되지 않은 단어가 많으면 점수를 높게 매기는 프로그램으로 변경해 보자. 예를 들어서 중복되지 않은 단어의 개수가 전체 단어 개수의 50%가 넘으면 학점 A를 부여한다.

5. 딕셔너리

딕셔너리(dictionary)도 값을 저장하는 자료구조이다. 하지만 딕셔너리에는 값(value)과 관련된 키(key)도 저장된다. 딕셔너리는 원래 사전이라는 의미이므로 사전처럼 키와 값이 있다. 예를 들어서 딕셔너리에 국가 이름과 수도를 저장한다고 하자. 이때는 국가 이름이 키가 되고 수도가 값이 될 것이다.

그림 8.3 딕셔너리는 키와 값으로 이루어진다.

딕셔너리는 중괄호 안에 항목을 쉼표로 분리시켜서 나열하면 된다. 항목은 키(key)와 값(value)으로 구성된다. 키와 값 사이에는 콜론(:)이 있어야 한다.

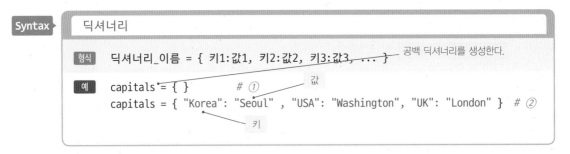

명령문 ①에서는 공백 딕셔너리를 생성한다. 명령문 ②에서는 3개의 항목을 가진 딕셔너리를 생성한다. 이 딕셔너리는 국가와 수도를 저장한다. 각 항목은 "키:값"의 형식으로 구성된다. 첫 번째 항목의 키는 "Korea"이고 값은 "Seoul"이다. 두 번째 항목의 키는 "USA"이고 값은 "Washington"이다.

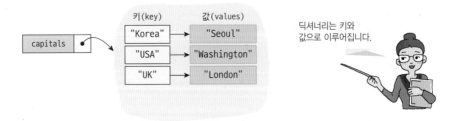

딕셔너리에서 값(value)은 어떤 유형이던지 상관없지만, 키(key)는 반드시 불변 객체이고 또 유일하여야 한다. 즉 유일한 문자열이나 숫자, 튜플이어야 한다. 왜 그럴까? 만약 딕셔너리에서 키가 변경가능하다면 많은 문제가 발생되기 때문이다. 학생이 대학교에 입학하면 학번이 부여된다. 학번은 학교 내에서는 유일하며 변경되지 않는다. 만약 학번이 수시로 변경된다면 어떻게 될까? 어마어마한 혼란이 생길 것이다. 딕셔너리도 마찬가지이다.

리스트와 마찬가지로 딕셔너리도 어떤 유형의 값도 저장할 수 있다. 즉 정수, 문자열, 다른 리스트, 다른 딕셔너리도 항목으로 저장할 수 있다. 다음과 같은 코드는 한 학생에 대한 정보를 딕셔너리로 저장하고 있다.

```python
dict = {"Name": "홍길동", "Age": 7, "Class": "초급"}
```

항목 탐색하기

딕셔너리에서 가장 중요한 연산은 무엇일까? 키를 가지고 연관된 값을 찾는 것이다. 우리의 capitals 딕셔너리에서는 국가 이름을 가지고 수도를 찾을 수 있어야 할 것이다. 다음과 같은 코드로 가능하다. 리스트에서는 인덱스를 가지고 항목을 찾을 수 있지만 딕셔너리에서는 키가 있어야 값을 찾을 수 있다. 둘다 []를 사용하여 값을 찾는다.

```python
capitals = {"Korea":"Seoul","USA":"Washington","UK":"London"}
print( capitals["Korea"])
```

실행결과
```
Seoul
```

존재하지 않는 키를 제시하면 다음과 같이 KeyError 예외가 발생한다.

```python
print( capitals["France"] )
```

실행결과
```
...
KeyError: "France"
```

get()을 사용하면 이 오류를 방지할 수 있다. get() 함수는 해당 키를 찾을 수 없으면 None을 반환한다. get()의 두 번째 인수를 지정하면 키를 찾을 수 없는 경우에는 두 번째 인수를 반환한다.

```python
print( capitals.get("France", "해당 키가 없습니다." ) )
```

실행결과
```
해당 키가 없습니다.
```

연산자 in과 not in을 사용하면 시정된 키가 포함되어 있는지를 확인할 수 있다.

```
if "France" in capitals :
    print( "딕셔너리에 포함됨" )
else:
    print( "딕셔너리에 포함되지 않음" )
```

실행결과
딕셔너리에 포함되지 않음

항목 추가하기

딕셔너리에 새로운 항목을 추가하는 방법 중에서 가장 간편한 것은 다음과 같다.

```
capitals = { "Korea": "Seoul" , "USA": "Washington", "UK": "London" }
capitals["France"] = "Paris"
```

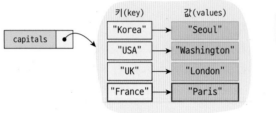

처음부터 공백 딕셔너리를 생성하고 여기에 하나씩 항목을 추가해도 된다.

```
capitals ={}
capitals["Korea"]="Seoul"
capitals["USA"]="Washington"
capitals["UK"]="London"
capitals["France"]="Paris"
print(capitals)
```

실행결과
```
{'Korea': 'Seoul', 'USA': 'Washington', 'UK':
'London', 'France': 'Paris'}
```

딕셔너리를 출력할 때 쉼표로 구분된 키-값 쌍의 리스트는 항상 중괄호로 묶인다. 딕셔너리는 순서가 지정되지 않은 콜렉션이므로 출력 순서는 키-값 쌍이 딕셔너리에 추가된 순서와 다를 수 있다. 하나의 딕셔너리를 다른 딕셔너리에 추가하려면 update()를 사용한다.

```
capitals ={"Korea":"Seoul","USA":"Washington","UK":"London"}
capitals.update({"France":"Paris","Germany":"Berlin"})
print(capitals)
```

실행결과
```
{'Korea': 'Seoul', 'USA': 'Washington', 'UK': 'London', 'France': 'Paris', 'Germany':
'Berlin'}
```

만약 다른 딕셔너리 전체를 현재 딕셔너리에 추가하고 싶으면 update()를 사용하는 것이 편리하다.

항목 삭제하기

딕셔너리의 특정 항목을 삭제하려면 pop() 메소드를 사용한다.

```python
city = capitals.pop("UK")
print(capitals)
```

```
{'Korea': 'Seoul', 'USA': 'Washington', 'France': 'Paris', 'Germany': 'Berlin'}
```

pop() 메소드는 전체 딕셔너리를 뒤져서 키가 "UK"인 항목을 삭제한다. 또 삭제되는 항목의 값을 반환한다. 따라서 이 반환된 값을 변수에 저장할 수 있다.

만약 주어진 키를 가진 항목이 없으면 KeyError 예외가 발생한다. 따라서 이것을 방지하려면 다음과 같이 먼저 검사할 수 있다.

```python
if "UK" in capitals :
    capitals.pop("UK")
```

딕셔너리에 저장된 모든 키-값 쌍을 삭제하는 함수는 clear()이다. 그리고 딕셔너리가 비어 있는지를 검사하려면 len()을 사용하면 된다.

```python
capitals.clear()
if len(capitals)==0 :
    print("딕셔너리가 비어 있음")
else:
    print("딕셔너리가 비어 있지 않음")
```

실행결과
```
딕셔너리가 비어 있음
```

항목 방문하기

딕셔너리의 모든 항목을 방문하면서 출력할 수 있을까? 기본적으로 for 루프를 딕셔너리에 사용하면 된다.

```python
capitals ={"Korea":"Seoul","USA":"Washington","UK":"London"}
for key in capitals :
        print( key, end=" ")
```

실행결과
```
Korea USA UK
```

딕셔너리 capitals은 키들만 내보낸다. 그런데 우리가 원하는 것은 키와 연관된 값을 알아내는 것이다. 어떻게 하면 될까? 몇 가지 방법이 있다. 첫 번째는 키가 있으면 우리는 dictionary[key] 하여서 값을 알 수 있다. 따라서 다음과 같이 해도 된다.

```
capitals ={"Korea":"Seoul","USA":"Washington","UK":"London"}
for key in capitals :
        print( key, ":", capitals[key])
```

실행결과
```
Korea : Seoul
USA : Washington
UK : London
```

또 한 가지 방법은 딕셔너리의 items() 메소드를 사용하는 것이다.

```
capitals ={"Korea":"Seoul","USA":"Washington","UK":"London"}
for key, value in capitals.items():
        print( key, ":", value )
```

실행결과
```
Korea : Seoul
USA : Washington
UK : London
```

items() 함수는 키와 값을 튜플로 반환하고 이것이 key와 value 변수로 언패킹되어서 반복된다.

딕셔너리에서 사용되는 모든 키를 출력하려면 keys()를 사용한다. 딕셔너리에서 사용되는 모든 값을 출력하려면 values()를 사용한다.

```
capitals ={"Korea":"Seoul","USA":"Washington","UK":"London"}
print( capitals.keys())
print( capitals.values())
```

실행결과
```
dict_keys(['Korea', 'USA', 'UK'])
dict_values(['Seoul', 'Washington', 'London'])
```

정렬된 순서로 키를 처리하려면 다음과 같이 내장 함수 sorted()를 사용한다.

```
for key in sorted( capitals.keys()):
    print(key, end=" ")
```

실행결과
```
Korea UK USA
```

딕셔너리 함축

우리는 리스트를 아주 쉽게 생성하는 리스트 함축을 학습한 바 있다. 딕셔너리도 이 기능을 지원한다. 딕셔너리 함축은 딕셔너리를 신속하게 생성하는데 사용된다. 예를 들어서 숫자와 숫자의 제곱값을 쌍으로 저장하는 딕셔너리를 만들어보자.

$$dic = \{\; x : x**2 \; for \; x \; in \; values \; if \; x\%2==0 \;\}$$

딕셔너리   출력 수식   입력 리스트   조건식

위의 수식을 실행하면 values 리스트에서 값을 하나씩 꺼내서 x에 대입하고 x가 짝수이면
x**2을 계산하여 x와 묶어서 딕셔너리를 생성한다. 완전한 프로그램은 다음과 같다.

```
values =[1,2,3,4,5,6]

dic ={ x : x**2 for x in values if x%2==0 }
print(dic)
```

실행결과
```
{2: 4, 4: 16, 6: 36}
```

딕셔너리 메소드

연산	설명
d = dict()	공백 딕셔너리를 생성한다.
d = {k$_1$: v$_1$, k$_2$: v$_2$, ⋯, k$_n$: v$_n$}	초기값으로 딕셔너리를 생성한다.
len(d)	딕셔너리에 저장된 항목의 개수를 반환한다.
k in d	k가 딕셔너리 d 안에 있는지 여부를 반환한다.
k not in d	k가 딕셔너리 d 안에 없으면 True를 반환한다.
d[key] = value	d에 키와 값을 저장한다.
v = d[key]	딕셔너리에서 kcy에 해당되는 값을 반환한다.
d.get(key, default)	주어진 키를 가지고 값을 찾는다. 만약 없으면 default 값이 반환된다.
d.pop(key)	항목을 삭제한다.
d.values()	딕셔너리 안의 모든 값의 시퀀스를 반환한다.
d.keys()	딕셔너리 안의 모든 키의 시퀀스를 반환한다.
d.items()	딕셔너리 안의 모든 (키, 값)을 반환한다.

 중간점검

1. 공백 딕셔너리를 생성히는 명령문을 만들이보자.
2. 딕셔너리에 존재하는 모든 키를 출력하는 코드를 작성해보자.
3. 딕셔너리 d에 (k, v)를 저장하는 명령문을 만들어보자.

Lab 영한 사전

딕셔너리의 첫 번째 용도는 말 그대로 사전을 만드는 것이다. 우리는 영한 사전을 구현하여 보자. 어떻게 하면 좋은가? 공백 딕셔너리를 생성하고 여기에 영어 단어를 키로 하고 단어의 의미를 값으로 하여 저장하면 될 것이다.

```
단어를 입력하시오: one
하나
```

```
단어를 입력하시오: two
둘
```

---

eng_dic.py	이 프로그램은 영한 사전을 구현한다.

```python
english_dict ={}                # 공백 딕셔너리를 생성한다.

english_dict["one"]="하나"       # 딕셔너리에 단어와 의미를 추가한다.
english_dict["two"]="둘'"
english_dict["three"]="셋"

word =input("단어를 입력하시오: ");
print (english_dict[word])
```

 도전문제

(1) 영한사전이 아닌 한영사전을 만들려면 어떻게 해야 하는가?
(2) 사용자가 영어 단어를 추가하도록 메뉴를 만들어보자.
(3) 만약 키가 딕셔너리에 없으면 예외가 발생하여 프로그램이 종료되어 버린다. 어떻게 하면 좋을까?

Lab 학생 성적 처리

3가지 과목(국어, 영어, 수학)에서의 각 학생의 성적을 딕셔너리에 저장해보자. 학생의 이름(문자열)이 키가 되고 해당 학생의 성적이 포함된 정수 리스트가 값이 된다. 딕셔너리에서 각 학생의 성적을 꺼내서 각 학생들의 평균 성적을 계산해서 출력해보자.

```
score_dic =  {
    "Kim":[99,83,95],
    "Lee":[68,45,78],
    "Choi":[25,56,69]
}
```

실행
결과

```
Kim 의 평균성적= 92.33333333333333
Lee 의 평균성적= 63.666666666666664
Choi 의 평균성적= 50.0
```

---

 score.py　　　이 프로그램은 학생들의 성적을 딕셔너리로 처리한다.

```
score_dic =  {
    "Kim":[99,83,95],
    "Lee":[68,45,78],
    "Choi":[25,56,69]
}

for name, scores in  score_dic.items():
    print(name,"의 평균성적=",sum(scores)/len(scores))
```

도전문제

교사가 학생들의 성적을 딕셔너리에 입력할 수 있도록 프로그램을 변경해보자. 어떤 방법을 사용해야 하는가?

Mini Project 주소록 작성

주소록을 작성해보자. 딕셔너리를 사용하여서 연락처들을 저장한다. 사용자에게 메뉴를 제시하고 연락처 추가, 삭제, 검색을 지원하는 전체 프로그램을 작성해보자.

```
1. 연락처 추가
2. 연락처 삭제
3. 연락처 검색
4. 연락처 출력
5. 종료
메뉴 항목을 선택하시오: 1

이름: KIM
전화번호: 123-4567

1. 연락처 추가
2. 연락처 삭제
3. 연락처 검색
4. 연락처 출력
5. 종료
메뉴 항목을 선택하시오: 4

KIM 의 번화번호:  123-4567
...
```

요약   Summary

이번 장에서 튜플, 딕셔너리, 세트에 대하여 살펴보았다.

▶ 튜플은 변경 불가능한 항목들을 모아둔 곳이다.

▶ 튜플의 항목은 어떤 것이든 가능하다.

▶ ()을 이용하여 공백 튜플을 만들 수 있다.

▶ 딕셔너리는 키와 값으로 이루어진다.

▶ 딕셔너리에서 [] 연산자를 사용하여 키와 관련된 값을 액세스할 수 있다.

▶ 딕셔너리에서 in 연산자는 키가 딕셔너리에 있는지 테스트하는 데 사용된다.

▶ 딕셔너리에서 [] 연산자를 사용하여 새 항목을 추가하거나 수정할 수 있다.

▶ 딕셔너리에서 pop 메소드를 사용하여 항목을 제거한다.

▶ 세트는 고유한 값들을 저장한다.

▶ 세트는 set() 함수를 사용하여 생성할 수 있다.

▶ 세트의 in 연산자는 요소가 세트의 요소인지 아닌지를 테스트하는 데 사용된다.

▶ 세트의 add() 메소드를 사용하여 새 요소를 추가할 수 있다.

▶ 세트의 remove() 메소드를 사용하여 세트에서 요소를 제거한다.

▶ 세트의 issubset() 메소드는 한 세트가 다른 세트의 부분 집합인지 테스트한다.

▶ 세트의 union() 메소드는 두 세트의 요소를 모두 포함하는 새 세트를 생성한다.

▶ 세트의 intersection() 메소드는 겹치는 요소로 새로운 세트를 생성한다.

 정수 1, 2, 3, 4를 저장하는 리스트를 만들어보세요.

```
myList = [1, 2, 3, 4]
```
맞죠?

 학생에 대한 정보를 딕셔너리로 만들어보세요.

```
myDic = { "이름":"홍길동", "학번":123456, "학점":4.3 }
```
맞나요?

1 인터넷 쇼핑몰에서 고객이 구매한 품목들을 저장하려고 한다. 리스트, 세트, 딕셔너리 중에서 어떤 것을 사용하는 것이 좋을까? 어떤 것을 사용하면 안 되는가?

> HINT 쇼핑몰에서는 한 사람이 동일한 물건을 여러 개 살 수 있다.

2 튜플 nations에서 첫 번째 항목과 마지막 항목을 출력하기 위한 코드를 작성하라.

```
nations = ("korea", "usa", "japan")
print(_____)    # 첫 번째 항목
print(_____)    # 마지막 항목
```

> HINT 첫 번째 항목의 인덱스는 0이다. 마지막 항목의 인덱스는 1-이다.

3 다음과 같은 튜플이 있다고 하자. 다음 중 오류가 발생하는 코드는 어떤 코드인가?

```
myTuple = ( 100, 200, 300, 400, 500)
```

① myTuple[0] = 900   ② print(myTuple[0])

③ sum(myTuple)   ④ print(myTuple[1:3])

4 다음 코드의 출력은 무엇인가?

```
myTuple = "Milk", "Orange", "Bread"
x, y, z = myTuple
print(x)
```

> HINT 튜플의 패킹, 언패킹을 사용한다.

5 하나의 정수 10만 가지는 튜플을 생성해보자.

```
myTuple = _____
```

> HINT 그냥 (10)이라고 하면 수식 (10)이 되어 버린다. (10,)이라고 써야 튜플로 인식한다.

6 다음 코드의 출력은 무엇인가? 단어들의 순서는 달라도 된다.

```
myset = {"Milk", "Orange", "Bread"}
myset.add("Butter")
myset.add("Orange")
print(myset)
```

7 세트를 복사하는 방법으로 올바른 것을 모두 고르시오. 깊은 복사만 골라야 한다.

① set2 = set1.copy() ② set2 = set1

③ set2 = set(set1) ④ set2.update(set1)

8 다음 코드의 출력은 무엇인가?

```
set1 = {1, 2, 3, 4, 5}
set2 = {1, 2, 3, 4, 5, 6, 7, 8}

print(set1.issubset(set2))
print(set2.issuperset(set1))
```

HINT   issubset()은 부분집합이면 True를 반환한다.

9 다음의 세트에서 "Orange"를 삭제하기 위한 올바른 방법을 모두 고르시오.

```
myset = {"Milk", "Orange", "Bread"}
```

① myset.pop("Orange") ② myset.discard("Orange")

③ del myset.pop["Orange"]

10 공백 딕셔너리를 생성하는 방법으로 맞는 것을 모두 고르시오.

① mydict = { } ② mydict = dict( ) ③ mydict = dict{ }

11 딕셔너리에서 키값들을 반환하는 메소드 이름은?

① keys() ② values() ③ items ④ value()

12 키 "score"에 대응되는 값을 추출하는 방법으로 맞는 것을 모두 고르시오.

```
student = { "name": "Kim", "age": "21", "score": 89 }
```

① s = student.get(2)   ② s = student.get("score")

③ s = student.get[2]   ④ s = student["score"]

13 Kim의 나이를 출력하기 위한 올바른 방법은?

```
student = { 1: {"name": "Kim", "age": "21", "gender": "Female"},
            2: {"name": "Park", "age": "20", "gender": "Male"} }
```

① student[0][1]   ② student[1]["age"]   ③ student[0]["age"]

14 다음과 같은 딕셔너리에서 "Kim"의 연봉을 8500으로 변경하는 문장을 작성해보자.

```
mydict = {
    "emp1": {"name": "Park", "salary": 9500},
    "emp2": {"name": "Lee", "salary": 8300},
    "emp3": {"name": "Kim", "salary": 5500}
}
```

15 다음의 딕셔너리에서 키 "score"와 값 89를 삭제하는 방법으로 맞는 것을 모두 고르시오.

```
student = { "name": "Kim", "age": "21", "score": 89 }
```

① student.pop("score")   ② del student["score"]

③ student.del()   ④ student.remove("score")

16 딕셔너리를 깊은 복사하는 방법으로 올바른 것을 모두 고르시오.

① dict2 = dict1.copy()   ② dict2 = dict1

③ dict2 = dict(dict1)   ④ dict2 = dict(dict1.items())

17 다음 코드의 출력은?

```
dict1 = {"key1":10, "key2":20}
dict2 = {"key2":20, "key1":10}
print(dict1 == dict2)
```

① True   ② False

18 다음 코드에서 아래의 질문에 답하라.

```
car = {
  "brand": "Hyunda",
  "model": "Avantte",
  "year": 2020
}
```

(a) get() 함수를 사용하여 car 딕셔너리의 키 "model"에 대응되는 값을 출력하라.

 print(_____)

(b) "model" 값을 "Sonata"로 변경하라.

 _____ = _____

(c) car 딕셔너리에 새로운 키/값 쌍인 "price : 3000"을 추가하라.

 _____ = _____

(d) car 딕셔너리에서 "brand"를 삭제하라.

 _____

(e) 딕셔너리 안의 모든 키와 값들을 출력하는 코드를 작성해보자.

 _____
 _____

Programming

1 사용자로부터 2개의 정수를 받아서 반환하는 readData 함수를 정의하라. 튜플을 사용하여 2개의 정수를 반환하도록 한다. readData() 함수를 이용하여 2개의 정수 중에서 더 큰 정수를 출력하는 프로그램을 작성해본다

```
2개의 정수를 입력하시오: 10 20
더 큰 정수는 20입니다.
```

HINT 사용자로부터 2개의 문자열을 받으려면 x, y = input("2개의 정수를 입력하시오: ").split()를 사용할 수 있다. 이것을 정수로 변환하여서 반환해보자.

2 사용자로부터 정수 리스트를 받아서 정수 리스트에 있는 중복된 요소들을 제거하고 리스트를 정렬시키는 프로그램을 작성해보자.

```
주어진 리스트: [80, 20, 20, 30, 60, 30]
정리된 리스트: [20, 30, 60, 80]
```

HINT 파이썬에서 중복을 제거할 때는 항상 세트를 떠올리자. 리스트를 세트로 바꿀 때는 set(myList)와 같이 한다.

3 (x, x*x) 형식의 숫자 (1과 10 사이)를 포함하는 딕셔너리를 생성하고 출력하는 프로그램을 작성해보자.

```
{1: 1, 2: 4, 3: 9, 4: 16, 5: 25, 6: 36, 7: 49, 8: 64, 9: 81, 10: 100}
```

HINT 딕셔너리 함축을 사용해도 되고 아니면 dict()로 공백 딕셔너리를 생성한 후에 하나씩 추가하여도 된다.

4 다음의 딕셔너리에서 모든 항목을 꺼내서 다음과 같이 출력하는 프로그램을 작성해보자.

d = {"Apple": 1, "Banana": 2, "Grape": 3}

```
Apple -> 1
Banana -> 2
Grape -> 3
```

HINT 딕셔너리안에 있는 모든 키와 값을 꺼내려면 for k,v in myDict.items(): 를 사용할 수 있다.

5 키/값 쌍인 3:30을 딕셔너리에 추가하는 프로그램을 작성해보자.

> 원래   딕셔너리 : {1: 10, 2: 20}
> 변경된 딕셔너리 : {1: 10, 2: 20, 3: 30}

HINT myDict[key] = value를 사용할 수 있다.

6 다음과 같은 딕셔너리에서 주어진 키가 딕셔너리에 있는지 확인하기 위한 프로그램을 작성해보자.

    d = {1: 10, 2: 20, 3: 30, 4: 40, 5: 50, 6: 60}

> 키를 입력하시오: 5
> 키 5은 딕셔너리에 있습니다.

HINT if key in myDict: 와 같이 in 연산자를 사용한다.

7 딕셔너리에 쇼핑몰에서 구입한 상품의 가격이 저장되어 있다. 딕셔너리에 있는 모든 상품 가격의 합계를 계산하는 프로그램을 작성해보자.

    myDict = {"옷": 100, "컴퓨터": 2000, "모니터": 320}

> 총합계= 2420

HINT 딕셔너리 안의 값만을 합하면 된다. 여러분이 sum(myDict.values())을 떠올렸으면 파이썬에 많이 익숙해진 것이다.

8 키와 값을 저장하고 있는 2개의 리스트를 합쳐서 하나의 딕셔너리로 만드는 프로그램을 작성해보자.

> colors = ["red", "green", "blue"]
> values = ["#FF0000","#008000", "#0000FF"]
> {"red": "#FF0000", "green": "#008000", "blue": "#0000FF"}

HINT zip() 함수를 사용할 수도 있지만, 여기서는 리스트에서 하나씩 꺼내서 딕셔너리에 추가해보자.

9 주어진 문자열에서 글자의 등장횟수를 세어서 딕셔너리에 저장하는 프로그램을 작성해보자.

> 문자열 입력 = Hello World!
> 실행 결과 = {"H": 1, "e": 1, "l": 3, "o": 2, " ": 1, "W": 1, "r": 1, "d": 1, "!": 1}

HINT 딕셔너리에 저장하려면 여러 가지 방법이 있지만 get() 함수도 한번 써보자.

10 일정 애플리케이션을 작성하고자 한다. 일정 애플리케이션을 구현하는 한 가지 방법은 딕셔너리를 사용하고 날짜를 키로, 일정을 값으로 저장하면 된다. 하지만 이 방법은 특정한 날짜에 하나의 일정이 있는 경우에만 유효하다. 특정한 날짜에 여러 개의 일정을 저장할 수 있게 하려면 어떤 방법을 사용할 수 있는가?

```
날짜를 입력하시오: 2020 3 4
일정을 입력하시오: "파이썬 과제 제출!!"

날짜를 입력하시오: 2020 4 2
일정을 입력하시오: "파이썬 프로젝트 제안서 발표!!"
...
```

HINT 딕셔너리 안에 리스트도 넣을 수 있다.

11 달의 번호를 받아서 달의 이름을 출력하는 프로그램을 작성해보자. 예를 들어서 1월이 입력되면 "January"가 출력된다. 이것은 물론 if-else 구문을 사용해서도 구현이 가능하다. 만약 파이썬이 제공하는 자료구조를 사용해서 이 기능을 구현한다면 어떤 자료구조를 사용할 것인가?

```
달의 번호: 1
달의 이름: January
...
```

12 성적을 문자열로 입력하면 성적을 실수로 반환하는 딕셔너리를 정의해보자. 예를 들어서 A+는 4.5로 매핑된다.

```
성적(문자열): A+
성적(실수): 4.5
...
```

13 set1, set2의 2개의 세트가 주어져 있다고 하자. set1 또는 set2, 어느 한쪽에만 있는 요소들을 추출하는 프로그램을 작성하라.

```
첫 번째 세트  {10, 20, 30, 40, 50, 60}
두 번째 세트  {30, 40, 50, 60, 70, 80}

어느 한쪽에만 있는 요소들  {10, 20, 70, 80}
```

HINT 교집합을 구한 후에 set1, set2에서 뺀다.

CHAPTER

문자열과 정규식

★ 다음과 같은 작업들을 수행하는 방법을 알고 있나요?
이번 장에서 함께 알아봐요.

1. 문자열들을 어떤 구분자를 기준으로 분리할 수 있나요?
2. 문자열 사이에 어떤 접착문자를 넣어서 합칠 수 있나요?
3. 문자열에서 다른 문자열을 찾아서 바꿀 수 있나요?
4. 문자열에서 필요 없는 문자들을 삭제할 수 있나요?
5. 정규식을 사용하여서 문자열 중에서 어떤 특정한
    패턴을 찾을 수 있나요?

CHAPTER 9 문자열과 정규식

1. 이번 장에서 만들 프로그램

(1) 이메일 주소를 검사하는 프로그램을 작성해보자.

> abc123@gmail.com는 유효한 이메일 주소입니다.
> abc.cde@com는 유효하지 않은 이메일 주소입니다.

(2) 사용자가 입력한 패스워드가 규정에 맞는지를 검사하는 프로그램을 작성해보자.

> 패스워드를 입력하시오: abcdef
> 패스워드는 최소한 8글자이어야 합니다.
> 패스워드를 입력하시오: abcdefrg
> 패스워드는 적어도 하나의 숫자를 가져야 합니다.
> 패스워드를 입력하시오: abbabbb1
> 패스워드는 적어도 대문자를 가져야 합니다.
> 패스워드를 입력하시오: abbbabbaA1
> 규정에 맞는 패스워드입니다.

(3) 단답형 문제를 출제하고 채점하는 퀴즈 프로그램을 작성해보자.

> CPU는 무엇의 약자인가?
> 답안을 작성하시오(또는 quit): Central Processing Unit
> 정답입니다.
>
> 제일 쉬운 프로그래밍 언어는?
> 답안을 작성하시오(또는 quit): 파이썬
> 정답입니다.
> ...

2. 문자열 처리하기

컴퓨터는 근본적으로 숫자를 처리하는 기계이지만 인간을 상대하여야 하기 때문에 텍스트를 처리하는 작업도 무척 중요하다. 인간은 텍스트를 이용하여 정보를 저장하고 전달하기 때문이다. 인간이 컴퓨터에 명령을 내리는 프로그램도 텍스트 형태로 되어 있지 않은가? 이번 장에서는 파이썬에서의 문자열 처리 방법에 대하여 자세히 살펴볼 것이다. 파이썬은 다른 언어와 비교하여 문자열 처리 기능이 탁월한 언어이다.

우리는 이미 + 연산자를 이용하여 2개의 문자열을 합칠 수 있다는 것을 알고 있다. 하지만 이것보다 훨씬 더 많은 작업을 할 수 있다. 우리는 파이썬의 문자열 함수들을 이용하여 텍스트 데이터를 수정, 보완할 수 있다. 예를 들어서 텍스트 데이터에는 대소문자가 섞여 있을 수 있고, 문자열의 앞뒤에 필요 없는 공백 문자가 붙어 있을 수도 있다. 또 긴 문자열 중에서 우리가 필요한 것은 일부분일 수 있다. 또 쉼표와 같은 구두점들을 없애야 하는 경우도 있다. 파이썬의 문자열 함수들만 이용하여도 어느 정도 데이터를 처리할 수 있지만, 파이썬은 BeautifulSoup, csv와 같은 우수한 라이브러리들도 제공하기 때문에 우리는 쉽게 텍스트를 처리하고 분석할 수 있다.

이들 라이브러리를 이용하면 우리가 하는 많은 작업들을 자동화시킬 수 있다. 예를 들어서 인터넷에서 정보를 수집하여 스프레드 시트 파일로 작성하여 거래처에 이메일로 전달하는 작업을 자동화할 수 있다. 또 현재 사람들이 많이 검색하는 단어들을 분석하여서 워드 클라우드로 그릴 수도 있다. 이것들은 14장에서 간단히 살펴보자.

문자열

문자열(string)은 프로그래밍에서 아주 빈번하게 다루어지는 사료 구조이다. 문자열은 문자들의 시퀀스로 정의된다. 글자들이 실(string)로 묶여 있는 것이 문자열이라고 생각하면 된다.

파이썬에서 문자열 리터럴(상수)은 작은따옴표나 큰따옴표로 감싸서 표현한다.

```
s1 = 'Hello'
s2 = "Hello"
s3 = "This is Kim's dog."        // 문자열 안에 인용 기호가 있는 경우
```

만약 반드시 작은따옴표만을 써야 하는 경우라면 다음과 같이 이스케이프 문자를 사용하면 된다.

```
s = 'This is Kim\'s dog.'        // 이스케이프 문자로 작은 따옴표 표현
```

이스케이프 문자를 사용하면 문자의 특수한 의미를 없애면서 문자열에 추가할 수 있다. 이스케이프 문자는 백슬래시(\)와 추가하려는 문자로 구성된다. 예를 들어 작은따옴표의 이스케이프 문자는 \'이다. Kim\'s의 작은따옴표 앞에 백슬래시가 있기 때문에 파이썬은 이것이 문자열을 끝내기 위한 작은따옴표가 아니라는 것을 알 수 있다.

원시 문자열

문자열의 시작 따옴표 앞에 r을 두면 원시 문자열(raw string)이 된다. 원시 문자열은 모든 이스케이프 문자를 완전히 무시하고 문자열에 나타나는 백슬래시를 출력한다. 예를 들어 대화형 셸에 다음을 입력하여 실행해보자.

```
>>> print(r'This is Kim\'s dog')
This is Kim\'s dog
```

앞에 r이 붙어 있는 원시 문자열이기 때문에 파이썬은 백슬래시를 문자열의 일부로 간주한다. 즉 백슬래시를 이스케이프 문자로 취급하지 않는다. 원시 문자열은 r'C:\User\Kim\Document'와 같은 윈도우 파일 경로를 나타내는 문자열에 필요하다.

인덱싱

문자열도 크게 보면 **시퀀스(sequence)**라는 자료 구조에 속한다. 시퀀스는 리스트와 같이 항목들이 순서를 가지고 모인 자료구조이다. 따라서 우리가 리스트에서 사용하였던 인덱싱이나 슬라이싱과 같은 연산들과 len() 같은 내장 함수들이 문자열에도 동일하게 적용된다.

가장 기분적인 작업은 아마도 문자열에서 개별 문자들을 추출하는 것이다. 문자열 안의 문자에는 0부터 시작하는 번호가 매겨져 있다. 이 번호를 **인덱스**(index)라고 한다. 리스트의 인덱스와 동일한 개념이다.

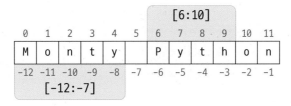

그림 9.1 문자열에서의 인덱스

"Monty Python"이라는 문자열이 변수 s에 저장되어 있다고 하자.

```
>>> s = 'Monty Python'
>>> s[0]
'M'
>>> s[-1]
'n'
```

여기서 s[0]는 문자 'M'이다. s[1]은 문자 'o'가 된다. s[11]은 'n'이 된다. 음수 인덱스도 있다. s[-1]은 'n'이 된다. 마지막 글자를 선택하려면 s[-1]과 같이 음수 인덱스를 사용하는 편이 편리하다.

슬라이싱

문자열에서 여러 개의 문자들을 추출할 수 있을까? 파이썬 문자열은 **슬라이싱**(slicing)도 지원한다. 슬라이싱이란 문자열의 일부를 잘라서 서브 문자열을 만드는 연산으로 파이썬의 두드러진 장점 중의 하나이다. 슬라이싱을 이용하면 내가 원하는 부분을 쉽게 잘라낼 수 있다.

슬라이싱은 문자열의 일부를 추출하는 기능입니다.

그림 9.2 슬라이싱 연산

여러 개의 문자를 동시에 선택하려면 s[6:10]과 같은 표기법을 사용한다. s[6]에서 s[9]까지의 문자를 모두 선택한다는 의미가 된다.

```
>>> s = 'Monty Python'
>>> s[6:10]
'Pyth'
```

끝의 한 문자만을 삭제하려면 다음과 같이 한다. 시작 인덱스가 생략되면 문자열의 처음부터라고 간주된다.

```
>>> t = s[:-1]
>>> t
'Monty Pytho'
```

맨끝에서 2개의 문자를 선택하려면 다음과 같이 한다. 종료 인덱스가 생략되면 문자열의 끝까지라고 간주된다.

```
>>> t = s[-2:]
>>> t
'on'
```

시작 인덱스와 종료 인덱스를 생략하는 기법은 아주 많이 사용된다. 잘 익혀두어야 한다.

```
>>> s = 'Monty Python'
>>> s[:2]
'Mo'
>>> s[4:]
'y Python'
```

문자열 s에서 s[:i] + s[i:] 하면 항상 s와 같아진다.

```
>>> s = 'Monty Python'
>>> s[:2] + s[2:]
'Monty Python'
>>> s[:4] + s[4:]
'Monty Python'
```

또 시작 인덱스와 종료 인덱스가 모두 생략되면 문자열 전체가 선택된다. 예를 들어서 s[:]라고 하면 s의 모든 문자가 선택된다.

```
>>> s = 'Monty Python'
>>> s[:]
'Monty Python'
```

예를 들어서 만약 문자열을 5번째 문자를 기준으로 둘로 나눠서 high, low에 저장하고 싶다면 다음과 같이 하면 될 것이다.

```
>>> message='see you at noon'
>>> low = message[:5]
>>> high = message[5:]
>>> low
'see y'
>>> high
'ou at noon'
```

주민등록번호 앞자리에서 출생연도와 생일을 추출하여 화면에 출력해보자.

```
>>> reg= '980326'
>>> print(reg[0:2]+'년')
98년
>>> print(reg[2:4]+'월')
03월
>>> print(reg[4:6]+'일')
26일
```

파이썬 문자열은 변경 불가능한 객체이다. 따라서 다음과 같이 문자열의 일부 글자를 바꾸려고 하면 오류가 발생한다.

```
>>> word = 'abcdef'
>>> word[0]='A'
...
TypeError: 'str' object does not support item assignment
```

만약 문자열 안의 문자를 변경하는 것이 필요하면 문자열의 사본을 생성하여야 한다. 파이썬에서 사본을 만드는 방법은 매우 많다. 한 가지 방법은 다음과 같다.

```
>>> word = 'abcdef'
>>> word = 'A' + word[1:]
>>> word
'Abcdef'
```

in과 not in 연산자

in 및 not in 연산자는 리스트에서처럼 문자열에서도 사용할 수 있다. 만약 어떤 문자열이 다른 문자열에 포함되어 있으면 in 연산자는 True를 반환한다. 포함되어 있지 않으면 False를 반환한다. not in 연산자는 in 연산자와는 반대로 작용한다.

```
>>> 'Hello' in 'Hello World'
True
>>> 'WORLD' in 'Hello World'
False
>>> 'WORLD' not in 'Hello World'
True
```

문자열 안에 문자열 넣기

다른 문자열 안에 문자열을 넣는 것은 프로그래밍에서 상당히 많이 필요한 작업이다. 파이썬에서는 + 연산자를 사용하여 이 작업을 할 수 있다.

```
>>> name = 'Kim'
>>> age = 21
>>> '제 이름은 ' + name + '입니다. 저는 ' + str(age) + '살입니다.'
'제 이름은 Kim입니다. 저는 21살입니다.'
```

위의 방법은 가능하지만 상당히 지루한 방법이다. 이것을 해결하는 몇 가지의 방법이 있다. 첫 번째 방법은 문자열 내 %s 기호를 두고 이 기호를 % 뒤에 등장하는 값으로 바꾸는 방법이다. 이 방법의 장점은 값을 문자열로 변환하기 위해 str()을 호출할 필요가 없다는 것이다.

```
>>> name = 'Kim'
>>> age = 21
>>> '제 이름은 %s입니다. 저는 %s살입니다.' % (name, age)
'제 이름은 Kim입니다. 저는 21살입니다.'
```

이것보다 더 편리한 방법은 파이썬 3.6부터 도입한 f-문자열이다. f-문자열를 사용하면, 변수를 손쉽게 문자열 안에 넣어서 출력할 수 있다. f- 문자열을 사용하려면 반드시 문자열의 앞에 f 접두사를 두어야 한다. 원하는 변수나 수식을 중괄호로 감싸서 문자열 안에 두면 된다.

```
>>> name = 'Kim'
>>> age = 21
>>> f'제 이름은 {name}입니다. 저는 {age}살입니다.'
'제 이름은 Kim입니다. 저는 21살입니다.'
```

문자열 비교하기

문자열과 문자열을 비교할 수 있을까? 예를 들어서 어떤 문자열이 사전에서 먼저 나오는지를 검사할 수 있을까? 파이썬에서는 관계 연산자를 이용하여서 문자열과 문자열을 비교할 수 있다. 예를 들어서 'apple'는 'banana'보다 사전에서 앞에 있다. 어떤 문자열이 사전에서 앞에 있으면 < 연산자를 적용했을 때, 참이 된다.

```
>>> 'apple' < 'banana'
True
```

마찬가지로 ==, !=, <, > 연산자를 문자열에도 적용할 수 있다. 이것은 어디에 사용할 수 있을까? 사용자로부터 받은 문자열들의 순서를 정할 때 사용할 수 있다. 그리고 이것은 문자열들의 정렬에도 사용할 수 있다.

```
a = input('문자열을 입력하시오: ')
b = input('문자열을 입력하시오: ')
if( a < b ):
    print(a, '가 앞에 있음')
else:
    print(b, '가 앞에 있음')
```

실행결과
```
문자열을 입력하시오: apple
문자열을 입력하시오: orange
apple 가 앞에 있음
```

회문 찾기

example
예제

회문(palindrome)은 앞으로 읽으나 뒤로 읽으나 동일한 문장이다. 예를 들어서 'mom', 'civic', 'dad' 등이 회문의 예이다. 사용자로부터 문자열을 입력받고 회문인지를 검사하는 프로그램을 작성하여서 보기.

실행
결과

```
문자열을 입력하시오: dad
회문입니다.
```

우리는 이것을 아주 복잡하게 프로그래밍할 수도 있다. 하지만 파이썬의 슬라이싱 기능을 떠올리자. 슬라이싱을 사용하면 아주 쉽게 문자열을 거꾸로 만들 수 있다. 거꾸로 만들어서 원래의 문자열과 비교하면 되지 않을까?

palin.py	이 프로그램은 회문 여부를 검사한다.

```python
s = input('문자열을 입력하시오: ')
s1 = s[::-1]                    # 문자열을 거꾸로 만든다.

if( s == s1 ):
        print('회문입니다.')
else:
        print('회문이 아닙니다.')
```

도전문제

슬라이싱 기능을 사용하지 않고 회문인지를 검사하는 프로그램을 작성해보자. 여러분들은 중간에 포기할지도 모른다.

참고 사항: ==와 is 연산자의 차이

== 연산자는 객체가 가지고 있는 값을 비교한다. 반면, is 연산자는 두 개의 변수가 메모리에서 동일한 객체를 가리키는 지를 검사한다. 따라서 대부분의 경우에는 ==와 !=을 사용해야 한다. 하지만 None과 비교할 때는 is 를 사용해야 한다.

```python
>>> list1 = [1, 2, 3]
>>> list2 = [1, 2, 3]
>>> list1 == list2
True
>>> list1 is list2
False
```

중간점검

1. 문자열의 맨 끝에 있는 글자를 추출하는 명령문을 작성해보자.
2. 문자열 A와 문자열 B의 순서를 비교하려면 어떤 명령문을 사용하는가?

3. 문자열 메소드 사용하기

파이썬은 아주 강력한 문자열 메소드들을 제
공한다. 이들 메소드들을 자유자재로 사용하
도록 연습해두자.

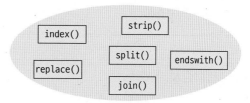

대소문자 변환하기

upper() 및 lower() 메서드를 적용하면 대문자 또는 소문자로 변환된 새 문자열을 반환한다.
문자가 아니고 기호인 경우에는 변경되지 않는다.

```
>>> s = 'Breakfast At Tiffany'
>>> s.upper()
'BREAKFAST AT TIFFANY'
```

이러한 메소드가 원본 문자열를 변경하지 않고 새로운 문자열을 반환한다는 것을 기억하여야
한다. 원본 문자열을 변경하려면 해당 문자열에 대해 upper() 또는 lower()를 호출한 다음, 원
본이 저장된 변수에 새 문자열을 다시 할당해야 한다.

```
>>> s = 'Breakfast At Tiffany'
>>> s = s.lower()              # 원본 문자열 s가 변경된다.
'breakfast at tiffany'
```

---

lower() 사용 예제

example
예제

upper() 및 lower() 메서드는 대소문지를 구분하지 않고 비교할 때 아주 유용하다. 예를 들
어, 'yes'와 'Yes' 문자열은 같지 않다. 그러나 다음 코드에서는 문자열이 먼저 소문자로 변환
되기 때문에, 사용자가 yes, Yes, YES 중에서 어떤 것을 입력하더라도 올바르게 동작한다. 사
용자가 어떤 식으로 입력할지를 미리 알 수 없기 때문에 이런 식으로 코드를 작성하면 프로그
램이 사용하기 쉬워진다.

lower.py	소문자 변환 프로그램

```
print('게임을 계속하시겠어요?')
response = input()
if response.lower() == 'yes':
    print('게임을 계속합니다.')
else:
    print('다음에 또 봬요.')
```

게임을 계속하시겠어요?
Yes
게임을 계속합니다.

문자열 검사 메소드

islower()와 같이 is가 앞에 붙은 메소드들은 문자열을 검사하는 메소드이다.

```
>>> 'HELLO'.isupper()      #문자열이 대문자로만 구성되는 경우 True를 반환한다.
True
>>> 'hello'.islower()      #문자열이 소문자로만 구성되는 경우 True를 반환한다.
True
>>> 'abc'.isalpha()        #문자열이 영문자로만 구성되는 경우 True를 반환한다.
True
>>> 'abc123'.isalpha()     #문자열이 영문자로만 구성되는 경우 True를 반환한다.
False
>>> 'abc123'.isalnum()     #문자열이 영문자와 숫자로만 구성되는 경우 True를 반환한다.
True
>>> '123'.isdecimal()      #문자열이 숫자로만 구성되는 경우 True를 반환한다.
True
>>> ' \n'.isspace()        #문자열이 공백, 탭 및 줄바꿈 문자인 경우 True를 반환한다.
True
```

 예제 입력의 유효성 검사하기

이러한 문자열 메소드는 사용자의 입력의 유효성을 검사해야 할 때 유용하다. 예를 들어 다음 프로그램은 사용자가 유효한 입력을 제공할 때까지 사용자에게 암호를 반복적으로 묻는다.

passwd1.py	패스워드 검사 프로그램

```python
while True:
    password = input('새로운 패스워드를 선택하시오 (문자와 숫자만 가능)')
    if password.isalnum():
        break
    print('문자와 숫자만을 이용하여 패스워드를 선택하시오.')
```

새로운 패스워드를 선택하시오 (문자와 숫자만 가능)
pass88$$$
문자와 숫자만을 이용하여 패스워드를 선택하시오.
새로운 패스워드를 선택하시오 (문자와 숫자만 가능)
pass7

startswith()와 endswith() 메소드

startswith(s)는 s로 시작되는 문자열이면 True가 반환된다. endswith(s)는 s로 종료되는 문자열이면 True가 반환된다.

```
>>> 'Breakfast At Tiffany'.startswith('Breakfast')
True
>>> 'Breakfast At Tiffany'.endswith('Tiffany')
True
```

예제

파이썬 소스 파일 확인하기

startswitch()나 endswitch() 메소드는 전체가 아니라 문자열의 첫 번째 또는 마지막 부분만 다른 문자열과 같은지 확인해야 할 때 유용하다. 예를 들어서 사용자가 입력한 문자열이 파이썬 소스 파일 이름인지를 검사하려면 다음과 같이 하면 될 것이다.

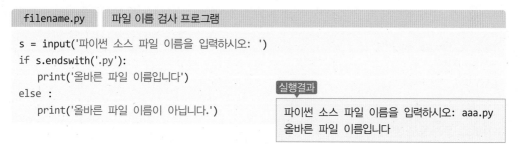

| filename.py | 파일 이름 검사 프로그램 |

```
s = input('파이썬 소스 파일 이름을 입력하시오: ')
if s.endswith('.py'):
    print('올바른 파일 이름입니다')
else :
    print('올바른 파일 이름이 아닙니다.')
```

실행결과
```
파이썬 소스 파일 이름을 입력하시오: aaa.py
올바른 파일 이름입니다
```

split()로 문자열 분해하기

문자열 안의 단어들이 쉼표나 빈칸 등의 구분자로 분리되어 있다고 하자. 이런 경우에 구분자를 이용하여 문자열을 단어들로 분리하는 함수가 split()이다. split() 함수는 주어진 분리자를 이용하여 문자열을 단어들의 리스트로 반환한다.

그림 9.3 split() 함수

예를 들어보자.

```
>>> s = 'Welcome to Python'
>>> s.split()
['Welcome', 'to', 'Python']
```

split()에 인수를 주지 않고 호출하면 공백 문자 ' '를 분리자로 가정하여 문자열을 분리한다. 우리는 분리자 문자를 전달할 수도 있다.

```
>>> s = 'Hello, World!'
>>> s.split(',')
['Hello', ' World!']
```

위의 코드에서 분리자는 ',' 문자이다. 실행 결과를 보면 "Hello"와 " World"로 분리되었음을 알 수 있다. W 앞의 공백까지 제거하려면 어떻게 하면 될까? ' '도 분리자로 지정하면 된다.

```
>>> s = 'Hello, World!'
>>> s.split(', ')
['Hello', 'World!']
```

문자열을 문자들로 분해하려면 어떻게 하면 될까? list()를 호출해주면 된다. list()는 주어진 객체를 리스트화하는 함수이다.

```
>>> list('Hello, World!')
['H', 'e', 'l', 'l', 'o', ',', ' ', 'W', 'o', 'r', 'l', 'd', '!']
```

여러 줄로 이루어진 문자열을 한 줄씩 분리하는데도 split()가 사용된다.

```
>>> lyric = '''Silent night, holy night
All is calm, all is bright
'Round yon virgin Mother and Child
Holy infant so tender and mild
Sleep in heavenly peace'''

>>> lyric.split('\n')
['Silent night, holy night', 'All is calm, all is bright', ''Round yon virgin Mother
and Child', 'Holy infant so tender and mild', 'Sleep in heavenly peace']
```

join()으로 문자열 합치기

join()은 여러 문자열을 모아서 하나의 문자열로 결합할 때 유용하다. join()은 문자열 리스트를 전달받아 접착제 문자를 중간에 넣어서 문자열을 결합한다.

```
>>> '-'.join(['apple', 'grape', 'banana'])
'apple-grape-banana'
>>> ' '.join(['My', 'name', 'is', 'Kim'])
'My name is Kim'
```

join() 앞의 기호가 문자열 사이에 삽입된다. 예를 들어서 '-'.join(['apple', 'grape', 'banana'])과 같이 호출되면, 'apple-grape-banana'와 같이 결합된 문자열이 반환된다.

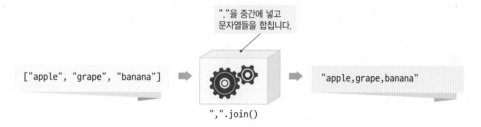

전화번호에서 '.' 문자 대신에 '-' 문자를 사용하고 싶으면 다음과 같은 코드를 사용한다.

```
>>> '-'.join('010.1234.5678'.split('.'))
'010-1234-5678'
```

위의 예제에서 보면 join()은 접착제 문자를 문자열 사이에만 넣고 문자열의 앞이나 뒤에는 넣지 않는 것을 알 수 있다. 문자들을 모아서 다시 문자열로 만들 때도 join()을 사용한다.

```
>>> s = 'hello world'
>>> clist = list(s)
>>> clist
['h', 'e', 'l', 'l', 'o', ' ', 'w', 'o', 'r', 'l', 'd']
>>> ''.join(clist)
'hello world'
```

split()와 join()을 함께 사용하면 문자열 중에서 필요 없는 공백을 제거할 수 있다.

```
>>> ' '.join('Actions \n\t speak louder   than words'.split())
'Actions speak louder than words'
```

strip()으로 공백 문자 제거하기

때로는 문자열의 왼쪽, 오른쪽 또는 양쪽에서 공백 문자(공백, 탭 및 개행)를 제거하고 싶을 수 있다. strip()은 왼쪽과 오른쪽에서 공백 문자를 제거한 문자열을 반환한다. lstrip() 및 rstrip() 메서드는 각각 왼쪽과 오른쪽 끝에서 공백 문자를 제거한다.

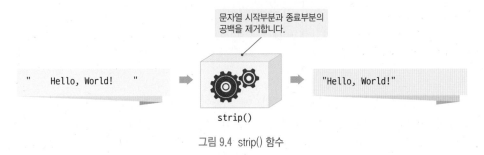

그림 9.4 strip() 함수

```
>>> s = ' Hello, World! '
>>> s.strip()
'Hello, World!'
```

문자열의 앞뒤의 특정한 문자를 삭제하려면, 삭제를 원하는 문자를 strip()의 인수로 전달한다.

```
>>> s = '###$$$this is example$$$###'
>>> s.strip('#$')
'this is example'
```

rstrip()과 lstrip()은 문자열의 오른쪽 끝과 왼쪽 끝에서 원치 않는 문자를 삭제할 때 사용한다.

```
>>> s = '###$$$this is example$$$###'
>>> s.lstrip('#')
'$$$this is example$$$###'
>>> s.rstrip('#')
'###$$$this is example$$$'
```

ord()와 chr() 함수

컴퓨터는 정보를 항상 숫자로 저장한다. 문자도 예외가 아니다. 파이썬에서도 문자는 숫자로 표시한다. 예를 들어 'a'의 경우 97의 코드값이 할당된다. ord() 함수를 사용하여 문자의 코드값을 가져올 수 있다. 만약 문자가 알파벳이 아니면 ord(c)는 유니코드 값을 반환한다.

```
>>> ord('a')
97
>>> ord('가')
44032
```

chr()는 ord()의 반대 기능을 수행한다. 코드값 n을 전달하면, n에 해당하는 문자를 반환한다.

```
>>> chr(97)
'a'
>>> chr(44032)
'가'
```

len(s)는 문자열의 길이를 반환한다. len()을 이용하면 문자열의 길이를 확인할 수 있다.

```
>>> s = 'Python is powerful!'
>>> print(len(s))
19
```

str(obj)은 객체의 문사열 표현을 반환한나. str(obj)을 이용하년 파이썬의 모든 객체를 문사열로 출력할 수 있다.

```
>>> str( 1+2j )
'(1+2j)'
```

위에서는 복소수 객체를 생성하여 str()을 호출하였다.

찾기 및 바꾸기

문자열 안의 부분 문자열을 찾기 위하여 find(s), rfind(s), count(s) 등의 메소드를 사용할 수 있다. find() 함수는 문자열 안에서 특정 단어를 찾아서 인덱스를 반환한다. 찾지 못했을 경우에는 −1을 반환한다. 문자열 중에서 관심 있는 부분을 찾을 때 find() 함수를 사용하면 좋다.

```
>>> s = 'www.naver.co.kr'
>>> s.find('.kr')                 # '.kr'의 인덱스를 반환한다.
12
```

s.rfind(⟨sub⟩[, ⟨start⟩[, ⟨end⟩]])는 역순으로 문자열 안에서 단어를 검색한다.

```
>>> s = 'Let it be, let it be, let it be'
>>> s.rfind('let')                    # 문자열의 끝에서부터 탐색한다.
22
```

count() 함수는 문자열 중에서 단어가 등장하는 횟수를 반환한다.

```
>>> s = 'www.naver.co.kr'
>>> s.count('.')                      # 단어가 등장하는 횟수를 반환한다.
3
```

replace() 함수는 문자열에서 하나의 단어를 다른 단어로 교체할 때 사용한다. 간단한 예는 다음과 같다.

```
>>> s = 'www.naver.com'
>>> s.replace('com', 'co.kr')         # 하나의 단어를 다른 단어로 교체한다.
'www.naver.co.kr'
```

 예제 머리 글자어 만들기

머리 글자어(acronym)은 NATO(North Atlantic Treaty Organization)처럼 각 단어의 첫글자를 모아서 만든 약어이다. 사용자가 문장을 입력하면 해당되는 머리 글자어를 출력하는 프로그램을 작성하여 보자.

실행
결과

```
문자열을 입력하시오: North Atlantic Treaty Organization
NATO
```

acronym.py   이 프로그램은 머리 글자어를 만든다.

```python
phrase  = input('문자열을 입력하시오: ')
acronym = ''

# 대문자로 만든 후에 단어들로 분리한다.
for word in phrase.upper().split():
    acronym += word[0]          # 단어를 첫 글자만을 acronym에 추가한다.

print( acronym )
```

 도전문제

by, in, the, of와 같은 단어들을 제외하려면 어떻게 하면 되는가?

아이디와 도메인 구분하기

이메일 주소에서 아이디와 도메인을 구분하는 프로그램을 작성하여 보자.

```
이메일 주소를 입력하시오: aaa@google.com
aaa@google.com
아이디:aaa
도메인:google.com
```

 이 프로그램은 이메일 주소에서 아이디와 도메인을 구분한다.

```python
address=input('이메일 주소를 입력하시오: ')
(id, domain) = address.split('@')

print(address)
print('아이디:'+id)
print('도메인:'+domain)
```

도전문제

이메일 주소에서 "."을 기준으로 분리하려면 어떻게 하면 되는가?

문자열의 공통 문자 찾기

사용자로부터 2개의 문자열을 받아서 두 문자열의 공통 문자를 출력하는 프로그램을 작성해 보자.

```
첫 번째 문자열: Hello World!
두 번째 문자열: How are you?

공통적인 글자: o H r e
```

str_ex1.py   이 프로그램은 문자열 2개의 공통 문자를 추출한다.

```python
s1=input('첫 번째 문자열:')
s2=input('두 번째 문자열:')

list1 = list( set(s1) & set(s2) )    # 세트로 만들고 교집합 연산을 한다.
```

```
print('\n공통적인 글자:', end=' ')
for i in list1:
    print(i, end=' ')
```

 도전문제

2개의 문자열을 비교했을 때, 공통적인 글자가 많으면 표절이라고 의심할 수도 있다. 공통적인 문자의 비율이 전체 문자의 70% 이상이 되면 ''표절 의심''이라고 출력해보자.

example
예제 일회용 암호 만들기

일회용 암호 (OTP)는 컴퓨터 또는 디지털 장치에서 하나
의 로그인 세션 또는 트랜잭션에만 유효한 암호이다. OTP
는 인터넷 뱅킹, 온라인 거래 등과 같은 거의 모든 서비스에
사용된다. 일반적으로 4자리의 숫자 조합이다. 파이썬에서

random() 함수는 난수 생성 함수로서 임의의 OTP를 생성하는 데 사용할 수 있다. sample()
을 사용하면 문자열에서 지정된 개수의 글자를 랜덤하게 고를 수 있다.

sample()의 결과를 join()을 사용해서 묶으면 우리가 원하는 문자열이 된다.

| otp.py | 이 프로그램은 OTP를 구현한다. |

```
import random

s = '0123456789'      # 대상 문자열
passlen = 4           # 패스워드 길이

p = ''.join(random.sample(s, passlen ))
print(p)
```

 실행결과

```
3482
```

 중간점검

1. 문자열에 포함된 공백을 제거하기 위하여 사용되는 함수는?
2. 문자열과 문자열을 결합하는데 사용되는 함수는?
3. 문자열 안의 단어들을 분리하는 데 사용되는 함수는?

4. 정규식

정규식(regular expression)은 특정 패턴을 가지는 문자열을 찾을 수 있는 기능이다. 정규식은 문자열에 대한 "찾기" 또는 "찾기 및 바꾸기" 작업 또는 입력의 유효성을 검사하는데 사용된다. 정규식은 검색 엔진, 워드 프로세서의 검색 및 바꾸기, sed나 AWK 와 같은 텍스트 처리 유틸리티에서 사용된다. 아래에 정규식의 전형적인 형태를 보였다.

예를 들어서 우리나라의 스마트폰 번호를 문서에서 찾는다고 가정하자. 우리나라의 스마트폰 번호는 특정한 패턴이 있다. 항상 010으로 시작하고 이어서 '-', 숫자 4개, '-', 숫자 4개가 온다. 예를 들어서 010-1234-5678은 스마트폰 번호이지만 01,012,345,678는 아마 스마트폰 번호가 아닐 것이다. 메일 주소는 중간에 @ 기호가 있고, 우리나라의 주민 등록 번호에도 특정한 패턴이 있다. 웹사이트 URL에는 마침표와 슬래시가 있고, 소셜 미디어 해시태그는 항상 #으로 시작한다. 이러한 특정한 문자열 패턴을 찾을 때 유용하게 사용되는 것이 정규식이다.

정규식은 프로그래머에게 시간을 크게 절약해 준다. 정규식을 알고 있다면 복잡한 문제를 순식간에 해결할 수 있다. 이 절에서는 정규식을 사용하지 않고 문서 안에서 스마트폰 번호를 찾는 프로그램을 작성하는 것으로 시작한다. 이어서 동일한 문제를 정규식을 사용하여 작성해본다.

정규식을 사용하지 않고 스마트폰 번호 찾기

예를 들어서 문자열에서 스마트폰 번호를 찾고 싶다고 가정하자. 예를 들면 010-1234-5678이다. checkNumber()라는 함수를 작성하자. 이 함수는 주어진 문자열이 이 패턴과 일치하면 True를 반환하고 그렇지 않으면 False를 반환한다.

```python
def checkNumber(phoneNumber):
    if len(phoneNumber) != 13:
        return False
    if phoneNumber[0:3] != '010':
        return False
    if phoneNumber[3] != '-':
        return False
    for i in range(4, 8):
```

```
        if not phoneNumber[i].isdecimal():
            return False
    if phoneNumber[8] != '-':
        return False
    for i in range(9, 13):
        if not phoneNumber[i].isdecimal():
            return False
    return True
print('010-8888-6666->', checkNumber('010-8888-6666'))
print('000-1111-abcd->', checkNumber('000-1111-abcd'))
```

실행결과

```
010-8888-6666-> True
000-1111-abcd-> False
```

checkNumber() 함수는 주어진 문자열이 유효한 휴대폰 번호인지 확인하기 위해 여러 검사를 수행한다. 이러한 검사 중 하나라도 실패하면 함수는 False를 반환한다. 먼저 코드는 문자열이 정확히 13자인지 확인한다. 이어서 문자열의 처음 세 글자가 '010'인지를 확인한다. 이후에는 '-'이 있어야 하고, 숫자 4개가 있고, 다시 '-', 마지막으로 숫자 4개가 더 있어야 한다. 문자열이 모든 검사를 통과하면 True가 반환된다. 위의 코드에서도 느낄 수 있지만 상당히 복잡하다.

정규식을 사용하여 스마트폰 번호 찾기

이전 프로그램으로 스마트폰 번호는 찾을 수 있지만, 상당히 코드가 복잡하였다. 만약 스마트폰 번호가 (010) 1234-5678와 같은 식으로도 표기된다면, 이전의 프로그램은 다시 상당히 많이 변경되어야 한다. 물론 이러한 추가 패턴에 대해 코드를 추가할 수 있지만, 더 쉬운 방법이 있다. 바로 정규식을 사용하는 것이다. 정규식에서 \d는 숫자를 의미한다. 정규식 "010-\d\d\d\d-\d\d\d\d" 은 이전 checkNumber() 함수가 수행한 것과 동일한 작업을 할 수 있다. 두 번째 스마트폰 번호 패턴은 "(010)\d\d\d\d-\d\d\d\d" 정규식으로 검사할 수 있다.

```
import re

pattern = r'010-\d\d\d\d-\d\d\d\d'
found = re.search(pattern, '제 휴대폰 번호는 010-1234-5678입니다.')
print('발견된 휴대폰 번호: ' + found.group())
```

실행 결과

발견된 휴대폰 번호: 010-1234-5678

정규식 함수는 re 모듈에 있다. 이 모듈을 가져오려면 "import re"와 같이 입력한다. 전화번호 패턴과 일치하는 정규식은 r'010-\d\d\d\d-\d\d\d\d'와 같이 입력한다. 문자열 앞에 붙은 r은 원시 문자열을 의미한다. 여기서 \d는 하나의 숫자를 의미한다. 정규 표현식을 나타내는 문자열 값을 re.search()에 전달하면 정규식과 일치하는 항목을 반환한다. 정규식 패턴이 문자열에 없으면 None을 반환한다. 패턴이 발견되면 Match 객체를 반환한다. Match 객체의 group()을 호출하면 일치된 문자열을 반환한다. re.findall()을 사용하면 정규식을 만족하는 모든 문자열들을 추출할 수 있다.

정규식

정규식(regular expression)이란 특정한 규칙을 가지고 있는 문자열들을 표현하는 수식이다. 정규식은 많은 텍스트 에디터와 프로그래밍 언어에서 문자열의 검색과 치환을 위해 사용되고 있다 (특히 UNIX 계열의 운영체제에서 그렇다).

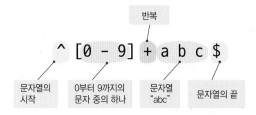

정규식이란 특정한 규칙을 가지고 있는 문자열들을 메타 문자를 이용하여 표현하는 수식이다. 메타 문자는 카드 게임에서 와일드 카드나 마찬가지이다. 와일드 카드는 조커와 같이 자기가 편리한 대로 사용할 수 있는 만능 카드를 말한다. 디렉토리에서 파일의 이름을 정확하게 알 수 없을 때 사용하는 *나 ?도 정규식을 이용하는 것이다. 정규식에서 사용되는 메타문자의 의미를 요약하면 다음과 같다.

식	기능	설명
^	시작	문자열의 시작을 표시
$	끝	문자열의 끝을 표시
.	문자	한 개의 문자와 일치
\d	숫자	한 개의 숫자와 일치
\w	문자와 숫자	한 개의 문자나 숫자와 일치
\s	공백문자	공백, 탭, 줄바꿈, 캐리지리턴 문자와 일치
[]	문자 종류, 문자 범위	[abc]는 a 또는 b 또는 c를 나타낸다. [a-z]는 a부터 z까지 중의 하나, [1-9]는 1부터 9까지 중의 하나를 나타낸다.

몇 가지 예를 들어보자.

▶ abc　　　　정확히 "abc"와만 일치된다.
▶ .　　　　　한자리의 문자, 예를 들어서 "A", "1", "$",

- ▶ \d\d\d 3자리의 숫자, 예를 들어서 "010", "123"
- ▶ [a-z] a부터 z사이의 한 글자와 일치
- ▶ \w 한자리 문자나 숫자, 예를 들어서 "8", "A",

메타문자 뒤에 수량 한정자(quantifier)를 붙일 수 있다. 수량 한정자는 문자가 몇 번 반복되느냐를 나타낸다.

수량 한정자	기능	설명
*	0회 이상 반복	"a*"는 "", "a", "aa", "aaa"를 나타낸다.
+	1회 이상	"a+"는 "a", "aa", "aaa"를 나타낸다.
?	0 또는 1회	"a?"는 "", "a"를 나타낸다.
{m}	m회	"a{3}"는 "aaa"만 나타낸다.
{m, n}	m회 이상 n회 이하	"a{1, 3}"는 "a", "aa", "aaa"를 나타낸다.
(ab)	그룹화	(ab)*은 "", "ab", "abab" 등을 나타낸다.

- ▶ .+ 문자가 1회 이상 반복
- ▶ ^[1-9][0-9]*$ 처음 숫자는 0이 아닌 숫자, 그리고 전체가 숫자(예를 들면 가격)
- ▶ ^\d{6}-\d{7}$ 중간에 -이 있는 주민등록번호
- ▶ (Good)?Bye "GoodBye" 또는 "Bye"

메타 문자 중에서 가장 중요한 문자는 점(.)과 별표(*)이다. 점은 어떤 문자가 와도 상관없다는 의미이다. 별표는 몇 번 반복되어도 상관없다는 것을 의미한다. 예를 들어보자.

위의 정규식은 문자열은 X-Men으로 시작하여야 되고 그 이후에는 어떤 문자가 반복되더라도 좋다는 것을 나타낸다. 위의 정규식은 다음과 같은 문자열들과 매치된다.

```
"X-Men: First Class", "X-Men: Days of Future Past", "X-Men Origins: Wolverine"
```

숫자로 시작하는 줄 찾기

텍스트 파일에서 숫자로 시작되는 줄만을 추출하여고 한다. 제일 먼저 우리가 찾고자 하는 패턴을 정규식으로 나타내어야 한다. 숫자로만 된 문자열을 식별하고 싶으면 [0-9]+라고 표시하면 된다. [0-9]는 0에서 9까지의 문자 중에서 하나를 의미하고 +는 1회 이상 반복을 의미하기 때문이다. 예를 들어서 주어진 텍스트 파일에서 숫자로 시작되는 줄만을 출력하는 프로그램은 다음과 같다.

getline.py	숫자로 시작되는 줄 찾기

```python
import re
f = open('uscons.txt')
for line in f:
    line = line.rstrip()
    if re.search('^[0-9]+', line) :
        print(line)
f.close()
```

```
110th Congress    Document
1st Session       No. 110-50
...
```

중간점검

1. 'a'에서 'z'까지의 글자로만 이루어진 줄을 파일에 찾고 싶으면 어떻게 정규식을 만들어야 하는가?
2. #로 시작하는 줄을 파일에 찾고 싶으면 어떻게 정규식을 만들어야 하는가?

여러분이 웹페이지에서 웹크롤링을 통하여 텍스트를 가져와다고 하자. 이 텍스트 중에서 이메일 주소만을 추출할려고 한다. 정규식을 이용하여서 쉽게 추출할 수 있을까? 먼저 이메일 주소 패턴을 정규식으로 정의해보면 다음과 같다. 상당히 복잡하다.

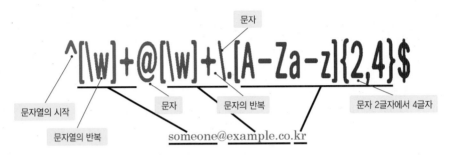

| check_email.py | 이메일 주소 찾는 프로그램 |

```python
import re

pattern = r'^[\w]+@[\w]+\.[A-Za-z]{2,4}$'

def checkEmail(emailAddress):
    if(re.search(pattern, emailAddress)):
        print(f"{emailAddress}는 유효한 이메일 주소입니다.")
    else:
        print(f"{emailAddress}는 유효하지 않은 이메일 주소입니다.")

email = "abc123@gmail.com"
checkEmail(email)


email = "abc.cde@com"
checkEmail(email)
```

실행결과

유효한 이메일 주소입니다.
유효하지 않은 이메일 주소입니다.

Lab 패스워드 검사 프로그램

요즘 해킹을 막기 위하여 패스워드가 아주 복잡해지고 있다. 사용자가 입력한 패스워드를 검증하는 프로그램을 작성해보자. 패스워드의 조건은 다음과 같다.

▶ 최소 8글자
▶ 적어도 하나의 대문자
▶ 적어도 하나의 숫자

```
패스워드를 입력하시오: abcdef
패스워드는 최소한 8글자이어야 합니다.
패스워드를 입력하시오: abcdefrg
패스워드는 적어도 하나의 숫자를 가져야 합니다.
패스워드를 입력하시오: abbabbb1
패스워드는 적어도 대문자를 가져야 합니다.
패스워드를 입력하시오: abbbabbaA1
규정에 맞는 패스워드입니다.
```

---

password.py 패스워드 검사 프로그램

```python
import re

def check():
    while True:
        password = input("패스워드를 입력하시오: ")
        if len(password) < 8:
            print("패스워드는 최소한 8글자이어야 합니다.")
        elif re.search('[0-9]', password) is None:
            print("패스워드는 적어도 하나의 숫자를 가져야 합니다.")
        elif re.search('[A-Z]', password) is None:
            print("패스워드는 적어도 대문자를 가져야 합니다.")
        else:
            print("규정에 맞는 패스워드입니다.")
            break

check()
```

패스워드 전체를 정규식으로 정의하는 것은 좋지 않은 생각이다. 너무 복잡해지기 때문이다.

단어가 나타나는 횟수인 빈도를 계산하는 기법은 종종 텍스트를 분석하는데 사용된다. 출판물의 단어 빈도를 다른 출판물과 비교하면 유사점을 분석할 수 있다. 다음 프로그램은 문자열의 각 단어가 나타나는 횟수를 계산한다. 딕셔너리를 사용한다. split() 는 문자열을 단어로 분리하는 함수이다.

---

wordcount.py	단어 빈도 찾는 프로그램

```python
text_data ='Create the highest, grandest vision possible for your life, because you become what you believe'

word_dic = {}                              # 단어들과 출현 횟수를 저장하는 딕셔너리를 생성
for w in text_data.split():                # 텍스트를 단어들로 분리하여 반복한다.
    if w in word_dic:                      # 단어가 이미 딕셔너리에 있으면
        word_dic[w] += 1                   # 출현 횟수를 1 증가한다.
    else:                                  # 처음 나온 단어이면 1로 초기화한다.
        word_dic[w] = 1

for w, count in sorted(word_dic.items()):  # 키와 값을 정렬하여 반복 처리한다.
    print(w, '의 등장횟수=', count)
```

 실행 결과

```
Create 의 등장횟수= 1
because 의 등장횟수= 1
become 의 등장횟수= 1
believe 의 등장횟수= 1
...
```

단답형 퀴즈 프로그램 작성

단답형 문제를 출제하고 채점하는 퀴즈 프로그램을 작성해보자.

CPU는 무엇의 약자인가?
답안을 작성하시오(또는 quit): Central Processing Unit
정답입니다.

제일 쉬운 프로그래밍 언어는?
답안을 작성하시오(또는 quit): 파이썬
정답입니다.
...

퀴즈가 종료되면 점수를 출력해보자.

요약　　　　　　　　　　　　　　　　　　　　　　　　　　　　Summary

이번 장에서 문자열과 정규식에 대하여 살펴보았다.

▶ 파이썬에서 문자열은 일련의 문자이다. 파이썬 문자열은 변경할 수 없다.
▶ 작은따옴표나 큰따옴표를 사용하여 문자열 리터럴을 만들 수 있다.
▶ 문자열에서 따옴표를 이스케이프 하려면 백슬래시 문자 \를 사용한다.
▶ 문자열은 + 연산으로 합칠 수 있고 * 연산으로 반복시킬 수 있다.
▶ r'...'은 원시 문자열로서 각종 특수 문자가 일반 문자로 취급된다.
▶ f-문자열을 사용하여 문자열에 변수의 값을 삽입할 수 있다.
▶ len() 함수를 사용하여 문자열의 크기를 계산할 수 있다.
▶ 문자열에 대해서도 슬라이싱과 인덱싱이 가능하다.
▶ 슬라이싱을 사용하여 문자열에서 하위 문자열을 추출한다.
▶ 문자열의 n번 위치에 있는 문자에 액세스 하려면 str[n]을 사용한다.
▶ 문자열의 split() 메소드는 분리자 문자를 받아서 문자열을 단어로 분리한다.
▶ 문자열의 join() 메소드는 접착제 문자를 받아서 단어로 접착하여서 문자열로 만든다.
▶ 정규식은 문자열의 특정 패턴을 정의한다.
▶ 정규식을 사용하면 스마트폰 번호와 같은 특정한 패턴을 쉽게 찾을 수 있다.

1 문자의 유니코드를 얻기 위한 함수는?

① char('c')   ② ord('c')   ③ ascii('c')   ④ chr('c')

2 다음 코드의 출력은 무엇인가?

```
s = 'cat'
t = 'dog'
print('dogc' in (s + t)*2)
```

3 다음 코드의 출력은 무엇인가?

```
s = 'Hello'
print (s[:3] + ' World')
```

4 문자열 s의 마지막 문자부터 시작하여 첫 번째 문자까지 한 문자씩 건너뛰면서 부분 문자열을 생성하는 슬라이스 표현식은 무엇인가?

_____

5 welcome('Kim')을 입력하면 'Welcome, my name is Kim'이라는 문자열을 반환하도록 f-문자열을 만들어보자.

```
def welcome(person):
    return _____

print(welcome('Kim'))    # Welcome, my name is Kim 출력
```

6 문자열 s가 다음과 같이 정의되어 있다고 가정하자. 다음과 같은 연산은 어떤 문자열을 반환하는가?

```
s = 'dog#cat#dog'
```

(a) s.upper().lower()   _____

(b) '#'.join(s.split('#'))   _____

7 다음 코드의 출력을 예상해보자.

```
s = "I am 20 years old";
print(s.isalnum())
```

8 문자열 안의 숫자하고만 일치되는 정규식은?

① [a-z]   ② \d   ③ \w   ④ [0, 9]

9 다음 정규식과 매치되는 문자열을 모두 고르시오.

```
'^\$.+'
```

① '상품의 가격은 $200입니다. '
② '$2.5이 남았습니다.'
③ '2.5달러가 남았습니다.'
④ '상품의 가격은 .+달러입니다.'

10 글자 a로 시작하고 이어서 0개 이상의 글자 b가 오는 문자열을 찾으려면 어떤 정규식을 사용해야 하는가?

Programming

1 주어진 문자열의 끝에 'ing'을 추가하는 프로그램을 작성해보자. 주어진 문자열이 이미 'ing'으로 끝나면 대신 'ly'를 추가한다. 주어진 문자열의 길이가 2보다 작으면 변경하지 않는다.

```
입력 문자열 : 'study'
출력 문자열 : 'studying'
```

```
입력 문자열 : 'string'
출력 문자열 : 'stringly'
```

2 주어진 문자열 안의 "좋지 아니한가"를 찾아서 "좋다"로 변경해보자.

```
입력 문자열 : '파이썬, 편해서 좋지 아니한가'
출력 문자열 : '파이썬, 편해서 좋다'
```

HINT find()로 찾아서 replace()로 교체해본다.

3 사용자에게서 문자열을 받아서 문자열 안의 가장 긴 단어를 출력하는 프로그램을 작성해보자.

```
입력 문자열 : This is a house
출력 문자열 : house
```

4 주어진 문자열에서 문자의 빈도를 계산하여 딕셔너리에 저장하는 프로그램을 작성해보자.

```
입력 문자열 = Hello World!
실행 결과 = {'H': 1, 'e': 1, 'l': 3, 'o': 2, ' ': 1, 'W': 1, 'r': 1, 'd': 1, '!': 1}
```

5 문자열에 들어있는 글자의 개수와 숫자의 개수를 계산하여 딕셔너리로 작성하는 프로그램을 작성하라.

```
문자열을 입력하시오: HelloWorld123
실행 결과 = {'LETTERS':10, 'DIGITS':3 }
```

HINT sum(1 for x in myString if x.isalpha())을 사용하면 글자의 개수를 쉽게 계산할 수 있다. 항상 내장 함수를 사용하는 것을 첫 번째로 고려해보자.

6 문자열 중에서 숫자들을 모두 추출하는 프로그램을 작성해보자. 숫자들은 공백 문자로 분리할 수 있다고 하자.

```
입력 문자열: Boeing 747 모델 400 airplane
추출된 숫자: [747, 400]
```

HINT 여러 가지 방법이 있지만 split()와 isdigit()를 사용해본다.

7 사용자로부터 문자열을 받아서 문자열의 앞과 뒤에 HTML 태그 〈h1〉과 〈/h1〉을 추가하는 프로그램을 작성해보자.

```
입력 문자열: Python
출력 문자열: <h1> Python </h1>
```

8 문자열의 맨끝에 있는 줄바꿈 문자 Wn를 제거하는 프로그램을 작성해보자.

```
"Hello World\n"   →   "Hello World"
```

9 욕설과 같은 '금칙어'가 있는 단어들을 저장한 후에, 임의의 텍스트를 검열하는 프로그램을 작성해보자. 이 프로그램은 주어진 텍스트 안의 금칙어를 별표(*)로 바꾸어 새로운 텍스트를 작성한다.

```
문자열을 입력하시오: I read a java book
금칙어를 입력하시오: java
I read a **** book
```

HINT replace() 메소드를 사용하면 문자열에서 단어를 교체할 수 있다.

10 'MM/DD/YYYY' 형식으로 표기된 날짜를 받아서 "YYYYMMDD" 형태로 출력하는 프로그램을 작성하고 테스트하라.

```
문자열을 입력하시오: 05/21/2020
실행결과 = 20200521
```

HINT split('/')를 사용하여 분리한 후에 join()을 사용해서 다시 합친다.

11 딕셔너리에 키-값 쌍으로 저장된 학생의 국적 리스트가 있다고 가정하자.

```
studentList = {
    'Park': 'Korea',
    'Sam': 'USA',
    'Sakura': 'Japan'
}
```

딕셔너리에서 이름과 국적을 꺼내서 다음과 같은 문자열로 만들어서 출력하는 프로그램을 작성해보자.

```
'Hi! I'm Park, and I'm from Korea.'
'Hi! I'm Sam, and I'm from USA.'
'Hi! I'm Sakura, and I'm from Japan.'
```

실행
결과

HINT 딕셔너리에서 값을 꺼내려면 myDict[key]를 사용한다.

12 슬롯 머신에서는 3개의 동일한 기호가 나오면 상금을 준다. 리스트에 3개의 기호가 문자열로 저장되어 있다고 하자. 이들 기호가 동일한 기호이면 "Jack Pot!!"이라고 출력하는 프로그램을 작성해보자.

```
['ABC', 'ABC', 'ABC'] → Jack Pot!!
['@@@', 'ABC', 'ABC'] → NOT Jack Pot!!
```

실행
결과

HINT 리스트를 세트로 바꾸어서 크기가 1인지를 확인하면 될거 같다. 크기가 1이라는 것은 리스트 안의 문자열이 모두 같은 것이기 때문이다.

13 파이썬으로 암호 생성기를 작성해보자. 우리는 본문에서 OTP 암호를 생성하는 방법을 학습하였다. 여기서는 8자리의 강력한 암호를 생성해보자. 강력한 암호는 소문자, 대문자, 숫자, 기호가 혼합되어 있다.

```
생성된 암호 = #W(0KAL6
```

실행
결과

HINT 문자열 'abcdefghijklmnopqrstuvwxyz01234567890ABCDEFGHIJKLMNOPQRSTUVWXYZ!@#$%^&*()?'
에서 몇 글자를 랜덤하게 선택한다.

14 시저 암호화 프로그램을 작성해보자. 시저 암호는 가장 간단하고 널리 알려진 암호화 기술 중 하나이다. 텍스트의 각 문자가 일정한 거리에 있는 문자로 대체되는 일종의 대체 암호이다. 예를 들어, 이동 값이 3이면 D는 A로, E는 B로 바뀌게 된다.

```
입력 문자열 = midnight
이동값 = 3
출력 문자열 = plgqljkw
```

15 트윗 메시지에서 사용자 메시지만을 추려보자. 즉 특수 문자나 URL, 해쉬태그, 이메일 주소, RT, CC는 삭제한다.

```
트윗 문자열: 'Good Morning! RT @PythonUser I like Python #Python
정제된 문자열: 'Good Morning!   I like Python
```

파일 입출력과 예외처리

★ 다음과 같은 작업들을 수행하는 방법을 알고 있나요?
이번 장에서 함께 알아봐요.

1. 파일에서 텍스트를 읽고 쓸 수 있나요?
2. 파일을 복사하면서 어떤 처리를 할 수 있나요?
3. 작업 디렉토리 안에 100개의 파일을 생성할 수 있나요?
4. 이미지와 같은 이진 파일을 복사할 수 있나요?
5. 오류를 우아하게 처리할 수 있나요?

파일 입출력과 예외처리

1. 이번 장에서 만들 프로그램

일반적으로 크기가 큰 데이터는 파일에 저장된다. 이 장에서는 파일을 처리하는 기술을 학습한다. 이번 장에서 다음과 같은 프로그램을 작성해본다.

(1) 행맨(hangman) 프로그램: 단어 게임인 행맨을 작성해본다. 행맨에서 사용되는 단어들을 파일에 저장한 후에, 랜덤하게 하나를 골라서 사용하자.

실행 결과

```
_____
단어를 추측하시오: a
틀렸음!
9번의 기회가 남았음!

_____
단어를 추측하시오: e
```

(2) 날씨를 저장하고 있는 CSV 파일을 읽어서 가장 추웠던 날을 찾아보자.

실행 결과

```
['날짜', '지점', '평균기온(℃)', '최저기온(℃)', '최고기온(℃)']
['1980-04-01', '108', '6.5', '3.2', '11.7']
['1980-04-02', '108', '6.5', '1.4', '12.9']
['1980-04-03', '108', '11.1', '4.1', '18.4']
['1980-04-04', '108', '15.5', '8.6', '21']
...
가장 추웠던 날은 -19.2 입니다.
```

(3) 사용자로부터 파일 이름을 받아서 파일을 압축하거나 입축 해제하는 프로그램을 작성해보자.

실행 결과

```
어떤 작업을 하시겠습니까(압축 또는 해제): 압축
파일 이름을 입력하세요: test.txt
test.zip 파일로 압축되었습니다.
```

2. 파일 입출력

변수는 프로그램이 실행되는 동안 데이터를 저장하는
좋은 방법이지만 프로그램이 종료된 후에도 데이터를
유지하려면 파일에 저장해야 한다. 파일 처리는 예전부
터 많은 분야에서 사용되었지만 빅 데이터 시대인 요즘

에도 중요하다. 왜냐하면 규모가 큰 데이터 세트는 파일에 저장되는 것이 요즘에도 일반적이기
때문이다. 빅데이터들도 CSV 파일 형태로 제공되는 경우가 많다.

파일 열고 닫기

먼저 파일에 저장된 데이터를 읽는 방법을 살펴보자. 파일을 사용하려면 open() 함수를 이용
하여 파일을 열어야 한다. open()은 파일 이름을 받아서 파일 객체를 생성한 후에 반환한다.
파일이 열리면 우리는 파일에서 데이터를 읽거나 쓸 수 있다. 파일과 관련된 작업이 모두 종료
되면 close()를 호출하여서 파일을 닫아야 한다.

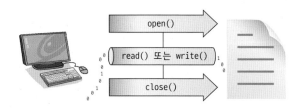

예를 들어서 현재 작업 디렉토리의 "input.txt" 파일을 읽기 모드로 열려면 다음과 같은 문장
을 사용한다.

open()의 첫 번째 인수는 파일의 이름이다. 위의 코드에서 open()은 이름이 "input.txt"인 파
일을 열고, 파일과 연관된 객체를 생성한 후에, 이 객체를 반환한다. 파일에서 데이터를 읽거나
쓰려면 반드시 이 파일 객체가 필요하다. 만약 open()이 파일을 여는 데 실패하면 None 객체
가 반환된다.

open()의 두 번째 인수는 파일을 여는 모드를 의미한다. 파일 모드는 파일과 관련된 여러 가지
선택 사항을 지정하는 문자열이다. 예를 들어서 파일 모드가 "r"이면 읽기 작업을 위하여 파일
을 여는 것이다. 기본적인 파일 모드로 "r", "w", "a"가 있다.

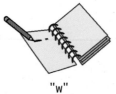

"r"

파일의 처음 부터 읽는다.

"w"

파일의 처음 부터 쓴다.
만약 파일이 존재하면 기존의
내용이 지워진다.

"a"

파일의 끝에 쓴다.
파일이 없으면 생성 된다.

그림 10.1 파일 모드의 종류

파일 앞에 경로가 없으면 현재 작업 디렉토리에서 파일을 찾는다. 만약 d: 드라이브의 \ 디렉토리의 "input.txt" 파일을 읽기 용도로 열려면 다음과 같은 문장을 사용한다. 여기서 \\은 \(백슬래시) 기호 자체를 의미한다(즉 특수한 의미가 아니다).

```
f = open("d:\\input.txt", "r")
```

파일 처리가 끝나면 다음과 같은 문장을 이용하여 파일을 닫아야 한다.

```
f.close()
```

파일에 쓰기

파일 읽기에 앞서서 간단한 텍스트 파일을 쓰기 모드로 만들어보자. "w" 모드로 파일을 열었다면 write() 메소드를 이용하여 파일에 텍스트를 쓸 수 있다. 예를 들어서 "파이썬은 강력합니다."를 파일에 쓰려면 다음과 같은 명령문을 사용한다.

```
>>> f = open("test.txt", "w")
>>> f.write("파이썬은 강력합니다.\n")
12

>>> f.close()
```

test.txt

파이썬은 강력합니다.₩n

콘솔에 출력할 때는 print() 함수가 자동으로 줄바꿈 문자를 붙이지만, 파일에 쓸 때는 우리가 줄바꿈 문자를 붙여서 보내주어야 한다. 만약 기존의 내용이 있었다면 write() 메소드는 기존의 파일 내용을 지우고 새로운 텍스트를 추가한다. 쓰기가 끝나면 close() 함수를 호출하는 것을 잊지 말자. 만약 파일을 열 때, "Permission denied"가 발생한다면 관리자 영역에 쓰려고 하는 것이므로 작업 디렉토리를 변경하여야 한다.

파일에서 읽기

파일에서 데이터를 읽는 함수는 read()이다. 앞에서 저장하였던 문자열을 다시 읽어보자.

```
>>> f = open("test.txt", "r")
>>> s = f.read()
>>> s
'파이썬은 강력합니다.\n'
>>> f.close()
```

test.txt

파이썬은 강력합니다.₩n

만약 파일을 열려고 시도하였는데, 파일이 없다면 "FileNotFound" 오류가 발생한다. read()가 반환하는 것은 문자열이다. 따라서 우리는 문자열이 제공하는 여러 가지 연산을 사용할 수 있다. 예를 들어서 슬라이싱 연산을 사용하여서 앞에서 3자만 잘라낼 수도 있다.

```
>>> f = open("test.txt", "r")
>>> s = f.read()
>>> s[:3]
'파이썬'
>>> f.close()
```

파일에 추가하기

파일 모드 "a"를 사용하면 기존의 파일 끝에 새로운 데이터를 추가할 수 있다. 예를 들어서 앞의 test.txt에 "파이썬은 간결합니다.\n"을 추가해보자.

```
>>> f = open("test.txt", "a")
>>> f.write("파이썬은 간결합니다.\n")
12
>>> f.close()
>>> f = open("test.txt", "r")
>>> f.read()
'파이썬은 강력합니다.\n파이썬은 간결합니다.\n'
>>> f.close()
```

test.txt

파이썬은 강력합니다.₩n
파이썬은 간결합니다.₩n

with 문으로 파일 열기

파일을 가지고 작업을 할 때, 파일을 닫지 않고 다른 곳으로 가버리는 일도 매우 흔하다. 개발 사가 깜빡하고 잊어버리는 것이다. 파일을 닫지 않으면 파일에 내용이 올바르게 기록되지 않는 다. 이것을 방지하는 가장 좋은 방법은 with 문을 사용하는 것이다. 이 방법에서는 with 문내의 블록이 종료될 때 파일이 자동으로 닫힌다. close()를 명시적으로 호출할 필요는 없다. close() 호출은 내부적으로 이루어진다.

```python
with open("test.txt", "w") as f:
    f.write("파이썬은 간결합니다.\n")

....            # f.close()를 호출하지 않아도 된다.
```

파일을 연 후에는 무엇을 하는가?

지금까지 설명한 내용은 아주 간단하다. 파일을 열어서 문자열을 쓰거나 읽을 수 있다는 것이다. 하지만 파일을 읽어서 문자열로 바꿀 수만 있다면 우리는 아주 많은 작업들을 할 수 있다. 파이썬은 강력한 문자열 기능(정규식 포함)을 제공하기 때문이다. 예를 들어서 파일에 다음과 같은 텍스트가 저장되어 있다고 하자. 우리는 이 텍스트를 한 줄씩 분리하여 리스트에 저장하려고 한다. 어떻게 하면 되는가?

```python
f = open("test.txt", "r")
s = f.read()
myList = s.split("\n")
print(myList)
f.close()
```

실행결과

['파이썬은 강력합니다.', '파이썬은 간결합니다.', '파이썬은 배우기 쉽습니다.', '']

맨 끝에 널 문자열이 출력된 것은 줄바꿈 문자를 기준으로 분리하다 보니 생긴 것이다. 이것을 제거하려면 rstrip()을 사용한다.

```python
...
s = s.rstrip(' \n')
...
```

실행결과

['파이썬은 강력합니다.', '파이썬은 간결합니다.', '파이썬은 배우기 쉽습니다.']

문자 인코딩

컴퓨터에서 문자를 나타낼 때는 문자 코드를 사용한다. 가장 잘 알려진 것이 아스키 코드이다. 아스키 코드는 각 문자에 128개의 인코딩값을 정의한다. 예를 들어서 문자 A의 아스키 코드 값은 65이다. 하지만 여러분들도 알다시피 최근에는 세계의 모든 문자를 나타낼 수 있는 유니코드가 사용된다. 유니코드 중에서 가장 많이 사용되는 인코딩은 UTF-8이다. UTF-8에서는 각 문자를 1개에서 4개까지의 바이트로 인코딩한다.

텍스트 파일을 처리할 때 문자 인코딩이 중요한 이유는 인코딩에 따라서 동일한 파일이라도 파일을 이루는 바이트가 달라지기 때문이다. 윈도우에서는 아직도 갈팡지팡이다. 따라서 메모장으로 텍스트 파일을 만들면 ANSI 코드로 저장할 것인지, UTF-8 코드로 저장할 것인지를 사용자가 지정하도록 되어 있다. 과거의 텍스트 파일은 거의 ANSI 코드이다. ANSI 코딩은 유니코드가 나오기 전에 많이 사용하였던 완성형 코드이다. 한글이 2 바이트로 코딩되어서 한글이 많은 파일의 경우, UTF-8에 비하여 크기가 줄어드는 장점이 있다. 파이썬에서는 운영체제로부터 문자 인코딩 설정을 가져온다. 따라서 사용자가 UTF-8 기반의 파일을 열 때는 특별히 다음과 같이 인코딩을 지정하여야 한다.

```
infile = open("input.txt", "r", encoding="utf-8")
```

 중간점검

1. 파일을 처리하는 절차를 설명하라.
2. 파일에서 데이터를 읽는 가장 기본적인 함수는 무엇인가?
3. 파일에 데이터를 쓰는 가장 기본적인 함수는 무엇인가?

Lab 행맨

단어 게임으로 가장 유명한 것이 행맨(hangman)이다. 행맨은 컴퓨터가 생각하는 단어를 사용자가 맞춰가는 게임이다. 사용자는 한 번에 하나의 글자만을 입력할 수 있으며 맞으면 글자가 보이고 아니면 시도 횟수가 하나 증가한다.

```
_____

단어를 추측하시오: a
틀렸음!
9번의 기회가 남았음!

_____

단어를 추측하시오: e
틀렸음!
8번의 기회가 남았음!
```

행맨에 필요한 파일은 인터넷에서 다운받을 수 있다. 우리는 이 파일을 words.txt 파일로 저장한다. 프로그램은 단어 파일에서 랜덤으로 하나의 단어를 선택하여야 한다.

words.txt

```
able
about
account
acid
...
```

🐕 **도전문제**

words.txt 파일에서 2개의 단어를 선택하여서 _____ _____와 같이 2개의 단어를 맞추는 게임도 작성해보자.

Solution 행맨

```python
import random

guesses = ''
turns = 10

infile = open("words.txt", "r")
lines = infile.read().split()
word = random.choice(lines)

while turns > 0:
    failed = 0
    for char in word:
        if char in guesses:
            print(char, end="")
        else:
            print("_", end="")
            failed += 1
    if failed == 0:
        print("사용자 승리")
        break
    print("")
    guess = input("단어를 추측하시오: ")
    guesses += guess
    if guess not in word:
        turns -= 1
        print ("틀렸음!")
        print (f"{turns}번의 기회가 남았음!")
        if turns == 0:
            print("사용자 패배 정답은 "+word)

infile.close()
```

사용자가 맞춘 글자를 표시하고
못맞춘 글자는 _로 표시한다.

3. CSV 파일

CSV는 테이블 형식의 데이터를 저장하는 용도로 사용되는 구조화된 텍스트 파일 형식이다. CSV는 1972년부터 사용되기 시작하였으며, Microsoft Excel와 같은 스프레드 시트 소프트웨어에 적합한 형식이다. 정부에서 제공하는 데이터는 CSV 형식이 많다.

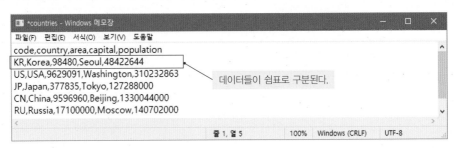

CSV 파일은 필드를 나타내는 열과 레코드를 나타내는 행으로 구성된다. 레코드의 필드는 대개 쉼표로 구분되지만 어떤 구분자도 사용이 가능하다. 즉 탭이나 콜론, 세미콜론 등의 구분자도 사용할 수 있다. 우리는 쉼표를 사용하도록 하자. 만약 데이터의 중간에 우연히, 쉼표가 있다면, 따옴표를 사용하여 데이터를 묶어야 한다. 예를 들어서 "Gildong, Hong"이라는 데이터가 있다고 하자. 데이터의 중간에 쉼표(,)가 포함되어 있다. 이러한 경우에는 구분자로 사용되는 쉼표와 구분하기 위하여 반드시 데이터를 따옴표로 감싸야 한다.

CSV 파일의 첫 번째 레코드에는 열 제목이 포함되어 있을 수 있다. 따라서 열 제목은 제거할 수 있다. 이것은 CSV 형식 자체의 기능이 아니라 단순히 일반적인 관행이다. CSV 파일의 크기를 알 수 없고 잠재적으로 크기가 큰 경우 한 번에 모든 레코드를 읽지 않는 것이 좋다. 이때는 현재 행을 읽고, 현재 행을 처리한 후에 삭제하고 다음 행을 가져와야 한다.

CSV 데이터 처리하기

CSV 파일은 14장에서 학습하게 될 판다스를 이용해서 읽는 것이 최선이다. 하지만 여기서는 순수 파이썬을 이용한 처리만 살펴보자. 파이썬 모듈 csv는 CSV reader와 CSV writer를 제공한다. 두 객체 모두 파일 핸들을 첫 번째 매개 변수로 사용한다. 필요한 경우 delimiter 매개 변수를 사용하여 구분자를 제공할 수 있다.

기상자료개방 포털 사이트에 들어가면 1980년부터 현재까지의 서울 날씨를 저장한 CSV 파일을 다운로드할 수 있다. 예를 들어서 현재 작업 디렉토리에 서울의 기상 정보가 저장된 "weather.csv"라는 파일이 있다고 하자. 다음과 같은 코드로 CSV 파일을 읽을 수 있다.

```
import csv                          # CSV 모듈을 불러온다.

f = open('weather.csv')            # CSV 파일을 열어서 f에 저장한다.
data = csv.reader(f)               # reader() 함수를 이용하여 읽는다.
for row in data:
    print(row)
f.close()
```

```
['날짜', '지점', '평균기온(℃)', '최저기온(℃)', '최고기온(℃)']
['1980-04-01', '108', '6.5', '3.2', '11.7']
['1980-04-02', '108', '6.5', '1.4', '12.9']
['1980-04-03', '108', '11.1', '4.1', '18.4']
['1980-04-04', '108', '15.5', '8.6', '21']
...
```

CSV 파일에 저장된 데이터를 한 줄 씩 읽으려면 for 반복문을 사용해야 한다. CSV 파일의 각 행의 데이터가 리스트에 저장되어서 우리에게 전달된다. CSV 파일에 많은 데이터가 저장되어 있다면 상당한 시간이 걸릴 수 있다.

위의 실행 결과를 자세히 보면 첫 번째 행은 데이터의 속성을 표시하는 헤더이다. 만약 헤더를 제거하고 나머지 데이터만을 읽으려면 어떻게 하면 될까? next()를 한번 호출해주면 된다.

```
import csv                          # CSV 모듈을 불러온다.

f = open('weather.csv')            # CSV 파일을 열어서 f에 저장한다.
data = csv.reader(f)               # reader() 함수를 이용하여 읽는다.
header = next(data)                # 헤더를 제거한다.
for row in data:                   # 반복 루프를 사용하여 데이터를 읽는다.
    print(row)
f.close()                          # 파일을 닫는다.
```

이제 서울이 언제 가장 추웠는지를 조사해보자. CSV 파일에서 최저 기온은 4번째 열에 저장되어 있다. 인덱스로는 3이 된다. 따라서 리스트에서 row[3]을 찾으면 된다.

row[3]에 저장된 값은 문자열이다. 따라서 최저 기온이 가장 낮았던 날을 찾으려면 이것을 실수로 변환해야 한다. 문자열을 실수로 변환하는 함수는 float()이다.

```
header = next(data)           # 헤더를 읽는다
for row in data:
        print(float(row[3]), end=" ")
```

```
3.2 1.4 4.1 8.6 12.5 4.3 4.7 8.4 5.7, ...
```

이제 가장 낮은 최저 기온을 찾으면 된다. temp라는 변수를 1000으로 초기화하고 이 값보다 낮은 row[3]이 발견되면 temp를 row[3]으로 바꾸면 된다. 전체 프로그램은 다음과 같다.

```python
import csv

f = open('weather.csv')
data = csv.reader(f)
header = next(data)
temp = 1000
for row in data:
    if temp > float(row[3]):
        temp = float(row[3])
print(temp)
f.close()
```

실행결과

-19.2

Lab 인구 데이터

2019년 4월 현재 우리나라의 행정구역별 인구 분포가 저장된 ages.csv 파일이 있다. 이 파일에서 서울의 인구 구조만을 추출해보자.

```
📄 ages - 메모장                                                                                    —    □    ×
파일(F)  편집(E)  서식(O)  보기(V)  도움말
행정구역,2019년04월_계_총인구수,2019년04월_계_연령구간인구수,2019년04월_계_0~9세,2019년04월_계_10~19세,2019년04월_계_20~29세,2019년04월_계_30~39세,2019년04월 ^
전국   (0000000000),"51,836,763","51,836,763","4,252,921","5,068,750","6,815,660","7,198,993","8,438,563","8,658,999","6,070,217","3,524,973","1,567,865","220,388","19,434"
서울특별시   (1100000000),"9,766,886","9,766,886","680,098","843,949","1,458,045","1,535,973","1,579,826","1,549,531","1,159,875","667,968","247,754","37,855","6,012"
부산광역시   (2600000000),"3,431,750","3,431,750","248,549","291,745","441,953","447,924","522,444","590,864","494,077","276,664","102,489","13,323","1,718"
대구광역시   (2700000000),"2,454,154","2,454,154","192,597","245,182","328,309","313,937","399,715","431,461","297,457","166,821","69,727","8,298",650
인천광역시   (2800000000),"2,956,700","2,956,700","248,107","288,855","409,266","429,231","492,213","516,940","323,497","166,561","70,374","10,797",859
광주광역시   (2900000000),"1,458,940","1,458,940","129,244","169,087","206,651","197,954","245,937","232,778","147,936","87,809","36,134","5,032",378
대전광역시   (3000000000),"1,485,509","1,485,509","126,303","157,801","213,885","205,895","246,611","244,338","162,156","85,768","37,208","5,218",326
울산광역시   (3100000000),"1,152,293","1,152,293","106,946","119,309","151,514","164,088","192,791","211,282","128,127","54,950","20,345","2,781",160
세종특별자치시   (3600000000),"324,417","324,417","45,618","37,984","34,845","59,706","60,619","39,997","25,344","12,826","6,444",979,55
경기도   (4100000000),"13,129,508","13,129,508","1,200,597","1,373,979","1,754,439","1,940,021","2,285,992","2,170,600","1,327,051","718,326","309,784","44,976","3,743"
강원도   (4200000000),"1,540,794","1,540,794","111,278","147,872","181,271","173,485","231,350","271,670","212,545","136,287","64,455","9,832",749
충청북도   (4300000000),"1,599,488","1,599,488","132,016","157,987","200,429","203,465","246,165","273,262","198,738","118,363","60,461","8,056",546
충청남도   (4400000000),"2,125,912","2,125,912","186,524","211,490","247,176","285,662","329,783","340,549","252,582","164,559","94,159","12,616",812
전라북도   (4500000000),"1,829,273","1,829,273","141,184","187,390","215,583","204,252","278,583","305,612","236,060","162,419","85,484","11,923",783
전라남도   (4600000000),"1,873,183","1,873,183","142,949","180,002","203,878","200,761","269,034","319,797","249,472","191,037","101,881","13,581",791
경상북도   (4700000000),"2,670,375","2,670,375","204,935","241,542","296,155","315,047","395,784","468,033","371,092","235,602","124,577","16,713",895
경상남도   (4800000000),"3,368,933","3,368,933","292,679","341,522","390,403","434,824","548,317","582,708","413,205","234,962","114,687","14,926",700
제주특별자치도   (5000000000),"668,648","668,648","63,297","73,054","81,858","86,768","113,399","109,577","71,003","44,051","21,902","3,482",257
<                                                                                              >
                                                          Windows (CRLF)          Ln 1, Col 1              100%
```

csv_age.py

```python
import csv
import matplotlib.pyplot as plt

f = open('ages.csv')
data = csv.reader(f)
header = next(data)

for row in data:
    if '서울특별시' in row[0]:
        print(row)
f.close()
```

```
['서울특별시   (1100000000)', '9,766,886', '9,766,886', '680,098', '843,949', '1,458,045',
'1,535,973', '1,579,826', '1,549,531', '1,159,875', '667,968', '247,754', '37,855', '6,012']
```

4. 디렉토리 작업

파이썬으로 쉽게 할 수 있는 작업 중의 하나가 파일이나 디렉토리를 정리하는 작업이다. 이것을 손으로 하려면 상당한 시간이 소요되고 또 아주 지루한 작업이 된다. 파이썬 프로그램으로 파일을 처리하다 보면 디렉토리에 있는 전체 파일을 찾아서 처리해야 하는 경우가 종종 있다. 이때는 os 모듈에서 제공하는 도구들을 사용할 수 있다.

현재 작업 디렉토리

현재 파이썬 프로그램이 실행되는 디렉토리를 작업 디렉토리(CWD: Current Working Directory)라고 한다. 작업 디렉토리를 얻으려면 다음과 같은 함수 호출을 사용한다.

```
>>> import os
>>> os.getcwd()
'D:\\test'
>>> os.getcwdb()
b'D:\\test'
```

getcwd()는 현재 작업 디렉터리를 문자열 형식으로 반환한다. getcwdb()를 사용하여 바이트 배열 객체로 가져올 수도 있다.

디렉토리 변경

chdir() 메소드를 사용하여 현재 작업 디렉토리를 변경할 수 있다. 변경하려는 새 경로는 문자열로 제공되어야 한다. 슬래시 / 또는 백슬래시 \를 모두 사용하여 경로 요소를 구분할 수 있다. 백슬래시를 사용할 때 \\와 같이 사용하여야 한다.

```
>>> os.chdir('D:\\sources')
>>> print(os.getcwd())
D:\source
```

디렉토리 안의 파일 나열

디렉토리 내의 모든 파일은 listdir() 메소드를 사용하여 검색할 수 있다. 이 메소드는 주어진 경로의 서브 디렉터리 및 파일 리스트를 반환한다. 경로를 지정하지 않으면 현재 작업 디렉터리의 서브 디렉터리 및 파일 리스트를 반환한다.

```
>>> os.listdir()
['kr', 'PackageTest.java']
>>> os.listdir('D:\\')
['$RECYCLE.BIN', '.metadata', '10.1.1.335.3398.pdf', ... ]
```

listdir()가 반환하는 리스트에서 파일 이름을 하나씩 꺼내서 출력하는 코드는 다음과 같다.

```
for filename in os.listdir() :
    print(filename)
```

listdir() 함수는 작업 디렉토리 안에 있는 파일 뿐만 아니라 디렉토리 이름도 반환한다. 파일만 처리하려면 다음과 같이 isfile() 함수를 사용한다.

```
if os.path.isfile(filename) :
    print("파일입니다.")
```

파일의 확장자를 검사하려면 endswidth()를 사용한다. 예를 들어서 작업 디렉토리에서 확장자가 ".jpg"인 파일을 전부 찾아서 파일 이름을 출력하는 프로그램은 다음과 같다.

```
import os

cwd = os.getcwd()
files = os.listdir()
for name in files :
    if os.path.isfile(name) :
        if name.endswith(".jpg") :
            print(name)
```

실행결과
```
DSC04886_11.jpg
DSC04886_12.jpg
DSC04886_13.jpg
```

새 디렉토리 만들기

mkdir() 메소드를 사용하여 새 디렉토리를 만들 수 있다. 경로를 지정하지 않으면 현재 작업 디렉터리에 새 디렉터리가 생성된다.

```
>>> os.mkdir('test')
>>> os.listdir()
['kr', 'PackageTest.java', 'test']
```

디렉토리 또는 파일 이름 바꾸기

rename() 메소드를 이용하여 디렉터리나 파일의 이름을 바꿀 수 있다. 디렉토리나 파일의 이름을 바꾸기 위해 rename()는 두 가지 인수를 사용한다. 첫 번째 인수는 이전 이름이고 두 번째 인수는 새로운 이름이다.

```
>>> os.listdir()
['kr', 'PackageTest.java', 'test']
>>> os.rename('test','test2')
>>> os.listdir()
['kr', 'PackageTest.java', 'test2']
```

디렉토리 또는 파일 제거

remove() 메소드를 사용하여 파일을 제거할 수 있다. rmdir()는 디렉터리를 제거한다. rmdir()는 빈 디렉터리만 제거할 수 있다.

```
>>> os.listdir()
['kr', 'PackageTest.java', 'test2']
>>> os.remove('PackageTest.java')
>>> os.listdir()
['kr', 'test2']
>>> os.rmdir('test2')
['kr']
```

비어 있지 않은 디렉토리를 제거하기 위해 shutil 모듈의 rmtree() 메소드를 사용할 수 있다.

 중간점검

1. 현재 작업 디렉토리에 있는 모든 파일 이름을 얻으려면 어떻게 하는가?
2. 파일과 디렉토리를 어떻게 구분하는가?

Lab 디렉토리 안의 파일 처리

특정한 디렉토리 안의 모든 파일을 처리하는 프로그램을 작성해보자. 디렉토리 안의 모든 파일은 os.listdir()로 얻을 수 있다. 파일 중에서 "Python"을 포함하고 있는 줄이 있으면 파일의 이름과 해당 줄을 출력한다.

```
file.py :              if "Python" in e:
summary.txt : The joy of coding Python should be in seeing short
summary.txt : Python is executable pseudocode.
```

---

file.py

```python
import os
arr = os.listdir()

for f in arr:
    infile = open(f, "r", encoding="utf-8")
    for line in infile:
        e = line.rstrip()       # 오른쪽 줄바꿈 문자를 없앤다.
        if "Python" in e:
            print(f, ":", e)
    infile.close()
```

도전문제

(1) 위의 프로그램에서 줄번호도 출력할 수 있는가? 예를 들면 다음과 같다.

```
file.py 22 :              if "Python" in e:
summary.txt 30 : The joy of coding Python should be in seeing short
summary.txt 17 : Python is executable pseudocode.
```

(2) 위의 코드에 f가 파일일때만 'Python' 문자열을 찾도록 문장을 추가해보자. isfile() 메소드를 사용한다.

Lab 수학문제지 100개 만들기

우리가 초등학생들을 위한 수학학원을 운영한다고 하자. 간단한 사칙 연산 문제가 10개가 들어 있는 문제지가 필요하다. 100명의 초등학생에게 서로 다른 문제지를 주고 싶다. 파이썬으로 만들 수 있을까?

```
다음의 문제를 풀어서 제출하세요
이름:        점수:

30 - 17 =
82 + 47 =
69 * 11 =
88 / 40 =
80 / 35 =
2 / 73 =
70 * 87 =
13 * 93 =
85 - 35 =
4 + 11 =
```

쓰기용 파일을 100개 만들고 여기에 사칙 연산 문제를 랜덤하게 출제하면 된다.

math_prob.py

```python
import random
import os

os.mkdir("math_ex")

for i in range(100):
    f = open(f"math_ex/ex{i}.txt", "w")
    f.write("다음의 문제를 풀어서 제출하세요\n")
    f.write("이름:        점수:        \n\n")

    for k in range(10):
        x = random.randint(0, 100)
        y = random.randint(0, 100)
        op = random.choice("+-*/")
        f.write(f"{x} {op} {y} = \n")
    f.close()
```

5. 이진 파일

텍스트 파일과 이진 파일의 차이점을 살펴보자. 텍스트 파일에서는 모든 정보가 문자열로 변환되어서 파일에 기록되었다. 즉 정수값도 print()를 통하여 문자열로 변환된 후에 파일에 쓰였다. 즉 123456와 같은 정수값을 화면에 출력하려면 6개의 문자 '1', '2', '3', '4', '5', '6'으로 변환하여 출력하였다. 이 변환은 print() 함수가 담당하였다.

반면에 이진 파일(binary file)은 데이터가 직접 저장되어 있는 파일이다. 즉 정수 123456는 문자열로 변환되지 않고 0x0001E240와 같은 이진수 형태로 그대로 파일에 기록되는 것이다. 이진 파일의 장점은 효율성이다. 우리가 텍스트 파일에서 숫자 데이터를 읽으려면 문자열을 읽어서 int()와 같은 함수를 사용하여 숫자로 변환하여야 하기 때문이다. 이 과정은 시간이 많이 걸리며 비효율적이다. 이진 파일을 사용하면 이러한 변환 과정이 필요 없이 바로 숫자 데이터를 읽을 수 있으며 텍스트 파일에 비하여 저장 공간도 더 적게 차지한다.

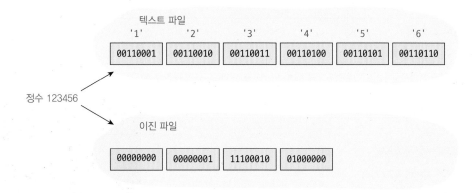

그림 10.2 텍스트 파일과 이진 파일

이진 파일의 단점은 인간이 파일의 내용을 확인하기가 힘들다는 점이다. 문자 데이터가 아니므로 모니터나 프린터로 출력하는 것이 불가능하다. 또한 텍스트 파일은 컴퓨터의 기종이 달라도 파일을 이동할 수 있다. 왜냐하면 아스키 코드로 되어 있기 때문에 다른 컴퓨터에서도 읽을 수 있기 때문이다. 그러나 이진 파일의 경우, 정수나 실수 데이터를 표현하는 방식이 컴퓨터 시스템마다 다를 수 있기 때문에 이식성이 떨어진다. 따라서 이식성이 중요하다면 약간 비효율적이더라도 텍스트 형식의 파일을 사용하는 것이 좋다. 하지만 데이터가 상당히 크고 실행 속도가 중요하다면 이진 파일로 하는 것이 좋을 것이다.

이진 파일에서 데이터를 읽으려면 다음과 같이 파일을 열어야 한다.

```
infile = open(filename, "rb")
```

입력 파일에서 8 바이트를 읽으려면 다음과 같은 문장을 사용한다.

```
bytesArray = infile.read(8)
```

bytesArray는 바이트형의 시퀀스(배열)로서 0부터 255까지의 값들의 모임이다. 첫 번째 바이트를 꺼내려면 다음과 같은 문장을 사용하면 된다.

```
byte1 = bytesArray[0]
```

이진 파일에 바이트들을 저장하려면 다음과 같이 한다.

```
outfile = open(filename, "wb")
bytesArray = bytes([255, 128, 0, 1])
outfile.write(bytesArray)
```

 예제 이진 파일 복사하기

이미지 파일은 이진 파일이다. 즉 파일에 데이터가 이진수 형식으로 저장되어 있다. 하나의 이미지 파일을 다른 이미지 파일로 복사하는 프로그램을 작성하여 보자.

실행
결과 ▶ 123.png를 kkk.png로 복사하였습니다.

binary_filecopy.py

```
infile = open("123.png", "rb")
outfile = open("kkk.png", "wb")

# 입력 파일에서 1024 바이트씩 읽어서 출력 파일에 쓴다.
while True:
    copy_buffer = infile.read(1024)
    if not copy_buffer:
        break
    outfile.write(copy_buffer)

infile.close()
outfile.close()
print(filename1+"를 " +filename2+"로 복사하였습니다. ")
```

 중간점검

1. 이진 파일을 열려면 어떻게 파일을 열어야 하는가? 무엇이 달라지는가?
2. 이진 파일에서 데이터를 읽는 함수 이름은?
3. 이진 파일에서 데이터를 파일에 쓰는 함수 이름은?

6. 객체 출력

우리는 앞에서 문자열 데이터를 텍스트 파일에 쓰고 읽는 방법을 중점적으로 학습하였다. 하지만 우리의 프로그램에서는 다음과 같은 딕셔너리도 상당히 자주 나타난다.

```
gameOption = {
        "Sound": 8,
        "VideoQuality": "HIGH",
        "Money":, 100000
        "WeaponList": ["gun", "missile", "knife" ]
}
```

위와 같은 딕셔너리도 파일에 저장할 수 있을까? 다시 말하면 딕셔너리나 리스트와 같은 객체도 파일에 쓸 수 있을까? 예를 들어서 객체를 파일에 쓰고, 파일에서 읽을 수 있다면 상당히 편리할 것이다. 예를 들어서 게임에서 플레이어의 현재 상태를 파일에 저장하였다가 다시 불러올 수 있다면 좋을 것이다.

딕셔너리와 같은 객체를 파일에 저장하기 위하여 파이썬에서는 다양한 방법이 제공된다. 가장 많이 사용되는 모듈은 pickle 모듈이다. pickle 모듈의 dump()와 load() 메소드를 사용하면 객체를 쓰고 읽을 수 있다.

객체 데이터

그림 10.3 피클은 객체를 파일에 저장한다.

pickle 모듈을 사용하려면 다음과 같이 먼저 포함시켜야 한다.

```
import pickle
```

객체를 pickle 모듈로 압축하려면 dump() 함수를 사용한다. 이것은 실제 피클을 병 안에 넣는 것으로 기억하라. dump() 함수는 파일 객체를 필요로 한다.

```
file = open( "save.p", "w" )
```

우리는 "w" 파일모드를 사용하였는데 우리가 이 파일안에 새로운 내용을 써야 하기 때문이다. 어떤 파일 이름이나 확장자도 사용할 수 있다. 우리는 확장자로 ".p"을 사용한다.

최종적으로 pickle 모듈의 dump()를 호출하면 된다.

```
pickle.dump(gameOption, file)
```

딕셔너리 저장하기

딕셔너리에 저장된 데이터들을 pickle 모듈을 이용하여서 파일에 기록하는 예제를 살펴보자.

pickle.py

```
import pickle

gameOption = {                          # 파일을 닫는다.
        "Sound": 8,
        "VideoQuality": "HIGH",
        "Money": 100000,
        "WeaponList": ["gun", "missile", "knife" ]
}

file = open( "save.p", "wb" )           # 이진 파일 오픈
pickle.dump( gameOption, file )         # 딕셔너리를 피클 파일에 저장
file.close()                            # 파일을 닫는다.
```

제일 먼저 하는 작업은 pickle 모듈을 포함시키는 것이다. 이후에 gameOption이라고 하는 딕셔너리를 생성한다. 이어서 open() 함수를 사용하여 "wb" 모드로 "save.p" 파일을 연다. "wb" 모드는 이진 파일 형식으로 열라는 것을 의미한다. 다음 줄에서는 pickle 객체의 dump() 함수를 호출하여서 gameOption 딕셔너리를 전달한다. 마지막 줄에서 파일을 닫는다.

이진 파일에 딕셔너리를 저장하였으므로 사람이 읽기는 어렵다. "save.p" 파일을 메모장으로 열어보면 다음과 같이 표시된다.

딕셔너리 복원하기

이번에는 이진 파일에 저장된 딕셔너리를 읽어보자. pickle 객체의 load() 함수를 호출하면 파일에 저장된 딕셔너리를 복원할 수 있다.

pickle2.py

```python
import pickle

file = open( "save.p", "rb" )      # 이진 파일 오픈
obj = pickle.load( file )          # 피클 파일에 딕션너리를 로딩
print(obj)
```

```
{'WeaponList': ['gun', 'missile', 'knife'], 'Money': 100000, 'VideoQuality': 'HIGH', 'Sound': 8}
```

피클 객체는 파이썬 객체를 직렬화하고 역직렬화하는 프로토콜을 구현한다. 피클 객체의 dump()를 호출하면 파이썬 객체가 바이트 스트림으로 변환되고, load()를 호출하면 바이트 스트림이 객체로 변환된다. 실행 결과를 보면 우리가 저장하였던 딕셔너리가 그대로 복원되어 있음을 알 수 있다.

7. 예외 처리

우리가 사는 세상은 완벽하지 않다. 사용자들은 잘못된 데이터를 입력할 수도 있고, 우리가 오픈하고자 하는 파일이 컴퓨터에 존재하지 않을 수도 있으며 인터넷이 다운될 수도 있다. 또 프로그래머에 의하여 많은 버그들이 프로그램에 추가된다. 예를 들어 배열의 인덱스가 한계를 넘을 수도 있다. 지금까지는 이러한 문제들을 전혀 생각하지 않았지만 이번 장부터는 현실을 직시해보자.

오류가 발생하였다면 우리는 무엇을 어떻게 하여야 하는가? 먼저 침착하게 오류의 내용을 살펴보아야 한다. 파이썬은 상당히 발전된 오류 보고 시스템을 가지고 있어서 소스 파일의 몇 번째 문장에서 오류가 발생하였는지를 우리에게 알려준다. 따라서 해당 문장으로 가서 살펴보아야 할 것이다.

예를 들어서 파일을 열어서 데이터를 읽는 프로그램에서 파일이 없다면 당장 오류가 발생되며 종료될 것이다. 또 정수를 0으로 나눈다면 오류가 발생할 것이다.

```
>>> (x, y)=(2, 0)
>>> z=x/y
Traceback (most recent call last):
  File "<pyshell#1>", line 1, in <module>
    z=x/y
ZeroDivisionError: division by zero
>>>
```

위의 프로그램에서는 ZeroDivisionError 오류가 발생하였고 파이썬 인터프리터는 어디서 오류가 발생되었는지를 자세하게 보고한다. 이러한 오류 메시지를 **역추적(traceback) 메시지**라고 한다.

예외 처리

파이썬에서 실행 도중에 발생하는 오류를 예외(exception)라고 부른다. 만약 우리가 만든 프로그램을 사용하던 사용자가 오류를 만났다고 가정하자. 대개의 경우 오류가 발생하면 프로그램이 종료된다. 오류가 발생하여서 사용자가 이제까지 작업하던 데이터를 모두 잃어버렸다면 사용자는 절망하게 될 것이다. 따라서 우리는 오류가 발생했을 때 오류를 사용자에게 알려주고 모든 데이터를 저장하게 한 후에 사용자가 우아하게(gracefully) 프로그램을 종료할 수 있도록 하는 것이 바람직하다. 또 오류를 처리한 후에 계속 실행할 수 있다면 더 나은 프로그램이 될 수 있다. 파이썬에서는 예외 처리를 통하여 이러한 기능을 제공할 수 있다.

프로그램의 정상적인 흐름   예외 발생

예외 처리는 프로그램의 실행을
계속할 수 있는 다른 경로를 제공한다.

그림 10.4 예외 처리의 개념

 참고 사항: 버그와 예외

여기서 한 가지 주의할 점은 버그와 예외는 구별하여야 한다. 실행 도중에 버그로 인해서도 실행 오류가 발생할 수 있지만 이러한 버그는 개발 과정에서 모두 수정되어야 한다. 파이썬에서는 버그에 의한 실행 오류도 예외로 취급하지만 진정한 의미에서의 예외는 우리가 예상하였던 상황이 아닌 경우를 의미한다. 예를 들면 반드시 존재하여야 하는 파일이 없거나 인터넷 서버가 다운된 경우 등을 진정한 의미에서의 예외라고 할 수 있다.

오류의 종류

프로그램에서 나타날 수 있는 문제들은 어떤 것들이 있을까? 일반적으로 다음과 같은 문제들을 생각할 수 있다.

▶ 사용자 입력 오류: 사용자가 정수를 입력하여야 하는데 실수를 입력할 수 있다.
▶ 장치 오류: 네트워크가 안 된다거나 하드 디스크 작동이 실패할 수 있다.
▶ 코드 오류: 잘못된 인덱스를 사용하여서 배열에 접근할 수 있다.

잘 알려진 오류에는 다음과 같은 것들이 있다.

▶ IOError: 파일을 열 수 없으면 발생한다.
▶ importError: 파이썬이 모듈을 찾을 수 없으면 발생한다.
▶ ValueError: 연산이나 내장 함수에서 인수가 적절치 않은 값을 가지고 있으면 발생한다.
▶ KeyboardInterrupt: 사용자가 인터럽트 키를 누르면 발생한다. (Control-C나 Delete)
▶ EOFError: 내장 함수가 파일의 끝을 만나면 발생한다.

오류를 처리하는 전통적인 방법은 메소드가 오류 코드를 반환하는 것이지만 이 방법은 항상 가능한 것은 아니다. 그리고 상당히 코드가 지저분하게 된다. 파이썬에서는 try-except 블록을 사용하여서 오류를 질서정연하게 처리할 수 있다. 오류가 발생하면 프로그램의 정상적인 실행 흐름이 중단되고 오류를 설명하는 예외(exception)가 생성되며 이 예외가 오류 처리 코드로 전달된다.

그렇다면 파이썬에서 예외 처리기는 어떻게 작성하여야 하는가? 예외 처리기는 try 블록과 except 블록으로 이루어진다. 기본적으로 try 블록에서 발생된 예외를 except 블록에서 처리한다.

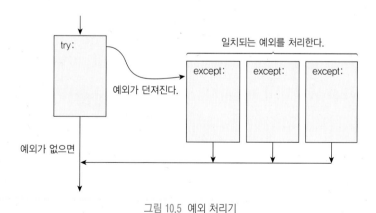

그림 10.5 예외 처리기

예외 처리기의 기본 형식은 다음과 같다.

예외 처리

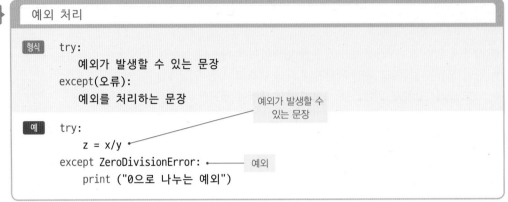

먼저 try 블록에는 예외가 발생할 가능성이 있는 문장이 들어간다. except 블록에는 자신이 처리할 수 있는 예외의 종류를 지정하고 그 예외를 처리하기 위한 코드가 들어간다.

예를 들어서 앞에서 등장한 0으로 나누는 예외를 처리하려면 다음과 같이 코드를 작성하면 된다.

```
(x,y) = (2,0)
try:
    z = x/y
except ZeroDivisionError:
    print ("0으로 나누는 예외")
```

실행결과

```
0으로 나누는 예외
```

만약 시스템이 내보내는 예외 메시지를 출력하고 싶으면 다음과 같이 한다.

```
(x,y) = (2,0)
try:
    z = x/y
except ZeroDivisionError as e:
    print (e)
```

실행결과

```
division by zero
```

사용자가 숫자를 입력할 때도 오류가 발생할 수 있다. 예를 들어서 정수를 받아야 되는데 사용자가 실수를 입력하면 다음과 같이 오류가 발생한다.

```
>>> n = int(input("숫자를 입력하시오 : "))
숫자를 입력하시오 : 23.5
...
ValueError: invalid literal for int() with base 10: '23.5'
```

이러한 경우에도 다음과 같이 try-except 구조를 사용하여 오류를 처리할 수 있다.

```
while True:
    try:
        n = input("숫자를 입력하시오 :  ")
        n = int(n)
        break
    except ValueError:
        print("정수가 아닙니다. 다시 입력하시오. ")
print("정수 입력이 성공하였습니다!")
```

실행결과

숫자를 입력하시오 : 23.5
정수가 아닙니다. 다시 입력하시오.
숫자를 입력하시오 : 10
정수 입력이 성공하였습니다!

파일을 열 때도 오류가 많이 발생한다. 파일 오류를 처리하는 문장을 작성해보면 다음과 같다.

```
try:
    fname = input("파일 이름을 입력하세요: ")
    infile = open(fname, "r")
except IOError:
    print("파일 " + fname + "을 발견할 수 없습니다.")
```

실행결과

파일 이름을 입력하세요: kkk.py
파일 kkk.py을 발견할 수 없습니다.

try/execpt 블록에서의 실행 흐름

try/except 블록에서 예외가 발생하는 경우와 발생하지 않는 경우의 실행 흐름을 비교하여 보자. 먼저 예외가 발생하지 않는 경우에는 except 블록의 코드는 실행되지 않는다. 반면에 예외가 발생한 경우에는 except 블록의 코드가 실행된다.

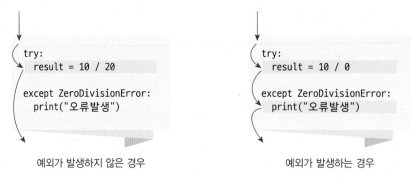

예외가 발생하지 않은 경우   예외가 발생하는 경우

그림 10.6 정상적인 경우와 예외가 발생하는 경우

 중간점검

1. try 블록에 놓아야 하는 코드는 어떤 코드인가?
2. catch 블록이 하는 일은 무엇인가?

시저 암호를 구현하여 보자. 로마의 유명한 정치가였던 쥴리어스 시저(Julius Caesar, 100-44 B.C.)는 친지들에게 비밀리에 편지를 보내고자 할 때 다른 사람들이 알아보지 못하도록 문자들을 다른 문자들로 치환하였다. 시저 암호의 규칙을 표로 그려 보면 다음과 같다.

평 문	a	b	c	d	e	f	g	h	i	j	k	l	m	n	o	p	q	r	s	t	u	v	w	x	y	z
암호문	d	e	f	g	h	i	j	k	l	m	n	o	p	q	r	s	t	u	v	w	x	y	z	a	b	c

예를 들어 평문 "come to me"은 "frph wr ph"으로 바뀐다. 시저 암호 방식을 이용하여서 파일을 암호화하고 복호화하는 프로그램을 작성하라. 글자들은 모두 영어 소문자라고 가정한다.

원문: the language of truth is simple.
암호문: wkh odqjxdjh ri wuxwk lv vlpsoh.

글자의 번호를 찾을 때 ord()를 이용하는 방법도 있지만 다음과 같이 a부터 z까지 글자를 모아 두고

```
key = 'abcdefghijklmnopqrstuvwxyz'
```

key.index(ch)를 호출해도 0부터 시작하는 번호를 얻을 수 있다. index()는 문자열이나 리스트에서 특정한 값을 찾는 함수이다. 예를 들어서 key.index("b")는 1이다.

cipher.py

```
key = 'abcdefghijklmnopqrstuvwxyz'

# 평문을 받아서 암호화하고 암호문을 반환한다.
def encrypt(n, plaintext):
    result = ''
    for l in plaintext.lower():
        try:
            i = (key.index(l) + n) % 26
            result += key[i]
        except ValueError:
            result += l

    return result.lower()

f = open("test.txt", "r")
s = f.read()
s = s.rstrip()

encrypted = encrypt(3, s)        # 3은 이동거리이다.
print ('평문: ' ,   s)
print ('암호문: ',   encrypted)
f.close()
```

도전문제

복호화 함수도 작성하여 테스트해보자.

파일 압축

파이썬을 사용하면 파일을 ZIP 형식으로 압축하거나 압축해제할 수 있다. zipfile 모듈을 사용하면 개별 또는 여러 파일을 한 번에 추출하거나 압축할 수 있다. 아주 간단하다. 먼저 zipfile 모듈을 가져온 다음 두 번째 매개 변수를 'w'로 지정하여 쓰기 모드에서 ZipFile 객체를 연다. 첫 번째 매개 변수는 파일 경로이다.

```
import zipfile

obj = zipfile.ZipFile('test.zip', 'w')
obj.write('test.txt')

obj.close()
```

사용자로부터 파일 이름을 받아서 파일을 압축하거나 입축 해제하는 프로그램을 작성해보자.

> 어떤 작업을 하시겠습니까(압축 또는 해제): 압축
> 파일 이름을 입력하세요: test.txt
> test.zip 파일로 압축되었습니다.

파이썬 라이브러리 중에서는 암호화를 지원하는 라이브러리도 많다. cryptography를 다음과 같이 설치한다.

```
C> pip install cryptography
```

cryptography 라이브러리는 대칭 알고리즘을 사용하여서 파일을 암호화한다. 대칭 알고리즘에서는 동일한 키를 사용하여 파일을 암호화하고 해독한다. cryptography 패키지의 fernet 모듈에는 키 생성, 평문을 암호문으로 암호화하는 함수와 해독 메소드가 제공된다.

```
from cryptography.fernet import Fernet

key = Fernet.generate_key()                  # 키 생성

with open('secret.key', 'wb') as keyfile:    # 키를 파일에 저장한다.
    keyfile.write(key)

with open('secret.key', 'rb') as keyfile:    # 키를 파일에서 읽는다.
    key = keyfile.read()

CryptoObj = Fernet(key)                       # 암호화 객체를 생성한다.

with open('test.bin', 'rb') as file:          # 이진 파일을 읽는다.
    content = file.read()

encryptText = CryptoObj.encrypt(content)      # 키를 사용하여서 암호화시킨다.
with open('etest.bin', 'wb') as efile:        # 이진 파일을 쓴다.
    efile.write(encryptText)
```

요 약   Summary

이 장에서는 텍스트 처리 기법들을 살펴보았다. 이번 장에서 학습한 내용을 정리해보자.

▶ 파일을 읽을 때는 파일을 열고, 데이터를 읽은 후에, 파일을 닫는 절차가 필요하다.

▶ 파일을 열기 위해서는 open() 함수에서 파일 이름을 지정하고 읽기를 의미하는 "r"을 전달한다. 파일에서 데이터를 읽는 함수는 read() 함수이다. 모든 작업이 끝나면 close() 함수로 파일을 닫아야 한다.

▶ 파일에 데이터를 쓰기 위해서는 open() 함수에서 파일 이름을 지정하고 쓰기를 의미하는 "w"을 전달한다. 파일에 데이터를 쓰는 함수는 write() 함수이다. 모든 작업이 끝나면 close() 함수로 파일을 닫아야 한다.

▶ 파일 모드에서 "r", "w", "a"가 있다. 각각 읽기모드, 쓰기모드, 추가모드를 의미한다.

▶ 파일은 텍스트 파일과 이진 파일로 나누어진다. 텍스트 파일은 사람이 내용을 볼 수 있는 파일이다. 이진 파일에는 이진 데이터가 저장되어 있다. 이진 파일은 사람이 내용을 볼 수 없는 파일이다.

▶ 텍스트 파일에서 한 줄을 읽으려면 for 루프를 사용한다. readline() 함수를 사용하면 한 줄씩 읽을 수 있다.

▶ 예외 처리는 오류가 발생했을 때 프로그램을 우아하기 종료하는 방법이다. try 블록과 except 블록으로 이루어진다.

 파일은 어때요? 어렵지 않나요?

어려워요. 그런데 앞에서 학습하였던 리스트를 사용할 수 있네요.

 네, 파일 안의 데이터들이 리스트에 저장되도록 할 수 있죠.
파일을 조작하는 3가지 단계는 무엇인가요?

파일을 열고, 데이터를 읽은 후에, 파일을 닫으면 되죠

1 파일 test.txt를 읽기 위해서는 올바르게 파일을 여는 문장을 모두 선택하시오.

  ① open("test.txt")   ② open("test.txt", "r")

  ③ open("test.txt", "rb")   ④ open("test.txt", "wb")

2 파일을 닫기 위해 사용하는 함수는?

  ① close()   ② closefile()   ③ finish()   ④ fileclose()

3 파일의 내용을 하나의 문자열로 읽는 함수는 무엇인가?

  ① readfile()   ② read()   ③ readline()   ④ get()

4 파일의 내용을 하나의 문자열로 쓰는 함수는 무엇인가?

  ① writefile()   ② write()   ③ writeline()   ④ put()

5 파일에서 n개의 문자를 읽는 명령어는 무엇인가?

  ① f.read(n)   ② n = f.read()   ③ f.readline(n)   ④ f.readlines()

6 readlines() 메소드가 반환하는 것은 무엇인가?

  ① 문자열   ② 문자열들의 리스트

  ③ 문자들의 리스트   ④ 정수 리스트

7 현재 작업 디렉토리에 파일 test.txt가 존재한다는 것을 확인하는 코드는 무엇인가?

  ① os.path.isFile("test.txt")   ② os.path.exists("test.txt")

  ③ os.path.isfile("test.txt")   ④ os.isFile("test.txt")

8 현재 작업 디렉토리에 존재하지 않는 파일을 열면 어떻게 되는가?

9 다음과 같은 문장에서 잘못된 부분이 있다면 어디인가?

```
file1 = open("c:\temp\scores.txt", "r")
```

10 파이썬에서 텍스트 파일을 여는 절차와 이진 파일을 여는 절차를 비교하라.

11 try/except 블록에서 except 블록은 어떤 용도로 사용되는가?

12 다음 코드의 실행 결과를 쓰시오.

```
try:
    myList = [0]*10
    e = myList[10]
    print("처리 종료")
except IndexError:
    print("인덱스 오류")
```

Programming

1 다음과 같은 텍스트 파일이 만들어져 있다고 가정하고 다음 프로그램을 작성하라.

> input.txt
>
> ```
> All's well that ends well.
> Bad news travels fast.
> Well begun is half done.
> ```

(a) input.txt 파일 전체를 하나의 문자열로 읽는 프로그램을 작성해보자.

(b) 파일 "input.txt"의 처음 3줄을 읽는 프로그램을 작성하라.

(c) 파일 "input.txt" 안에 저장된 단어 중에서 가장 긴 단어를 찾는 프로그램을 작성하라.

 가장 긴 단어는 travels입니다.

(d) 파일 "input.txt"의 줄 수를 계산하는 프로그램을 작성하라.

2 파일에서 임의의 행을 읽는 프로그램을 작성하라.

 파일 이름을 입력하시오: input.txt
행 번호를 입력하시오: 3
3번 행은 Well begun is half done.입니다.

3 현재 작업 디렉토리에 A.txt, B.txt, ..., Z.txt 까지 총 26개의 텍스트 파일을 생성해보자.

4 왼쪽 파일을 오른쪽 파일로 변환하는 프로그램을 작성하라.

```
line 1
line 2
line 3
```
➡
```
line 1
line 2
line 2-1
line 3
```

5 현재의 작업 디렉토리에 "numbers.txt" 파일을 열어서 10개의 정수 난수를 문자열 형태로 추가하고 파일을 닫는 프로그램을 작성하라.

➡
```
13
2
99
...
```

6 파일에서 데이터를 읽을 때, 파일이 없으면 IOError가 발생한다. 이것을 try와 except로 처리해보자. 파일이 없으면 "파일이 없습니다. 다시 입력하시오."를 화면에 출력하고 실행을 계속한다.

```
입력 파일 이름: ppp.txt
파일 ppp.txt 이 없습니다. 다시 입력하시오.
입력 파일 이름: proverbs.txt
파일이 성공적으로 열렸습니다.
```

7 학생들의 성적이 부동소수점 수로 파일 scores.txt에 저장되어 있다고 하자(메모장에서 ANSI 엔코딩으로 저장한다). 이 성적을 읽어서 파일의 끝에 평균값을 추가하라.

```
99.1
88.2
67.7
96.9
```

➡️

```
99.1
88.2
67.7
96.9
평균값: 87.975
```

8 사용자로부터 파일 이름과 삭제할 문자열을 입력받는다. 파일을 열어서 사용자가 원하는 문자열을 삭제한 후에 다시 파일에 쓴다.

```
파일 이름을 입력하시오: words.txt
삭제할 문자열을 입력하시오: black
변경된 파일이 저장되었습니다.
```

HINT 문자열을 파일에 쓰려면 많은 방법이 있지만 다음과 같이 print()를 사용하여도 된다.

```
print(modified_s, file = outfile, end = "")
```

9 텍스트 파일을 열어서 파일 안의 스페이스 문자의 개수와 탭의 개수를 세는 프로그램을 작성하여 보자.

```
파일 이름을 입력하시오: proverbs.txt
스페이스 수 = 20, 탭의 수 = 0
```

10 텍스트 파일을 열어서 각 줄의 앞에 번호를 추가하는 프로그램을 작성해보자.

All's well that ends well.
Bad news travels fast.
Well begun is half done.
Birds of a feather flock together.

1: All's well that ends well.
2: Bad news travels fast.
3: Well begun is half done.
4: Birds of a feather flock together.

11 파일 안의 각 문자들이 몇 번이나 나타나는지를 세는 프로그램을 작성하자. 여기서는 딕셔너리를 이용하여 문자들의 출현 횟수를 세어보자.

{' ': 16, 'e': 12, 'o': 4, 'a': 7, 'u': 1, 'n': 4, 'k': 1, 'A': 1, 'r': 4, 'g': 2, 's': 7, 'b': 1, 'd': 4, 'v': 1, 'f': 5, 'w': 3, 'B': 2, 'h': 4, 'i': 2, 't': 7, 'l': 11, 'W': 1, '.': 4, "'": 1, 'c': 1}

tkinter를 이용한 GUI 프로그래밍

tkinter를 이용한 GUI 프로그래밍

1. 이번 장에서 만드는 프로그램

우리는 이제까지 프로그램의 실행 결과를 콘솔에 문자로 표시하였다. 하지만 우리가 알다시피 요즘 이런 식으로 사용자와 상호작용하는 프로그램은 거의 없다. 요즘의 프로그램은 윈도우, 메뉴, 버튼, 마우스를 사용하여 사용자와 정보를 교환한다. 이러한 사용자 인터페이스 방법을 GUI(Graphical User Interface)라고 한다. 마이크로소프트사의 윈도, 애플 운영체제가 대표적인 GUI이다. 이번 장에서는 파이썬의 공식 GUI인 tkinter를 사용하여 몇 가지의 프로그램을 작성해보자.

(1) 메뉴를 가진 이미지 뷰어 프로그램을 작성해보자.

(2) 숫자 추측 게임을 GUI 버전으로 만들어보자.

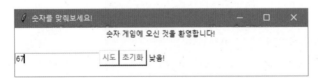

(3) 그림판 프로그램과 계산기 프로그램을 작성해보자.

2. tkinter 시작하기

tkinter는 파이썬에서 **그래픽 사용자 인터페이스**(GUI: graphical user interface)를 개발할 때 필요한 모듈이다. tkinter를 이용하면 윈도우를 생성하고 버튼이나 레이블과 같은 위젯을 이용하여서 사용자와 상호작용하는 프로그램을 작성할 수 있다. 파이썬에는 여러 가지 GUI 라이브러리가 있지만 tkinter가 가장 기본이다. tkinter는 객체 지향 프로그래밍의 여러 개념을 쉽게 이해할 수 있는 교육 도구이기도 하다. 추가로 tkinter를 사용하면 다양한 그래픽 함수들도 사용할 수 있고 마우스와 키보드에서 입력을 받을 수 있다.

GUI 애플리케이션을 만들려면, 먼저 윈도우(window)를 생성하고 여기에 필요한 위젯들을 추가한다. 위젯(widget:window gadget의 준말)은 GUI 시스템에서 사용하는 각종 시각적인 요소를 말한다. 버튼이나 레이블, 슬라이더, 콤보 박스 등이 모두 위젯이다.

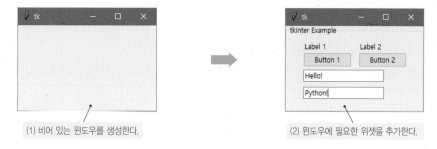

(1) 비어 있는 윈도우를 생성한다. (2) 윈도우에 필요한 위젯을 추가한다.

Hello tkinter 프로그램

첫 번째 예제로 "Hello tkinter"라는 레이블만 가지는 윈도우를 생성해보자.

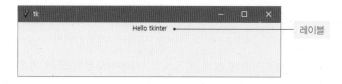

레이블(label, 라벨이라고도 한다)이란 GUI에서는 텍스트를 표시하는 위젯이라고 생각하면 된다. 전체 프로그램은 다음과 같다.

label1.py

```
from tkinter import *                    # tkinter 모듈을 포함

root = Tk()                              # 루트 윈노우늘 생싱
root.geometry("500x200")                 # 윈도우 크기를 설정
label = Label(root, text="Hello tkinter")  # 레이블 위젯을 생성
label.pack()                             # 레이블 위젯을 윈도우에 배치

root.mainloop()                          # 이벤트 처리 함수 호출
```

처음 나온 tkinter 프로그램이므로 한 줄씩 자세히 분석해보자.

▶ from tkinter import *

제일 먼저 해야 할 일은 tkinter 모듈을 포함시키는 것이다. tkinter 모듈은 파이썬 기본 패키지에 포함되어 있다. tkinter 모듈은 Tk 툴킷을 사용하는데 필요한 모든 클래스와 함수, 상수를 가지고 있다. * 기호는 tkinter 모듈에서 모든 것을 포함시키라는 의미이다.

▶ root = Tk()

제일 먼저 루트 윈도우를 생성하여야 한다. Tk 클래스는 제목을 가지고 있는 일반적인 윈도우를 나타낸다. Tk()을 호출하면 Tk 클래스의 객체가 생성되면서 화면에 윈도우가 생성된다. 이 윈도우 안에 여러 가지 위젯을 추가할 수 있다. 각 프로그램은 오직 하나의 루트 윈도우를 가져야 한다. 루트 윈도우는 다른 위젯보다 먼저 생성되어야 한다.

▶ root.geometry("500x200")

루트 윈도우의 크기를 500×200으로 한다. 단위는 픽셀이다.

▶ label = Label(root, text="Hello tkinter")

이 문장으로 레이블 위젯을 생성한다. Label은 레이블 위젯을 나타내는 클래스이다. Label()의 첫 번째 매개 변수는 항상 부모 컨테이너이다. 컨테이너란 위젯을 내부에 가질 수 있는 객체이다. 여기서는 루트 윈도우가 부모 컨테이너로 전달된다. 두 번째 매개 변수는 레이블에 표시되는 텍스트이다. 이 문장이 실행되면 루트 윈도우에 레이블이 추가된다.

▶ label.pack()

레이블의 pack() 메소드가 호출된다. pack()은 압축 배치 관리자를 이용하여서 레이블을 윈도우에 배치한다. 압축 배치 관리자는 위젯을 윈도우의 한 행에 하나씩 배치한다. 레이블을 생성하더라도 pack() 함수를 호출하지 않으면 윈도우에 레이블이 나타나지 않는다.

▶ window.mainloop()

루트 윈도우의 mainloop()는 이벤트 처리 루프로서, 사용자로부터 오는 마우스나 키보드 이벤트를 처리한다. 프로그램은 이 함수 안에서 이벤트가 발생하기를 기다린다. tkinter를 사용하는 프로그램은 반드시 맨 끝에 이 문장을 가져야 한다.

3. 기본 위젯들

위젯은 tkinter의 핵심이다. 위젯들을 이용하여 사용자가 프로그램과 상호 작용한다. 가장 기본이 되는 위젯들은 다음과 같다.

위젯	설명
Label	텍스트를 표시하는 데 사용되는 위젯
Button	버튼을 제공하는 위젯
Entry	한 줄의 텍스트를 입력받는 위젯
Text	여러 줄로 된 텍스트를 입력받는 위젯
Frame	컨테이너 위젯

레이블 위젯

레이블 위젯은 많은 속성을 가지고 있고, 생성할 때 이들 속성을 지정할 수 있다.

▶ text: 출력할 텍스트이다.

▶ font: 사용하는 폰트와 크기를 지정할 수 있다.

▶ fg: foreground의 약자로 전경색(글자색)을 의미한다.

▶ bg: background의 약자로서 배경색을 의미한다.

▶ width, height: 위젯의 폭과 높이이다. 단위는 글자 개수이다.

label2.py

```python
from tkinter import *
root = Tk()

label1 = Label(root, text="안녕하세요?", bg="yellow", fg="blue",
        width=80, height=2    )
label2 = Label(root, text="파이썬을 공부합니다.", font=("궁서체", 32))
label1.pack()
label2.pack()
root.mainloop()
```

버튼이나 레이블은 기본 전경 색상 및 기본 배경 색상으로 텍스트를 표시한다. 일반적으로 검정색과 흰색이지만 fg나 bg 매개 변수를 사용하여 색상을 변경할 수 있다. 색상 이름은 "red", "orange", "yellow"와 같이 문자열이나 "#00FF00"와 같이 16진수 RGB값을 이용하여 표시할 수 있다. 예를 들어 위의 코드는 노랑색 배경과 파랑색 텍스트를 가진 레이블을 생성한다.

width와 height 매개 변수를 사용하여 레이블의 폭과 높이를 제어할 수도 있다. 버튼의 폭과 높이를 5와 10으로 설정한다. 여기서 주의할 점은 단위가 픽셀이 아니라 글자의 수이다. 즉 폭의 크기가 80이라면 이것은 글자를 80개 표시할 수 있다는 의미가 된다. 높이도 마찬가지이다.

버튼 위젯

버튼(Button) 위젯은 클릭 가능한 버튼을 표시하는 데 사용된다. 버튼과 레이블 위젯 사이에는 많은 유사점이 있다. 여러 가지 측면에서 버튼은 클릭할 수 있는 레이블이라고 생각할 수 있다. 버튼과 레이블은 아주 유사하고 동일한 키워드 인수들을 공유한다.

버튼에는 이벤트를 처리하는 함수를 붙일 수 있다. 이벤트가 발생하였을 때 호출되는 이러한 함수를 **콜백함수**(callback function), 또는 **핸들러**(handler)라고 한다. 버튼에 콜백 함수를 등록하려면 버튼의 생성자를 호출할 때, command 키워드 인수에 이벤트를 처리하는 함수의 이름을 전달하면 된다.

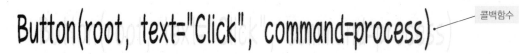

우리는 process()라는 함수를 정의하고 버튼이 클릭되면 이 함수가 호출되도록 해보자.

button1.py

```
from tkinter import *
root = Tk()

def process():
    label["text"] = "버튼이 클릭됨"

button = Button(root, text="클릭하세요!", command=process)
button.pack()

label = Label(root, text="버튼 클릭 안됨")
label.pack()
root.mainloop()
```

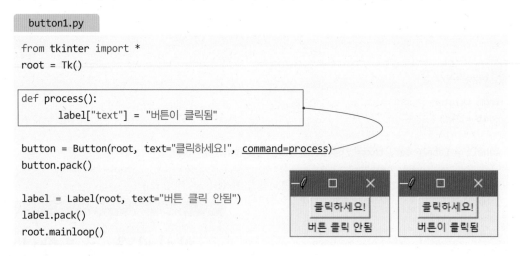

proces() 안에서는 레이블의 텍스트를 "버튼이 클릭됨"으로 변경한다. 레이블을 속성들이 저장된 딕셔너리처럼 생각하고 label["text"] = "버튼이 클릭됨"와 같이 텍스트 속성을 변경하면 된다.

엔트리 위젯

엔트리(Entry) 위젯은 사용자가 키보드로 입력한 내용을 우리에게 전달하는 위젯이다. 예를 들어서 사용자가 이메일 주소를 입력할 때, 엔트리 위젯을 사용할 수 있다. 엔트리 위젯에서 사용자의 입력을 어떻게 가져올까? get()을 사용하면 사용자의 입력을 가져올 수 있다. 사용자의 입력을 삭제하려면 delete()를 사용한다. 중간에 텍스트를 삽입하려면 insert()를 사용한다.

```
from tkinter import *
root = Tk()

def process():
        label["text"] = entry.get()+"가 입력됨"

entry = Entry(root, fg="black", bg="yellow", width=20)
entry.pack()

button = Button(root, text="입력 후 클릭하세요!", command=process)
button.pack()
label = Label(root, text="아무 것도 입력 안됨!")
label.pack()
root.mainloop()
```

체크 버튼 위젯

체크 버튼은 사용자가 체크할 수 있는 버튼이다. 체크 버튼을 사용하려면 체크 버튼에 변수를 연결하여야 한다. 이 변수를 통하여 우리는 체크 버튼의 상태를 알 수 있다.

```
from tkinter import *
root = Tk()

def process():
    if var1.get() == 1:
        label["text"] = "체크 박스 #1 선택"
    else:
        label["text"] = "체크 박스 #1 선택 해제"

var1 = IntVar()
Checkbutton(root, text="햄버거", variable=var1, command=process).pack()
label = Label(root, text="선택 안됨")
label.pack()
root.mainloop()
```

위의 코드에서 IntVar()를 호출하여서 정수형 변수를 동적으로 생성한다. 이 변수를 체크 버튼과 연결한다. 체크 버튼을 클릭하면 process() 함수가 호출되고 이 함수 안에서 이 변수의 get() 함수를 호출하여 체크 버튼의 상태를 얻는다. 1이 반환되면 체크된 상태이고 0이 반환되면 체크되지 않은 상태이다. 체크 버튼의 상태를 레이블을 통하여 화면에 표시한다.

라디오 버튼 위젯

라디오 버튼은 여러 개 중에서 하나만을 선택할 때 사용하는 버튼이다. 사용 방법은 체크 버튼과 동일하다.

```
from tkinter import *
root = Tk()

def process():
    if var1.get() == 1:
        label["text"] = "햄버거 선택"
    elif var1.get() == 2:
        label["text"] = "피자 선택"
    else:
        label["text"] = "김밥 선택"

var1 = IntVar()
Radiobutton(root, text="햄버거", variable=var1, value=1, command=process).pack()
Radiobutton(root, text="피자", variable=var1, value=2, command=process).pack()
Radiobutton(root, text="김밥", variable=var1, value=3, command=process).pack()

label = Label(root, text="선택 안됨")
label.pack()
root.mainloop()
```

위젯의 속성 변경

위젯을 생성하기 위하여 생성자를 호출할 때, fg, bg, font, text, command와 같은 매개 변수에 값을 전달하여서 속성을 지정할 수 있다.

```
label = Label(root,  text="Times Font 폰트와 빨강색을 사용합니다.",
        fg = "red", font = "Times 32 bold italic")
```

위젯이 일단 생성되고 나면 딕셔너리 형식을 사용하여서 위젯의 속성을 변경할 수 있다.

```
label["text"] = "This is a label."
label["fg"] = "blue"
label["bg"] = "#FF00AA"
```

다음과 같이 config() 함수를 사용하여도 된다.

```
label.config(text = "World")        # 레이블의 텍스트가 World로 변경
```

중간점검

1. 다음과 같은 텍스트가 들어 있는 tkinter 윈도우를 만드는 완전한 프로그램을 작성하라.

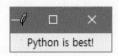

4. 배치 관리자

버튼이나 레이블 등의 위젯은 윈도우 내부에 배치된다. 좀 더 일반적으로는 컨테이너 안에 배치된다. 윈도우와 같은 컨테이너에 위젯을 추가하면 위젯은 어떤 위치로 가는 것일까? 위젯의 위치를 프로그래머가 절대 좌표값으로 지정할 수도 있다. 그러나 이 방법은 단점을 가지고 있다. 파이썬 프로그램은 다양한 플랫폼에서 실행될 수 있고 따라서 플랫폼마다 해상도가 다르기 때문에 위젯의 크기나 위치가 다르게 보일 수 있다.

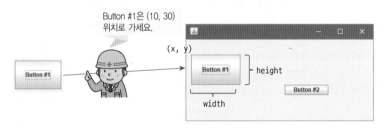

그림 11.1 배치 관리자

이런 문제점을 해결하기 위하여 파이썬에서는 위젯의 배치를 배치 관리자(layout manager)에게 맡긴다. 배치 관리자는 컨테이너 안에 존재하는 위젯의 크기와 위치를 자동적으로 관리하는 객체이다. 파이썬에서는 3가지의 기본 배치 관리자가 제공되며 같은 개수의 위젯을 가지고 있더라도 배치 관리자에 따라 상당히 달라 보일 수 있다.

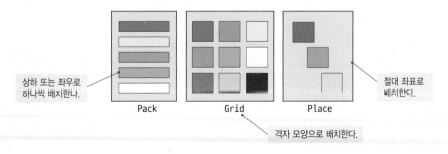

압축 배치 관리자

압축 배치 관리자(pack geometry manager)는 제일 간단한 배치 관리자로서 위젯을 최대한 압축하여서 상하 또는 좌우로 배치한다. 아래 코드에서는 3개의 버튼을 색상을 다르게 하여 압축 배치 관리자로 배치하였다.

pack.py

```python
from tkinter import *
root = Tk()

Button(root, text="박스 #1", bg="red", fg="white").pack()
Button(root, text="박스 #2", bg="green", fg="black").pack()
Button(root, text="박스 #3", bg="orange", fg="white").pack()

root.mainloop()
```

Button() 생성자는 버튼 객체를 반환한다. 따라서 여기에 .pack()을 붙여도 된다. 박스들을 왼쪽에서 오른쪽으로 배치하려면 side 매개 변수를 LEFT로 지정하면 된다. side는 LEFT, RIGHT, TOP, BOTTOM으로 지정할 수 있다.

```python
Button(root, text="박스 #1", bg="red",    fg="white").pack(side=LEFT)
Button(root, text="박스 #2", bg="green",  fg="black").pack(side=LEFT)
Button(root, text="박스 #3", bg="orange", fg="white").pack(side=LEFT)
```

격자 배치 관리자

격자 배치 관리자(grid geometry manager)는 위젯을 테이블 형태로 배치한다. 격자 배치 관리자를 사용하면 부모 윈도우는 격자들로 분할되고, 각 위젯은 특정한 격자에 배치된다. 격자 배치 관리자는 얼마나 많은 행과 열이 실제로 필요한지를 동적으로 추적한다. 또한 가장 큰 위젯을 수용할 수 있도록 행과 열의 크기를 결정한다. 모든 행이 같은 높이가 될 필요는 없다. 모든 열도 동일한 폭을 가질 필요가 없다.

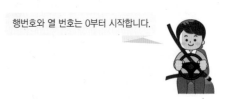

행번호와 열 번호는 0부터 시작합니다.

그림 11.2 격자 배치 관리자

하나의 예로 4개의 버튼을 격자 모양으로 배치해보자.

grid.py

```python
from tkinter import *
root = Tk()

b1 = Button(root, text="박스 #1", bg="red",    fg="white")
b2 = Button(root, text="박스 #2", bg="green",  fg="white")
b3 = Button(root, text="박스 #3", bg="orange", fg="white")
b4 = Button(root, text="박스 #4", bg="pink",   fg="white")

b1.grid(row=0, column=0)    # 0행 0열
b2.grid(row=0, column=1)    # 0행 1열
b3.grid(row=1, column=0)    # 1행 0열
b4.grid(row=1, column=1)    # 1행 1열

root.mainloop()
```

절대 위치 배치 관리자

절대 위치 배치 관리자(place geometry manager)는 실대 위치를 사용하여 위젯을 배치힌다. x와 y 매개 변수를 사용한다.

place.py

```python
from tkinter import *

root = Tk()

b1 = Button(root, text="박스 #1", bg="red", fg="white")
b1.place(x=0, y=0)
b2 = Button(root, text="박스 #2", bg="green", fg="black")
b2.place(x=20, y=30)
b3 = Button(root, text="박스 #3", bg="orange", fg="white")
b3.place(x=40, y=60)

root.mainloop()
```

place() 함수의 매개 변수 x와 y에 위셋이 배치될 x좌표와 y좌표를 선닐하넌 된나.

여러 배치 관리자 혼용하기

하나의 컨테이너 안에 다른 컨테이너를 배치하고 컨테이너마다 배치 관리자를 다르게 할 수 있다. 예를 들어서 3개의 버튼을 수평으로 배치하고, 그 위에 레이블을 배치하고자 한다. 이때는 먼저 프레임을 생성하여서 여기에 3개의 버튼을 수평으로 배치한다. 이어서 레이블을 윈도우에 수직으로 배치한 후에, 프레임을 그 아래에 배치하면 된다. 컨테이너로 가장 많이 사용되는 것은 프레임(Frame)이다. 이런 방법을 사용하면 어떤 배치도 가능하다.

frame.py

```python
from tkinter import *        윈도우 안에 프레임을 만든다.
root = Tk()
f = Frame(root)              프레임 안에 버튼을 만든다.

b1 = Button(f, text="박스 #1", bg="red",    fg="white")
b2 = Button(f, text="박스 #2", bg="green",  fg="black")
b3 = Button(f, text="박스 #3", bg="orange", fg="white")
b1.pack(side=LEFT)
b2.pack(side=LEFT)
b3.pack(side=LEFT)

l = Label(root, text="이 레이블은 버튼들 위에 배치된다.")
l.pack()     레이블을 루트 윈도우에 압축 배치 관리자로 배치한다.
f.pack()
             프레임을 루트 윈도우에 압축 배치 관리자로 배치한다.

root.mainloop()
```

Lab 카운터 만들기

레이블과 버튼을 사용하여 간단한 카운터를 작성하여 보자. 증가 버튼을 누르면 카운터가 1씩 증가된다.

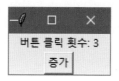

stopwatch.py

```python
from tkinter import *
root = Tk()

counter = 0                          # 전역변수 counter를
                                     # 사용한다는 의미이다.
def clicked():
    global counter
    counter += 1                     # 레이블 객체가 가진 'text' 속성은 딕
    label['text'] = '버튼 클릭 횟수: ' + str(counter)   # 셔너리처럼 찾을 수 있다.

label = Label(root, text="아직 눌려지지 않음")
label.pack()
button = Button(root, text="증가", command=clicked)
button.pack()

root.mainloop()
```

 도전문제

"리셋" 버튼을 추가해보자. "리셋" 버튼을 누르면 카운터의 값이 0으로 리셋된다.

Lab 온도 변환기

온도 변환 프로그램의 위젯들을 다음과 같이 배치하고 "화씨->섭씨" 버튼을 누르면 입력한 화씨 온도가 섭씨온도로 변환되어서 나타나게 해보자. 온도는 엔트리 위젯을 통하여 입력하고 이것을 get()이라는 메소드로 가져오면 된다.

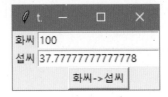

```
t = e1.get()
```

반대로 엔트리 위젯에 어떤 값을 쓰려면 insert() 함수를 사용한다. 만약 엔트리에 기존의 문자열이 있다면 다음과 같이 먼저 이것을 지우고 새로운 문자열을 추가하여야 한다.

```
e2.delete(0, END)        # 처음부터 끝까지 기존의 문자열을 지운다.
e2.insert(0, str(tc))    # tc 변수의 값을 문자열로 변환하여 추가한다.
```

---

temp_conv2.py

```
from tkinter import *

# 이벤트 처리 함수를 정의한다.
def process():
    tf = float(e1.get())      # e1에서 문자열을 읽어서 부동소수점형으로 변경
    tc = (tf-32.0)*5.0/9.0    # 화씨 온도를 섭씨 온도로 변환한다.
    e2.delete(0, END)         # 처음부터 끝까지 지운다.
    e2.insert(0, str(tc))     # tc 변수의 값을 문자열로 변환하여 추가한다.

root  = Tk()

Label(root , text="화씨").grid(row=0, column=0)
Label(root, text="섭씨").grid(row=1, column=0)

e1 = Entry(root)
e2 = Entry(root)
e1.grid(row=0, column=1)
e2.grid(row=1, column=1)

Button(root, text="화씨->섭씨", command=process).grid(row=2, column=1)
root.mainloop()
```

Lab 숫자 추측 게임

컴퓨터가 생성한 숫자(1부터 100사이의 난수)를 알아맞히는 게임을 그래픽 사용자 인터페이스를 사용하여 제작해보자.

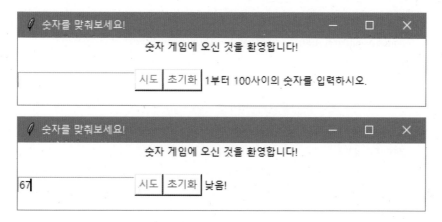

컴퓨터는 난수를 발생하여 정답으로 가지고 있다. 난수는 random.randint(1,100) 문장으로 발생한다. 사용자가 숫자를 입력하면 정답인지, 정답보다 높은지, 낮은지를 알려준다. 필요한 위젯을 생성하고 적절한 배치 관리자를 이용하여 위젯을 배치한다. "시도" 버튼과 "초기화" 버튼에 콜백 함수를 연결한다.

 도전문제

(1) 위젯들의 배치를 다양하게 바꾸어보자. 예를 들어서 "낮음"과 높음"을 출력하는 레이블을 화면의 하단에 배치해본다.

(2) 숫자를 증가시키거나 감소시키는 버튼도 만들어보자.

guess_number.py

```
from tkinter import *
import random

answer = random.randint(1,100)          # 정답을 1에서 100 사이의 난수로 설정한다.

def guessing():
    guess = int(guessField.get())       # 텍스트 필드에서 사용자가 입력한 값을 가져온다.

    if   guess > answer:
        msg = "높음!"
    elif   guess < answer:
        msg = "낮음!"
    else:
        msg = "정답!"

    resultLabel["text"] = msg            # 메시지를 출력한다.
    guessField.delete(0, 5)

def reset():                             # 정답을 다시 설정한다.
    global answer
    answer = random.randint(1,100)
    resultLabel["text"] = "다시 한번 하세요!"

root = Tk()
root.configure(bg="white")
root.title("숫자를 맞춰보세요!")
root.geometry("500x80")

titleLabel = Label(root, text="숫자 게임에 오신 것을 환영합니다!", bg="white")
titleLabel.pack()

guessField = Entry(root)
guessField.pack(side="left")
tryButton = Button(root, text="시도", fg="green", bg="white", command=guessing )
tryButton.pack(side="left")

resetButton = Button(root, text="초기화", fg="red", bg="white", command=reset)
resetButton.pack(side="left")
resultLabel = Label(root, text="1부터 100사이의 숫자를 입력하시오.", bg="white")
resultLabel.pack(side="left")

root.mainloop()
```

계산기 프로그램

오른쪽과 같은 계산기를 작성해보자.

계산기는 첫 눈에 어떤 배치 관리자를 사용해야 하는지 알 수 있다. 격자 배치 관리자를 사용하면 될 것이다. 그리고 버튼과 엔트리 위젯만 있으면 된다. 엔트리 위젯은 0행 전체를 차지하면 되고 버튼은 1행부터 순차적으로 격자의 셀에 배치하면 될 것이다.

엔트리 위젯

버튼을 격자 모양으로 배치

실제 계산은 어떻게 하면 좋을까? 버튼을 누를 때마다 버튼 위의 텍스트를 모으면 될 것이다. 예를 들어서 사용자가 버튼 "2", "+", "3"을 연속으로 누르면 "2+3"이라는 문자열을 생성한다. 파이썬에는 "2+3"같은 문자열을 받아서 계산을 수행하는 함수가 있다. 바로 eval()이라는 함수이다. 예를 들면 다음과 같다.

```
>>> eval("2+3")
3
```

여기서 제일 어려운 부분은 각 버튼마다 이벤트를 처리하는 함수를 정의하는 것이다. 전체적으로 20개의 함수 정의가 필요하다. 줄일 수는 없을까? 함수는 하나만 만들고 모든 버튼들이 공유할 수 없을까? 함수에서 버튼 위에 쓰여진 텍스트를 받을 수 있으면 된다. 이때는 람다식을 이용하여서 각 버튼마다 별도의 함수를 정의하는 방법이 제일 쉽다.

```
Button(root, text=button_text, command=lambda t=button_text: click(t))
```

여기서 lambda t=button_text: click(t)가 바로 람다식이다. 다음과 같은 함수 정의를 줄인 것이다.

```
def process(t=button_text):
    click(t)
```

람다식은 6장에서 간단히 다룬 바 있다.

Solution 계산기 프로그램

calculator2.py

```python
from tkinter import *

root = Tk()
root.title("My Calculator")
display = Entry(root, width=33, bg="yellow")
display.grid(row=0, column=0, columnspan=5)

button_list = [
'7', '8', '9', '/', 'C',
'4', '5', '6', '*', ' ',
'1', '2', '3', '-', ' ',
'0', '.', '=', '+', ' ' ]

def click(key):
    if   key == "=":
        result = eval(display.get())
        s = str(result)
        display.insert(END, "=" + s)
    else:
        display.insert(END, key)

row_index = 1
col_index = 0
for button_text in button_list:
    Button(root, text=button_text, width=5,
        command=lambda t=button_text: click(t)).grid(row=row_index, column=col_index)
    col_index += 1
    if   col_index > 4:
        row_index += 1
        col_index = 0
root.mainloop()
```

엔트리 위젯이 5개의 셀을 전부 차지하려면 columnspan을 5로 지정한다.

도전문제

1. 계산기에 로그값이나 싸인값을 계산할 수 있는 기능을 추가하여본다.
2. 계산기에 색상을 넣어서 좀 더 화려하게 만들어보자.

5. 화면에 그림 그리기

tkinter를 이용하여 버튼이나 레이블만 생성할 수 있는 것은 아니다. 우리는 tkinter를 이용하여 화면에 점, 선, 사각형, 원을 그릴 수 있다. 파이썬에서는 캔버스(canvas) 위젯을 윈도우 위에 생성한 후에 캔버스에 그림을 그리게 되어 있다. 캔버스 위젯을 사용하면 많은 그래픽 함수를 사용할 수 있다. 캔버스 위젯을 이용하여 그래프를 그린다거나 그래픽 에디터를 작성할 수도 있고 많은 종류의 커스텀 위젯을 작성할 수 있다. 그림을 그리기 위해서는 좌표계가 있어야 한다. 그래픽에서는 왼쪽 상단이 (0, 0)이 되는 좌표계를 사용한다.

캔버스에 사각형을 그리는 코드는 다음과 같다. 한 줄씩 살펴보자.

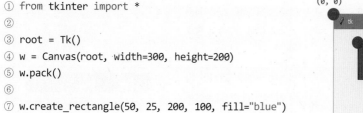

```
① from tkinter import *
②
③ root = Tk()
④ w = Canvas(root, width=300, height=200)
⑤ w.pack()
⑥
⑦ w.create_rectangle(50, 25, 200, 100, fill="blue")
⑧ root.mainloop()
```

④ 윈도우에 캔버스를 추가한다. 캔버스는 300 픽셀의 폭과 200 픽셀의 높이를 가지고 있다. 화면 왼쪽 상단의 좌표는 (0, 0)이다. 화면 오른쪽 하단의 좌표는 (299, 199)가 된다.
⑤ 캔버스 위젯도 루트 윈도우에 배치하여야 한다.
⑦ 캔버스 위젯 위에 사각형을 그린다. create_rectangle()에 전달되는 매개 변수는 사각형의 왼쪽 상단의 좌표와 오른쪽 하단의 좌표이다. 매개 변수 fill을 통하여 채우기 색상을 파랑색으로 한다.

기초 도형 그리기

도형의 종류	설명	그림
canvas.create_line(15, 25, 200, 25)	직선을 그리는 메소드	
canvas.create_rectangle(50, 25, 150, 75, fill="blue")	사각형을 그리는 메소드	

canvas.create_arc(10, 10, 100, 150, extent=90)	사각형에 내접한 원이 그려지고 원 중에서 90도만 그려진다.	
canvas.create_oval(15, 25, 100, 125)	타원은 지정된 사각형 안에 그려진다.	
canvas.create_polygon(10, 10, 150, 110, 250, 20, fill="yellow")	(10, 10)에서 출발하여서 (150, 110)으로 가고 최종적으로 (250, 20)에서 종료된다.	
canvas.create_text(100, 20, text='Sing Street', fill='blue', font=('Courier', 20))	텍스트의 중앙 위치를 나타내는 (x, y) 좌표, 색상을 표시하는 매개 변수 fill, 폰트를 나타내는 매개 변수 font	

이미지 표시하기

tkinter에서 이미지를 표시하려면 먼저 이미지를 적재하여야 한다. 파이썬이 접근할 수 있는 디렉토리에 이미지가 있어야 한다. 예를 들어서 현재 디렉토리에 starship.png 이미지 파일을 둘 수 있다. tkinter가 읽을 수 있는 이미지 파일은 PNG 파일과 JPG 파일 뿐이다. 만약 다른 형식의 이미지 파일을 읽는 기능이 필요하다면 Python Imaging Library(http://www.pythonware.com/products/pil/)를 사용하여야 한다. 이어서 create_image() 함수를 사용하여 캔버스에 그리면 된다. 현재 디렉토리에 있는 starship.png 이미지 파일을 읽어서 캔버스에 표시하는 예제는 다음과 같다.

image.py

```
from tkinter import *
root = Tk()

canvas = Canvas(root,  width=500, height=300)
canvas.pack()
```

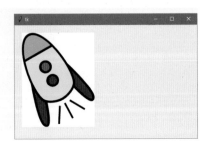

```
img = PhotoImage(file="starship.png")
canvas.create_image(20, 20, anchor=NW, image=img)


root.mainloop()
```

현재 디렉토리에 있는 starship.png 이미지 파일은 PhotoImage()에 의하여 읽혀서 img 변수에 저장되었다. 이미지가 올바르게 읽혔다면 create_image() 함수가 이미지를 화면에 표시한다. create_image() 함수의 첫 번째 매개 변수는 이미지가 표시되는 좌표이다. anchor=NW는 이미지의 왼쪽 상단(NW: NotrhWest)을 기준점으로 사용하라는 것을 의미한다. 즉 이미지의 왼쪽 상단이 좌표 (20, 20)에 놓여진다. 마지막 매개 변수 image는 이미지가 저장된 변수이다.

도형 관리

캔버스 위젯에 추가된 항목(선, 사각형, 원)들은 삭제하기 전까지 유지된다. 만약 그리기 속성을 변경하고 싶으면 coords(), itemconfig(), move()를 사용할 수 있다. 좌표를 변경하려면 coords()를 사용한다. 도형의 속성을 변경하려면 itemconfig()를 사용한다. 캔버스 위에 그려진 도형을 변경하려면 도형을 생성 함수가 반환하는 식별자를 기억해놓아야 한다. create_rectangle() 함수는 식별자를 반환한다. 따라서 이것을 변수에 기억하여 두었다가 삭제 시에 사용하면 된다. 도형이 필요 없을 때는 delete()를 이용하여 삭제할 수 있다. 캔버스에 그리기 항목이 많아지면 무척 느려지므로 필요 없는 경우에는 바로 삭제하도록 하자.

canvas2.py

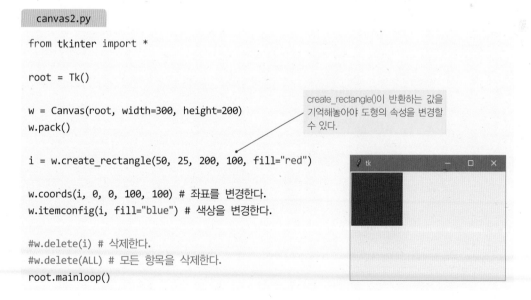

```
from tkinter import *

root = Tk()

w = Canvas(root, width=300, height=200)
w.pack()

i = w.create_rectangle(50, 25, 200, 100, fill="red")

w.coords(i, 0, 0, 100, 100) # 좌표를 변경한다.
w.itemconfig(i, fill="blue") # 색상을 변경한다.

#w.delete(i) # 삭제한다.
#w.delete(ALL) # 모든 항목을 삭제한다.
root.mainloop()
```

create_rectangle()이 반환하는 값을 기억해놓아야 도형의 속성을 변경할 수 있다.

Lab 도형 그리기

사용자가 버튼을 클릭하면 해당 도형을 캔버스 위에 그리는 프로그램을 작성해보자.

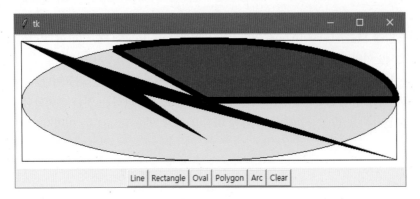

버튼의 이벤트를 처리하는 함수를 정의하고 함수 안에서 캔버스 위에 도형을 그린다. 앞에서 학습한 선 그리는 함수, 사각형 그리는 함수 등을 사용해보자.

전체 도형을 삭제하려면 도형들에게 태그를 부여하고 이들 태그를 이용하여 삭제하여도 된다. 아니면 ALL을 사용하여도 된다.

 도전문제

위의 프로그램에서 구현되지 않은 그리기 기능을 추가하여 보자. 예를 들어서 이미지를 읽어서 캔버스에 그리는 버튼도 구현해보자.

draw.py

```python
from tkinter import *

WIDTH = 600
HEIGHT = 200
def displayRect():
    canvas.create_rectangle(10,10,WIDTH-10,HEIGHT-10)

def displayOval():
    canvas.create_oval(10,10,WIDTH-10,HEIGHT-10, fill="yellow")

def displayArc():
    canvas.create_arc(10,10,WIDTH-10,HEIGHT-10,start=0,
                            extent=120,width=10,fill='blue')
def displayPolygon():
    canvas.create_polygon(10,10,WIDTH-10,HEIGHT-10,200,90,300, 160)

def displayLine():
    canvas.create_line(10,10,WIDTH-10,HEIGHT-10,fill='green')

def clearCanvas():
    canvas.delete(ALL)

root=Tk()
canvas=Canvas(root, width=WIDTH, height=HEIGHT, bg='white')
canvas.pack()
frame=Frame(root)
frame.pack()

Button(frame, text="Rectangle", command=displayRect).grid(row=1,column=2)
Button(frame,text="Oval",command=displayOval).grid(row=1,column=3)
Button(frame, text="Arc",command=displayArc).grid(row=1,column=5)
Button(frame, text="Polygon",command=displayPolygon).grid(row=1,column=4)
Button(frame, text="Line",command=displayLine).grid(row=1,column=1)
Button(frame,text="Clear",command=clearCanvas).grid(row=1,column=7)

root.mainloop()
```

6. 마우스 이벤트 처리

tkinter 응용 프로그램은 대부분의 시간을 이벤트 루프에서 소모한다. 즉 mainloop()에서 이벤트를 기다리면서 대기한다. 이것을 이벤트-구동 방식이라고 한다.

그림 11.3 tkinter에서의 이벤트 처리

이벤트는 다양한 소스에서 발생할 수 있다. 키보드의 키를 눌러도 이벤트가 발생되고 마우스 버튼을 눌러도 이벤트가 발생한다. 윈도우 매니저가 화면을 다시 그리라는 이벤트를 보낼 수도 있다. tkinter는 이벤트를 처리하는 강력한 메커니즘을 가지고 있다. 거의 모든 위젯에 대하여 콜백 함수를 붙일 수 있다.

만약 위젯에서 이벤트 지정자와 일치하는 이벤트가 발생하면 콜백 함수가 이벤트를 설명하는 객체와 함께 호출된다. 간단한 예제를 보자. 루트 윈도우에서 마우스 클릭 이벤트를 받아서 콘솔에 출력해보자. 마우스 첫 번째 버튼이 눌리면 반응한다.

event1.py

```
from tkinter import *

root = Tk()
root.geometry("600x200")

def callback(event):
    print(event.x, event.y, "에서 마우스 이벤트 발생")

root.bind("<Button-1>", callback)
root.mainloop()
```

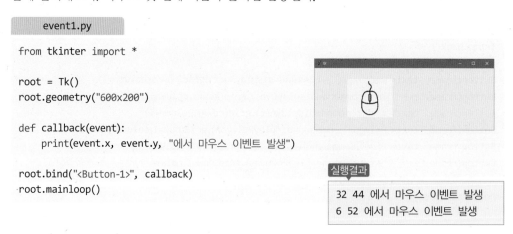

실행결과
```
32 44 에서 마우스 이벤트 발생
6 52 에서 마우스 이벤트 발생
```

이 예제에서 우리는 〈Button-1〉이라 불리는 이벤트에 콜백 함수 callback()을 bind()를 사용하여 연결하였다. 위의 프로그램을 실행하여 루트 윈도우에서 마우스 버튼을 누르면 콘솔에 "32 44 에서 마우스 이벤트 발생"과 같은 메시지가 출력된다.

이벤트 지정자

이벤트 지정자는 〈...〉 안에 이벤트의 이름을 적어주면 된다. 가장 많이 사용되는 몇 개의 이벤트 지정자를 살펴보자.

이벤트	설명
〈Button〉	마우스 버튼이 눌려 졌을 때 발생하는 이벤트이다. 〈Button-1〉이 마우스의 왼쪽 버튼이고 〈Button-2〉이 중간 버튼; 〈Button-3〉이 오른쪽 버튼이다. 마우스 포인터의 현재 위치는 이벤트 객체의 x와 y 멤버에 저장된다. 위치는 위젯에 상대적이다.
〈Motion〉	마우스가 움직이면 발생한다. 버튼을 누르면서 움직이는 이벤트는 마우스 버튼의 위치에 따라 〈B1-Motion〉, 〈B2-Motion〉, 〈B3-Motion〉 등이 있다.
〈ButtonRelease〉	마우스 버튼을 놓을 때 발생한다. 〈ButtonRelease-1〉 등이 있다.
〈DoubleButton〉	버튼이 더블 클릭될때 발생한다.
〈Enter〉	마우스 포인터가 위젯으로 진입하였을 때 발생한다. 사용자가 엔터키를 눌렀다는 것이 아니다.
〈Leave〉	마우스 포인터가 위젯을 떠났을 때 발생한다.
〈return〉	사용자가 엔터키를 입력하면 발생한다.
〈Key〉	사용자가 어떤 키를 누르면 발생한다.
a	사용자가 "a"를 입력하였을 때 발생한다. 대부분의 인쇄 가능한 문자는 이런 식으로 이벤트를 연결할 수 있다.

마우스로 도형 그리기

example
예제

사용자가 마우스 왼쪽 버튼을 누르면 사각형이 그려지고 오른쪽 버튼을 누르면 원이 그려지는 프로그램을 작성하여 보자. 원의 크기와 사각형의 크기는 난수로 결정된다.

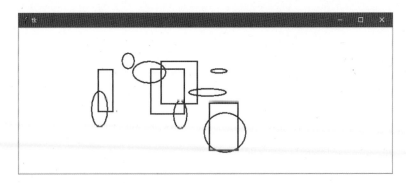

paint.py 원과 사각형 그리기 프로그램

```python
from tkinter import *
import random

def drawRect(e):
    canvas.create_rectangle(e.x, e.y, e.x+random.randint(10, 100),
            e.y+random.randint(5, 100), width=3, outline="blue")

def drawCircle(e):
    canvas.create_oval(e.x, e.y, e.x+random.randint(10, 100),
            e.y+random.randint(5, 100), width=3, outline="red")

root = Tk()
canvas=Canvas(root, width=800, height=300, bg='white')
canvas.pack()

root.bind("<Button-1>", drawRect)
root.bind("<Button-3>", drawCircle)
root.mainloop()
```

도형의 크기는 난수로 결정된다.

마우스 버튼 이벤트를 처리한다.

이 책에서 모든 이벤트의 종류와 처리 방법을
전부 설명할 수는 없다. 우리는 다음과 같은
간단한 그림판 프로그램을 만들면서 필수적인
마우스 이벤트 처리 방법만 학습해보자.

캔버스에서는 2개의 이벤트를 처리한다. 첫 번
째는 "〈B1-Motion〉"으로 왼쪽 버튼을 누른 채
로 움직이면 발생하는 이벤트이다. 두 번째는
"〈ButtonRelease-1〉"로 버튼을 놓았을 때 발
생하는 이벤트이다.

```
canvas.bind('<B1-Motion>', paint)
canvas.bind('<ButtonRelease-1>', reset)
```

가 마우스 이벤트가 발생하면 다음과 같은 함수들이 호출된다.

```
def paint(event):     # 이전 점과 현재 점 사이를 직선으로 연결한다.
    global mode, old_x, old_y
    fill_color = mycolor
    if   old_x and old_y:
        canvas.create_line(old_x, old_y, event.x, event.y,
                         capstyle=ROUND, width=10, fill=fill_color)
    old_x = event.x
    old_y = event.y

def reset(event):     # 사용자가 마우스 버튼에서 손을 떼면 이전 점을 삭제한다.
    global old_x, old_y
    old_x, old_y = None, None
```

가장 핵심적인 함수는 paint()이다. paint()는 사용자가 마우스 버튼을 누른 채로 캔버스 위를
움직이면 발생한다. old_x, old_y 값이 있으면 (old_x, old_y)으로부터 (event.x, event.y)까
지 직선을 그린다.

paint.py

```
from tkinter import *

mode = "pen"
old_x = None
old_y = None
mycolor = "black"

def paint(event):    # 이전 점과 현재 점 사이를 직선으로 연결한다.
    global mode, old_x, old_y
    fill_color = mycolor
    if  old_x and old_y:
        canvas.create_line(old_x, old_y, event.x, event.y,
                           capstyle=ROUND, width=10, fill=fill_color)
    old_x = event.x
    old_y = event.y

def reset(event):    # 사용자가 마우스 버튼에서 손을 떼면 이전 점을 삭제한다.
    global old_x, old_y
    old_x, old_y = None, None

root = Tk()

canvas = Canvas(root, bg='white', width=600, height=400)
canvas.pack()
canvas.bind('<B1-Motion>', paint)
canvas.bind('<ButtonRelease-1>', reset)

root.mainloop()
```

7. 메뉴와 대화 상자

메뉴

tkinter도 메뉴를 지원한다. 먼저 루트 윈도우에 메뉴바를 생성한다. 메뉴바 아래에 다시 메뉴
객체를 생성하고 메뉴 객체에 메뉴 항목들을 add_command() 함수를 호출하여서 추가한다.

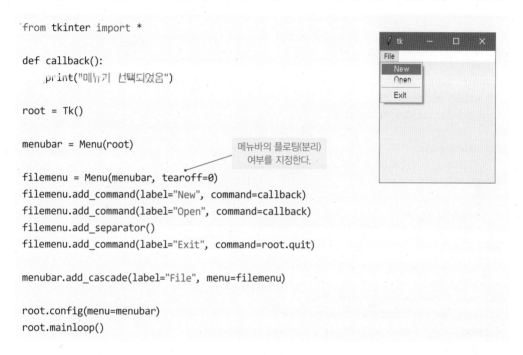

```
from tkinter import *

def callback():
    print("메뉴가 선택되었음")

root = Tk()

menubar = Menu(root)

filemenu = Menu(menubar, tearoff=0)     메뉴바의 플로팅(분리)
                                        여부를 지정한다.
filemenu.add_command(label="New", command=callback)
filemenu.add_command(label="Open", command=callback)
filemenu.add_separator()
filemenu.add_command(label="Exit", command=root.quit)

menubar.add_cascade(label="File", menu=filemenu)

root.config(menu=menubar)
root.mainloop()
```

각 메뉴 항목에는 키워드 인수인 command를 이용하여서 항목이 클릭되면 호출할 함수를 등
록할 수 있다. 현재는 메뉴 항목이 클릭되면 callback()이 호출되고 콘솔에 "메뉴가 선택되었
음"을 출력한다.

파일 열기 대화 상자

앞의 "Open" 메뉴가 선택되면 파일을 여는 대화 상자가 나타나면 좋을 것이다.

```python
from tkinter import *
from tkinter import filedialog
```

```python
def FileOpen():
    filename = filedialog.askopenfilename(parent=root,
                                          filetypes=(("JPG files", "*.jpg"),
                                          ("all files", "*.*")))
    print(filename)
```

```python
root = Tk()

menubar = Menu(root)
filemenu = Menu(menubar, tearoff=0)
filemenu.add_command(label="New")
filemenu.add_command(label="Open", command=FileOpen)
filemenu.add_separator()
filemenu.add_command(label="Exit", command=root.quit)
menubar.add_cascade(label="File", menu=filemenu)

root.config(menu=menubar)
root.mainloop()
```

filedialog 객체의 askopenfilename()을 호출하면 파일을 선택할 수 있는 대화 상자가 나타난다. 이때 filetypes 키워드 인수를 통하여 우리가 관심있는 파일의 확장자를 등록할 수 있다. 사용자가 파일을 선택하면 askopenfilename()은 선택된 파일 이름을 반환한다.

---

example
예제 이미지 그리기 프로그램

메뉴와 파일 열기 대화 상자를 이용하여서 이미지를 하나 선택하여서 화면에 그리는 프로그램을 작성해보자.

| imageshow.py | 이미지 표시 프로그램 |

```python
from tkinter import *
from tkinter import filedialog

def FileOpen():
    global img
    filename = filedialog.askopenfilename(parent=root,
                                filetypes=(("PNG files", "*.png"),
                                ("all files", "*.*")))
    img = PhotoImage(file=filename)
    canvas.create_image(20, 20, anchor=NW, image=img)

root = Tk()
canvas = Canvas(root,  width=500, height=150)
canvas.pack()
img = None      # 이미지 객체를 가르키는 변수가 미리 생성되어 있어야 한다.

menubar = Menu(root)
filemenu = Menu(menubar, tearoff=0)
filemenu.add_command(label="New")
filemenu.add_command(label="Open", command=FileOpen)
filemenu.add_separator()
filemenu.add_command(label="Exit", command=root.quit)
menubar.add_cascade(label="File", menu=filemenu)

root.config(menu=menubar)
root.mainloop()
```

PNG 파일만 보이게 한다.

선택된 이미지를 읽어서 화면에 그린다.

우리는 앞에서 움직이지 않는 그림만 그려보았다. 여기서는 움직이는 그림을 만들어 보자. 즉 애니메이션을 작성해보자. 컴퓨터를 이용하여 애니메이션을 만드는 것은 생각보다. 어렵지 않다. 근본적으로 애니메이션은 유사한 정지 영상을 연속적으로 빠르게 보여주는 것이다. 사람은 뇌로 이것들을 연결시켜서 움직인다고 생각한다.

파이썬을 이용하여 애니메이션을 작성하려면 일정한 시간 간격으로 조금씩 달라지는 그림을 화면에 그리면 된다. 예를 들어서 원이 화면에서 반사되면서 움직이는 애니메이션을 작성해보자.

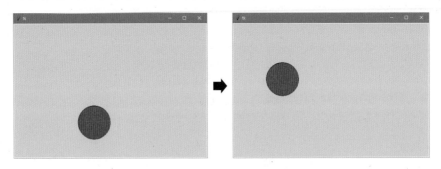

우리나라의 오목과 유사한 외국의 게임이 Tic-Tac-Toe이다. Tic-Tac-Toe 게임은 유아들을 위한 게임으로 잘 알려져 있다. Tic-Tac-Toe는 3×3칸을 가지는 게임판을 만들고, 경기자 2명이 동그라미 심볼(O)와 가위표 심볼(X)을 고른다. 경기자는 번갈아 가며 게임판에 동그라미나 가위표를 놓는다. 가로, 세로, 대각선으로 동일한 심볼을 먼저 만들면 승리하게 된다. 다음과 같이 그래픽 모드에서 2사람이 컴퓨터를 통하여 Tic-Tac-Toe 게임을 할 수 있는 프로그램을 작성하여 보자.

우리는 버튼을 9개 생성하여 화면에 배치한다. 사용자가 버튼을 클릭하면 버튼의 텍스트를 "X"나 "O"로 변경하자. 9개의 버튼은 격자 배치 관리자를 이용하여 화면에 격자 모양으로 배치하면 될 것이다. 반복문을 이용하여 9번 반복하면서 버튼 객체를 생성한다. 생성된 버튼 객체는 리스트에 순서대로 저장해두자.

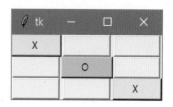

```
root = Tk()
player="X"
list = []

for i in range(9):
    b = Button(root, text="          ", command=lambda k=i: checked(k))
    b.grid(row=i//3, column=i%3)
    list.append(b)
```

버튼이 눌려졌을 때 checked() 함수가 호출되도록 하자. 한데 문제가 있다. 우리가 버튼을 생성할 때 다음과 같이 하면 파이썬 인터프리터는 checked(i)를 호출하고 그 반환값을 command에 저장한다. 이것은 명백히 우리가 원하는 동작이 아니다.

```
    b = Button(root, text="          ", command=checked(i))
```

계산기 실습 문제에서도 설명하였지만, 이런 경우에는 람다식을 사용하는 것이 가장 쉽다. 람다식은 함수를 객체로 만들어서 저장하는 것이다. 변수 i의 값을 k로 전달하고 이것을 가지고 checked(k)를 호출하도록 함수를 생성하여 command에 저장하는 것이다. 버튼이 클릭되면 버튼의 번호에 따라서 check(0), check(1), .. 등이 자동으로 호출된다.

```
    b = Button(root, text="          ", command=lambda k=i: checked(k))
```

요약   Summary

이 장에서는 그래픽 사용자 인터페이스 tkinter에 대하여 학습해보았다. 이번 장에서 학습한
내용을 정리해보자.

▶ tkinter에서는 먼저 루프 윈도우를 생성하고 레이블이나 버튼을 생성할 때 첫 번째 인수로
    윈도우를 넘기면 된다.

▶ 파이썬은 3종류의 배치 관리자를 제공한다. 압축(pack) 배치 관리자, 격자(grid) 배치 관
    리자, 절대(place) 배치 관리자가 바로 그것이다.

▶ 위젯에 이벤트를 처리하는 함수를 연결하려면 bind() 메소드를 사용한다. 예를 들면
    widget.bind('⟨Button-1⟩', sleft)와 같이 하면 된다.

 tkinter는 어떤가요? 쓸만한가요?

네, 쉽게 GUI 애플리케이션을 만들 수 있는거 같아요.
그래도 아직 이해 안 되는 코드가 많아요.

 네, 이해합니다. 인터넷에 보면 tkinter에 대한
좋은 설명이 많아요.
https://docs.python.org/3/library/tkinter.html 참조하세요!

네, 가볼께요. 근데 영어네요. 구글 번역기를 쓰죠 뭐.

1 절대 위치로 위젯들을 배치하는 배치관리자 이름은 무엇인가?

    ① pack()   ② grid()   ③ place()   ④ absolute()

2 상하로 위젯들을 배치하려면 어떤 배치관리자를 사용하여야 하는가?

    ① pack()   ② grid()   ③ place()   ④ absolute()

3 루트 윈도우를 생성하는 올바른 문장은?

    ① root = Window()   ② root = Tk()

    ③ root = Tkinter()   ④ root = MainWindow()

4 버튼을 클릭할 때 함수 process()가 호출되게 하는 문장은?

    ① Button(root, command=process)   ② Button(root, command=process())

    ③ Button(root, click=process)   ④ Button(root, click=process())

5 다음은 이벤트에 대한 설명이다. 잘못된 것을 모두 고르시오.

    ① 〈Button〉 : 마우스 버튼을 누르면 발생한다.

    ② 〈Enter〉 : 엔터키를 누르면 발생한다.

    ③ 〈ButtonPress〉 : 마우스 버튼을 누르면 발생한다.

    ④ 〈Motion〉 : 마우스를 움직이면 발생한다.

6 프레임 frame에서 마우스의 첫 번째 버튼이 눌리면 callback() 함수가 호출되도록 하는 명령문을 작성하시오.

```
frame._____
```

7 다음 코드를 실행하였을 때의 화면의 모양을 최대한 가깝게 그려보시오.

```
Button(root, text="버튼 #1").pack(side=LEFT)
Button(root, text="버튼 #2").pack(side=LEFT)
```

8 캔버스 위에 그려진 그림 객체를 이동시키려면 어떻게 해야 하는가?

_____

9 레이블 myLabel 위에 쓰인 텍스트를 "Hello"로 변경하려고 한다. 어떤 명령문을 사용하여야 하는가? myLabel은 이미 생성되어 있다고 가정하자.

_____

10   다음과 같이 레이블을 배치하는 코드 조각을 쓰시오.

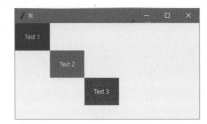

Programming

1 다음과 같이 하나의 레이블과 하나의 버튼을 가지는 프로그램을 작성해보자. 버튼을 누르면 레이블은 "clicked"를 표시한다.

HINT Button()을 버튼을 생성할 때, command 매개 변수에 함수를 전달한다.

2 다음과 같이 하나의 레이블를 가지는 프로그램을 작성해보자. 레이블의 배경색은 오렌지색으로 하고, 글자색은 파랑색으로 한다. 레이블의 크기는 50×3으로 한다.

HINT 레이블의 크기는 width와 height로 지정한다.

3 배치 관리자를 이용하여 버튼을 3×10 격자 형태로 배치해보라.

HINT for 반복 루프에서 버튼의 텍스트를 생성한다.

4 주소를 입력하는 다음과 같은 애플리케이션을 작성해보자. 아래와 최대한 유사하게 작성하라.

5 다음과 같이 2개의 버튼을 가지는 카운터를 작성해본다. "감소" 버튼을 누르면 값은 1만큼 감소한다. "증가" 버튼을 누르면 값은 1만큼 증가한다.

HINT 사용자가 입력한 값을 entry.get()으로 읽어서 정수로 변환한 후에 변수 total에 합한다. 이 값을 레이블에 표시하면 된다.

```
label['text']= str(total)
```

6 주사위 굴리기를 시뮬레이트하는 프로그램을 작성하라. "굴리기" 버튼이 하나 있어야 한다. 사용자가 버튼을 클릭하면 1부터 6 사이의 난수가 표시되어야 한다.

7 인치를 센티미터로 변환하는 다음과 같은 프로그램을 작성해보자.

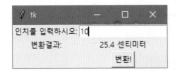

HINT "변환" 버튼이 눌려지면 엔트리에 입력된 값을 가져와서 inch_val 변수에 저장한다. 이 변수에 2.54를 곱하여 센티미터값을 얻은 후에 이 값을 레이블에 텍스트로 표시한다. 배치 관리자는 격자 배치 관리자를 사용하자.

8 아이디와 패스워드를 입력할 수 있는 윈도우를 작성해보자. 아이디와 패스워드는 엔트리 위젯으로 구현된다. 격자 배치 관리자를 이용하여 배치된다. 버튼에 적절한 함수를 연결하여 버튼 이벤트를 처리한다.

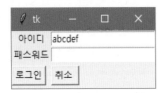

9 데이터를 입력받을 때 사용할 수 있는 다음과 같은 애플리케이션을 작성해보자.

HINT 격자 배치 관리자를 사용한다.

10 화면에 사각형을 그리고 마우스 왼쪽 버튼을 누르면 사각형의 크기를 증가시킨다. 마우스 오른쪽 버튼을 누르면 사각형이 작아지도록 하는 프로그램을 작성해보자.

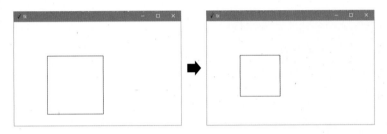

11 우리는 거리의 광고판에서 글자들이 수평으로 이동하는 애니메이션을 많이 본다. 파이썬을 이용하여 작성해보자.

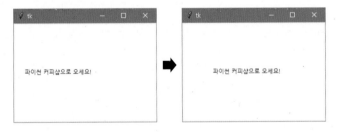

12 화면의 하단에 버튼을 4개 배치하고 이 버튼을 누르면 화면의 사각형이 상하좌우로 움직이는 애플리케이션을 작성해보자.

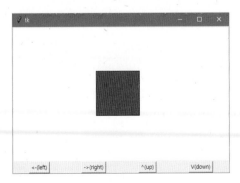

13 화면에 사각형을 그리고, 화살표 키로 사각형을 움직이는 프로그램을 작성해 보자.

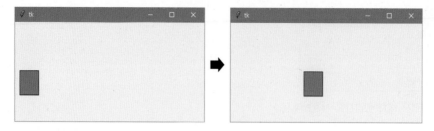

14 윈도우를 하나 만들고, 랜덤한 크기의 사각형을 여러 개 그려보자. 위치도 랜덤이어야 하고 크기, 색상도 랜덤으로 하여 본다.

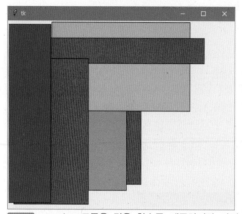

HINT   random 모듈은 많은 함수를 제공하지만 가장 많이 사용되는 것은 다음의 2가지이다.

▶ randint(a, b) - [a, b] 구간에서 난수를 반환한다. randint(0, 10)이라고 하면 0에서 10 사이에서 랜덤하게 하나를 선택하여 반환한다.

▶ randrange(range) - range 크기에서 난수를 발생한다. randrange(10)이라고 하면 0에서 9 사이에서 랜덤하게 하나를 선택하여 반환한다.

색상을 랜덤하게 선택하려면 다음과 같은 기법을 사용하라.

```
color = ["red", "orange", "yellow", "green", "blue", "violet"]
fill_color = random.choice(color))
```

클래스와 객체

★ 다음과 같은 작업들을 수행하는 방법을 알고 있나요?
　　이번 장에서 함께 알아봐요.

1. 변수과 함수를 모아서 클래스로 작성할 수 있나요?
2. 클래스에서 객체를 생성하는 방법을 알고 있나요?
3. 생성자를 자유롭게 사용할 수 있나요?
4. 인스턴스 변수와 클래스 변수의 차이점을 알고 있나요?
5. 객체 지향을 응용하여서 실제 프로그램을 작성할
　　수 있나요?

클래스와 객체

1. 이번 장에서 만들 프로그램

이제까지 우리는 데이터와 코드를 조직화하는 몇 가지의 방법을 학습하였다. 우리는 리스트(list)를 이용하여 변수들을 하나로 묶을 수 있었다. 함수(function)를 사용하여서 코드를 하나로 묶을 수 있었다.

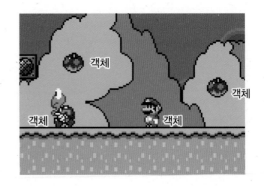

객체(object)는 함수와 변수를 하나의 단위로 묶을 수 있는 방법이다. 객체는 프로그래밍에서 아주 유용한 개념이며 현재까지 아주 많이 사용된다. 파이썬에서는 모든 것이 객체로 작성되어 있다. 이러한 프로그래밍 방식을 **객체지향**(object-oriented)이라고 한다. 이번 장에서는 다음과 같은 프로그램을 작성해본다.

(1) 원을 클래스로 표현해보자. 원의 넓이와 둘레를 반환하는 getArea()와 getPrimeter()를 정의한다.

실행
결과

> 원의 면적 314.1592653589793
> 원의 둘레 62.83185307179586

(2) 공을 나타내는 Ball 클래스를 정의하고 애니메이션을 만들어보자.

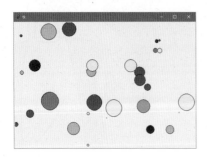

2. 객체 지향 프로그래밍

객체 지향 프로그래밍이란?

우리는 앞에서 복잡한 작업을 함수로 분해하여 프로그램을 작성하는 방법을 배웠다. 이것도 훌륭한 방법이지만 충분하지 않다. 방대한 함수로 구성된 프로그램을 이해하고 유지보수하기는 상당히 어렵다. 이 문제를 극복하기 위해 컴퓨터 과학자들은 객체지향 프로그래밍을 고안했다. 객체 지향 프로그래밍에서는 서로 관련 있는 데이터와 함수를 묶어서 객체(object)로 만들고 이들 객체들이 모여서 하나의 프로그램이 된다.

객체 지향 프로그래밍(OOP: object-oriented programming)은 우리가 사는 실세 세계가 객체(object)들로 구성된 것과 비슷하게, 소프트웨어도 객체로 구성하는 방법이다. 실제 세계에는 사람, 자동차, 텔레비전, 세탁기, 냉장고 등의 많은 객체가 존재한다. 객체들은 객체 나름대로 고유한 기능을 수행하면서 다른 객체들과 메시지를 통하여 상호 작용한다.

그림 12.1 객체들은 메시지를 주고 받는다.

예를 들면, 리모콘을 이용하여서 텔레비전을 조작하는 상황을 생각해보자. 티비와 리모콘은 모두 특정한 기능을 수행하는 객체이고, 티비와 리모콘은 메시지를 통하여 서로 상호 작용한다. 소프트웨어 개발도 이와 같이 하는 방식을 객체 지향이라고 한다. 다양한 기능을 하는 소프트웨어 객체들을 작성하고, 이러한 객체들을 조합하여 자기가 원하는 기능을 구현하는 기법이다.

절차 지향과 객체 지향

현재 많이 사용되는 프로그래밍 기법은 절차 지향 프로그래밍과 객체 지향 프로그래밍으로 나눌 수 있다. 여기서 그 차이를 알아보자.

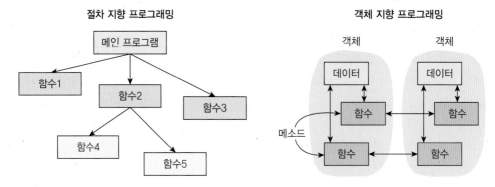

그림 12.2 절차 지향 프로그래밍과 객체 지향 프로그래밍의 비교

절차 지향 프로그래밍(procedural programming)은 프로시저(procedure)를 기반으로 하는 프로그래밍 방법이다. 프로시저는 일반적으로 함수를 의미한다. 절차 지향 프로그래밍으로 번역하는 것보다는 "프로시저 지향 프로그래밍"라는 용어가 더 적합한 것 같다. 절차 지향 프로그래밍에서 전체 프로그램은 함수들의 집합으로 이루어진다. 많은 언어(C언어 등등)에서 지원하는 방법이다. 문제를 더 작은 서브 함수로 분해하여 원하는 수준에 도달할 때까지 이 과정을 반복함으로써 문제를 해결한다.

절차 지향 프로그래밍은 오랫동안 좋은 방법으로 여겨졌다. 하지만 문제는 없었을까? 가장 중요한 단점은, 서로 관련된 데이터와 함수를 묶을 수가 없다는 점이다. 따라서 절차 지향 방법에서는 데이터가 프로그램의 중요한 부분임에도 불구하고 프로그래머들은 함수 작성에만 신경을 쓰게 된다.

그림 12.3 절차 지향 프로그래밍의 문제점

예를 들어 자동차에서 속도를 나타내는 변수 speed와 속도를 변경하는 함수 accel()은 하나로 묶여 있는 것이 합리적이다. 하지만 절차 지향 프로그래밍에서는 변수와 함수를 묶어주는 도구가 없다.

객체 지향 프로그래밍

이후로 연구가 진행될수록 서로 관련된 함수와 데이터를 묶어서 생각해야한다는 점이 명백해졌다. 객체 지향 프로그래밍(object-oriented programming)은 데이터와 함수를 하나의 덩어리로 묶어서 생각하는 방법이다. 데이터와 함수를 하나의 덩어리(객체)로 묶는 것을 캡슐화(encapsulation)라고 부른다. 객체 지향 프로그래밍 방법은 현재 가장 각광받고 있는 프로그래밍 기술이다. 객체 지향은 현실 세계를 시뮬레이션하는 언어였던 1960년대의 시뮬라(SIMULA)라는 언어에 기반을 두고 있다.

객체 지향이란 컴퓨터 조립처럼 부품(객체)을 조립하여서 프로그램을 작성하자는 취지이다. 객체를 직접 작성할 것이냐 아니면 외부에서 사올 것이냐는 하는 것은 예산과 시간에 따라 날라진다. 기본적으로 객체가 우리가 원하는 사양을 만족하기만 하면 객체가 어떤 식으로 구현되었느냐는 중요하지 않다. 예를 들어서 컴퓨터에서 디스크 드라이브가 디스크를 읽고 쓰기만 한다면 우리가 디스크 드라이브의 내부 구조에 대해서는 신경 쓰지 않는 것과 같다.

객체란?

객체(object)는 하나의 물건이라고 생각하면 된다. 예를 들어서 자동차를 생각해보자. 자동차는 메이커나 모델, 색상, 연식, 가격 같은 속성(attribute)을 가지고 있다. 또 자동차는 주행할 수 있고, 방향을 전환하거나 정지할 수 있다. 이러한 것을 객체의 동작(action)이라고 한다.

속성
메이커
모델
색상
연식
가격

동작
주행하기
방향바꾸기
정차하기

클래스란?

객체 지향 프로그램은 객체로 구성된다. 그런데 같은 종류의 객체는 하나만 있을까? 자동차를 예를 들어보자. 자동차는 하나만 있는 것이 아니다. 철수네도 같은 브랜드의 자동차를 가질 수 있고, 영희네도 같은 브랜드의 자동차를 가질 수 있다. 자동차는 어떻게 만들어질까? 엔지니어가 설계하여서 자동차 설계도를 만들고 이 설계도에 의하여 각각의 자동차가 만들어진다.

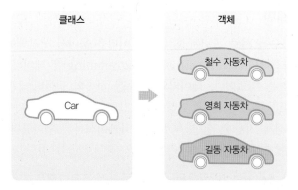

그림 12.4 클래스와 객체

객체 지향 소프트웨어에서도 객체들이 같은 방법으로 생성된다. 즉 설계도에 의하여 객체들이 생성된다. 객체에 대한 설계도를 **클래스**(class)라고 한다. 클래스란 특정한 종류의 객체들을 찍어내는 형틀(template) 또는 청사진(blueprint)이라고도 할 수 있다. 클래스로부터 만들어지는 객체를 그 클래스의 **인스턴스**(instance)라고 한다.

왜 클래스를 통하여 객체를 생성하는 것일까? 일반적으로 프로그램에서는 같은 종류의 객체가 많이 필요하기 때문이다. 예를 들어서 슈팅 게임 프로그램에서 미사일을 나타내는 객체는 아주 많이 필요하다. 이럴 때는 객체를 하나씩 정의하여 생성하는 것보다, 클래스를 만들어두고 필요할 때마다 객체를 찍어내는 것이 편리하다.

 참고 사항

인스턴스(instance)는 사례라는 의미이다. 객체라는 용어가 있는데 인스턴스라는 새로운 용어를 사용하는 이유는 무엇일까? 객체가 너무 광범위한 의미를 지니기 때문이다. 특정한 클래스로부터 생성된 객체를 그 클래스의 인스턴스라고 한다.

파이썬에서는 모든 것이 객체이다.

파이썬에서는 모든 것이 객체로 구현된다. 정수도 객체이고 문자열도 객체이며 리스트도 객체이다. 객체의 특징은 우리가 사용할 수 있는 메소드를 가지고 있다는 점이다. 예를 들어서 리스트는 insert()나 remove()와 같은 메소드를 가지고 있다. 문자열은 upper()와 같은 메소드를 가지고 있다. 다음과 같은 문장을 살펴보자.

```
>>> "Everything in Python is an object".upper()
'EVERYTHING IN PYTHON IS AN OBJECT'
```

"Everything in Python is an object"은 문자열이고 파이썬 안에서는 객체로 취급된다. 따라서 여러 가지 메소드를 가지고 있다. 그 중의 하나가 upper()이다. upper()는 문자열의 모든 문자를 대문자로 변환하는 메소드이다. upper()를 호출하면 대문자로 변환한 문자열을 반환한다.

클래스에 의하여 제공되는 메소드는 클래스의 **공용 인터페이스(public interface)**라고 불린다. 개발자로서 클래스의 객체를 가지고 작업할 때는 객체가 어떻게 내부적으로 속성을 저장하고 어떻게 메소드들이 구현되는지 알 필요가 없다. 예를 들어서 여러분은 문자열 객체가 내부적으로 어떻게 문자들을 저장하는지 알 필요가 없다. 우리에게 중요한 것은 개발자가 사용할 수 있는 공용 인터페이스이다. 우리가 어떤 메소드를 사용할 수 있고 메소드가 하는 작업만 알면 된다. 이렇게 공용 인터페이스만 제공하고 구현 세부 사항을 감추는 것은 캡슐화(encapsulation)라고 한다.

캡슐화는 데이터와 알고리즘을 하나로 묶는 것입니다.

그림 12.5 캡슐화

캡슐화를 이렇게 이해하여보자. 우리가 자동차를 구입하면 자동차가 어떻게 동작되는지 알 필요가 있을까? 우리에게 중요한 것은 자동차를 사용하는 방법이다. 즉 방향을 바꿀 수 있는 운전대와 누르면 멈추는 브레이크 페달, 누르면 속도가 증가되는 엑셀 페달만 알면 된다. 이것이 바로 자동차의 공용 인터페이스라고 할 수 있다. 이러한 특징 때문에 우리는 내연기관차를 구매하던, 아니면 전기차를 구매하던, 자동차를 운전하는 방법을 새로 학습하지 않아도 되는 것이다.

공용 인터페이스는 동일하므로 운전을 새로 배울 필요는 없죠!

중간점검

1. 객체 지향 프로그래밍은 _____들을 조합하여서 프로그램을 작성하는 기법이다.
2. 절차 지향 프로그래밍의 가장 큰 단점은 무엇인가?
3. 캡슐화를 다시 설명해보자.
4. 클래스는 무엇인가?
5. 인스턴스는 무엇인가?
6. 클래스와 인스턴스의 관계는 무엇인가?

3. 클래스 작성하기

클래스는 객체의 형태를 정의하는 **틀**(template)과 같은 것이다. 객체를 찍어낼 수 있는 틀이라고 생각해도 된다. 파이썬에서 클래스는 다음과 같은 구조를 이용하여서 정의된다.

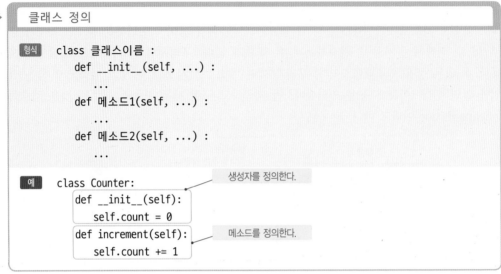

Syntax 클래스 정의

형식
```
class 클래스이름 :
    def __init__(self, ...) :
        ...
    def 메소드1(self, ...) :
        ...
    def 메소드2(self, ...) :
        ...
```

예
```
class Counter:
    def __init__(self):        생성자를 정의한다.
        self.count = 0
    def increment(self):       메소드를 정의한다.
        self.count += 1
```

우리는 클래스 안에는 변수와 함수를 정의한다. 클래스 안에 정의된 변수를 인스턴스 변수라고 한다. 클래스 안에 정의된 함수를 메소드(method)라고 한다. 인스턴스 변수와 메소드를 합쳐서 클래스의 **멤버**(member)라고 한다. 인스턴스 변수는 객체의 속성을 나타내고 메소드는 객체의 동작을 나타낸다.

클래스의 첫 번째 예로 Counter 클래스를 작성하여 보자. Counter 클래스는 기계식 계수기를 나타내며 경기장이나 콘서트에 입장하는 관객 수를 세기 위하여 사용할 수 있다.

Counter 클래스는 카운터값을 나타내는 변수를 가지고 있어야 한다. 파이썬에서는 메소드 안에서 변수 이름 앞에 self.을 붙이고 값을 저장하면 인스턴스 변수가 된다. 우리는 카운터의 현재 값을 나타내는 변수 count를 정의하자.

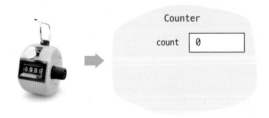

카운터에는 어떤 메소드가 필요할까? 실물 카운터의 동작을 생각해보자. 실물 카운터는 사용하기 전에 카운터의 값을 0으로 만들어야 한다. 이것은 생성자 메소드로 구현하자. 생성자 메소드는 객체가 생성되면 반드시 호출되어서 객체를 초기화하는 함수이다. 생성자 이름은 항상 __init__()이다. 실물 카운터에는 사용자가 클릭하면 카운터값이 하나 증가되는 버튼이 있다. 이것은 increment() 메소드로 구현하자. 자 이제 모든 준비가 되었다. Counter 클래스를 작성해보자.

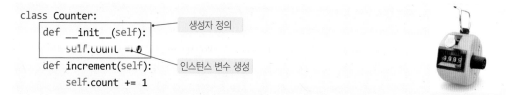

클래스를 정의할 때는 우리의 예제에서는 클래스 이름은 "Counter"이다. 클래스 이름의 첫 글자는 일반적으로 대문자로 한다. 클래스 본체는 들여쓰기 하여야 한다. 클래스 본체 안에 메소드를 정의한다. 우리는 __init__()와 increment() 메소드를 정의하였다. 모든 메소드의 첫 번째 매개 변수는 현재 객체를 가리키는 self 변수이어야 한다.

__init__() 메소드는 생성자(constructor)라고 한다. 생성자는 객체를 초기화하는 메소드로서 클래스로 객체를 생성할 때 디폴트로 호출된다. __init__와 같이 init 앞뒤에 반드시 __을 추가하여야 한다. 또 항상 자신을 가리키는 self가 매개 변수에 포함된다. 인스턴스 변수는 생성자 안에서 생성하여야 한다. 우리는 인스턴스 변수 count를 0으로 초기화한다.

increment()는 일반적인 메소드이다. 메소드의 첫 번째 매개 변수는 항상 self이다. increment()가 호출되면 인스턴스 변수 count의 값을 하나 증가시킨다. 코드에서 알 수 있듯이 인스턴스 변수에 접근할 때도 self.count와 같이 앞에 self를 붙여야 한다.

객체 생성

Counter 클래스가 정의되었다. 이제 객체를 생성해보자. 클래스 이름에 ()을 붙여서 함수처럼 호출하면 객체가 생성된다. 객체가 생성되면서 생성자 메소드인 __init__()가 자동으로 호출된다.

```
a = Counter()
```

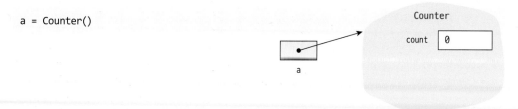

객체의 멤버 접근

이제 객체를 통하여 변수와 메소드에 접근해보자. 객체가 가지고 있는 메소드를 호출하려면 객체 이름에 점(.)을 붙이고 메소드 이름을 적어주면 된다. 객체가 가지고 있는 변수에 접근할 때도 객체 이름에 점(.)을 붙이고 변수 이름을 적어주면 된다. 이제 생성된 객체의 인스턴스 변수에 접근해보고, 객체의 메소드도 호출하여 보자.

```python
class Counter:
    def __init__(self):
        self.count = 0
    def increment(self):
        self.count += 1

a = Counter()
a.increment()
print("카운터의 값=", a.count)
```

```
카운터의 값= 1
```

Counter()라고 호출하면 객체가 생성되고 객체의 참조값을 변수 a에 저장한다. 객체가 생성되면서 생성자 메소드 __init__()가 호출되어서 인스턴스 변수 count가 생성되고 0으로 초기화된다. a의 increment()를 호출하면 count 값이 하나 증가된다. a.count 하면 객체 a의 인스턴스 변수 count의 현재값을 얻을 수 있다.

하나의 클래스로 객체는 많이 만들 수 있다.

우리는 하나의 클래스로 여러 개의 객체를 생성할 수 있다. 하나의 설계도만 있으면 동일한 형태의 집을 여러 채 지을 수 있는 것과 마찬가지이다. 이번에는 Counter 클래스를 가지고 2개의 객체를 생성해보자. 클래스로 생성된 각각의 객체는 별도의 인스턴스 변수를 가진다. 이번에는 생성자에 매개 변수를 추가하였다.

```python
class Counter:
    def __init__(self, initValue=0) :
        self.count = initValue          # 카운터의 초기값을 받는다.

    def increment(self) :
        self.count += 1

a = Counter(0)          # 0으로 초기화된 첫 번째 계수기
b = Counter(100)        # 100으로 초기화된 두 번째 계수기
```

Counter 클래스로 객체 a와 b를 작성하였다면 객체 a와 b는 모두 자신만의 count 인스턴스 변수를 가진다.

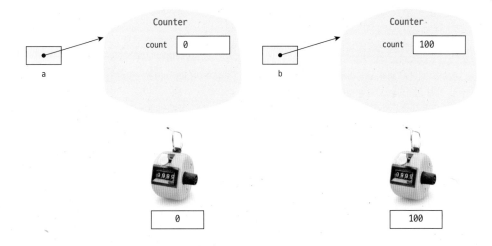

여기서 반드시 기억할 사항은 동일한 클래스로 객체를 여러 개 생성하더라도 객체가 가지고 있는 변수의 값은 다를 수 있다는 점이다. 객체가 가진 변수는 객체마다 다르게 설정할 수 있다. 위의 예에서도 각 가운터 객체마다 카운터의 값은 0과 100으로 서로 다르게 초기화되었다.

 참고 사항: self 매개 변수

파이썬의 클래스 정의에서 self는 상당히 많이 등장한다. 도대체 self는 무엇인가? self는 객체 자신을 참조하는 변수이다. self가 있어야만 객체 안에서 멤버에 접근할 수 있다. 메소드가 호출될 때, 우리는 어떤 객체가 메소드를 호출했는지 알아야 한다. 즉 a 객체가 show()를 호출했는지 b 객체가 show()를 호출하였는지 show() 메소드가 알아야 한다는 것이다. show() 메소드의 self 매개 변수는 어떤 객체가 메소드를 호출했는지를 알려준다. 하지만 우리가 show()를 호출할 때는 객체를 인수로 넣어서 보내지는 않는다. 우리가 show()를 호출할 때는 항상 "객체.메소드()"와 같은 형식을 사용한다. 점 연산자 앞에 있는 객체가 바로 self로 전달되는 것이다. 즉 a.show()라고 호출하면 a가 show() 메소드의 self로 전달된다.

 참고 사항: 인스턴스 변수의 범위

생성자 안에서 인스턴스 변수가 생성되면, 이 변수의 범위는 클래스 전체가 된다. 예를 들어서 __init__() 메소드에서 생성된 변수 count의 범위는 Counter 클래스 전체이다. 이것은 지역 변수와는 잘 구분하여야 한다. 지역 변수는 메소드 안에서 생성된 변수인데, 지역 변수의 범위는 메소드 안이다. 즉 지역 변수는 메소드를 벗어나면 사라지게 된다. 반면에 인스턴스 변수는 클래스 전체에서 사용할 수 있다.

참고 사항: 인스턴스 변수와 지역 변수의 구별

메소드 안에서 self를 붙이지 않고 변수를 생성하면 지역 변수가 된다. 예를 들면 다음과 같다.

```
def show(self):
    s = "현재 설정값="          # 이것은 지역 변수이다.
```

위의 코드에서 변수 s는 객체 안에 포함되는 인스턴스 변수가 아니다. self가 앞에 없기 때문이다. 단순히 함수 안에 정의되는 지역 변수이다.

메소드도 마찬가지이다. 클래스 안에서 다른 메소드를 호출하려면 항상 앞에 self.를 붙여야 한다. show() 메소드를 클래스 안에서 사용하려면 self.show()라고 하여야 파이썬이 올바르게 연결한다.

참고 사항: 변수의 종류

이번 장에서 클래스 안에 선언되는 인스턴스 변수를 학습하였다. 우리가 알고 있는 변수의 종류가 이제 3가지가 되었다. 이것들을 잘 구분하여야 한다.

▷ 지역 변수 – 함수 안에서 선언되는 변수
▷ 전역 변수 – 함수 외부에서 선언되는 변수
▷ 인스턴스 변수 – 클래스 안에 선언된 변수, 앞에 self.가 붙는다.

중간점검

1. 클래스를 정의하는 데 사용되는 구문은 무엇인가?
2. 클래스 이름은 일반적으로 어떻게 작명하는가?
3. 클래스의 인스턴스를 어떻게 생성하는가?
4. 인스턴스의 속성과 메소드에 어떻게 접근하는가?
5. 메소드는 무엇인가?
6. self의 목적은 무엇인가?
7. __init__() 메소드의 의미는 무엇인가?

파이썬을 사용하여 TV를 클래스로 정의해보자.

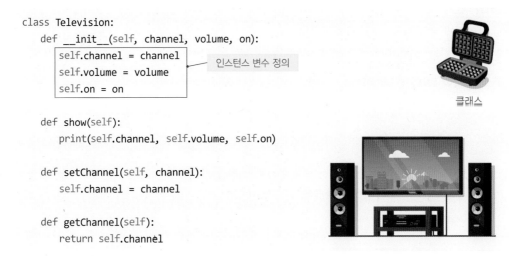

```
class Television:
    def __init__(self, channel, volume, on):
        self.channel = channel        인스턴스 변수 정의
        self.volume = volume
        self.on = on

    def show(self):
        print(self.channel, self.volume, self.on)

    def setChannel(self, channel):
        self.channel = channel

    def getChannel(self):
        return self.channel
```

클래스

텔레비전을 나타내는 클래스 Television은 3개의 인스턴스 변수와 3개의 메소드로 이루어진다. channel은 현재 설정된 채널 번호를 저장한다. volume은 현재 설정된 음량을 나타내고 on은 텔레비전이 켜 있는지 꺼져 있는지를 나타내는 부울형 변수이다. show()는 현재 텔레비전 객체의 상태를 화면에 출력한다. setChannel()은 텔레비젼의 채널을 설정한다. getChannel()은 현재의 채널 번호를 반환한다.

파이썬에서는 클래스가 정의되면 생성자를 호출하여서 객체를 생성할 수 있다. 생성자는 객체를 메모리에 생성하고 객체를 초기화한다.

```
t = Television(9, 10, True)        객체를 생성한다.
t.show()
t.setChannel(11)                   객체의 멤버에 접근할 때는
t.show()                           멤버 연산자(.)를 사용한다.
```

객체

위의 파일을 실행하여 보면 다음과 같은 출력이 표시된다.

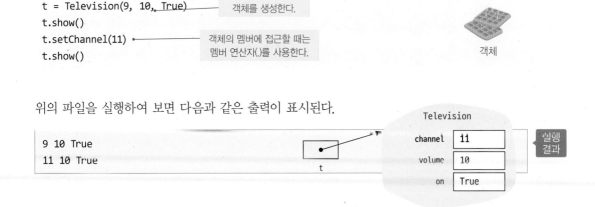

```
9 10 True
11 10 True
```

Television	
channel	11
volume	10
on	True

실행
결과

t

Lab 원 클래스 작성

원을 클래스로 표현해보자. 클래스 이름은 Circle로 하자. 원을 초기화하는 생성자는 만들어야 한다. 원은 반지름을 속성으로 가진다. 메소드로는 원의 넓이와 둘레를 반환하는 getArea()와 getPrimeter()를 정의한다.

 실행 결과

```
원의 면적 314.1592653589793
원의 둘레 62.83185307179586
```

원의 면적

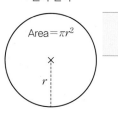

$$Area = \pi r^2$$

r

---

circle.py 이 프로그램은 원을 클래스로 모델링한다.

```python
import math

# Circle 클래스를 정의한다.
class Circle:
    def __init__(self, radius = 0):
        self.radius = radius

    def getArea(self):
        return  math.pi * self.radius * self.radius

    def getPerimeter(self):
        return 2 * math.pi * self.radius

# Circle 객체를 생성한다.
c = Circle(10)
print("원의 면적", c.getArea())
print("원의 둘레", c.getPerimeter())
```

4. 정보 은닉

우리는 앞에서 클래스 안에 정의된 인스턴스 변수나 메소드들을 누구나 사용할 수 있는 것처럼 설명하였다. 하지만 이렇게 하는 것이 좋은 것일까? 예를 들어서 학생을 나타내는 Student 클래스를 살펴보자.

```python
class Student:
    def __init__(self, name=None, age=0):
        self.name = name
        self.age = age

obj = Student("Hong", 20)
obj.age = 21
print(obj.age)
```

실행결과

```
21
```

위의 코드에서는 객체 s의 변수 age에 마음대로 접근하여서 값을 변경할 수 있었다. 하지만 이런 식으로 마음대로 인스턴스 변수의 값을 변경하는 것은 다음과 같은 이유에서 좋은 방법이 아니다.

▶ 인스턴스 변수의 값이 올바르지 않게 변경될 수 있다. 예를 들어서 학생을 나타내는 Student 클래스의 인스턴스 변수 age를 음수로 변경할 수도 있다.

```python
obj.age = -10;          # 학생의 나이가 -10?
```

▶ 클래스를 유지 보수하는 것이 어려워진다. 예를 들어서 학생의 나이(age)를 저장하지 않고, 생년월일(birthday)을 문자열로 저장하기로 정책을 바꾸었다고 가정하자. 클래스 외부에서 age를 마음대로 사용하고 있었다면 이것 또한 불가능하다.

```python
class Student:
    def __init__(self, name=None, birthday="20010301"):
        self.name = name
        self.birthday = birthday
```

객체 지향 방법의 개념 중에 **정보 은닉**(information hiding)이 있다. 정보 은닉이란 구현의 세부 사항을 클래스 안에 감추는 것이다. 대표적인 것이 클래스 안의 데이터를 외부에서 마음대로 변경하지 못하게 하는 것이다. 따라서 클래스 안에 변수를 선언할 때는 private로 만드는 것이 좋다. private 변수로 만들면 외부로부터의 접근이 차단된다. 클래스는 다음과 같이 설계하는 것이 좋다고 한다.

변수는 안에 감추고 외부에서는 메소드들만 사용하도록 하는 것입니다.

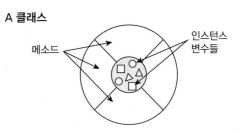

그림 12.3 정보 은닉

파이썬에서 인스턴스 변수를 private으로 정의하려면 변수 이름 앞에 __을 붙이면 된다. __이 붙은 인스턴스 변수는 클래스 내부에서만 접근될 수 있다. 예를 들어서 Student 클래스 안의 인스턴스 변수들을 private로 정의하면 다음과 같다.

| student.py | 이 프로그램은 학생을 클래스로 모델링한다. |

```
class Student:
    def __init__(self, name=None, age=0):
        self.__name = name      # __가 변수 앞에 붙으면 외부에서 변경 금지
        self.__age = age        # __가 변수 앞에 붙으면 외부에서 변경 금지

obj=Student()
print(obj.__age)               # 오류 발생!
```

실행 결과

```
...
AttributeError: 'Student' object has no attribute '__age'
```

위의 코드에서 __age는 private 변수이므로 오류가 발생한다. 클래스의 멤버에 대한 접근을 제어하는 것은 객체 지향 프로그래밍의 핵심적인 부분이다. 접근을 제어하게 되면 객체를 잘못 사용하는 것을 방지할 수 있다. 올바르게 정의된 메소드만 데이터를 사용할 수 있게 하면 데이터의 값이 부적절한 값이 변경되는 것을 막을 수 있다. 예를 들어서 데이터의 범위를 검사하여서 범위를 벗어난 값이 멤버에 저장되는 것을 막을 수 있다.

지금까지는 변수만 가지고 접근 제어를 설명하였지만 메소드에 대해서도 똑같은 이야기를 할 수 있다. 메소드를 정의할 때도 앞에 __을 붙일 수 있고 그 의미는 변수의 경우와 동일하다.

접근자와 설정자

__이 앞에 붙은 인스턴스 변수와 메소드는 클래스 내부에서만 접근될 수 있다. 클래스 외부에서는 접근이 불가능하다. 하지만 외부에서 이들 변수 값이 필요한 경우에는 어떻게 하면 좋을까? 이 경우에는 어떤 특수한 메소드가 있어서 이들 메소드가 데이터 값을 읽어서 외부로 전달해주면 좋을 것이다.

인스턴스 변수와 관련된 두 가지의 종류의 메소드가 있다. 하나는 인스턴스 변수값을 반환하는 **접근자**(getters)이고 또 하나는 인스턴스 변수값을 설정하는 **설정자**(setters)이다. 이러한 메소드는 대개 get이나 set이 메소드 이름 앞에 붙여진다. 예를 들면 getAge()는 접근자이고 setAge()는 설정자이다.

그림 12.4 설정자 메소드와 접근자 메소드

---

student1.py	이 프로그램은 학생을 클래스로 모델링한다.

```python
class Student:
    def __init__(self, name=None, age=0):
        self.__name = name
        self.__age = age

    def getAge(self):
        return self.__age

    def getName(self):
        return self.__name

    def setAge(self, age):
        self.__age=age

    def setName(self, name):
```

```
        self.__name=name

obj=Student("Hong", 20)
obj.getName()
```

실행결과

Hong

클래스 Student의 인스턴스 변수 name과 age는 모두 private로 정의되었다. 이들 인스턴스 변수와 연결된 설정자와 접근자도 정의하였다. 예를 들면 인스턴스 변수 name에 대한 접근자는 getName()이고 설정자는 setName()이다. 인스턴스 변수가 private로 정의되어 있더라도 외부에서는 접근자나 설정자 메소드를 이용하면 불편 없이 인스턴스 변수의 값을 변경하거나 읽을 수 있다.

참고 사항: 접근자와 설정자의 사용 이유

앞의 예제를 처음 본 사람들은 의아하게 생각한다. obj.__age=20과 같이 객체의 인스턴스 변수에 바로 접근하는 것이 시간을 절약할 텐데 무엇 때문에 귀찮게 메소드를 통하여 변수에 간접적으로 접근하라고 강요하는 것일까? 아주 중요한 이유가 있다. 접근자와 설정자를 사용하여서 인스턴스 변수를 간접적으로 접근하는 것은 다음과 같은 이점을 가져다준다.

▷ 접근자와 설정자를 사용해야만 나중에 클래스를 업그레이드할 때 편하다.
▷ 접근자에서 매개 변수를 통하여 잘못된 값이 넘어오는 경우, 이를 사전에 차단할 수 있다.
▷ 필요할 때마다 인스턴스 변수값을 동적으로 계산하여 반환할 수 있다.
▷ 접근자만을 제공하면 자동적으로 읽기만 가능한 인스턴스 변수를 만들 수 있다.

중간점검

1. 정보은닉은 왜 필요한가?
2. 접근자와 설정자의 이름은 어떻게 정하는가?
3. 클래스 안에서 어떤 변수를 `private`로 만들려면 어떻게 하면 되는가?

Lab 은행 계좌

우리는 은행 계좌에 돈을 저금할 수 있고 인출할 수도 있다. 은행 계좌를 클래스로 모델링하여 보자. 은행 계좌는 현재 잔액(balance)만을 인스턴스 변수로 가진다. 생성자와 인출 메소드 withdraw()와 저축 메소드 deposit() 만을 가정하자. 은행 계좌의 잔액은 외부에서 직접 접근하지 못하도록 하라.

통장에서 100 가 입금되었음
통장에 10 가 출금되었음

---

account.py	이 프로그램은 은행 계좌를 클래스로 모델링한다.

```python
##
#  이 프로그램은 은행 계좌를 클래스로 정의한다.
#
class BankAccount:
    def __init__(self):
        self.__balance = 0

    def withdraw(self, amount):
        self.__balance -= amount
        print("통장에서 ", amount, "가 출금되었음")
        return self.__balance

    def deposit(self, amount):
        self.__balance += amount
        print("통장에 ", amount, "가 입금되었음")
        return self.__balance

a = BankAccount()
a.deposit(100)
a.withdraw(10)
```

Lab 공 애니메이션 I

실제로 객체 지향 기법이 많이 사용되는 곳이 GUI 응용 프로그램이다. 앞장에서 우리는 tkinter에 대하여 학습하였지만 실제로는 tkinter를 사용할 때 클래스를 많이 사용한다. 클래스로 정의해야 만이 GUI에서 나타나는 정보를 객체로 묶을 수 있기 때문이다. 구체적인 예를 들어보자. 이번 실습에서는 클래스를 사용하여 공이 움직이는 애니메이션을 작성해보자. 클래스를 사용하면 훨씬 강력한 프로그램을 작성할 수 있다. 즉 공의 개수를 마음대로 늘릴 수 있으면 공의 다양한 속성(크기, 색상, 속도)등도 자유롭게 표현할 수 있다.

다음과 같이 크기와 색상이 다른 3개의 공이 캔버스에서 반사되는 응용 프로그램을 작성해보자.

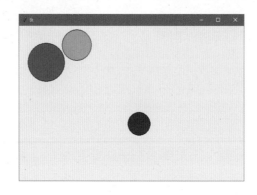

Ball 클래스를 정의하고 다음과 같은 속성들과 메소드를 추가한다.

▶ 공의 크기(size)
▶ 공의 색상(color)
▶ 공의 속도(dx, dy)
▶ 공을 이동시키는 메소드 move()

만약 클래스로 정의하지 않았으면 3개의 공을 위해서 우리는 다음과 같은 변수들을 전역변수로 선언해서 사용해야 한다.

▶ size1, size2, size3
▶ color1, color2, color3
▶ dx1, dy1, dx2, dy2, dx3, dy3

> 야 나도 속도, 크기, 색상을 위하여 변수 하나씩 있어야 한다고.

공을 100개 생성해야 한다면 개별 변수 방법은 불가능하다.

| bouncing_ball2.py | 이 프로그램은 공을 클래스로 모델링한다. |

```python
##
#   이 프로그램은 공 애니메이션을 작성한다.
#
from tkinter import *
import time
import random

window = Tk()

canvas=Canvas(window, width=600, height=400)
canvas.pack()

class Ball():
    def __init__(self, color, size):
        self.id=canvas.create_oval(0, 0, size, size, fill=color)
        self.dx=random.randint(1,10)          공의 x방향 속도
        self.dy=random.randint(1,10)          공의 y방향 속도

    def move(self):                                        id에 해당하는 공을 움직인다.
        canvas.move(self.id, self.dx, self.dy)            공의 좌표를 계산한다.
        x0, y0, x1, y1 = canvas.coords(self.id)
        if y1 > canvas.winfo_height() or y0 < 0:  # 원이 위쪽이나 아래쪽으로 벗어났으면
            self.dy = -self.dy                          # dy의 부호를 반전시킨다.
        if x1 > canvas.winfo_width() or x0 < 0:   # 원이 왼쪽이나 오른쪽으로 벗어났으면
            self.dx = -self.dx                          # dx의 부호를 반전시킨다.

ball1=Ball("blue", 60)
ball2=Ball("green",100)
ball3=Ball("orange",80)

while True:
    ball1.move()            # 공을 움직인다.
    ball2.move()
    ball3.move()
    window.update()         # 화면을 다시 그린다.
    time.sleep(0.05)

window.mainloop()
```

5. 객체 참조

파이썬에서는 변수 내부에 객체를 저장하지 않는다. 변수는 단지 객체의 참조값을 저장한다. 객체 자체는 히프 메모리라 불리는 영역에 생성된다.

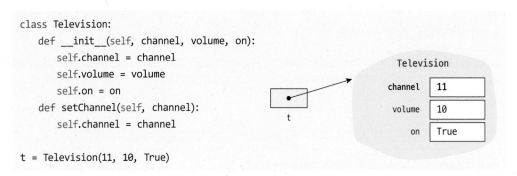

```
class Television:
    def __init__(self, channel, volume, on):
        self.channel = channel
        self.volume = volume
        self.on = on
    def setChannel(self, channel):
        self.channel = channel

t = Television(11, 10, True)
```

위의 그림에서 변수 t는 객체를 저장하고 있는 것이 아니라 객체의 참조값만 저장하고 있다. 생성자 Television()은 새로운 객체에 대한 참조값을 반환하고 이것이 변수 t에 저장된다. 이것은 아주 중요한 개념으로 확실하게 이해하여야 혼동이 없다. 객체 참조값은 객체를 구별하여 참조할 수 있는 값으로 일반적으로 주소를 사용한다.

참조 공유

객체의 참조값을 저장하고 있는 변수를 다른 변수로 복사하면 어떻게 될까? 즉 다음과 같은 문장을 생각해보자.

```
t = Television(11, 10, True)
s = t
```

s에는 무엇이 저장되어 있을까? 복사된 객체인가? 아니면 복사된 참조값일까? 앞의 내용을 완전히 이해하였다면 대답할 수 있을 것이다. 이것을 그림으로 그려보면 다음과 같다.

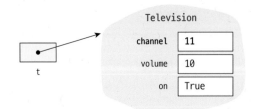

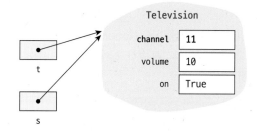

결론을 말하자면 객체가 복사되는 것이 아니라, 참조값만 복사되어서 변수 s에 저장된다. 따라서 변수 t와 s가 동일한 객체를 가리키게 되다

s를 통하여 객체를 수정하면 어떻게 될까? t가 가리키는 객체의 값도 변경된다.

```
t = Television(11, 10, True)
s = t
s.channel = 9
```

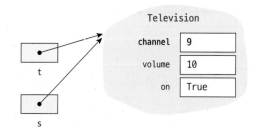

파이썬에는 2개의 변수가 동일한 객체를 참조하고 있는지를 검사하는 연산자가 있다. 바로 is와 is not 이다. is 연산자는 참조값이 동일한지를 검사한다.

```
if s is t :
    print("2개의 변수는 동일한 객체를 참조하고 있습니다.")

if s is not t :
    print("2개의 변수는 다른 객체를 참조하고 있습니다.")
```

is는 두 객체가 저장하고 있는 데이터가 동일한지를 비교하지 않는다. 두 객체가 저장하고 있는 데이터가 동일한지를 검사하려면 == 연산자를 사용한다. __eq__() 특수 메소드가 적절하게 구현되어 있는 경우에는, 객체가 지장하는 데이터가 동일한지를 검사할 수 있다. 문자열이나 리스트의 경우에는 __eq__() 특수 메소드가 이미 구현되어서 제공된다.

None 참조값

변수가 현재 아무것도 가리키고 있지 않다면 None으로 설정하는 것이 좋다. None은 아무것도 참조하고 있지 않다는 것을 나타내는 특별한 값이다. 예를 들어서 현재 TV를 가지고 있지 않다면 다음과 같이 설정하는 것이 좋다.

```
myTV = None
```

어떤 변수가 None인지 아닌지를 검사하려면 다음과 같이 하면 된다.

```
if myTV is None :
    print("현재 TV가 없습니다. ")
```

None을 가지고 있는 변수를 이용하여 어떤 객체의 멤버를 호출하는 것은 오류가 된다.

```
myTV = None
myTV.setChannel(5)       # 오류이다.
```

객체를 함수로 전달할 때

객체가 함수로 전달되었을 때, 만약 함수 안에서 객체를 변경하면 어떻게 될까? 이것은 어떤 객체가 전달되었느냐에 따라서 달라진다. 만약 숫자나 문자열과 같은 변경 불가능한 객체가 전달되면 이들 객체는 변경되지 않는다. 하지만 우리가 작성한 객체가 전달되면 함수가 객체를 변경할 수 있다. 예를 들어서 다음과 같은 예제를 보자.

```python
# 텔레비전을 클래스로 정의한다.
class Television:
    def __init__(self, channel, volume, on):
        self.channel = channel
        self.volume = volume
        self.on = on

    def show(self):
        print(self.channel, self.volume, self.on)

# 전달받은 텔레비전의 음량을 줄인다.
def setSilentMode(t):
    t.volume = 2
```

```
# setSilentMode()을 호출하여서 객체의 내용이 변경되는지를 확인한다.
myTV = Television(11, 10, True);
setSilentMode(myTV)
myTV.show()
```

실행결과

11 2 True

텔레비전을 클래스 Television으로 정의하였다. setSilentMode(t)에서는 Television 객체를 받아서 객체 안의 변수 volume을 무조건 2로 설정한다. 원본 객체가 변경될까? 아니면 원본 객체에는 영향이 없을까? 함수에 객체를 전달하면 객체의 참조값이 전달된다. 따라서 함수 안에서 객체의 참조값을 이용하여 객체를 찾아서 객체 안의 내용을 변경하면 원본 객체가 변경된다.

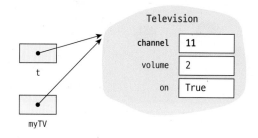

 중간점검

1. 객체를 함수로 전달하면 원본이 전달되는가? 아니면 복사본이 전달되는가?
2. 다음과 같은 문장이 실행되면 내부적으로 어떤 일이 일어나는가?

    t = Television(11, 10, True)
    s = t

Lab 공 애니메이션 Ⅱ

앞 절의 실습에서 공을 3개 생성하여서 화면에서 움직이게 하였다. 그런데 공을 30개 정도 만들어서 움직이려면 어떻게 해야 할까? 이럴 때는 개별 변수를 사용하여 각 객체를 참조하는 것은 거의 불가능하다. 이런 경우에는 리스트를 생성하고 리스트에 객체를 저장하여야 한다.

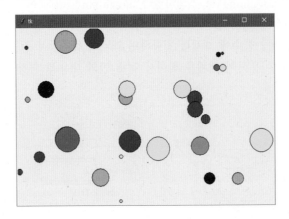

공의 색상도 다양하게 하여 본다. 색상을 리스트에 저장하고 random.choice()를 사용한다.

```python
colors = ["red", "orange", "yellow", "green", "blue", "indigo", "violet"]

ballList = []
for i in range(30):
    ballList.append(Ball(random.choice(colors), 60))
```

ballList라는 공백 리스트를 생성하고 여기에 Ball()을 호출하여 만든 객체를 추가한다. 이때 객체의 색상은 약간씩 다르게 한다.

공을 움직일 때도 리스트에서 객체를 하나씩 꺼내서 객체가 가지고 있는 move()라는 함수를 호출해주어야 한다.

```python
while True:
    for i in range(30):
        ballList[i].move()
```

bouncing_ball3.py   이 프로그램은 공을 클래스로 모델링한다.

```python
from tkinter import *
import time
import random

window = Tk()

canvas=Canvas(window, width=600,height=400)
canvas.pack()

class Ball():
    def __init__(self, color, size):
        self.id=canvas.create_oval(0, 0, size, size,fill=color)
        self.dx=random.randint(1,10)
        self.dy=random.randint(1,10)

    def move(self):
        canvas.move(self.id, self.dx, self.dy)
        x0, y0, x1, y1 = canvas.coords(self.id)
        if y1 > canvas.winfo_height() or y0 < 0:  # 원이 위쪽이나 아래쪽으로 벗어났으면
            self.dy = -self.dy                      # dy의 부호를 반전시킨다.
        if x1 > canvas.winfo_width() or x0 < 0:   # 원이 왼쪽이나 오른쪽으로 벗어났으면
            self.dx = -self.dx                      # dx의 부호를 반전시킨다.

colors = ["red", "orange", "yellow", "green", "blue", "indigo", "violet"]
ballList = []
for i in range(30):
    ballList.append(Ball(random.choice(colors), random.randint(1, 60)))

while True:
    for i in range(30):
        ballList[i].move()
    window.update()
    time.sleep(0.05)

window.mainloop()
```

6. 클래스 변수

인스턴스 변수 vs 클래스 변수

클래스 안의 변수는 인스턴스 변수와 클래스 변수로 나누어진다. 클래스 변수는 정적 변수라도 한다.

동일한 클래스 설계도를 이용하여 많은 객체들이 생성될 때 각각의 객체(인스턴스)들은 자신만의 변수를 가진다. 이들 변수들은 인스턴스마다 별도로 생성되기 때문에 **인스턴스 변수**(instance variable)라고도 한다. Television 클래스에서 channel, volume, on는 모두 인스턴스 변수이다. 각 객체는 이들 변수에 대하여 별도의 기억 공간을 가지고 있으며 각기 다른 값을 가지고 있다.

channel	7
volume	9
on	True

객체 A

channel	9
volume	10
on	True

객체 B

channel	11
volume	5
on	True

객체 C

하지만 경우에 따라서는 모든 객체에 공통인 변수가 필요한 경우도 있다. 이것이 **클래스 변수**(class variable)이다. 클래스 변수는 하나의 클래스에 하나만 존재한다. 클래스 변수는 객체보다는 클래스와 연결되어 있다. 모든 객체들은 하나의 클래스 변수를 공유한다. 클래스 변수를 만들려면 클래스 안이지만 메소드의 외부에 변수를 생성하면 된다. 클래스 변수는 인스턴스를 생성하지 않아도 사용이 가능하다.

Television 클래스에 정적 변수 serialNumber를 추가하면 다음과 같다. serialNumber 변수는 전체 객체를 통틀어서 딱 하나만 생성된다.

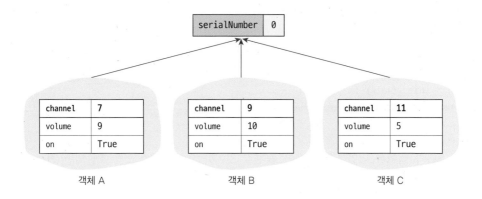

객체 A   객체 B   객체 C

```python
# 텔레비전을 클래스로 정의한다.
class Television:
    serialNumber = 0        # 이것이 클래스 변수이다.

    def __init__(self, channel, volume, on):
        self.channel = channel
        self.volume = volume
        self.on = on
        Television.serialNumber += 1    # 클래스 변수를 하나 증가한다.
        # 클래스 변수의 값을 객체의 시리얼 번호로 한다.
        self.number = Television.serialNumber

    def show(self):
        print(self.channel, self.volume, self.on, self.number)

myTV = Television(11, 10, True);
myTV.show()
```

실행결과

```
11 10 True 1
```

상수 정의

상수들은 흔히 클래스 변수로 정의된다. 상수를 객체마다 저장할 필요는 없기 때문이다. 예를 들어서 게임에서 몬스터의 건강 상태를 몇 개의 상수로 표현해보자.

```python
class Monster :
    # 상수 값 정의
    WEAK = 0
```

```
    NORMAL = 10
    STRONG = 20
    VERY STRONG = 30

    def __init__(self) :
        self._health = Monster.NORMAL
```

만약 몬스터가 먹이를 먹었다면 건강이 좋아질 것이다. eat() 메소드가 호출되면 건강 상태를 STRONG으로 변경해보자.

```
def eat(self) :
    self._health = Monster.STRONG
```

한 번씩 다른 캐릭터를 공격하면 건강이 약해진다고 하자. 이것은 다음과 같이 구현할 수 있다.

```
def attack(self) :
    self._health = Monster.WEAK
```

 중간점검

1. 인스턴스 변수와 클래스 변수의 차이점은 무엇인가?
2. 파이썬에서 클래스 변수를 생성하려면 어떻게 하면 되는가?

7. 특수 메소드

파이썬에는 연산자(+, −, * /)와 관련된 **특수 메소드**(special method)가 있다. 이들 메소드는 객체에 대하여 +, −, * /와 같은 연산을 적용하면 자동으로 호출된다. 특수 메소드를 이용하면 객체의 상황에 맞는 자연스러운 연산을 정의할 수 있어서 편리할 때가 많다. 예를 들어서 원을 나타내는 클래스 Circle에 대하여 다음과 같이 __eq__() 메소드를 정의하였다고 하자.

```
class Circle:
    ...
    def __eq__(self, other):
        return self.radius == other.radius
```

__eq__() 메소드가 정의된 객체는 == 연산자를 이용하여 서로 비교할 수 있다.

```
c1 = Circle(10)
c2 = Circle(10)
if c1 == c2:
    print("원의 반지름은 동일합니다. ")
```

아래의 표에 특수 메소드들과 관련된 연산자들을 나열하였다.

연산자	메소드	설명
x + y	__add__(self, y)	덧셈
x - y	__sub__(self, y)	뺄셈
x * y	__mul__(self, y)	곱셈
x / y	__truediv__(self, y)	실수나눗셈
x // y	__floordiv__(self, y)	정수나눗셈
x % y	__mod__(self, y)	나머지
divmod(x, y)	__divmod__(self, y)	실수나눗셈과 나머지
x ** y	__pow__(self, y)	지수
x << y	__lshift__(self, y)	왼쪽 비트 이동
x >> y	__rshift__(self, y)	오른쪽 비트 이동
x <= y	__le__(self, y)	less than or equal(작거나 같다)
x < y	__lt__(self, y)	less than(작다)
x >= y	__ge__(self, y)	greater than or equal(크거나 같다)
x > y	__gt__(self, y)	greater than(크다)
x == y	__eq__(self, y)	같다
x != y	__neq__(self, y)	같지않다

__str__() 메소드

객체를 출력하였을 때 객체 안의 정보들을 출력하면 훨씬 도움이 될 것이다. __str__()을 클래스 안에 정의하면 된다.

```
class Counter:
    def __init__(self) :
        self.count = 0
    def increment(self):
```

```
        self.count += 1
    def __str__(self):
        msg = "카운트값:"+ str(self.count)
        return msg

a = Counter(100)
print(a)
```

__str__() 메소드는 우리가 객체를 print()로 출력할 때 자동적으로 호출된다. __str__() 메소드에서는 일반적으로 객체의 데이터를 문자열로 만들어서 반환한다.

중간점검

1. __str__() 메소드는 어떤 경우에 호출되는가?
2. if obj1 == obj2 문장이 가능하게 하려면 클래스 안에 어떤 메소드를 정의해야 하는가?

8. 상속

상속은 기존의 클래스로부터 변수와 메소드를 상속받아서 새로운 클래스를 파생하는 메카니즘이다. 필요하다면 부모 클래스로부터 상속받은 메소드를 교체하거나, 새로운 변수나 메소드를 추가할 수 있다. 우리가 파이썬을 이용하여서 네트워크 프로그램이나 데이터베이스 프로그램, 그래픽 프로그램을 손쉽게 작성할 수 있는 것도 바로 이 상속 때문이다. 객체 지향 프로그래밍의 많은 장점이 상속 메커니즘에서 나온다.

```
class Person():
    def __init__(self, name):
        self.name = name
    def getName(self):                    Person 클래스
        return self.name

    def isStudent(self):
        return False
```

Person 클래스를 상속받는다.

```
class Student(Person):
    def __init__(self, name, gpa):
        super().__init__(name)
        self.gpa = gpa                    ← Student 클래스

    def isStudent(self):
        return True
```

```
obj1 = Person("Kim")
print(obj1.getName(), obj1.isStudent())

obj2 = Student("Park", 4.3)
print(obj2.getName(), obj2.isStudent())
```

실행결과
```
Kim False
Park True
```

위의 코드에서 Person 클래스는 일반적인 사람을 나타내는 클래스이다. Student 클래스는 사람들 중에서 학생만을 나타내는 클래스이다. 학생도 사람의 일종이므로 Student 클래스는 Person 클래스를 상속받아서 정의할 수 있다. 이때, Person을 부모 클래스, Student를 자식 클래스라고 한다. 클래스를 정의할 때 class Student(Person)라고 하면 Person 클래스를 상속받게 된다.

자식 클래스의 생성자에서는 부모 클래스의 생성자도 호출해주어야 한다. super().__init__(name)이라고 하면 부모 클래스의 생성자가 호출된다. 자식 클래스는 부모 클래스의 변수에 추가로 자신이 필요한 변수들을 정의할 수 있다. 위의 코드에서는 학생에게 필요한 평점을 나타내는 gpa 변수를 추가하였다.

자식 클래스는 필요하다면 부모 클래스의 메소드를 변경해서 사용할 수 있다. 위의 코드에서 Student 클래스는 부모 클래스에서 정의된 isStudtent() 메소드을 변경해서 사용하고 있다. 이것을 메소드 오버라이딩(method overriding)라고 한다.

Lab 특수 메소드

2차원 공간에서 벡터(vector)는 (a, b)와 같이 2개의 실수로 표현될 수 있다. 벡터 간에는 덧셈이나 뺄셈이 정의된다.

$$(a, b)+(c, d) = (a+c, b+d)$$
$$(a, b)-(c, d) = (a-c, b-d)$$

특수 메소드를 이용하여서 + 연산과 - 연산, str() 메소드를 구현해보자.

```
(0, 1) + (1, 0) = (1, 1)
```

---

vector.py | 이 프로그램은 벡터를 클래스로 모델링한다.

```python
class Vector2D :
    def __init__(self, x, y):
        self.x = x
        self.y = y

    def __add__(self, other):
        return Vector2D(self.x + other.x, self.y + other.y)

    def __sub__(self, other):
        return Vector2D(self.x - other.x, self.y - other.y)

    def __eq__(self, other):
        return self.x == other.x and self.y == other.y

    def __str__(self):
        return '(%g, %g)' % (self.x, self.y)

u = Vector2D(0,1)
v = Vector2D(1,0)
w = Vector2D(1,1)
a = u + v
print( u, "+", V, "=", a)
```

주사위 클래스 만들기

이번 장에서는 클래스를 정의하고 클래스를 이용하여 객체를 생성하는 방법을 학습하였다. 종합적인 예제로 주사위를 클래스로 모델링하여 보자. 클래스로 모델링한다는 것은 다음의 2가지를 결정하는 것이다.

▶ 클래스 안에 들어가는 속성(데이터)는 어떤 것들이 있는가?
▶ 클래스 안에 들어가는 동작(연산)에는 어떤 것들이 있는가?

먼저 데이터에 대하여 생각해보자. 가장 중요한 데이터는 주사위의 값이다. 주사위를 굴렸을 때 1에서 6까지의 숫자를 가질 수 있다. 만약 주사위를 tkinter를 사용하여 화면에 그린다고 생각하면 주사위가 그려지는 위치와 주사위의 크기도 데이터로 가지고 있어야 한다. 일단 최소한도로 값, 위치, 크기만을 생각하자.

▶ 주사위의 값(value)
▶ 주사위의 위치(x, y)
▶ 주사위의 크기(size)

이제부터는 주사위의 동작 또는 연산에 대하여 생각해보자. 주사위를 생성할 수 있어야 하고 주사위를 굴리는 동작, 주사위 값을 읽는 연산, 화면에 주사위를 그리는 연산을 생각할 수 있다.

▶ 주사위를 생성하는 연산(__init__)
▶ 주사위를 던지는 연산(roll_dice)
▶ 주사위의 값을 읽는 연산(read_dice)
▶ 주사위를 화면에 출력하는 연산(print_dice)

주사위 클래스를 제공하는 파이썬 코드를 작성하고 테스트해보자.

요 약   Summary

이번 장에서 학습한 내용을 3줄로 요약 정리해보자.

▶ 클래스는 속성과 동작으로 이루어진다. 속성은 인스턴스 변수로 표현되고 동작은 메소드로 표현된다.

▶ 객체를 생성하려면 생성자 메소드를 호출한다. 생성자 메소드는 __init__() 이름의 메소드 이다.

▶ 인스턴스 변수를 정의하려면 생성자 메소드 안에서 self.변수이름 과 같이 생성한다.

객체는 어렵죠? 어때요?

어려워요.
우리가 반드시 객체를 작성해야하나요?

그렇지는 않아요.
객체를 작성하지 않고 다른 사람들이 제공해주는
객체만 사용하여도 상당한 프로그램을 작성할 수
있습니다.

네, 객체 지향 개념을 알아두면
객체를 사용하는 데도 도움이 되겠죠.

1 p 변수를 사용하여서 인스턴스 변수 data의 값을 출력해보자.

```
class MyClass:
  self.data = 12

p = MyClass()
print(_____)
```

2 Student 클래스의 생성자를 정의해보자.

```
class Student:
  def _____(self, name, age):
    self.name = name
    self.age = age
```

3 다음 코드의 출력은 무엇인가?

```
class MyClass:
    def __init__(self, a="Good Morning"):
        self.a=a

    def display(self):
        print(self.a)

obj = MyClass()
obj.display()
```

4 다음 코드의 문제점은 무엇인가?

```
class MyClass:
    def MyClass(self, v):
        self.a=v
```

5 다음 코드의 문제점은 무엇인가? 올바르게 수정해보자.

```python
class MyClass:
    def __init__(self):
        radius = 10

    def set_radius(radius):
        self.radius = radius
```

6 다음 코드의 문제점은 무엇인가? 올바르게 수정해보자.

```python
class MyClass:
    def __init__(self, r):
        self.__radius = r

a = MyClass(10)
print(a.__radius)
```

Programming

1 자동차를 나타내는 Car 클래스를 작성해보자. Car 클래스는 색상을 나타내는 color 변수, 주행거리를 나타내는 mileage 변수를 가지고 있다. Car 클래스를 사용하여 2개의 Car 객체를 생성한다. 첫 번째 객체는 { "blue", 10000 } 값을 가진다. 두 번째 객체는 { "red", 20000 } 값을 가진다. 객체를 생성한 후에 이들 객체들의 속성을 다음과 같이 출력해보자. 클래스 작성과 객체 생성을 실습한다.

```
blue 자동차의 주행거리는 10000입니다.
red 자동차의 주행거리는 20000입니다.
```

2 상자를 나타내는 Box 클래스를 작성하여 보자. Box 클래스는 가로길이, 세로길이, 높이를 나타내는 인스턴스 변수를 가진다.

구분	속성	설명
인스턴스 변수	length, height, depth	상자의 가로, 세로, 높이
메소드	__init__(self, l, h, d)	매개 변수 l, h, d를 가지는 생성자 함수
	__str()__	상자의 정보를 문자열로 변환하는 함수
	setLength(), getLength(), ...	각 속성에 대한 접근자와 설정자 함수들

Box 클래스를 정의하고 Box 객체를 하나 생성한다. 상자의 가로, 세로, 높이를 100, 100, 100으로 설정하여 보자. 상자에 대한 정보와 상자의 부피를 계산하여 출력하여 본다. 이번에는 접근자와 설정자를 모두 만들어서 사용하자. 접근자 메소드와 설정자 메소드에 대하여 실습하는 것이다.

```
b1 = Box(100, 100, 100)
print(b1)
print("상자의 부피는", b1.getHeight()*b1.getLength()*b1.getDepth())
```

```
(100, 100, 100)
상자의 부피는  1000000
```

3 강아지를 나타내는 클래스 Dog을 작성한다. 강아지는 이름(name), 나이(age), 색상(color)를 속성으로 가진다. Dog 클래스의 생성자를 정의한다. {"Molly", 10, "brown" }, {"Daisy", 6, "black" }, {"Bella", 7, "white"} 의 값을 가지는 강아지 3마리를 생성하고 각 강아지의 속성을 화면에 출력해본다. 클래스 변수 count를 정의하여서 지금까지 생성된 강아지의 수를 저장하였다가 출력한다. 클래스 정의와 객체 생성, 클래스 변수를 실습해보자.

실행
결과

```
강아지 #1 = "Molly", 10, "brown"
강아지 #2 = "Daisy", 6, "black"
강아지 #3 = "Bella", 7, "white"
현재까지 생성된 강아지의 수 = 3
```

4 어떤 마술사에게 강아지를 보내면 강아지의 나이를 5살 어리게 만든다고 한다. 마술사를 나타내는 클래스 Witch는 younger(dog) 메소드를 가진다. younger(dog) 메소드는 강아지를 받아서 나이에서 5를 뺀다. 4번에서 생성된 모든 강아지를 마술사로 보냈다가, 다시 받아서 강아지들의 속성을 출력해보자. 객체가 메소드에 전달하는 것을 실습해보자.

실행
결과

```
강아지 #1 = "Molly", 5, "brown"
강아지 #2 = "Daisy", 1, "black"
강아지 #3 = "Bella", 2, "white"
```

5 우리는 원을 나타내는 클래스 Circle을 본문에서 작성해본 적이 있다. Circle 클래스에 __gt__() 특별 메소드를 추가하여서 Circle 객체를 > 연산자로 비교할 수 있도록 해보자. 원의 면적이 크다면 __gt__() 메소드가 True를 반환하도록 한다. 객체의 특별 메소드에 대하여 실습하는 것이다.

실행
결과

```
원 #1 = 반지름 10
원 #2 = 반지름 20

원 #1 > 원 #2 는 False 입니다.
```

6 일반적인 사람을 나타내는 Person 클래스를 정의한다. Person 클래스는 이름을 나타내는 name과 나이를 나타내는 age를 가진다. 또 객체의 정보를 출력하는 show() 메소드를 정의한다. Person 클래스를 상속받아서 Employee 클래스를 정의한다. Employee 클래스는 연봉을 나타내는 salary 변수를 추가로 가진다. 또 Person 클래스의 show() 메소드를 오버라이드(재정의)하여서 연봉도 추가로 출력하도록 하자. {"Kim", 27, 8000}의 값을 가지는 Employee 객체를 생성하고 show() 메소드를 출력해보자. 상속과 메소드 오버라이드에 대하여 실습해보는 것이다.

```
직장인 #1 = 이름. Kim, 나이. 27, 연봉. 8000만원
```

7 사용자의 아이디와 패스워드를 저장하는 리스트를 생성해보자. 사용자의 아이디와 패스워드는 Account 클래스로 정의한다. 다음과 같은 메뉴가 제공되고 1번 메뉴를 선택하면 아이디와 패스워드를 새롭게 추가할 수 있다. 현재까지의 등록된 사용자 수는 클래스 변수로 구현해보자. 리스트 안에 Account 객체를 저장해본다. 객체를 리스트에 저장하는 실습이다.

```
=================================
1. 아이디 등록하기
2. 로그인 하기
3. 모든 사용자 아이디 출력
4. 종료
=================================
번호를 입력하시오: 1
아이디 입력: abcd
패스워드 입력: 1234


=================================
1. 아이디 등록하기
2. 로그인 하기
3. 모든 사용자 아이디 출력
4. 종료
=================================
번호를 입력하시오: 3
사용자 #1 아이디=abcd 패스워드=1234

...
```

PyGame을 이용한 게임작성

★ 다음과 같은 작업들을 수행하는 방법을 알고 있나요?
　이번 장에서 함께 알아봐요.

1. 간단한 게임을 설계할 수 있나요?
2. PyGame을 이용하여 간단한 게임을 작성할 수 있나요?
3. PyGame과 객체 지향 기법을 동시에 사용할 수 있나요?

CHAPTER **13** PyGame을 이용한 게임작성

1. pygame을 이용한 게임 작성

파이썬은 상당한 규모의 라이브러리를 자랑하는데 그 중에서 PyGame은 게임 작성용 라이브러리이다. pygame은 SDL 라이브러리의 파이썬 인터페이스이다. SDL은 사운드, 비디오, 마우스, 키보드, 조이스틱과 같  은 시스템의 기본 멀티미디어 하드웨어 구성 요소에 대한 크로스 플랫폼 액세스를 제공한다.

pygame은 기본 파이썬에 포함되어 있지 않다. pygame을 설치하려면 명령 프롬프트에서 "pip install pygame"을 입력하여 실행한다.

```
C> pip install pygame
```

설치가 올바르게 되었는지는 다음과 같은 명령어로 내장된 예제를 실행하여서 확인할 수 있다.

```
C> python -m pygame.examples.aliens
```

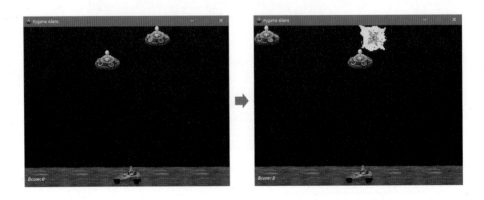

위와 같은 게임 창이 나타나면 PyGame이 제대로 설치된 것이다. 이 책에서는 PyGame의 가장 핵심적인 부분만을 단계별로 설명한다. 본문에서는 함수만을 사용한다. 각 단계별로 프로그램을 작성하면서 자세히 설명하고자 한다. 다만 클래스 개념은 사용하지 않았다. 독자들은 도전문제로 클래스를 사용하여 전체 코드를 다시 작성(리팩토링)해볼 수 있다.

2. 게임 설계

게임을 본격적으로 작성하기 전에 우리가 만들 게임을 설계하여보자. "갤러그"와 유사한 게임을 제작하여 보자. 갤러그는 유명한 아케이드 게임으로 일본 게임사 남코에 의하여 1982년에 처음으로 배포되었으며 사용자는 우주선의 포를 발사하여서 외계인들의 침공으로부터 지구를 구하는 게임이다.

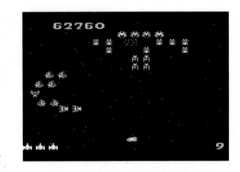

▶ 게임의 목표는 우리 우주선이 마시일로 외계 우주선을 격추하는 것이다.

▶ 우리 우주선은 화면의 하단에서 왼쪽이나 오른쪽으로만 화살표 키를 이용하여서 이동한다.

▶ 외계 우주선은 왼쪽에서 오른쪽으로, 위에서 아래로 자동으로 이동한다.

▶ 우리 우주선은 스페이스 키를 눌러서 미사일을 발사할 수 있다.

▶ 미사일에 외계 우주선에 맞으면 점수가 1만큼 증가하고 외계 우주선이 제거된다.

어떤 변수가 필요한가?

우리는 함수와 변수만을 사용하여 게임을 작성할 것이다. 주요 변수는 다음과 같다.

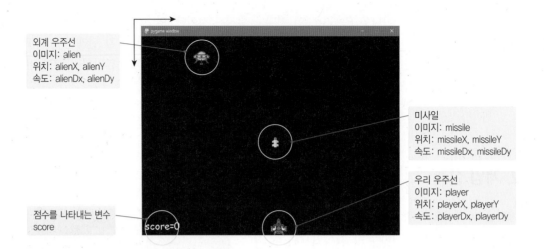

외계 우주선
이미지: alien
위치: alienX, alienY
속도: alienDx, alienDy

미사일
이미지: missile
위치: missileX, missileY
속도: missileDx, missileDy

우리 우주선
이미지: player
위치: playerX, playerY
속도: playerDx, playerDy

점수를 나타내는 변수
score

score=0

▷ 각 객체들의 현재 위치는 ...X, ...Y 변수로 나타낸다.
▷ 각 객체들의 현재 속도는 ...Dx, ...Dy 변수로 나타낸다. Dx가 붙으면 x 방향 속도를 의미한다. Dy가 붙으면 y 방향 속도를 의미한다. 게임 루프가 한번 반복될 때마다 ...Dx와 ...Dy 변수 값이 ...X와 ...Y 변수에 더해진다.
▷ 점수는 score 전역 변수로 나타낸다.

이 책에서 사용한 아이콘들은 모두 www.flaticon.com에서 다운로드받은 것이다. www.flaticon.com에 감사드린다.

구현 단계

이번 장에서는 게임을 순차적으로 구현한다. 구체적으로 다음과 같은 단계로 설명하고자 한다.

Step #1: pygame을 이용하여 빈 화면을 생성한다.

Step #2: 화면에 우리 우주선을 추가하고 방향키로 우주선을 움직인다.

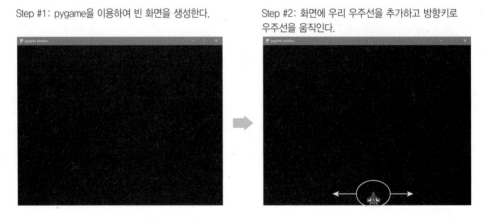

Step #3: 외계 우주선을 생성하여서 자동으로
움직이게 한다.

Step #4: 우리 우주선에서 미사일을 발사하도록 한다.

Step #5: 외계 우주선이 미사일에 맞으면 점수를
증가시킨다.

Step #6: 여러 개의 외계 우주선을 생성해본다.

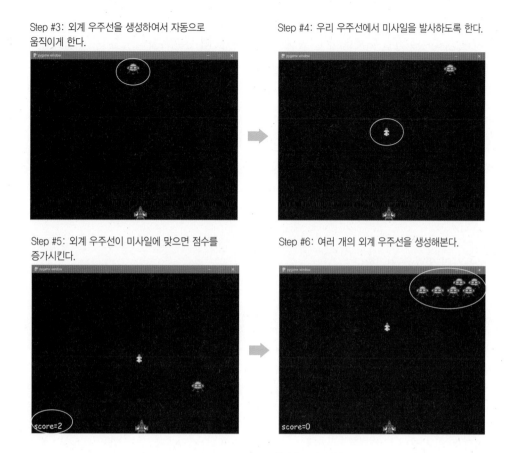

3. Step #1: 윈도우를 생성해보자

우리는 단계적으로 게임을 만들어보자. 이번 단계에서는 검정색의 윈도우만 생성한다.

pygame1.py

```
import pygame

pygame.init() ●— (1)
display = pygame.display.set_mode((800, 600)) ●— (2)

running = True
while running: ●— (3)
        for event in pygame.event.get():
         if event.type == pygame.QUIT:
             running = False

pygame.quit() ●— (4)
```

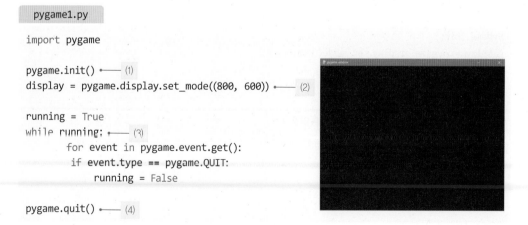

(1)은 pygame 라이브러리를 가져와서 초기화한다. (2)는 윈도우를 생성한다. 생성할 윈도우의 너비와 높이를 지정하는 리스트 또는 튜플을 제공한다. 이 프로그램은 튜플을 사용하여 800×600 크기의 윈도우를 만든다. (3)은 간단한 게임 루프이다. 사용자가 종료 버튼을 클릭할 때까지 반복한다. (4)는 pygame을 종료한다.

게임 루프

거의 모든 게임은 반복 루프를 사용하여 게임 플레이를 제어한다. 이것을 게임 루프(game loop)라고 한다. 게임 루프는 다음과 같은 네 가지 중요한 작업을 처리한다. 게임 루프의 하나의 사이클을 프레임(frame)이라고 하며, 사이클을 빠르게 수행할수록 게임 실행 속도가 빨라진다.

▶ 사용자의 입력을 처리한다.
▶ 모든 게임 객체의 상태를 업데이트하고 이동시킨다.
▶ 화면을 다시 그린다.
▶ 게임의 속도를 조절한다.

입력 처리 → 게임업데이트 → 화면 그리기

현재까지의 코드에서는 사용자가 종료 버튼을 눌렀는지만 검사하고 있다.

4. Step #2: 우주선 표시하고 움직이기

화면에 이미지 표시하기

`pygame2.py`

```
import pygame

pygame.init()
display = pygame.display.set_mode((800, 600))
myfont = pygame.font.SysFont('Comic Sans MS', 30)
score = 0

player=pygame.image.load("spaceship.png")
playerX, playerY, playerDx , playerDy = 400, 550, 0, 0    ——— (1)

running = True
while running:
```

```
    for event in pygame.event.get():
        if event.type == pygame.QUIT:
            running = False

    display.fill((0, 0, 0))
    display.blit(player, (playerX, playerY))
    pygame.display.update()

pygame.quit()
```

(2)

(1) 우리 주인공을 나타내는 이미지를 화면에 표시해보자. 이미지를 표시하려면 현재 작업 디렉토리에 이미지가 있어야 한다. pygame.image.load() 함수를 호출하여서 이미지를 불러올 수 있다.

(2) 이미지를 표시하는 함수는 blit()이다. 이것은 비트 블록 전송을 의미하는 용어로서 이미지를 원하는 위치에 빠르게 표시하는 기능을 제공한다. 하지만 이미지를 표시하기 전에 display. fill((0, 0, 0))를 호출해서 화면을 검정색으로 칠해야 한다. 이어서 display.blit(player, (playerX, playerY))을 호출하여서 (playerX, playerY) 위치에 우주선을 표시한다. 또 pygame.display.update()를 호출하여서 전체 화면 업데이트를 지시하여야 한다. 게임 루프에서는 매번 화면의 배경색을 칠하고 각 객체를 다시 그려야 한다.

우주선 움직이기

키보드를 사용하여 플레이어가 화면의 객체를 제어할 수 있게 해보자. 플레이어가 왼쪽 화살표 키나 오른쪽 화살표 키를 누르면 화면의 이미지를 왼쪽이나 오른쪽으로 이동시킨다. 키보드 이벤트를 처리하면 된다. pygame.event.get() 함수를 호출하여서 모든 이벤트를 얻은 후에 event.type == pygame.KEYDOWN이면(즉 키가 눌려지면) 왼쪽 화살표키와 오른쪽 화살표 키만을 처리한다. 왼쪽 화살표 키라면 우리 우주선의 위치에 10을 더한다. 오른쪽 화살표키라면 우리 우주선의 위치에서 10을 뺀다.

```
import pygame

pygame.init()
display = pygame.display.set_mode((800, 600))

player=pygame.image.load("spaceship.png")
playerX, playerY, playerDx , playerDy = 400, 550, 0, 0
```

```
running = True

while running:
    for event in pygame.event.get():
        if event.type == pygame.QUIT:
            running = False

        if event.type == pygame.KEYDOWN:
            if event.key == pygame.K_LEFT:      playerX -= 10
            if event.key == pygame.K_RIGHT:     playerX += 10   ●─── (1)

    display.fill((0, 0, 0))
    display.blit(player, (playerX, playerY))
    pygame.display.update()

pygame.quit()
```

(1) K_UP, K_DOWN, K_LEFT, K_RIGHT는 키보드의 화살표 키에 해당한다. 이벤트의 종류가 KEYDOWN이면 키보드의 어떤 키가 눌린 것을 의미한다. 왼쪽 화살표나 오른쪽 화살표 키가 눌리면 우리 우주선 이미지의 위치를 나타내는 playerX와 playerY를 적절하게 변경한다. 화면에 이미지를 그릴 때, 이번에는 고정된 위치가 아니라 (playerX, playerY)에 그린다.

몇 가지의 작은 문제가 나타날 수 있다. 한 가지 문제는 이미지가 화면에서 벗어날 수 있다는 점이다. 이것은 여러분들이 코드를 추가해보자. 이미지를 화면에 유지하려면 이미지가 화면 밖으로 이동하는지 감지하는 코드를 추가해야 한다. 이를 위해 (playerX, playerY) 좌표가 화면의 경계를 넘어 이동했는지 확인한다. 만약 그렇다면 이미지를 다시 가장자리로 이동하도록 지시하라.

위의 코드는 방향키를 연속하여 누르고 있는 것을 감지하지 못한다. 이 부분을 개선해보자.

```
import pygame

pygame.init()
display = pygame.display.set_mode((800, 600))

player=pygame.image.load("spaceship.png")
playerX, playerY, playerDx , playerDy = 400, 550, 0, 0

running = True
```

```
while running:
    for event in pygame.event.get():
        if event.type == pygame.QUIT:
            running = False

        if event.type == pygame.KEYDOWN:
            if event.key == pygame.K_LEFT:              playerDx = -0.1
            if event.key == pygame.K_RIGHT:             playerDx = 0.1
        if event.type == pygame.KEYUP:
            if event.key == pygame.K_RIGHT or event.key == pygame.K_LEFT:
                playerDx = 0 ———— (1)

    playerX += playerDx ———————— (2)

    display.fill((0, 0, 0))
    display.blit(player, (playerX, playerY))
    pygame.display.update()

pygame.quit()
```

(1) 이전의 코드는 방향키를 연속하여 누르고 있는 것을 감지하지 못한다. 따라서 우리는 화살 표키가 눌리면 우주선의 속도를 나타내는 playerDx를 0.1이나 −0.1 정도로 설정한 후에 이것 을 반복할 때마다 playerX 변수에 더하는 편이 낫다. 또 방향키에서 손을 뗐을 경우에는 우리 우주선의 속도를 정상으로 돌려놓아야 한다. 따라서 KEYUP 이벤트이고 왼쪽이나 오른쪽 화 살표 키이면 속도를 0으로 설정한다.

(2) 게임 루프에서는 우리 우주선의 위치를 나타내는 playerX 변수에, 속도를 나타내는 playerDx를 더해준다. 즉 playerDx는 단위 시간 동안 움직이는 거리, 즉 우리 우주선의 속도 라고 생각하면 된다.

5. Step #3: 외계 우주선 생성

이제는 외계 우주선을 화면의 상단에 만들어보자. 외계 우주선을 나타내는 이미지를 공개 이 미지 사이트에서 다운로드한다.

```
import pygame

pygame.init()
display = pygame.display.set_mode((800, 600))

player=pygame.image.load("spaceship.png")
playerX, playerY, playerDx , playerDy = 400, 550, 0, 0

alien=pygame.image.load("alien.png")
alienX, alienY, alienDx , alienDy   = 0, 10, 0.1, 0.1

running = True
while running:
    for event in pygame.event.get():
        if event.type == pygame.QUIT:
            running = False

        if event.type == pygame.KEYDOWN:
            if event.key == pygame.K_LEFT:                    playerDx = -0.1
            if event.key == pygame.K_RIGHT:                   playerDx = 0.1
        if event.type == pygame.KEYUP:
            if event.key == pygame.K_RIGHT or event.key == pygame.K_LEFT:
                playerDx = 0

    playerX += playerDx

    display.fill((0, 0, 0))
    display.blit(player, (playerX, playerY))
    display.blit(alien, (alienX, alienY))
    pygame.display.update()

pygame.quit()
```

(1) 외계 우주선 이미지를 읽는다.

(1) 외계 우주선 이미지를 화면에 표시한다.

외계 우주선을 움직여 보자.

외계 우주선은 사용자의 키에 따라서 움직이는 것이 아니고 NPC처럼 자율적으로 움직여야 한다. 따라서 우리의 코드에 외계 우주선을 움직이는 코드를 추가하자.

```
import pygame

pygame.init()
display = pygame.display.set_mode((800, 600))
```

```
player=pygame.image.load("spaceship.png")
playerX, playerY, playerDx , playerDy = 400, 550, 0, 0

alien=pygame.image.load("alien.png")
alienX, alienY, alienDx , alienDy   = 0, 10, 0.1, 0.1

running = True
while running:
    for event in pygame.event.get():
        if event.type == pygame.QUIT:
            running = False

        if event.type == pygame.KEYDOWN:
            if event.key == pygame.K_LEFT:            playerDx = -0.1
            if event.key == pygame.K_RIGHT:           playerDx = 0.1
        if event.type == pygame.KEYUP:
            if event.key == pygame.K_RIGHT or event.key == pygame.K_LEFT:
                playerDx = 0

    playerX += playerDx

    alienX += alienDx ⚫———— (1)
    if  alienX <= 0 or alienX > 750:
        alienDx *= -1
        alienY += 30
    display.fill((0, 0, 0))
    display.blit(player, (playerX, playerY))
    display.blit(alien, (alienX, alienY))
    pygame.display.update()

pygame.quit()
```

(1) 게임 루프에서 alienX에 alienDx가 더해진다. 따라서 외계 우주선은 x방향으로 이동한다. 만약 alienX가 0보다 작거나 750보다 크면 외계 우주선의 y좌표에 30이 더해진다. 따라서 한 칸 아래쪽으로 내려오게 된다.

6. Step #4: 미사일 만들기

미사일도 이미지를 구해서 화면에 표시한 후에 이미지의 위치를 변경해주면 된다. 미사일의 경우에는 발사전과 발사후를 구분하여야 한다. 발사전에는 미사일을 숨기고, 미사일을 움직이지 않는다. 미사일이 발사되면 미사일을 움직인다. 따라서 미사일은 2가지의 상태가 있어야 한다. 여기서는 "hidden"과 "fire" 상태로 구분한다. 상태를 나타내는 변수는 missileState이다.

```python
import pygame

pygame.init()
display = pygame.display.set_mode((800, 600))

player=pygame.image.load("spaceship.png")
playerX, playerY, playerDx , playerDy = 400, 550, 0, 0

alien=pygame.image.load("alien.png")
alienX, alienY, alienDx , alienDy   = 0, 10, 0.1, 0.1

missile = pygame.image.load('missile.png')          (0) 미사일 이미지를 읽는다.
missileX, missileY, missileDx , missileDy  = 0, 1000, 0, 0.1
missileState = "hidden"

running = True
while running:
    for event in pygame.event.get():
        if event.type == pygame.QUIT:
            running = False

        if event.type == pygame.KEYDOWN:
            if event.key == pygame.K_LEFT:              playerDx = -0.1
            if event.key == pygame.K_RIGHT:             playerDx = 0.1
            if event.key == pygame.K_SPACE:
                if missileState == "hidden":                   (1)
                    missileState = "fire"
                    missileX, missileY = playerX, playerY
        if event.type == pygame.KEYUP:
            if event.key == pygame.K_RIGHT or event.key == pygame.K_LEFT:
                playerDx = 0

    playerX += playerDx

    alienX += alienDx
```

```
        if  alienX <= 0 or alienX > 750:
            alienDx *= -1
            alienY += 30

        if missileY <= 0:  ●——————— (2)
            missileY = 1000
            missileState = "hidden"

        if missileState == "fire":  ●——— (3)
            missileY -= missileDy

        display.fill((0, 0, 0))
        display.blit(player, (playerX, playerY))
        display.blit(missile, (missileX, missileY)) ●— (4)
        display.blit(alien, (alienX, alienY))
        pygame.display.update()

  pygame.quit()
```

(1) 미사일은 사용자가 키보드의 스페이스키를 누르면 발사된다. 스페이스키가 눌렸을 때, 미사일의 상태가 "hidden"이면 "fire"로 상태를 바꾸고 미사일의 위치를 우리 우주선의 위치로 설정한다.

(2) 미사일의 y좌표가 0보다 작아지면 미사일이 화면을 벗어난 것이다. 따라서 미사일을 숨기고 상태를 "hidden"으로 바꾼다.

(3) 반복 루프에서 미사일의 상태가 "fire"이면 미사일의 y 좌표를 missileDy만큼 감소시킨다. 따라서 미사일이 화면의 위쪽으로 이동하게 된다.

(4) 미사일을 화면의 (missileX, missileY)에 그린다.

7. Step #5: 충돌 감지

충돌 감지는 게임에서 아주 중요한 문제이다. 충돌 감지는 객체를 둘러싸는 사각형이 겹치는 지를 알고리즘으로 검사하면 된다. 물론 함수 작성도 어렵지는 않지만 우리는 pygame에 제공하는 함수 colliderect()를 사용하자.

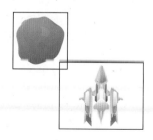

소스 코드에서 변경된 부분만 노란색으로 표시하였다.

```python
import pygame

pygame.init()
display = pygame.display.set_mode((800, 600))
myfont = pygame.font.SysFont('Comic Sans MS', 30)  ●————————— (1)
score = 0

player=pygame.image.load("spaceship.png")
playerX, playerY, playerDx , playerDy = 400, 550, 0, 0

alien=pygame.image.load("alien.png")
alienX, alienY, alienDx , alienDy  = 0, 10, 0.1, 0.1

missile = pygame.image.load('missile.png')
missileX, missileY, missileDx , missileDy  = 0, 1000, 0, 0.1
missileState = "hidden"

running = True
while running:
    for event in pygame.event.get():
        if event.type == pygame.QUIT:
            running = False

        if event.type == pygame.KEYDOWN:
            if event.key == pygame.K_LEFT:            playerDx = -0.1
            if event.key == pygame.K_RIGHT:           playerDx = 0.1
            if event.key == pygame.K_SPACE:
                if missileState == "hidden":
                    missileState = "fire"
                    missileX, missileY =playerX, playerY
        if event.type == pygame.KEYUP:
            if event.key == pygame.K_RIGHT or event.key == pygame.K_LEFT:
                playerDx = 0
                                              ┌————————— (2)
    rect1 = pygame.Rect(alien.get_rect(topleft=(alienX, alienY)))
    rect2 = pygame.Rect(missile.get_rect(topleft=(missileX, missileY)))
    if rect1.colliderect(rect2) and missileState != "hidden":
        score += 1
        alienX, alienY, alienDx , alienDy  = 0, 10, 0.1, 0.1

    playerX += playerDx
```

```
        alienX += alienDx
        if   alienX <= 0 or alienX > 750:
            alienDx *= -1
            alienY += 30

        if missileY <= 0:
            missileY = 1000
            missileState = "hidden"

        if missileState == "fire":
            missileY -= missileDy

        display.fill((0, 0, 0))
        display.blit(player, (playerX, playerY))
        display.blit(missile, (missileX, missileY))
        display.blit(alien, (alienX, alienY))
        text = myfont.render(f'score={score}', False, (255, 255, 255))
        display.blit(text,(10,550))
        pygame.display.update()

pygame.quit()
```

(3)

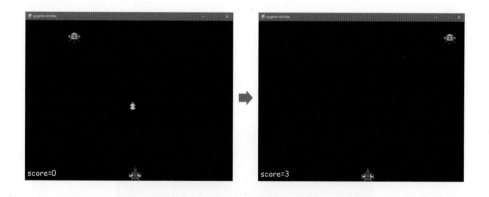

(1) 점수를 표시하기 위하여 폰트를 'Comic Sans MS'로 초기화하고 점수를 나타내는 변수 score를 생성한다.

(2) 각 이미지를 둘러싸고 있는 사각형을 얻어서 이들 사각형이 겹치는 지를 colliderect()로 검사한다. 만약 충돌이 감지되면 점수를 1만큼 증가시키고, 외계 우주선의 위치를 초기화한다.

```
rect1 = pygame.Rect(alien.get_rect(topleft=(alienX, alienY)))
rect2 = pygame.Rect(missile.get_rect(topleft=(missileX, missileY)))
# 충돌 검사
if rect1.colliderect(rect2):
        score += 1      # 충돌이면 점수 증가
        alienX, alienY, alienDx , alienDy   = 0, 10, 0.1, 0.1
```

(3) 점수를 나타내는 변수 score를 (10, 550) 위치에 표시한다. 여기서 (255, 255, 255)는 텍스트의 색상이다.

```
text = myfont.render(f'score={score}', False, (255, 255, 255))
display.blit(text,(10,550))
```

8. Step #6: 외계 우주선 많이 생성하기

우주선의 개수를 늘리려면 어떻게 하면 좋을까? 변수보다는 리스트를 사용해야 한다. 외계 우주선의 위치와 속도를 저장하는 리스트를 4개 생성한다.

- ▶ alienX[ ]: 외계 우주선의 x좌표를 저장한다.
- ▶ alienY[ ]: 외계 우주선의 y좌표를 저장한다.
- ▶ alienDx[ ]: 외계 우주선의 x 속도를 저장한다.
- ▶ alienDy[ ]: 외계 우주선의 y 속도를 저장한다.

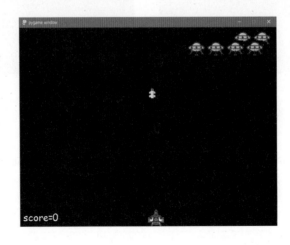

앞의 소스에서는 변수였던 것이 리스트가 되었으므로 모든 코드를 리스트에서 하나씩 꺼내서 처리하도록 변경하면 된다. 클래스와 객체 개념을 사용하면 외계인 우주선에 대한 모든 속성을 하나의 객체에 저장할 수 있어서 깔끔한 코드가 된다. 이것은 도전 문제로 넘긴다.

```python
import pygame

pygame.init()
display = pygame.display.set_mode((800, 600))
myfont = pygame.font.SysFont('Comic Sans MS', 30)
score = 0

player = pygame.image.load("spaceship.png")
playerX, playerY, playerDx , playerDy = 400, 550, 0, 0

alien=pygame.image.load("alien.png")
alienX = [ ]
alienY = [ ]
alienDx = [ ]
alienDy = [ ]
alienNumber = 6                         # 외계 우주선 개수 설정

for i in range(alienNumber):            # 외계 우주선의 위치와 속도 초기화
    alienX.append(20+i*60)
    alienY.append(10)
    alienDx.append(0.1)
    alienDy.append(0.0)

missile = pygame.image.load('missile.png')
missileX, missileY, missileDx , missileDy   = 0, 1000, 0, 0.1
missileState = "hidden"

running = True
while running:
    for event in pygame.event.get():
        if event.type == pygame.QUIT:
            running = False

        if event.type == pygame.KEYDOWN:
            if event.key == pygame.K_LEFT:          playerDx = -0.1
            if event.key == pygame.K_RIGHT:         playerDx = 0.1
            if event.key == pygame.K_SPACE:
                if missileState == "hidden":
                    missileState = "fire"
```

```
                    missileX, missileY =playerX, playerY
        if event.type == pygame.KEYUP:
            if event.key == pygame.K_RIGHT or event.key == pygame.K_LEFT:
                playerDx = 0

    playerX += playerDx

    display.fill((0, 0, 0))
    for i in range(alienNumber):          리스트에서 외계 우주선을 하나씩 꺼내서 처리한다.
        alienX[i] += alienDx[i]    # 위치를 업데이트한다.
        alienY[i] += alienDy[i]
        if  alienX[i] <= 0 or alienX[i] > 750:    # 화면을 벗어나면 움직이는 방향을 바꾼다.
            alienDx[i] *= -1
            alienY[i] += 30
        rect1 = pygame.Rect(alien.get_rect(topleft=(alienX[i], alienY[i]))) # 충돌 감지 코드
        rect2 = pygame.Rect(missile.get_rect(topleft=(missileX, missileY)))
        if rect1.colliderect(rect2) and missileState != "hidden":
            score += 1
            alienX[i], alienY[i], alienDx[i] , alienDy[i] = 0, 1000, 0.1, 0.0
        display.blit(alien, (alienX[i], alienY[i]))    # 외계 우주선을 화면에 그린다.

    if missileY <= 0:
        missileY = 1000
        missileState = "hidden"

    if missileState == "fire":
        missileY -= missileDy

    display.blit(player, (playerX, playerY))
    display.blit(missile, (missileX, missileY))
    text = myfont.render(f'score={score}', False, (255, 255, 255))

    display.blit(text,(10,550))
    pygame.display.update()

pygame.quit()
```

도전문제

1. 미사일이 연속적으로 발사되도록 수정해보자. 이것도 리스트를 만들고 여기에 미사일을 저장하면 된다. 리스트에 들어 있는 모든 미사일들을 화면에 그려야 한다.
2. 외계 우주선이 단순하게 하강하는 것이 아니고 회전하면서 하강하게 수정해보자.
3. 우리 우주선이 y 방향으로도 움직이도록 이벤트 처리를 수정해보자. 즉 위쪽 화살표 키나 아래쪽 화살표 키도 처리해본다.
4. 클래스를 사용하여 코드를 다시 작성해보자. 즉 외계 우주선이나 우리 우주선, 미사일들을 별도의 클래스로 작성해보자. 외계 우주선의 개수를 여러 개로 늘려보자. 이것은 객체들의 리스트를 만들면 해결된다. 즉 빈 리스트를 만들고 여기에 외계 우주선을 나타내는 이미지와 위치, 속도 등의 저장한다. 리스트 안에 저장된 모든 외계 우주선을 화면에 그려야 한다.
5. 배경 이미지를 사용해보자. 지금은 검정색 배경을 사용한다. 이미지로 배경을 칠해보자.
6. 음악을 사용해보자. pygame을 사용하면 쉽게 효과음을 발생할 수 있다.

## CHAPTER 14

Matplotlib, Pandas, Request, Smtplib, SQLite 사용해보기

★ 다음과 같은 작업들을 수행하는 방법을 알고 있나요?
이번 장에서 함께 알아봐요.

1. 외부 라이브러리를 설치할 수 있나요?
2. 자료를 챠트로 그리기 위하여 맷플롯립을 사용할 수 있나요?
3. 데이터 처리를 위한 판다스를 사용할 수 있나요?
4. 엑셀 파일을 읽어서 자료를 처리할 수 있나요?
5. 필요할 때 파이썬으로 이메일을 보낼 수 있나요?
6. 데이터베이스를 SQL을 통하여 사용할 수 있나요?

14 Matplotlib, Pandas, Request, Smtplib, SQLite 사용해보기

1. 이번 장에서 만들 프로그램

이번 장에서는 지금까지 학습한 것들을 총동원하여서 몇 개의 프로젝트들을 진행해보자.

(1) 판다스로 판매 데이터 파일을 읽어서 선 그래프를 그려보자.

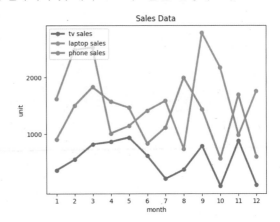

(2) 우리가 인터넷 쇼핑몰을 운영한다고 하자. 엑셀 파일에 회원들의 구매 여부가 저장되어 있다. 2022년도에 한 번도 구매하지 않은 회원을 찾아서 30% 할인 쿠폰을 보내보자.

실행 결과

jyoung@example.com에게 이메일을 보내는 중입니다.
young@example.com에게 이메일을 보내는 중입니다.
hong@example.com에게 이메일을 보내는 중입니다.

(3) 소설 "백경"을 읽어서 워드 클라우드를 만들어보자.

2. 파이썬 라이브러리

파이썬은 방대한 외부 라이브러리를 자랑한다. 현재 137,000개가 넘는 파이썬 라이브러리가 있다. 파이썬이 단기간에 큰 인기를 얻을 수 있었던 이유도 서드 파티에서 제공하는 엄청난 양의 오픈소스 라이브러리가 있었기 때문이다. 파이썬 라이브러리는 머신러닝, 데이터 처리, 데이터 시각화, 이미지 처리 응용 프로그램을 개발하는 데 중요한 역할을 한다.

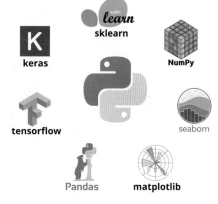

- 파이게임(Pygame): 파이썬으로 게임을 제작하기 위한 프레임워크이다. 파이게임(Pygame)은 캔버스와 그래픽 그리기, 다채널 사운드 처리, 클릭 이벤트 처리, 충돌 감지 등의 작업을 지원한다.
- 맷플롯립(Matplotlib): 몇 줄의 코드로 차트, 그래프, 파이 차트, 산점도, 히스토그램, 오류 차트 등을 그릴 수 있다.
- Seaborn: 히트 맵과 같은 통계 모델의 시각화와 관련하여 Seaborn은 신뢰할 수 있는 소스 중 하나이다. 이 라이브러리는 맷플롯립에서 파생되었으며 판다스 데이터 구조와 밀접하게 통합되었다.
- 판다스(Pandas): 데이터 분석 및 모델링과 같은 작업의 경우, 판다스를 사용하면 R과 같은 언어로 전환할 필요 없이 이러한 작업을 수행할 수 있다.
- Requests: 웹에서 데이터를 가져올 때 사용하는 라이브러리이다.
- BeautifulSoup: HTML과 XML의 파서를 제공한다. HTML에서 데이터를 추출하는 데 사용할 수 있는 구문 분석 트리를 생성한다. 웹 스크래핑에 유용하다.
- 넘파이(NumPy): 대규모 다차원 배열 및 행렬에 대한 지원을 제공하는 파이썬의 기본 패키지 중 하나이다.
- 필로우(Pillow): PIL(Python Imaging Library)와 호환성을 유지하면서 쉽게 사용할 수 있도록 한 라이브러리이다. 파이썬의 tkinter 모듈과의 호환성도 가지고 있다.
- Scikit-learn: 머신러닝(기계 학습) 라이브러리이며 분류, 회귀, 클러스터링, 나이브 베이즈, K-Means clustering 등의 다양한 응용 프로그램에 효과적으로 사용할 수 있다.
- Tensorflow: 가장 인기 있는 딥러닝 프레임워크인 TensorFlow는 고성능 수치 계산을 위한 오픈 소스 소프트웨어 라이브러리이다.

- Keras: 심층 신경망을 빠르게 구현할 수 있도록 설계된 오픈 소스 신경망 라이브러리이다. Tensorflow를 백엔드로 사용할 수 있다.

3. 외부 라이브러리 설치하는 방법

파이썬 패키지를 설치할 때 가장 많이 사용하는 도구가 바로 pip이다. 다른 언어는 라이브러리를 설치하기가 만만치 않지만, 파이썬은 너무나도 간단하다. pip는 파이썬에 기본적으로 포함되는 설치 도구이다. 파이썬을 설치할 때 PATH를 변경하겠다고 체크했어야 어디서나 pip를 실행할 수 있다.

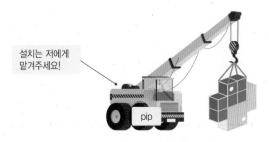

설치는 저에게 맡겨주세요!

예를 들어서 pip를 이용하여 영상 처리 라이브러리인 필로우(pillow)를 설치해보자. 관리자 모드로 명령 프롬프트를 열고 다음과 같이 입력하면 필로우가 설치된다.

```
d:\>pip install Pillow ←──────── 설치를 원하는 패키지 이름
Collecting Pillow
    Downloading Pillow-3.3.0-cp35-cp35m-win32.whl (1.3MB)
     100% |###############################| 1.3MB 867kB/s
Installing collected packages: Pillow                    pip를 업그레이드하라는 명
Successfully installed Pillow-3.3.0                       령어. 반드시 할 필요는 없다.
You are using pip version 8.1.1, however version 8.1.2 is available.  ↓
You should consider upgrading via the 'python -m pip install --upgrade pip' command
```

설치된 패키지를 삭제하는 명령어는 "pip uninstall 패키지"이다. 설치된 패키지를 전부 보고 싶으면 "pip list"를 입력한다. 설치된 패키지를 전부 보여준다. 패키지를 업그레이드하려면 "pip install --upgrade 패키지"라고 입력한다.

참고 사항: 만약 패키지가 설치되지 않는다면?

파이썬의 버전과 라이브러리 패키지의 버전이 일치하지 않는 경우가 많다. 예를 들어서 파이썬은 최신 버전이지만 라이브러리는 아직 업데이트가 안 되어 있는 경우가 많다. 이런 때는 파이썬의 버전을 낮추어서 설치해보자. 예를 들어서 최신 파이썬 버전은 3.10이지만 라이브러리 설치를 위하여 파이썬 3.8으로 낮추어서 설치하는 것이다.

4. Matplotlib로 그래프를 그려보자

Matplotlib은 GNUplot처럼 그래프를 그리는 라이브러리이다. 최근에 파이썬의 인기가 아주 높기 때문에 Matplotlib도 많이 사용된다. 또 Matplotlib이 MATLAB을 대신할 수 있다는 점도 장점이다. Matplotlib는 "pip install matplotlib" 명령어로 설치한다.

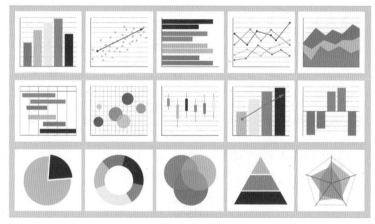

(출처: pixabay)

선 그래프

우리는 matplotlib 모듈의 하위 모듈인 pyplot을 사용한다. pyplot은 객체 지향적인 인터페이스를 제공한다. matplotlib.pyplot를 plt 이름으로 사용하는 것은 거의 표준 관행이 되었다. 가장 기본이 되는 선그래프를 그려보자. 선그래프를 그리려면 x값과 y값이 필요하다. 우리가 x값과 y값을 리스트 형태로 plot() 함수로 전달하면, plot() 함수는 이것으로 선 그래프를 그린다. x축값을 별도로 주지 않으면 리스트 y의 인덱스를 x값으로 간주한다. 주피터 노트북의 경우, %matplotlib inline을 코드에 넣으면 콘솔 안에 그래프를 표시한다.

```
import matplotlib.pyplot as plt

X = [ 1, 2, 3, 4, 5, 6, 7]
Y = [15.6, 14.2, 16.3, 18.2, 17.1, 20.2, 22.4]

plt.plot(X, Y)        # 선그래프를 그린다.
plt.show()
```

이번에는 좀 더 의미 있는 값을 x축에 표시해보자.

```
X = [ "Mon", "Tue", "Wed", "Thur", "Fri",  "Sat", "Sun" ]
Y = [15.6, 14.2, 16.3, 18.2, 17.1, 20.2, 22.4]

plt.plot(X, Y)
plt.show()
```

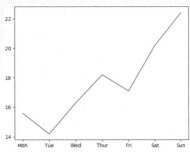

이번에는 x축과 y축에 레이블을 붙여보자.

```
X = [ "Mon", "Tue", "Wed", "Thur", "Fri",  "Sat", "Sun" ]
Y = [15.6, 14.2, 16.3, 18.2, 17.1, 20.2, 22.4]

plt.plot(X, Y)
plt.xlabel("day")              # x축 레이블
plt.ylabel("temperature")      # y축 레이블
plt.show()
```

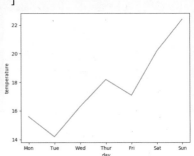

이번에는 하나의 그래프에 2개의 값을 겹쳐서 표시해보자. y축에 해당하는 값을 추가로 입력하면 된다.

```
X = [ "Mon", "Tue", "Wed", "Thur", "Fri",  "Sat", "Sun" ]
Y1 = [15.6, 14.2, 16.3, 18.2, 17.1, 20.2, 22.4]
Y2 = [20.1, 23.1, 23.8, 25.9, 23.4, 25.1, 26.3]

plt.plot(X, Y1, X, Y2)    # plot()에 2개의 리스트 쌍을 보낸다.
plt.xlabel("day")
plt.ylabel("temperature")
plt.show()
```

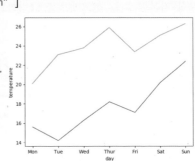

이번에는 레전드(legend)와 제목을 붙여보자. 레전드는 각 y축값이 무엇을 나타내는지를 설명한다.

```
X = [ "Mon", "Tue", "Wed", "Thur", "Fri",  "Sat", "Sun" ]
Y1 = [15.6, 14.2, 16.3, 18.2, 17.1, 20.2, 22.4]
Y2 = [20.1, 23.1, 23.8, 25.9, 23.4, 25.1, 26.3]

plt.plot(X, Y1, label="Seoul")      # 분리시켜서 그려도 됨
plt.plot(X, Y2, label="Busan")      # 분리시켜서 그려도 됨
plt.xlabel("day")
plt.ylabel("temperature")
plt.legend(loc="upper left")        # 레전드
plt.title("Temperatures of Cities")  # 그래프의 제목
plt.show()
```

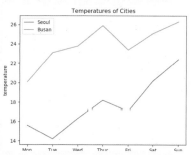

산점도

앞의 그래프를 보면 우리가 전달한 데이터값을 전부 선으로 연결하여서 그리는 것을 알 수 있다. 만약 데이터 값만을 기호로 표시하고자 한다면 별도의 형식문자열을 전달하면 된다.

```
plt.plot([15.6, 14.2, 16.3, 18.2, 17.1, 20.2, 22.4], "sm")
plt.show()
```

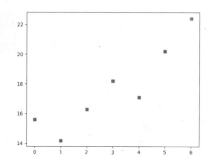

여기서 문자열 "sm"에서 "s"는 square marker를 나타내고 m은 "magenta"이다. 마커의 종류를 먼저 표시하고 나중에 색상을 지정한다. 마커의 종류로는 's', '-', '*', 'o', '.', 'D', 'v' 등이 있다.

막대 그래프

막대 그래프는 bar()를 호출하여 그린다.

```
X = [ "Mon", "Tue", "Wed", "Thur", "Fri",  "Sat", "Sun" ]
Y = [15.6, 14.2, 16.3, 18.2, 17.1, 20.2, 22.4]
plt.bar(X, Y)           # 막대 그래프
plt.show()
```

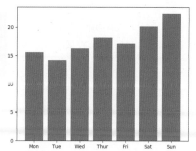

파이챠트

파이 챠트는 pie()를 호출하여 그린다. 파이 챠트 중에서 하나의 파이가 눈에 띄기를 원한다면 explode 매개 변수(폭발처럼 떨어져 나가서 그려짐)를 이용한다.

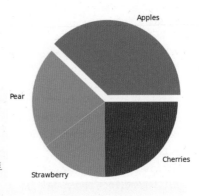

```python
Y = [38, 22, 15, 25]
labels = ["Apples", "Pear", "Strawberry", "Cherries"]
explode = [0.1, 0, 0, 0] # 하나의 파이를 분리하여 표시한다.

plt.pie(Y, labels = labels, explode = explode)  # 파이 챠트
plt.show()
```

3차원 그래프

Matplotlib는 처음에는 2차원 그래프 만을 염두에 두고 설계되었지만 이후 버전에서 3차원 데이터 시각화를 위한 도구 세트도 제공한다. 우리는 아주 간단한 예제만을 살펴보자. 3차원 축은 projection = '3d' 키워드를 전달하여 다음 코드와 같이 생성할 수 있다. 배열 X에 x축 데이터가, 배열 Y에 y축 데이터가, 배열 Z에 z축 데이터가 저장된다. 이 3개의 배열을 사용하여 3차원 그래프를 그리게 된다. 넘파이는 15장을 참고하도록 하자.

> **3dgraph.py**

```python
from mpl_toolkits import mplot3d
import numpy as np
import matplotlib.pyplot as plt

# 3차원 축(axis)을 얻는다.
axis = plt.axes(projection='3d')

# 3차원 데이터를 넘파이 배열로 생성한다.
Z = np.linspace(0, 1, 100)    # 0에서 1까지 100개의 순차 데이터 생성
X = Z * np.sin(30 * Z)        # sin() 함수 적용
Y = Z * np.cos(30 * Z)        # cos() 함수 적용

# 3차원 그래프를 그린다.
axis.plot3D(X, Y, Z)
plt.show()
```

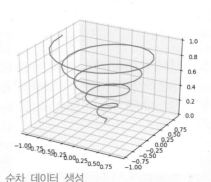

5. 판다스로 데이터를 처리해보자

데이터 과학자는 전통적으로 테이블 형태의 데이터를 선호한다. 2차원적인 테이블 형태의 데이터는 개발자가 편리하게 각 요소나 행, 열에 접근할 수 있기 때문이다. 또한 테이블 형태의 데이터는 컴퓨터가 가장 빠르게 처리할 수 있다. 판다스(Pandas) 패키지를 사용하면 이러한 문제를 해결할 수 있다. 판다스는 다음과 같이 설치한다.

```
C> pip install pandas
```

판다스는 데이터 프레임을 파이썬에 추가한다. 데이터 프레임은 행과 열로 구성되어 있는 테이블로서 다양한 함수를 지원한다. 행과 열에는 레이블(이름)이 붙어 있어서 우리가 원하는 행과 열에 쉽게 접근할 수 있다. 판다스를 이용하면 데이터 프레임을 결합, 분리하거나 형태도 변경할 수 있다. 또한 판다스는 Matplotlib하고도 완벽하게 통합되어 있다. 결론적으로 데이터 과학자에게는 판다스가 가장 핵심적인 도구라고 이야기할 수 있다.

우리는 판다스로 무엇을 할 수 있을까? 판다스를 이용하면 CSV 파일, 엑셀 파일, SQL 데이터베이스에서 데이터를 읽어서 스프레드 쉬트의 테이블과 유사한 데이터 프레임이라는 파이썬 객체로 만들 수 있다. 일단 데이터들이 데이터 프레임 객체로 만들어지면 쉽게 데이터를 처리할 수 있다. 파이썬의 for 루프를 통하여 처리하는 것보다도 더 쉽다. 또 엑셀의 스크립트를 사용하는 것보다 더 쉽다.

판다스로 데이터 파일 읽기

이 절에서 우리는 판다스를 사용하여 데이터 파일을 읽어서 데이터 프레임이라고 하는 형태로 데이터를 저장해보기. 우리는 보통 판다스 데이터 프레임은 직접 생성하지 않는다. 일반적으로 데이터가 저장된 외부 파일을 찾고, 거기서 데이터를 불러온다. 국가에 대한 정보가 저장된 파일 countris.csv가 있다고 하자. 이 파일에는 몇 개 국가에 대한 정보가 저장되어 있다. CSV는 콤마 분리값(comma separated values)을 의미한다. 첫 번째 줄은 열의 이름이다. CSV

파일은 데이터 세트를 저장하는 데에 많이 사용된다. countris.csv은 UTF-8 형식으로 저장되어 있다(메모장으로 열어서 UTF-8 형식으로 저장하면 된다).

countries.csv

```
code,country,area,capital,population
KR,Korea,98480,Seoul,48422644
US,USA,9629091,Washington,310232863
JP,Japan,377835,Tokyo,127288000
CN,China,9596960,Beijing,1330044000
RU,Russia,17100000,Moscow,140702000
```

이제 데이터를 불러와 보자. 먼저 pandas 패키지를 'pd'라는 이름으로 가져온다. read_csv() 함수를 호출하고 csv 파일의 경로를 전달한다.

```
>>> import pandas as pd
>>> df = pd.read_csv('countries.csv')
```

df를 출력해보자.

```
>>> df
  Unnamed: code country      area     capital  population
0            KR   Korea     98480       Seoul    48422644
1            US     USA   9629091  Washington   310232863
2            JP   Japan    377835       Tokyo   127288000
3            CN   China   9596960     Beijing  1330044000
4            RU  Russia  17100000      Moscow   140702000
```

데이터 프레임에서는 하나의 객체에 대한 정보는 행으로 표시한다. 위의 표에서 각 행은 특정 국가의 정보를 표시한다. 각 열들은 속성(property)를 나타낸다. 각 열은 레이블을 가지고 있다. 여기서는 code, conutry, area, capital, population 등이 열의 레이블에 해당된다.

인덱스와 컬럼 객체

데이터 프레임에서는 다음과 같이 index와 columns 객체를 정의하여 사용한다. index는 행들의 레이블(label)이고 columns는 열들의 레이블이다.

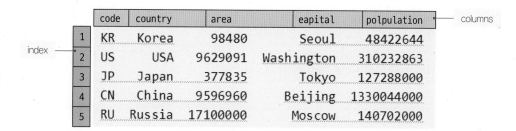

파일에서 읽을 때 인덱스를 변경할 수 있다. 예를 들어서 첫 번째 열을 인덱스로 사용할 수도 있다.

```
>>> import pandas as pd
>>> df = pd.read_csv('countries.csv', index_col=0)
>>> df
```
첫 번째 열을 인덱스로 하겠다는 의미이다.

```
        country      area      capital     population
KR        Korea     98480        Seoul       48422644
US          USA   9629091   Washington      310232863
JP        Japan    377835        Tokyo      127288000
CN        China   9596960      Beijing     1330044000
RU       Russia  17100000       Moscow      140702000
```

열 선택하기

데이터 프레임에서 특정한 열만을 선택하려면 아래와 같이 대괄호 안에 열의 레이블을 넣으면 된다.

```
>>> df['population']
KR      48422644
US     310232863
JP     127288000
CN    1330044000
RU     140702000
```

2개의 열을 선택하려면 원하는 열들의 레이블을 리스트로 만들어서 전달하여야 한다.

```
>>> df[ ['area', 'population'] ]
         area  population
KR      98480    48422644
US    9629091   310232863
JP     377835   127288000
CN    9596960  1330044000
RU   17100000   140702000
```

우리는 선택된 열을 그래프로 그릴 수 있다. 끝에 .plot()만 추가하면 된다. 각 국가의 인구만을 추출하여서 막대 그래프로 그려보면 다음과 같다.

```
>>> df['population'].plot(kind='bar')
```

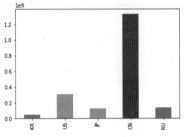

데이터 프레임에서 하나의 열을 선택하여서 파이썬 리스트로 변환하려면 tolist()를 호출한다.

```
>>> df['area'].tolist()
[98480, 9629091, 377835, 9596960, 17100000]
```

행 선택하기

데이터 프레임 중에서 몇 개의 행만을 가져오고자 할 때는 몇 가지의 방법이 있다. 우선 처음 5 행만 얻으려면 head(5)를 사용할 수 있다. 마지막 5행만을 얻으려면 tail(5)을 사용한다. 보다 일반적인 방법은 슬라이싱 표기법을 사용하는 것이다. 처음 3개 행을 가져오려면 다음과 같이 한다.

```
>>> df[:3]
     country    area      capital  population
KR    Korea    98480       Seoul    48422644
US      USA  9629091  Washington   310232863
JP    Japan   377835       Tokyo   127288000
```

만약 행의 레이블을 사용하여 행을 선택하려면 다른 메소드를 사용하여야 한다. 왜냐하면 레이블은 보통 열을 선택하는데 사용되기 때문이다. 이때는 loc() 함수를 사용하면 된다. 예를 들어서 행의 레이블이 'KR'인 행만을 선택하려면 df.loc를 써주고 대괄호 안에 접근하고 싶은 행의 레이블을 적어준다.

```
>>> df.loc['KR']
country        Korea
area           98480
capital        Seoul
population   48422644
```

요소 선택하기

우리는 열 선택과 행 선택을 결합할 수도 있다. 예를 들어서 처음 3개 국가의 인구를 출력하면 다음과 같이 적어준다. df[:3]['population']와 같이 순서를 바꾸어도 마찬가지이다.

```
>>> df['population'][:3]
KR    48422644
US   310232863
JP   127288000
```

데이터 프레임에서 특정한 요소 하나만을 선택하려면 loc 함수에 행과 열의 레이블을 써주면 된다.

```
>>> df.loc['US', 'capital']
'Washington'
```

간단히 데이터 분석하기

데이터 프레임이 저장한 데이터를 간단히 분석하려면 describe() 함수를 호출해주면 된다.

```
>>> df.describe()
                 area      population
count    5.000000e+00    5.000000e+00
mean     7.360473e+06    3.913379e+08
std      7.185065e+06    5.333570e+08
min      9.848000e+04    4.842264e+07
25%      3.778350e+05    1.272880e+08
50%      9.596960e+06    1.407020e+08
75%      9.629091e+06    3.102329e+08
max      1.710000e+07    1.330044e+09
```

우리는 평균값(mean), 표준편차(std), 최소값(min), 최대값(max) 등을 쉽게 알 수 있다. 데이터 프레임의 다른 열은 분석되지 않았는데 왜 그럴까? 열에 저장된 데이터가 수치형이 아니기 때문이다. 문자열로 되어 있으므로, 평균이나 최대값, 최소값을 계산할 수 없다.

열 추가

판다스를 이용하면 다른 열의 정보를 토대로 새로운 열을 생성할 수도 있다. 앞에서 생성하였던 countries.csv 파일을 읽어서 인구 밀도를 나타내는 열을 생성해보자. 넘파이 배열에는 어떤 수를 곱하고 더하는 것이 가능하다(15장 참고). 판다스는 넘파이를 기반으로 하기 때문에 판다스 데이터 프레임에도 동일하게 적용할 수 있다. 인구를 면적으로 나눠주면 된다.

```
>>> countries = pd.read_csv("countries.csv")
>>> countries["density"] = countries["population"]/countries["area"]
>>> countries
   code country      area     capital  population      density
0    KR   Korea     98480       Seoul    48422644   491.700284
1    US     USA   9629091  Washington   310232863    32.218292
2    JP   Japan    377835       Tokyo   127288000   336.887795
3    CN   China   9596960     Beijing  1330044000   138.590137
4    RU  Russia  17100000      Moscow   140702000     8.228187
```

위의 코드는 인구 밀도를 계산하고 이것을 기존의 데이터 프레임에 추가하였다. 결과에서 보다시피 5개국 중에서 우리나라가 가장 인구 밀도가 높다. 제곱 킬로미터 당 491명으로 계산되었다. 러시아는 제곱 킬로미터 당 8명으로 계산된다. 위의 코드에서 알 수 있듯이, 새로운 열을 추가하려면 데이터 프레임에 대괄호를 하고 새로운 열의 이름을 써주면 된다. 이것은 딕셔너리와 유사한 기능이다. 이제 데이터 프레임은 5개의 열을 가지게 된다.

필터링

우리는 어떤 조선을 주어서 데이터 프레임을 필터링할 수 있다. 예를 들어서 인구 밀도가 200을 초과하는 국가들만 추려낼 수 있다. 현재 df가 앞 절에서 추가한 "density" 열을 가지고 있다고 가정하자. "density"가 100 이상인 국가들만 추려보자.

```
>>> df['density']>100
KR     True
US    False
JP     True
CN     True
RU    False
```

이것은 데이터 프레임의 각 행에 대한 True 또는 Falses 값의 배열이다. 이 배열을 사용하여 데이터 프레임을 인덱싱하면 부울 배열이 True인 행만 가져온다. 부울 배열에 의한 행 필터링의 경우, 데이터 프레임 인덱스의 길이는 필터링에 사용된 부울 배열과 길이가 같아야 한다.

```
>>> df[df['density']>100]

    country      area  capital  population      density
KR    Korea     98480    Seoul    48422644   491.700284
JP    Japan    377835    Tokyo   127288000   336.887795
CN    China   9596960  Beijing  1330044000   138.590137
```

결손값 삭제하기

실제 데이터 세트들은 완벽하지 않다. 즉 상당한 수의 결손값을 가지고 있거나 의심스러운 값을 가지고 있다. 따라서 데이터를 처리하기 전에 반드시 거쳐야 하는 절차가 데이터 정제이다. 판다에서는 결손값을 NaN으로 나타낸다. 판다는 결손값을 탐지하고 수정하는 함수를 제공한다.

왜 결손값이 발생할까? 데이터가 아예 수집되지 않았을 수도 있다. 예를 들어서 전쟁이 있었다면 데이터를 수집할 수 없었을 것이다. 또 수집은 되었지만 적절하지 않아서 버렸을 수도 있다. 데이터를 처리하기 전에 결손값을 처리하지 않으면 어떠한 데이터 분석도 불가능하다. 따라서 우리는 결손값을 삭제하거나 다른 값으로 교체하여야 한다. 결손값이 있는 데이터 세트를 다음과 같이 생성하자. 인도의 면적 데이터가 누락되어 있다.

countries1.csv

```
code,country,area,capital,population
KR,Korea,98480,Seoul,48422644
US,USA,9629091,Washington,310232863
JP,Japan,377835,Tokyo,127288000
CN,China,9596960,Beijing,1330044000
RU,Russia,17100000,Moscow,140702000
IN,India,,New Delhi,1368737513  ⚊⚊ 면적 데이터가 누락 되어 있다!
```

결손값을 다루는 가장 간단한 방법은 결손값을 가진 행을 삭제하는 것이다. 판다에서 dropna() 함수를 이용하여 삭제할 수 있다.

```
>>> df.dropna(how="any")
     country        area     capital  population

KR    Korea     98480.0       Seoul    48422644
US      USA   9629091.0  Washington   310232863
JP    Japan    377835.0       Tokyo   127288000
CN    China   9596960.0     Beijing  1330044000
RU   Russia  17100000.0      Moscow   140702000
```

how="any"이라고 하면 결손 데이터를 하나라도 가지고 있으면 해당 행을 삭제하고 정제된 데이터 프레임의 복사본을 반환한다. inplace= True이라고 하면 원본 데이터 프레임이 수정된다.

맷플롯립(Matplotlib)는 고품질 차트와 그림을 생성하는 파이썬 플로팅 라이브러리로 광범위한 데이터를 시각화하여 더 잘 이해할 수 있도록 도와준다. 판다스(Pandas)는 크고 복잡한 데이터를 분석하기 위한 편리하고 유용한 데이터 구조 도구이다. 이 실습에서는 판다스와 맷플롯립를 사용하여 회사의 판매 데이터를 시각화해보자. 회사의 판매 데이터는 현재 디렉토리에 "sales_data.csv"로 저장되어 있다고 가정하자.

month	tv	laptop	phone
1	363	1624	911
2	549	2493	1500
3	820	2536	1831
4	865	1014	1576
5	943	1146	1468
6	618	1415	835
7	211	1589	1117
8	373	737	1998
9	789	2789	1441
10	82	2180	569
11	880	985	1694
12	102	1757	599

이것을 판다스로 읽어서 각 열들을 리스트로 추출한 후에 각 다음과 같은 선 그래프를 그려보자.

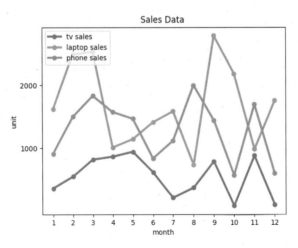

Solution 판매 데이터 시각화

sales.py

```python
import pandas as pd
import matplotlib.pyplot as plt

df = pd.read_csv("sales_data.csv")          # CSV 파일을 읽는다.

monthList  = df ['month'].tolist()          # "month" 열을 추출하여서 리스트로 만든다.
tvData     = df ['tv'].tolist()             # "tv" 열을 추출하여서 리스트로 만든다.
laptopData    = df ['laptop'].tolist()
phoneData = df ['phone'].tolist()

# 각 리스트를 하나의 그래프에 중첩해서 그린다. 마커도 사용한다.
plt.plot(monthList, tvData,    label = 'tv sales', marker='o', linewidth=3)
plt.plot(monthList, laptopData, label = 'laptop sales',  marker='o', linewidth=3)
plt.plot(monthList, phoneData, label = 'phone sales', marker='o', linewidth=3)


# 그래프의 레이블, 레전드, 눈금을 설정한다.
plt.xlabel('month')
plt.ylabel('unit')
plt.legend(loc='upper left')
plt.xticks(monthList)
plt.yticks([1000, 2000])
plt.title('Sales Data')
plt.show()
```

6. 엑셀 파일 읽어서 마케팅 이메일 보내기

이번 절에서는 엑셀 파일에 저장된 구매 정보를 읽어서 마케팅 이메일 보내보자. 이메일을 보낼 수 있어야 하고 엑셀 파일도 읽을 수 있어야 한다.

SMTP

이메일을 보내려면 웹기반이건 아웃룩같은 클라이언트 프로그램이건 간에 이메일을 전송하는 SMTP 서버가 필요하다. SMTP는 Simple Mail Transfer Protocol의 약자이다. SMTP는 메일 서버에서 발신자와 수신자 간에 메일을 보내고, 받고, 중계하는 데 사용하는 프로토콜이다.

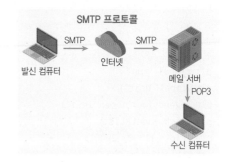

SMTP 메일 서버에는 주소가 할당되어 있으며, 일반적으로 smtp.serveraddress.com 형식이다. 예를 들어 Gmail의 SMTP 서버 호스트 주소는 smtp.gmail.com이다. SMTP 서버는 사용자의 컴퓨터에 설치할 수도 있고 아니면 무료로 서비스를 제공해주는 공개 서버도 많다.

```
C> pip install secure-smtplib
```

다른 사람에게 이메일을 보내려면 다음과 같이 SMTP 서버가 요구하는 파라미터를 제공하여야 한다.

▶ 받는 사람의 이메일 주소
▶ 보내는 사람의 이메일 주소
▶ 메시지 제목
▶ 메시지 본문

암호화 통신 프로토콜

메일을 보내는 클라이언트 프로그램과 SMTP 서버는 암호화 방법을 선택할 수 있다. 암호화를 하지 않을 수도 있으나 우리의 파이썬 프로그램에서는 암호화를 수행한다고 가정하자. SMTP 서버의 암호화 방법에 따라 TLS(Transport Layer Security)와 SSL(Secure Sockets Layer)를 사용할 수 있다. TLS를 사용하면 smtplib.SMTP('서버이름', 포트번호)를 사용하고 SSL을 사용하는 경우에는 smtplib.SMTP_SSL('서버이름', 포트번호)을 사용한다.

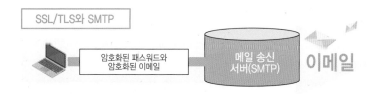

네이버의 경우, smtp 서버 주소는 smtp.naver.com이고 SSL을 사용할 경우, 포트 번호는 465, TLS를 사용할 경우, 포트 번호는 587이다.

MIME

MIME (Multipurpose Internet Mail Extensions)은 ASCII 이외의 문자 집합의 텍스트와 오디오, 비디오, 이미지 및 응용 프로그램의 첨부 파일을 지원하도록 전자 메일 메시지 형식을 확장하는 인터넷 표준이다. 메시지 본문은 여러 부분으로 구성될 수 있으며 헤더 정보는 ASCII가 아닌 문자 집합으로 지정될 수 있다. MIME 형식의 전자 메일 메시지는 일반적으로 SMTP(Simple Mail Transfer Protocol), POP(Post Office Protocol), IMAP(Internet Message Access Protocol) 와 같은 표준 프로토콜을 사용하여 전송된다. 한글을 사용하려면 MIME를 사용하는 것이 좋다.

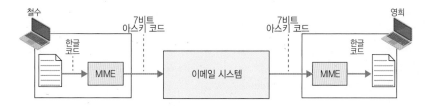

엑셀 파일 읽고 쓰기

파이썬을 통해서 엑셀 파일을 불러오는 방법에 대하여 살펴보자. 파이썬에서 엑셀을 제어할 수 있는 라이브러리는 많지만 openpyxl가 가장 많이 사용된다. 우리는 openpyxl 라이브러리를 이용하여 엑셀 파일의 내용을 읽거나 쓸 수 있다. 다음과 같은 명령어로 설치한다.

```
C> pip install openpyxl
```

openpyxl을 시작하기 위해 파일 시스템에 파일을 생성할 필요가 없다. Workbook 클래스를 가져오고 작업을 시작하기만 하면 된다.

```
>>> from openpyxl import Workbook
>>> workbook = Workbook()
```

통합 문서는 하나 이상의 워크시트로 생성된다. Workbook.active 속성을 사용하여 얻을 수 있다 .

```
>>> sheet = workbook.active
```

우리는 Workbook.create_sheet() 메소드를 사용하여 새 워크시트를 생성할 수 있다.

```
>>> sheet2 = workbook.create_sheet('Sheet1')
```

시트는 생성될 때 자동으로 이름이 지정된다. 순서대로 번호가 매겨진다. (Sheet, Sheet1, Sheet2, …). Worksheet.title 속성을 사용하여 언제든지 이 이름을 변경할 수 있다.

이제 워크시트를 가져오는 방법을 알았으므로 셀 내용 수정을 시작할 수 있다. 셀은 워크시트의 키로 직접 액세스할 수 있다.

```
>>> sheet['A1'] = 123
```

Worksheet.cell() 메소드를 사용하여도 된다. 이렇게 하면 행 및 열 표기법을 사용하여 셀에 액세스할 수 있다.

```
>>> sheet.cell(row=4, column=2, value=10)
```

통합 문서를 저장하는 가장 간단하고 안전한 방법은 Workbook개체 Workbook.save() 메서드를 사용하는 것이다.

```
>>> workbook.save("test.xlsx")
```

위의 코드를 실행하면 파일 시스템에 다음과 같은 엑셀 파일이 만들어진다.

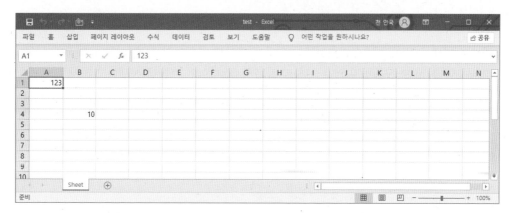

Lab 구매 홍보 이메일 보내기

우리가 인터넷 쇼핑몰을 운영한다고 하자. 엑셀 파일에 회원들의 구매 여부가 저장되어 있다. 2022년도에 한 번도 구매하지 않은 회원을 찾아서 30% 할인 쿠폰을 보낸다고 하자.

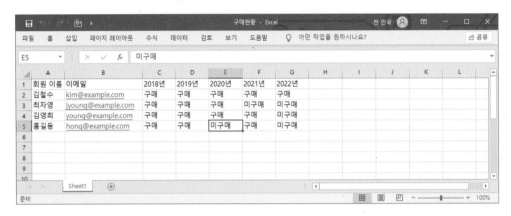

물론 이 작업도 사람이 할수도 있지만 상당히 지루한 작업이 될 것이다. 이런 작업은 컴퓨터 프로그램으로 자동화를 시키는 것이 좋다.

> jyoung@example.com에게 이메일을 보내는 중입니다.
> young@example.com에게 이메일을 보내는 중입니다.
> hong@example.com에게 이메일을 보내는 중입니다.

Solution   구매 홍보 이메일 보내기

```python
import openpyxl, smtplib, sys
from email.mime.text import MIMEText

workbook = openpyxl.load_workbook('구매현황.xlsx')
sheet = workbook.get_sheet_by_name('Sheet1')


members = {}
for r in range(2, sheet.max_row + 1):
    pay = sheet.cell(row=r, column=sheet.max_column).value
    if pay != '구매':
        name = sheet.cel(row=r, column=1).value
        email = sheet.cell(row=r, column=2).value
        members[name] = email

session = smtplib.SMTP_SSL('smtp.naver.com', 65)
session.ehlo()
session.login('abc@naver.com', 'password')

for name, email in members.items():
    msg =MIMEText(f'{name} 회원님, 30% 할인쿠폰이 발행되었습니다. \n 기간 내에 방문해주세요.\n 감사합니다.')
    msg['Subject']='할인쿠폰 증정 행사'
    msg['From']='abc@naver.com'
    msg['To']=email
    print(f'{email}에게 이메일을 보내는 중입니다.')
    status = session.sendmail('abc@naver.com', email, msg.as_string())

    if status != {}:
        print(f'이메일 {email} 전송에서 문제 {status}가 발생하였습니다.' )
session.quit()
```

엑셀 파일의 모든 행에 대하여 반복한다. 첫 번째 행은 제목이므로 생략

마지막 컬럼(2022년)의 값을 가져온다.

마지막 컬럼의 값이 '구매'가 아니면

네이버 메일 서버에 로그인한다. 이부분은 자신의 아이디와 패스워드로 변경하여야 한다.

딕셔너리에서 이름과 이메일을 꺼내서 메일을 작성하고 발송한다.

위의 코드에서 네이버 아이디와 패스워드는 본인 것으로 교체하여 사용하여야 한다.

7. Request와 BeautifulSoup로 웹에서 데이터를 가져오자

파이썬을 이용하면 웹페이지에서 데이터를 수집할 수 있다. 이것을 웹 크롤링(web crawling) 또는 웹 스크레이핑(Web Scraping)이라고 한다. 이것이 필요한 이유는 웹에서 새로운 데이터를 수집하는 것이 필요하지만, 수작업으로 데이터를 가져오려면 너무 힘들기 때문이다.

웹 크롤링이 웹 서버에는 부담이 된다. 따라서 웹 사이트에 따라서 웹 크롤링을 금지시키는 경우도 많으므로 주의하여야 한다.

request 모듈

request 모듈을 이용하면 HTTP 요청을 보낼 수 있다. request 모듈을 설치하려면 명령 프롬프트에서 "pip install requests"를 실행한다.

```
C> pip install requests
```

예를 들어서 네이버 웹페이지에서 데이터를 가져와보자.

```python
import requests

response = requests.get('https://www.naver.com/')
print(response.status_code)
print(response.text)
```

```
200

<!doctype html>                                    <html lang="ko" data-dark="false"> <head>
<meta charset="utf-8"> <title>NAVER</title> <meta http-equiv="X-UA-Compatible"
content="IE=edge"> <meta name="viewport" content="width=1190"> <meta name="apple-
mobile-web-app-title" content="NAVER"/> ...
```

'https://www.naver.com/' 주소로 GET 요청을 하고 서버에서는 요청을 받아서 작업을 처리한 후에 응답한다. response의 status_code에는 서버의 응답코드가 저장되어 있다. 200은 정상적인 응답을 의미한다. response의 text에는 HTML 코드가 담겨 있다.

BeautifulSoup 모듈

request 모듈을 이용해 받은 데이터는 텍스트 형태의 HTML 코드이다. HTML 코드에서 자신이 필요한 HTML 요소에 접근할 수 있을까? 물론 파이썬의 강력한 텍스트 처리 능력을 이용하면 어느 정도는 가능하다. 하지만 완전하지는 않다. 이 작업을 쉽게 할 수 있게 도와주는 모듈이 BeautifulSoup 모듈이다. BeautifulSoup 모듈는 HTML과 XML 파일로부터 데이터를 뽑아내기 위한 파이썬 라이브러리이다. HTML 코드를 파싱하여서 트리 형태로 만들어준다. 우리는 이 트리에서 우리가 원하는 HTML 요소를 쉽게 추출할 수 있다.

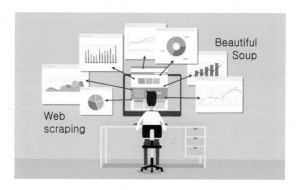

BeautifulSoup 모듈을 설치하려면 명령 프롬프트에서 "pip install beautifulsoup4"을 실행한다.

```
C> pip install beautifulsoup4
```

우리는 기상청에 접속하여서 날씨 데이터를 가져와서 파싱해보자. 기상청에서는 http://www.kma.go.kr/weather/forecast/mid-term-rss3 웹페이지에서 전국 날씨를 XML 형태로 제공한다. 페이지를 출력해보자.

```python
from bs4 import BeautifulSoup
import requests

response = requests.get("http://www.kma.go.kr/weather/forecast/mid-term-rss3.jsp?stnId=109")
print(response.text)
```

```
<?xml version="1.0" encoding="utf-8" ?>
<rss version="2.0">
<channel>
<title>기상청 육상 중기예보</title>
...
```

우리는 이 페이지에서 필요한 정보만을 추출하려고 한다. 그러자면 우리가 원하는 정보를 가지고 있는 XML 요소의 이름이나 선택자를 알아야 한다. 이것은 크롬의 개발자 도구를 사용해도 되지만 기상청 웹페이지는 워낙 간단하기 때문에 우리는 요소의 이름을 금방 알 수 있다.

```python
from bs4 import BeautifulSoup
import requests

response = requests.get("http://www.kma.go.kr/weather/forecast/mid-term-rss3.jsp?stnId=109")
soup = BeautifulSoup(response.content, 'html.parser')

for data in soup.select("location"):
    print(data.select_one("city").get_text())
    print(data.select_one("wf").get_text())
    print(data.select_one("tmn").get_text())
    print(data.select_one("tmx").get_text())
```

"location"이란 이름의 XML 요소 안에 들어있는 "city", "wf", "tmn", "tmx" 등의 정보를 출력해보면 다음과 같다. select_one()은 하나의 XML 요소를 찾는 함수인데, 여러 가지 방법으로 찾을 수 있다. XML 요소에서 텍스트만 뽑아오고 싶다면 get_text() 함수를 이용하면 된다.

```
서울
맑음
4
15
인천
맑음
7
14
...
```

Lab 우산 준비 이메일 보내기

이 실습에서는 웹 크롤링과 이메일 자동화를 합쳐보자. 어떤 지역의 날씨가 오는 것으로 예보되면, 사용자한테 "우산 준비" 이메일을 보낸다. 우리는 기상청에서 서울 동작구 신대방동의 날씨 정보를 가져오자.

위의 RSS를 이용하면 다음과 같은 정보들이 시간대별로 제공된다.

```
▼<description>
  ▼<header>
      <tm>202110231100</tm>
      <ts>3</ts>
      <x>59</x>
      <y>125</y>
  </header>
  ▼<body>
    ▼<data seq="0">
        <hour>15</hour>
        <day>0</day>
        <temp>17.0</temp>
        <tmx>17.0</tmx>
        <tmn>-999.0</tmn>
        <sky>1</sky>
        <pty>0</pty>
        <wfKor>맑음</wfKor>
        <wfEn>Clear</wfEn>
```

필요한 라이브러리들을 포함한다. "Beautiful Soup"은 HTML과 XML 페이지에서 데이터를 추출하는 데 사용된다. "requests" 라이브러리는 HTTP 요청을 보내는 데 사용되고 "smtplib"는 이메일을 보내는 데 사용된다.

```python
from bs4 import BeautifulSoup
import requests
import openpyxl, smtplib, sys
from email.mime.text import MIMEText
```

기상청의 기상 데이터를 가져와야 한다. requests.get() 함수는 URL 문자열을 받아서 반환한다. BeautifulSoup() 함수는 HTML이 포함된 문자열로 호출된다.

```python
response  = requests.get("http://www.kma.go.kr/wid/queryDFSRSS.jsp?zone=1159068000")
soup = BeautifulSoup(response.content, 'html.parser')
```

BeautifulSoup 객체가 생성되었으므로 select() 메소드를 사용하여 웹 페이지에서 날씨 및 온도의 요소를 검색할 수 있다. 우리는 첫 번째 〈wfEn〉 요소의 텍스트와 〈temp〉 요소의 텍스트만 추출한다. 〈wfEn〉은 영어로 된 기상 예보이다.

```python
weather = (soup.select('wfEn')[0]).text
temperature = (soup.select('temp')[0]).text

print(weather)
print(temperature)
```

이제 이메일을 만들어서 보내야 한다. 만약 변수 weather의 값이 "Rain"이거나 "Snow"이면, 매개변수 'smtp.naver.com'과 465를 사용하여 SMTP 개체를 만든다. SMTP 객체를 만든 후 이메일 아이디와 패스워드를 사용하여 로그인할 수 있다.

```python
if weather == "Rain" or  weather == "Snow":
    session = smtplib.SMTP_SSL('smtp.naver.com', 465)
    session.ehlo()
    session.login('abc@naver.com', 'password')        # 자신의 아이디와 패스워드로 변경

    msg = MIMEText('비가 온다고 합니다.\n 우산을 준비하세요!\n 감사합니다.')
    msg['Subject']='우산 준비!'
    msg['From']='abc@naver.com'         # 변경하여야 함!
    msg['To']='abc@naver.com'
    print('abc@naver.com에게 이메일을 보내는 중입니다.')
    status = session.sendmail('abc@naver.com', 'abc@naver.com', msg.as_string())

    if status != {}:
        print(f'abc@naver.com 이메일 전송에서 문제 {status}가 발생하였습니다.' )
    session.quit()
```

참고사항: Gmail을 사용하는 경우

Gmail 계정을 사용하는 경우에는 아이디에 대한 애플리케이션 비밀번호를 생성해야 한다. 그렇지 않으면 프로그램이 로그인을 시도할 때 응용 프로그램 암호가 필요하다는 오류 메시지가 표시된다.

8. 워드 클라우드 만들어보기

워드 클라우드(Word Cloud)는 진화하는 추세를 이해하고 결정하기 위한 시각화 기술로 등장했다. 최근 출시된 제품에 대한 고객 리뷰를 분석할 때 워드 클라우드를 그려서 시각적 표현을 얻을 수 있다.

워드 클라우드 소개

워드 클라우드는 텍스트 파일에서 키워드를 시각화하는 데 사용되는 텍스트 시각화 기술이다. 이러한 키워드는 웹 페이지 안의 단어이다. 이들 단어들이 모여서 워드 클라우드를 형성한다. 이 워드 클라우드의 각 단어에는 다양한 글꼴 크기와 색상이 있다. 워드 클라우드를 사용하면 두드러진 단어를 결정하는 데 도움이 된다. 큰 글꼴 크기의 단어는 클러스터에 있는 다른 단어에 비해 더 중요하다는 것을 나타낸다. 워드 클라우드는 작성자에 따라 다양한 모양과 크기로 구축할 수 있다. 단어의 수는 워드 클라우드를 생성할 때 중요한 역할을 한다. 단어의 수가 많다고 해서 항상 더 나은 워드 클라우드를 의미하지는 않는다. 어수선하고 읽기 어려워지기 때문이다.

워드 클라우드를 생성할 수 있는 방법은 여러 가지가 있지만 가장 널리 사용되는 방법은 텍스트에서 단어 빈도를 사용하는 것이다.

워드 클라우드 용용 분야

- 고객의 피드백: 워드 클라우드는 사용자로부터 받은 피드백을 분석하기 위해 업계에서 널리 사용하고 있다. 기업이 제품을 출시하고 고객의 피드백을 알고 싶어한다고 가정하자. 회사가 다양한 사용자로부터 많은 수의 피드백을 받았다면, 모든 피드백을 읽고 메모하는 것은 매우 어려울 것이다. 이런 경우에, 워드 클라우드는 피드백 중 상위 키워드를 얻는 데 핵심적인 역할을 한다.

- 후보자의 정치적 안건: 종종 선거 후보자들은 선거운동 기간 동안 논의할 체크리스트를 보관한다. 따라서 후보사의 시원 팀은 후보지의 언설을 분석하고 워드 클라우드를 만들어 다음 연설의 단어를 선택한다.

- 트렌드 파악하기: 광고 대행사는 광고를 작성하기 위해 트렌드를 알아야 하는 경우가 많다.

파이썬에서 워드 클라우드를 만드는 방법

워드 클라우드를 만들기 위해서는 필요한 라이브러리를 설치하여야 한다.

```
C> pip install wordcloud
```

이어서 파이썬 프로그램에서 라이브러리를 포함시켜야 한다.

```python
import matplotlib.pyplot as plt
from wordcloud import WordCloud
```

다양한 소스에서 텍스트 데이터를 얻을 수 있다. 가장 기초가 되는 것은 아마도 텍스트 파일일 것이다. 텍스트 파일 "mobydick.txt"를 열어서 모든 줄을 하나로 합친다.

```python
text=""
with open("mobydick.txt", "r", encoding="utf-8") as f:
    lines = f.readlines()
    for line in lines:
            text += line
```

600×400 크기의 WordCloud 객체를 생성한다.

```python
wc = WordCloud(width=600, height=400)
```

generate()를 호출하면 주어진 텍스트를 분석하여서 워드 클라우드를 만든다.

```python
wc.generate(text)
```

생성된 워드 클라우드를 그림 파일로 저장하거나 화면에 표시할 수 있다.

```python
wc.to_file("wc.png")
plt.figure(figsize=(30, 10))
plt.imshow(wc)
plt.show()
```

아무래도 고래에 대한 소설이다 보니 "whale"이라는 단어가 제일 많이 등장한것을 한눈에 알 수 있다. 위에서 생성한 워드 클라우드는 마스킹, 컨투어링, 클라우드 크기 조정과 같은 고급 기능을 추가하여 더욱 커스터마이징할 수 있다.

9. SQLite 데이터베이스 사용하기

SQLite는 이름에서도 알 수 있듯이 초경량급의 데이터베이스이다. 자세한 정보는 www.sqlite.org에서 얻을 수 있다. SQLite는 C언어로 작성된 효율적인 SQL 데이터베이스 엔진을 가지고 있다. SQLite는 SQL 언어를 사용하여서 데이터베이스에 액세스할 수 있는 경량 데이터베이스이다. SQLite는 모바일 장치에서도 많이 사용된다. 안드로이드와 아이폰을 비롯한 많은 모바일 장치에서 사용되는 데이터베이스이다. SQLite에서는 데이터를 디스크 파일에 저장한다. 따라서 서버/클라이언트 개념을 사용하지 않는다. SQLite는 초경량이지만 SQL을 거의 완전하게 지원하기 때문에 사용하는 방법은 기존의 데이터베이스와 비슷하다. 따라서 먼저 SQL에 대하여 아주 간단하게 살펴보자.

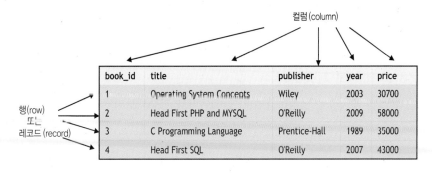

그림 14.1 데이터베이스는 행과 컬럼을 가지는 테이블이다.

SQLite를 설치려면 다음과 같이 명령어를 실행한다.

```
C> pip install pysqlite3
```

SQL이란?

SQL 관계형 데이터베이스에서 사용하기 위하여 설계된 언어이다. 표준적인 SQL 명령어들이 있으며 이것은 모든 관계형 데이터베이스에 의하여 지원된다. SQL 명령어들은 두 가지의 카테고리로 나누어진다. 데이터 정의 명령어(Data Definition Language)들은 테이블을 생성하거나 변경한다. 데이터 조작 명령어(Data Manipulation Language)는 데이터를 추출, 추가, 삭제, 수정한다. 많이 사용되는 SQL 명령어를 요약하면 다음과 같다.

표 14.1 SQL 명령어

구분	명령어	설명
데이터 정의 명령어 (Data Definition Language)	CREATE	사용자가 제공하는 컬럼 이름을 가지고 테이블을 생성한다. 사용자는 컬럼의 데이터 타입도 지정해야 한다. 데이터 타입은 데이터베이스에 따라 달라진다. 이미 테이블이 만들어져 있는 경우가 많기 때문에 CREATE TABLE은 통상적으로 DML보다 적게 사용된다.
	ALTER	테이블에서 컬럼을 추가하거나 삭제한다.
	DROP	테이블의 모든 레코드를 제거하고 테이블의 정의 자체를 데이터베이스로부터 삭제하는 명령어이다.
	USE	어떤 데이터베이스를 사용하는지 지정한다.
데이터 조작 명령어 (Data Manipulation Language)	SELECT	데이터베이스로부터 데이터를 쿼리하고 출력한다. SELECT 명령어들은 결과 집합에 포함시킬 컬럼을 지정한다. SQL 명령어 중에서 가장 자주 사용된다.
	INSERT	새로운 레코드를 테이블에 추가한다. INSERT는 새롭게 생성된 테이블을 채우거나 새로운 레코들를 이미 존재하는 테이블에 추가할 때 사용된다.
	DELETE	지정된 레코드를 테이블로부터 삭제한다.
	UPDATE	테이블에서 레코드에 존재하는 값을 변경한다.

SQL 사용하여 데이터 저장하기

우리는 다음과 같은 테이블을 생성하고 여기에 데이터를 저장해보자.

상품 아이디(id)	상품 이름(name)	가격(price)	재고수량(qty)
1	노트북	1200000	9
2	데스크탑 컴퓨터	1600000	6
3	마우스	20000	100
4	키보드	50000	65
5	CPU	600000	12

테이블의 각 컬럼을 어떤 자료형으로 할지를 결정하여야 한다. 정수는 INTEGER, 텍스트는 TEXT라고 정의하면 된다.

SQLite 모듈을 사용하려면, 먼저 데이터베이스를 나타내는 Connection 객체를 만들어야 한다.

```python
import sqlite3
con = sqlite3.connect('test.db')
cur = con.cursor()
```

일단 Connection 객체와 Cursor 객체를 얻으면, execute() 메서드를 호출하여 SQL 명령을 수행할 수 있다.

```python
cur.execute('''CREATE TABLE product
               (id INTEGER, name TEXT, price INTEGER, qty INTEGER)''')

cur.execute("INSERT INTO product VALUES (1, '노트북', 1200000, 9) ")
cur.execute("INSERT INTO product VALUES (2, '데스크탑', 1600000, 6) ")
cur.execute("INSERT INTO product VALUES (3, '마우스', 20000, 100) ")
cur.execute("INSERT INTO product VALUES (4, '키보드', 50000, 65) ")
cur.execute("INSERT INTO product VALUES (5, 'CPU', 600000, 12) ")

con.commit()
con.close()
```

이제부터는 저장된 데이터를 검색하거나 변경할 수 있다.

SQL 사용하여 검색하기

SELECT 문을 실행하여 데이터베이스에서 데이터를 꺼내려면, 커서를 반복자로 취급하여 하나씩 가져오면 된다. 반복자란 시퀀스의 일종으로 호출때마다 새로운 데이터를 제공한다.

```
import sqlite3

con = sqlite3.connect('test.db')
cur = con.cursor()
for row in cur.execute('SELECT * FROM product ORDER BY price'):
    print(row)
```

```
(3, '마우스', 20000, 100)
(4, '키보드', 50000, 65)
(5, 'CPU', 600000, 12)
(1, '노트북', 1200000, 9)
(2, '데스크탑', 1600000, 6)
```

위의 코드에서는 가격 순으로 정렬하여서 검색하였다.

조건을 주어서 찾을 때는 다음과 같이 할 수 있다.

```
for row in cur.execute('SELECT * FROM product WHERE price > 100000'):
    print(row)
```

```
(1, '노트북', 1200000, 9)
(2, '데스크탑', 1600000, 6)
(5, 'CPU', 600000, 12)
```

업데이트하기

다음 코드는 UPDATE 문을 사용하여 레코드를 업데이트한 다음 product 테이블에서 업데이트된 레코드를 가져와 표시하는 방법을 보여준다.

```
import sqlite3
con = sqlite3.connect('test.db')
cur = con.cursor()
cur.execute("UPDATE product set price = 2000000 where id = 1")
con.commit()
for row in cur.execute('SELECT * FROM product'):
    print(row)

con.close()
```

```
(1, '노트북', 2000000, 9)
(2, '데스크탑', 1600000, 6)
(3, '마우스', 20000, 100)
(4, '키보드', 50000, 65)
(5, 'CPU', 600000, 12)
```

삭제하기

다음 코드는 DELETE 문을 사용하여 레코드를 삭제한 다음 product 테이블에서 나머지 레코드를 커서와 표시하는 방법을 보여준다.

```python
import sqlite3
con = sqlite3.connect('test.db')
cur = con.cursor()
cur.execute("DELETE from product where id = 2")
con.commit()
for row in cur.execute('SELECT * FROM product'):
    print(row)

con.close()
```

실행결과

```
(1, '노트북', 2000000, 9)
(3, '마우스', 20000, 100)
(4, '키보드', 50000, 65)
(5, 'CPU', 600000, 12)
```

데이터베이스에 저장된 데이터를 꺼내서 웹페이지로 만들어보자. 편의점의 재고를 데이터베이스로 저장하고 이것을 꺼내서 웹 페이지로 보여준다. 우리는 간단한 Bottle 웹 프레임워크를 사용해보자. Bottle 라이브러리는 가벼운 독립형 마이크로 웹 프레임워크이다. Bottle을 사용하면 간단히 웹서버를 만들어서 테스트할 수 있다.

```
C> pip install bottle
```

편의점 재고를 저장하기 위해 SQLite 데이터베이스가 사용된다. SQLite는 소규모 독립 실행형 애플리케이션에 이상적인 파일 기반 서버-리스 데이터베이스이다.

(1) 아래와 같이 inventory.db 를 생성하는 코드를 먼저 실행한다.

```
import sqlite3

con = sqlite3.connect('inventory.db')
cur = con.cursor()
cur.execute("CREATE TABLE stock (item char(100), number INTEGER, id INTEGER PRIMARY KEY )")
cur.execute("INSERT INTO stock (item, number) VALUES ('eggs', 100)")
cur.execute("INSERT INTO stock (item, number) VALUES ('milk', 30)")
cur.execute("INSERT INTO stock (item, number) VALUES ('bread', 70)")
con.commit()
con.close()
print("데이터베이스가 생성되었습니다.")
```

하드 디스크의 현재 디렉토리에 "inventory.db"가 생성되었는지를 확인한다.

(2) 이어서 다음과 같은 코드를 작성하고 실행한다.

```
import sqlite3
from bottle import route, run
```

메인 웹페이지가 정의된다는 의미이다.

```
@route('/')
def itemlist():        # 웹 메인 페이지를 반환한다.
    con = sqlite3.connect('inventory.db')
    cur = con.cursor()

    html = "<h1> 재고 리스트</h1>"
    cur.execute("SELECT * FROM stock")
    result = cur.fetchall()
```

데이터베이스의 내용에 HTML 태그를 붙인다.

```
    for row in result:
        html += "<li>"+ row[0] + ": " + str(row[1]) + "개 </li>\n"

    con.close()
    return html

run()              # 웹서버 실행
```

다음과 같은 출력이 나오면 Bottle이 실행되고 있는 것이다.

실행 결과

```
Bottle v0.12.19 server starting up (using WSGIRefServer())...
Listening on http://127.0.0.1:8080/
Hit Ctrl-C to quit.

127.0.0.1 - - [07/Nov/2021 17:50:11] "GET / HTTP/1.1" 200 94
```

(3) 웹 브라우저를 실행하여서 다음과 같이 127.0.0.1:8080을 주소로 입력하고 엔터키를 친다. 127.0.0.1:8080은 로컬 컴퓨터의 8080 포트를 의미한다. 다음과 같이 웹페이지가 표시되면 성공이다.

15

Numpy, Pillow, OpenCV
사용해보기

★ 다음과 같은 작업들을 수행하는 방법을 알고 있나요?
이번 장에서 함께 알아봐요.

1. 넘파이로 데이터를 생성한 후에 그래프로 그릴 수 있나요?
2. 간단한 영상 처리 애플리케이션을 작성하여 업무에
   사용할 수 있나요?
3. 영상에 회사 로고를 삽입할 수 있나요?
4. OpenCV를 이용하여 크로마키 합성을 할 수
   있나요?

## CHAPTER 15

Numpy, Pillow, OpenCV 사용해보기

1. 이번 장에서 만들 프로그램

이번 장에서도 지금까지 학습한 것들을 총동원하여서 몇 개의 프로젝트들을 진행해보자. 특히 영상 처리 분야가 많이 다루어진다.

(1) 간단한 포토샵 프로그램을 작성해보자.

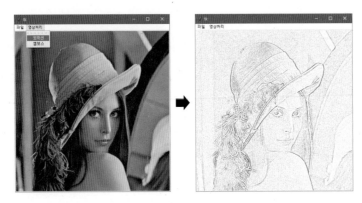

(2) OpenCV를 이용하여 크로마키 합성을 하여 보자.

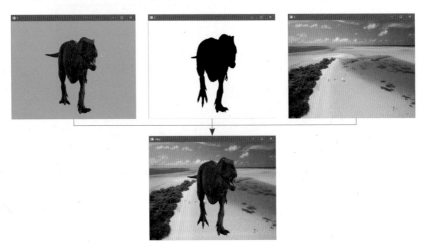

2. 넘파이로 데이터를 저장해보자

넘파이란?

넘파이(NumPy)는 행렬(matrix) 계산을 위한 파이썬 라이브러리 모듈이다. "NumPy"는 "Numerical Python"의 약자이다. 처리 속도가 중요한 딥러닝이나 데이터 과학에서는 파이썬의 리스트 대신에 넘파이를 선호한다. 따라서 이들 분야에서는 넘파이에 대한 확실한 이해가 필수적이다. 넘파이는 "pip install numpy"로 설치할 수 있다.

우리는 앞에서 파이썬의 리스트(list)에 대하여 학습하였다. 파이썬의 리스트에서는 데이터가 메모리에 흩어져서 저장된다. 따라서 대량의 데이터를 처리할 때 상당히 불리하나. 반면에 넘파이 배열에서는 데이터들이 연속적인 위치에 저장되어서 효율적으로 데이터를 저장하고 처리할 수 있다.

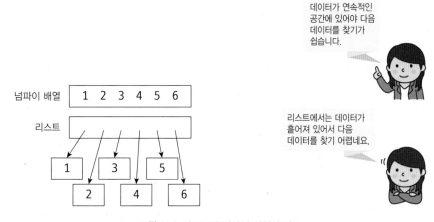

그림 15.1 리스트와 넘파이 배열의 비교

넘파이의 핵심적인 객체는 다차원 배열(행렬)이다. 넘파이는 성능이 우수한 "ndarray"(n차원 배열의 약자) 객체를 제공한다. "ndarray" 객체는 동일한 자료형의 항목들을 저장할 수 있다. 예를 들어서 정수들의 2차원 배열을 넘파이로 생성할 수 있다. 배열이기 때문에 인덱스를 이용하여 각 항목들을 빠르게 추출할 수 있다.

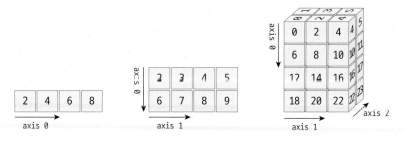

그림 15.2 넘파일 배열의 종류

넘파이 기초

넘파이를 사용하기 위해서 가장 먼저 해야 할 일은 numpy 패키지를 포함시키는 작업이다. 관행적으로 넘파이는 np라는 이름으로 포함된다.

```
>>> import numpy as np
```

우리가 화씨 온도로 저장된 뉴욕의 기온 데이터를 얻었다고 하자.

```
>>> ftemp = [ 63, 73, 80, 86, 84, 78, 66, 54, 45, 63 ]
```

이것을 넘파이 배열로 변환하려면 다음과 같이 넘파이 모듈의 array() 함수를 호출한다.

```
>>> F = np.array(ftemp)
>>> F
array([63, 73, 80, 86, 84, 78, 66, 54, 45, 63])
```

하지만 우리가 사용하는 온도 단위는 섭씨이다. 어떻게 화씨 온도를 섭씨 온도로 바꿀 수 있을까? 넘파이라면 아주 쉬운 방법이 있다. 배열에 스칼라 값을 곱해주면 배열의 모든 요소에 스칼라 값이 곱해진다. 나눗셈이나 덧셈, 뺄셈도 마찬가지이다.

```
>>> (F-32)*5/9        # 배열의 모든 요소에 이 연산이 적용된다.
array([17.22222222, 22.77777778, 26.66666667, 30.        , 28.88888889,
       25.55555556, 18.88888889, 12.22222222,  7.22222222, 17.22222222])
```

이것이 어떻게 보면 넘파이의 가장 큰 장점이다. 넘파이 배열에는 + 연산자나 * 연산자와 같은 수학적인 연산자를 적용할 수 있다. 배열에 대한 모든 산술 연산자는 요소별로 적용된다. 산술 연산이 적용되면 연산의 결과로 채워진 새로운 배열이 생성된다.

우리는 넘파이 배열을 matplotlib에 전달하여서 그래프를 그릴 수 있다.

```
>>> import matplotlib.pyplot as plt

>>> plt.plot(F)
>>> plt.show()
```

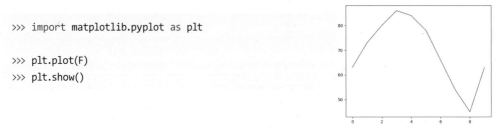

y축에 배열 F의 값을 표시한다. 배열 F의 인덱스가 x축으로 사용된다.

2차원 배열

넘파이를 이용하면 1차원, 2차원, 3차원 배열을 모두 생성할 수 있다. 넘파이 배열을 적절하게 생성하기만 해도, 상당히 쓸모가 많다. 이번 절에서는 넘파이 배열을 생성하는 여러 가지 방법을 살펴보자.

2차원 배열도 넘파이로 쉽게 만들 수 있다. 다음과 같이 np.array()를 호출하고 파이썬 2차원 리스트를 전달하여 생성할 수 있다. 넘파이의 2차원 배열은 수학에서의 행렬(matrix)와 같다.

```
>>> b = np.array([[1, 2, 3], [4, 5, 6], [7, 8, 9]])
>>> b
array([[1, 2, 3],
       [4, 5, 6],
       [7, 8, 9]])
```

2차원 배열에서 특정한 위치에 있는 요소는 어떻게 꺼낼까? 2차원 배열도 인덱스를 사용한다. 다만 2차원이기 때문에 인덱스가 2개 필요하다. 첫 번째 인덱스는 행의 번호이다. 두 번째 인덱스는 열의 번호이다. 예를 들어서 b[0][2]는 3이 된다.

```
>>> b[0][2]
3
```

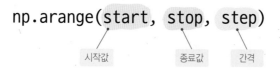

arange() 함수

arange() 함수를 사용하면, 연속되는 정수를 가지는 넘파이 배열을 쉽게 만들 수 있다. 반복 구조에서 사용되는 파이썬의 range() 함수와 사용법이 같다.

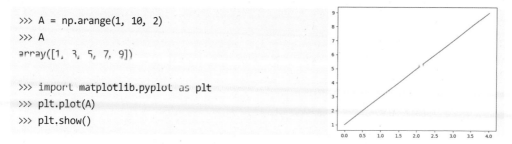

np.arange(1, 10, 2)는 1에서 시작하여서 10보다 작을 때까지 2씩 증가하면서 배열을 생성한다.

```
>>> A = np.arange(1, 10, 2)
>>> A
array([1, 3, 5, 7, 9])

>>> import matplotlib.pyplot as plt
>>> plt.plot(A)
>>> plt.show()
```

linspace() 함수

linspace()는 시작값부터 종료값까지 균일한 간격으로 값들을 생성하여 배열로 반환한다.

예를 들어서 linspace(0, 10, 100)이라고 호출하면 0에서 10까지 총 100개의 수들이 균일하게 생성된다. 아주 편리하다.

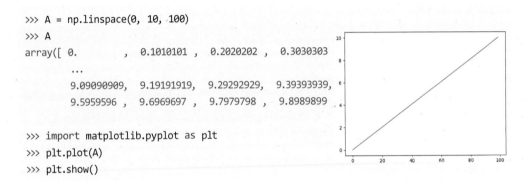

```
>>> A = np.linspace(0, 10, 100)
>>> A
array([ 0.        ,  0.1010101 ,  0.2020202 ,  0.3030303 ,
       ...
        9.09090909,  9.19191919,  9.29292929,  9.39393939,
        9.5959596 ,  9.6969697 ,  9.7979798 ,  9.8989899

>>> import matplotlib.pyplot as plt
>>> plt.plot(A)
>>> plt.show()
```

균일 분포 난수 생성

우리는 시뮬레이션을 위하여 난수 데이터를 생성할 수도 있다. 넘파이에서 난수의 시드(seed)를 설정하는 문장은 다음과 같다.

```
>>> np.random.seed(100)
```

시드가 설정되면 다음과 같은 문장을 수행하여 5개의 난수를 얻을 수 있다. 난수는 0.0에서 1.0 사이의 값으로 생성된다.

```
>>> np.random.rand(5)
array([0.54340494, 0.27836939, 0.42451759, 0.84477613, 0.00471886])
```

난수로 이루어진 2차원 배열(크기=5×3)을 얻으려면 다음과 같이 한다.

```
>>> np.random.rand(5, 3)
array([[0.12156912, 0.67074908, 0.82585276],
```

```
        [0.13670659,  0.57509333,  0.89132195],
        [0.20920212,  0.18532822,  0.10837689],
        [0.21969749,  0.97862378,  0.81168315],
        [0.17194101,  0.81622475,  0.27407375]])
```

a = np.random.rand(5, 3)

새로운 배열   행의 개수   열의 개수

어떤 범위에 있는 난수를 생성하려면 어떻게 하면 좋을까? 이것은 간단하게 다음과 같은 수식으로 만들 수 있다. 예를 들어서 10에서 20 사이에 있는 난수 5개를 생성하는 문장은 다음과 같다.

```
>>> a=10; b=20        # ;은 명령문의 끝을 의미한다.
>>> (b-a)*np.random.rand(5)+a
array([14.31704184, 19.4002982 , 18.17649379, 13.3611195 , 11.75410454])
```

정규 분포 난수 생성

앞에서 생성한 난수는 균일한 확률 분포에서 만들어진다. 만약 정규 분포에서 난수를 생성하려면 어떻게 해야 하는가? 넘파이가 준비한 함수는 randn()이다. 예를 들어서 정규 분포에서 난수 5개를 생성하려면 다음과 같은 문장을 사용한다.

```
>>> np.random.randn(5)
array([ 0.78148842, -0.65438103,  0.04117247, -0.20191691, -0.87081315])
```

난수로 채워진 5×4 크기의 2차원 배열을 생성하려면 다음과 같이 적어준다.

```
>>> np.random.randn(5, 4)
array([[ 0.22893207, -0.40803994, -0.10392514,  1.56717879],
       [ 0.49702472,  1.15587233,  1.83861168,  1.53572662],
       [ 0.25499773, -0.84415725, -0.98294346, -0.30609783],
       [ 0.83850061, -1.69084816,  1.15117366, -1.02933685],
       [-0.51099219, -2.36027053,  0.10359513,  1.73881773]])
```

위의 정규 분포는 평균값이 0이고 표준편차가 1.0이다. 만약 평균값과 표준편차를 다르게 하려면 다음과 같이 하면 된다.

```
>>> m, sigma = 10, 2
>>> m + sigma*np.random.randn(5)
array([ 8.56778091, 10.84543531,  9.77559704,  9.09052469,  9.48651379])
```

넘파이에는 정규 분포의 평균값과 표준편자를 인수로 보낼 수 있는 함수 normal()도 있다. nandn()의 조금 편리한 버전이라고 생각하면 된다.

$$a = np.random.normal(loc=0.0, \quad scale=1.0, \quad size=None)$$

새로운 배열   평균   표준편차

앞의 코드를 normal()을 이용하여 다시 작성하면 다음과 같다.

```
>>> mu, sigma = 0, 0.1  # 평균과 표준 편차
>>> np.random.normal(mu, sigma, 5)
array([ 0.15040638,  0.06857496, -0.01460342, -0.01868375, -0.1467971 ])
```

넘파이 내장 함수

넘파이 배열에 함수를 적용하면 어떻게 될까? 예를 들어서 넘파이의 sin() 함수를 적용하면 배열의 요소에 모두 sin() 함수가 적용된다.

```
>>> A = np.array([0, 1, 2, 3])
>>> 10 * np.sin(A)
array([0.        ,  8.41470985,  9.09297427,  1.41120008])
```

넘파이는 배열의 데이터를 사용하여 계산을 수행하는 다양한 메소드를 가지고 있다. 기본적으로 이러한 메소드는 배열의 형태를 무시하고 계산에 모든 요소를 사용한다. 우리는 넘파일 배열과 이 함수들만 잘 이용해도 많은 작업을 할 수 있다. 예를 들어, 우리는 배열의 형태와는 관계없이 배열의 평균을 계산할 수 있다. 우리가 배열의 mean() 메소드를 호출하면, mean() 메소드는 전체 요소의 합계를 계산한 후에 전체 요소 수로 나눈다. 우리는 각 차원에서도 이러한 계산을 수행할 수 있다. 예를 들어, 2차원 배열에서 각 행의 평균과 각 열의 평균을 계산할 수도 있다.

구체적인 예를 들어보자. 학생 4명의 3과목 성적(국어, 영어, 수학)이 넘파이 배열에 저장되었다고 가정하자.

```
>>> import numpy as np
>>> scores = np.array([[99, 93, 60], [98, 82, 93],
    ...:                [93, 65, 81], [78, 82, 81]])
```

우리는 sum(), min(), max(), mean(), std(), var() 메소드를 사용해보자. 전체 합계는 sum()으로 계산할 수 있다. min()과 max()를 통하여 최저점수와 최대점수를 알 수 있다. mean()을 호출하면 모든 과목의 평균성적을 계산할 수 있다. std()를 호출하면 성적의 표준편차를, var()를 호출하면 성적의 분산을 알 수 있다.

```
>>> scores.sum()
1005
>>> scores.min()
60
>>> scores.max()
99
>>> scores.mean()
83.75
>>> scores.std()
11.769487386175038
>>> scores.var()
138.52083333333334
```

인덱싱과 슬라이싱

우리는 파이썬 리스트를 인덱싱하거나 슬라이싱할 수 있음을 알 수 있다. 넘파이 배열에 대해서도 인덱싱과 슬라이싱이 가능하다. 다음과 같은 성적이 저장된 1차원 배열에서 요소들을 꺼내는 방법을 살펴보자.

```
>>> grades = np.array([ 88, 72, 93, 94])
```

예를 들어서 1부터 2까지의 슬라이스는 다음과 같이 얻을 수 있다.

```
>>> grades[1:3]
array([72, 93])
```

다음과 같이 시작 인덱스나 종료 인덱스는 생략이 가능하다.

```
>>> y[:2]
array([88, 72])
```

2차원 배열의 슬라이싱

넘파이에서 슬라이싱은 큰 행렬에서 작은 행렬을 끄집어내는 것으로 이해하면 된다.

```
>>> a = np.array([[1, 2, 3], [4, 5, 6], [7, 8, 9]])
>>> a[0:2, 1:3]

array([[2, 3],
       [5, 6]])
```

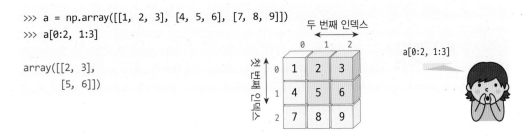

위의 표기법은 0에서 1까지의 행과 1에서 2까지의 열로 이루어진 행렬을 지정한 것이다. 따라서 위와 같은 행렬이 출력된다.

히스토그램

히스토그램(histogram)은 수치 데이터의 빈도를 그래픽으로 표현한 것이다. 예를 들어서 정규 분포에서 생성된 각 값들이 어떤 구간에 가장 많이 있는지를 히스토그램으로 그려보자.

histogram.py

```python
import matplotlib.pyplot as plt
import numpy as np

numbers = np.random.normal(size=10000)

plt.hist(numbers)
plt.xlabel("value")
plt.ylabel("freq")
plt.show()
```

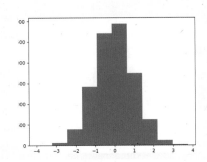

위의 코드에서 plt.hist(numbers)가 히스토그램을 생성하고 화면에 그리는 명령문이다. number 안에 들어 있는 10000개의 난수에 대하여 각 구간별로 몇 개씩의 난수가 들어 있는지를 계산하여서 히스토그램을 자동으로 그린다. 정규 분포에서 생성한 난수이므로 평균값인 0 주변의 값이 제일 많을 것으로 예상된다.

중간점검

1. 리스트와 넘파이 배열의 차이점은 무엇인가?
2. 넘파이는 어디서 주로 사용하는가?
3. 넘파이 패키지를 **np** 이름으로 포함시키는 명령문을 작성하시오.
4. 넘파이로 1차원 배열 [1, 2, 3]을 생성하는 명령문을 작성하시오.
5. 다음과 같은 코드를 실행한 후의 z의 값은?

```
import numpy as np
x = np.array([1, 2, 3])
y = np.array([3, 2, 1])
z = x + y
```

6. 크기 10의 1차인 배열을 생성하는 명령문을 작성하시오. 요소의 값은 1에서 10까지 연속적인 값이다.
7. 크기 10의 1차원 배열을 생성하는 명령문을 작성하시오. 요소의 값은 정규 분포 난수이다.

Lab 싸인 함수 그리기

넘파이를 이용하면 일정 간격의 데이터를 쉽게 생성할 수 있다. 우리는 linspace() 함수를 사용하여서 일정 간격의 데이터를 만들고 넘파이의 sin() 함수에 이 데이터를 전달하여서 싸인값을 얻는다. matplotlib를 이용하여서 싸인파 곡선을 그려보자.

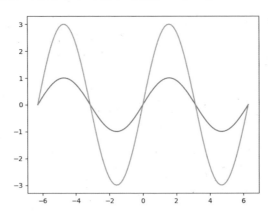

draw_sine.py

```python
import matplotlib.pyplot as plt
import numpy as np

# -2π에서 +2π까지 100개의 데이터를 균일하게 생성한다.
X = np.linspace(-2 * np.pi, 2 * np.pi, 100)

# 넘파이 배열에 sin() 함수를 적용한다.
Y1 = np.sin(X)
Y2 = 3 * np.sin(X)

plt.plot(X, Y1, X, Y2)
plt.show()
```

 도전문제

1. 코싸인 함수를 그려보자. 코싸인 함수는 np.cos()이다.

넘파이는 Matplotlib과 아주 잘 연결된다. 넘파이로 데이터를 만들고 이것을 Matplotlib으로 그릴 수 있다. 예를 들어서 linspace()로 x축값을 생성하고 $f(x) = 0$, $f(x) = x$, $f(x) = x^2$의 그래프를 함께 그려보자.

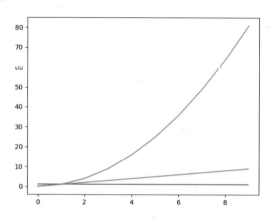

---

draw_graph.py

```python
import matplotlib.pyplot as plt
import numpy as np

X = np.arange(0, 10)

Y1 = np.ones(10)      # ones()는 0으로 이루어진 넘파이 배열 생성
Y2 = X
Y3 = X**2

# 3개의 그래프를 하나의 축에 그린다.
plt.plot(X, Y1, X, Y2, X, Y3)
plt.show()
```

 도전문제

1. $f(x) = 10x+6$그래프도 추가해서 그려보자.

Lab 잡음이 들어간 직선 그리기

우리는 linespace() 함수를 이용하여 직선을 그릴 수 있다. 이번에는 직선 데이터에 약간의 정규 분포 잡음을 추가해보자. 즉 다음과 같이 잡음이 추가된 직선을 그려보자.

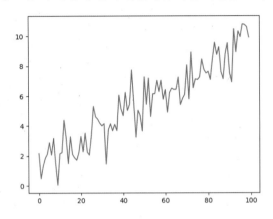

linspace() 함수와 random.normal() 함수를 함께 사용해보자.

---

noisy_line.py

```python
import numpy as np
import matplotlib.pyplot as plt

pure = np.linspace(1, 10, 100)        # 1부터 10까지 100개의 데이터 생성
noise = np.random.normal(0, 1, 100)   # 평균이 0이고 표준편차가 1인 100개의 난수 생성

# 넘파이 배열 간 덧셈 연산, 요소별로 덧셈이 수행된다.
signal = pure + noise

# 선 그래프를 그린다.
plt.plot(signal)
plt.show()
```

 도전문제

1. 싸인 함수에 난수를 더하여 그래프를 그려보자.

다음과 같이 2개의 정규 분포를 히스토그램으로 그려보자.

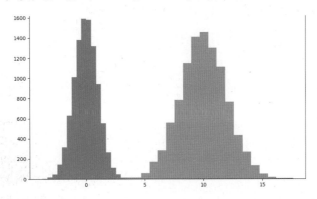

np.random.randn(10000)은 평균이 0인 정규분포에서 10000개의 난수를 생성한다. 수식 m+sigma*np.random.randn(10000)은 평균이 m이고 표준편차가 sigma인 정규분포에서 난수를 생성한다.

---

gaussian.py

```python
import numpy as np
import matplotlib.pyplot as plt

m, sigma = 10, 2
Y1 = np.random.randn(10000)
Y2 = m+sigma*np.random.randn(10000)

plt.figure(figsize=(10,6))      # 그래프의 크기 설정
plt.hist(Y1, bins=20)
plt.hist(Y2, bins=20)
plt.show()
```

도전문제

1. 위의 코드에서 sigma의 값을 변경시키면서 히스토그램이 어떻게 달라지는지를 관찰해보자.

3. 필로우로 영상을 처리해보자

필로우(pillow)는 영상을 처리하는 파이썬 라이브러리이다. 영상 파일을 하나 읽어서 tkinter를 이용하여 표시해보자. 필로우는 여러 가지 영상 형식을 tkinter 형식으로 변환해준다. 필로우는 많은 영상 포맷을 지원한다. 필로우는 "pip install pillow"로 설치할 수 있다. 현재 디렉토리에 있는 lenna.png 파일을 읽어서 화면에 표시해보자.

```python
# PIL 모듈에서 몇 개의 클래스를 포함시킨다.
from PIL import Image, ImageTk

# tkinter 모듈을 포함시킨다.
import tkinter as tk
# 윈도우를 생성하고 윈도우 안에 캔버스를 생성한다.
window = tk.Tk()
canvas = tk.Canvas(window, width=500, height=500)
canvas.pack()

# 윈도우를 생성하고 윈도우 안에 캔버스를 생성한다.
img = Image.open("lenna.png")

# tk 형식으로 영상을 변환한다.
tk_img = ImageTk.PhotoImage(img)

# tkinter의 캔버스에 영상을 표시한다.
canvas.create_image(250, 250, image=tk_img)

window.mainloop()
```

하나 주의할 점은 tkinter 모듈을 포함시킬 때 다음과 같이 하여야 한다.

```python
import tkinter as tk
```

이제까지처럼 다음과 같이 하면 여러 가지 클래스 이름이 중복되어서 문제가 발생한다. 즉 tkinter 모듈과 PIL 모듈 안에 들어 있는 클래스들이 충돌하게 된다.

```python
from tkinter import *
```

영상 회전

이번에는 영상을 읽어서 45도 회전한 후에 화면에 표시해본다.

```python
from PIL import Image, ImageTk
import tkinter as tk

window = tk.Tk()
canvas = tk.Canvas(window, width=500, height=500)
canvas.pack()

# 영상 파일을 연다.
im = Image.open("lenna.png")

# 영상을 45도 회전한다.
out = im.rotate(45)

# 영상을 tkinter 형식으로 변환한다.
tk_img = ImageTk.PhotoImage(out)

# 영상을 tkinter에서 화면에 표시한다.
canvas.create_image(250, 250, image=tk_img)
window.mainloop()
```

영상 흐리게 하기

이번에는 영상을 읽어서 흐리게 한 후에 화면에 표시해본다.

```python
from PIL import Image, ImageTk, ImageFilter
import tkinter as tk

window = tk.Tk()
canvas = tk.Canvas(window, width=500, height=500)
canvas.pack()

# 영상 파일을 연다.
im = Image.open("lenna.png")

# 영상을 흐리게 한다.
out = im.filter(ImageFilter.BLUR)

# 영상을 tkinter 형식으로 변환한다.
tk_img = ImageTk.PhotoImage(out)
```

```
# 영상을 tkinter에서 화면에 표시한다.
canvas.create_image(250, 250, image=tk_img)
window.mainloop()
```

영상 처리도 아주 방대한 분야이다. 관심이 있다면 관련 자료를 찾아보기 바란다. 필로우의 각
종 함수에 대한 정보는 https://pillow.readthedocs.io/en/3.3.x/에서 찾을 수 있다.

도전문제

필로우의 매뉴얼(http://pillow.readthedocs.io/en/3.0.x/handbook/index.html)을 참조하여 컬러 영상
을 흑백 영상으로 바꾸는 기능을 위의 프로그램에 추가해보자.

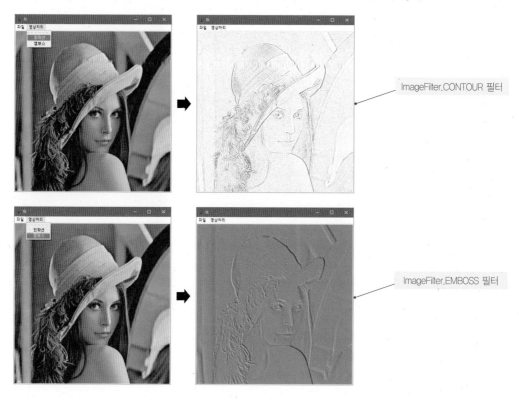

Lab 미니 포토샵 만들기

영상 처리 기능 2가지를 "영상처리" 메뉴 아래에 위치시켜 보자. 그리고 메뉴 항목을 선택하면 메뉴가 실행되도록 하자. 즉 11장의 tkinter 메뉴와 Pillow의 영상 처리 기능을 결합하는 것이다. 프로젝트에서는 우리가 개별로 학습하였던 기능들을 결합하는 경우가 많다.

ImageFilter.CONTOUR 필터

ImageFilter.EMBOSS 필터

```python
from PIL import Image, ImageTk, ImageFilter
import tkinter as tk
from tkinter import filedialog as fd

im = None
tk_img = None

# 파일 메뉴에서 "열기"를 선택하였을 때 호출되는 함수
def open():
    global im, tk_img
    fname = fd.askopenfilename()
    im = Image.open(fname)
    tk_img = ImageTk.PhotoImage(im)
    canvas.create_image(250, 250, image=tk_img)
    window.update()

# 파일 메뉴에서 "종료"를 선택하였을 때 호출되는 함수
def quit():
    window.quit()

# 영상처리 메뉴에서 "영상처리"->"외곽선"를 선택하였을 때 호출되는 함수
def image_contour():
    global im, tk_img
    out = im.filter(ImageFilter.CONTOUR)
    tk_img = ImageTk.PhotoImage(out)
    canvas.create_image(250, 250, image=tk_img)
    window.update()

# 영상처리 메뉴에서 "영상처리"->"엠보스"를 선택하였을 때 호출되는 함수
def image_emboss():
    global im, tk_img
    out = im.filter(ImageFilter.EMBOSS)
    tk_img = ImageTk.PhotoImage(out)
    canvas.create_image(250, 250, image=tk_img)
    window.update()

# 윈도우를 생성한다.
window = tk.Tk()
canvas = tk.Canvas(window, width=500, height=500)
```

```
canvas.pack()

# 메뉴를 생성한다.
menubar = tk.Menu(window)
filemenu = tk.Menu(menubar)
ipmenu = tk.Menu(menubar)
filemenu.add_command(label="열기", command=open)
filemenu.add_command(label="종료", command=quit)
ipmenu.add_command(label="외곽선", command=image_contour)
ipmenu.add_command(label="엠보스", command=image_emboss)
menubar.add_cascade(label="파일", menu=filemenu)
menubar.add_cascade(label="영상처리", menu=ipmenu)

window.config(menu=menubar)
window.mainloop()
```

4. 실전 프로젝트: 사진에 로고 삽입하기

프로젝트 개요

이번에는 파일 처리 기능과 이미지 처리를 결합해보자. 어떤 특정한 디렉토리에 있는 모든 이미지 파일을 열어서 이미지의 크기를 600×300으로 변경하고 이미지의 오른쪽 왼쪽 상단에 로고 이미지를 추가한다.

라이브러리 설치

영상 처리 라이브러리인 필로우(Pillow)가 필요하다. 설치되어 있지 않으면 다음과 같은 명령을 사용하여 설치한다.

```
C> pip install Pillow
```

라이브러리 포함

파이썬 소스 파일에 다음과 같은 코드를 추가한다.

```
from PIL import Image
import os
```

특정 디렉토리에서 파일들을 가져오려면 "os" 라이브러리가 필요하다. PIL은 "Pillow" 라이브러리이다. 필로우 라이브러리에서 Image 만을 가져온다.

로고 이미지 열기

```
IMAGE_WIDTH = 600
IMAGE_HEIGHT = 300

LOGO_FILE = 'java_logo.png'
logo = Image.open(LOGO_FILE)
```

로고 파일을 추가하려면 원 이미지가 어느 정도의 크기가 되어야 한다. 우리는 모든 이미지의 크기를 600×300으로 변경하고자 한다. 로고 파일 이름은 "java_logo.png"이다. 현재 디렉토리에 있는 로고 이미지 파일을 열어서 준비한다.

변경될 이미지를 저장하는 디렉토리 생성

```
os.makedirs('변경 파일', exist_ok=True)
```

우리는 변경된 이미지 파일들을 "변경 파일" 디렉토리에 저장하고자 한다. os 모듈의 makedirs() 메소드를 호출하여서 디렉토리를 생성한다. 만약 디렉토리가 있으면 다시 만들지는 않는다.

디렉토리 안의 이미지 파일을 처리한다.

```
for fname in os.listdir('.'):
    if fname == LOGO_FILE:
        continue
    if fname.endswith('.png') or fname.endswith('.jpg') :
        image = Image.open(fname)
        image = image.resize((IMAGE_WIDTH, IMAGE_HEIGHT))
        image.paste(logo, (0, 0), logo)
        image.save(os.path.join('변경 파일', fname))
```

os.listdir('.')을 사용하여 현재 디렉토리에 모든 파일에 대하여 반복한다. 만약 파일 이름이 로고 파일과 같다면 건너뛴다. 만약 파일 이름이 .png 또는 .jpg로 끝난다면 이미지 파일이다. 따라서 이미지 파일을 열고 이미지의 크기를 600×300으로 바꾼다. 그리고 paste() 메소드를 이용하여 로고 이미지를 이미지의 (0, 0) 위치에 붙인다. 마지막으로 변경 파일 디렉토리에 동일한 이미지 파일 이름으로 저장한다.

5. OpenCV 맛보기

OpenCV란?

OpenCV (Open Source Computer Vision Library)는 컴퓨터 비전 응용 프로그램을 개발할 수 있는 강력한 라이브러리이다. OpenCV는 BSD 라이센스 하에 배포되므로 학술적 및 상업적 용도로 무료이다. OpenCV는 계산 효율성과 실시간 응용 프로그램에 중점을 두고 설계되었다. OpenCV의 코어 부분은 C /C++로 작성되었으며 CPU의 멀티 코어를 이용할 수 있도록 설계되었다.

현재 OpenCV는 4만 7천명 이상의 사용자를 가지고 있으며 1400만 번이 넘는 다운로드 수를 기록했다고 한다. OpenCV는 영상 처리, 얼굴 인식, 물체 감지, 비디오 캡처 및 분석, 딥러닝 프레임워크인 TensorFlow, Torch/PyTorch, Caffe도 지원하고 있다.

영상 처리	특징 분석	기타
필터링	물체 감지	기계 학습
에지검출	트랙킹	영상 피라미드
변환	얼굴 인식	스테레오 비전

OpenCV를 설치하려면 명령어 프롬프트에서 다음과 같이 입력하여 설치한다.

 실행 결과
```
C> pip install opencv-python
```

OpenCV 라이브러리를 사용하면 다음과 같은 작업을 쉽게 할 수 있다.

▶ 영상 파일의 읽기 및 쓰기
▶ 비디오 캡처 및 저장
▶ 영상 처리 (필터, 변환)
▶ 영상이나 비디오에서 얼굴, 눈, 자동차와 같은 특정 물체를 감지
▶ 비디오를 분석하여 움직임을 추정하고, 배경을 없애고, 특정 물체를 추적할 수 있다.
▶ 기계 학습 알고리즘을 사용하여 물체를 인식할 수 있다.

OpenCV를 이용한 크로마키

OpenCV의 많은 기능 중에서 딱 한 가지만 실습해보자. 크로마키 합성(Chroma Key Composing)은 색조를 이용하여 2개의 이미지 또는 비디오를 합성하는 기술이다. 이 기술은 영상이나 비디오에서 배경을 제거하기 위해, 예전부터 많은 분야에서 사용되어 왔다. 가장 대표적인 분야가 뉴스 방송이나 일기 예보이다. 뉴스 방송에서는 배경을 특정한 색상으로 촬영한 후에 여기에 별도로 촬영한 영상을 삽입한다. 배경 색상으로는 파란색이나 녹색이 많이 사용된다. 모든 색상을 배경으로 사용할 수는 있지만, 녹색 및 파란색 배경은 인간 피부색과 가장 다르기 때문에 많이 사용된다.

출처 : 위키백과

우리는 다음과 같이 녹색 배경으로 생성된 동영상의 배경을 다른 이미지로 변경해보자. 이들 동영상을 제공해주신 pixabay 사이트에 감사드린다.

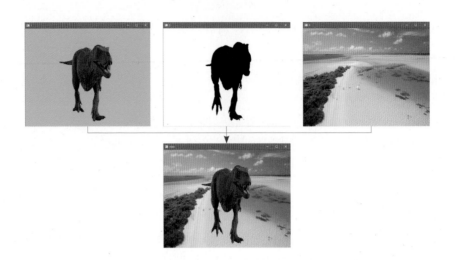

(1) OpenCV를 불러온다.

```
import cv2
```

(2) 동영상과 배경 이미지를 읽는다. 동영상은 VideoCapture()로 읽을 수 있고 이미지는 imread()로 읽을 수 있다. 동영상과 이미지는 모두 현재 디렉토리에 있어야 한다.

```
video = cv2.VideoCapture("trex.mp4")    # 처리할 동영상을 읽는다.
image = cv2.imread("beach2.jpg")        # 배경 이미지를 읽는다.
```

(3) 동영상은 많은 정지 영상(프레임)들로 이루어져 있다. 동영상에서 프레임을 처리하는 코드는 다음과 같다.

```
# 동영상의 각 프레임을 읽어서 처리한다.
while True:
    ret, frame = video.read()       # 비디오에서 하나의 프레임을 읽는다.
    if not ret:                     # ret이 False이면 동영상이 종료된 것이다.
            break;

    frame = cv2.resize(frame, (640, 480))    # ①프레임의 크기를 640×480으로 한다.
    image = cv2.resize(image, (640, 480))    # 배경 이미지의 크기를 640×480으로 한다.

    hsv = cv2.cvtColor(frame, cv2.COLOR_BGR2HSV)  # ②BGR 형식을 HSV 형식으로 변환한다.
    mask = cv2.inRange(hsv, (50, 150, 0), (70, 255, 255))  # ③녹색만 골라서 마스크로 만든다.
    cv2.copyTo(image, mask, frame)   # ④마스크를 이용하여 동영상과 이미지를 합성한다.
```

```
cv2.imshow("video", frame)       # ⑤이름이 "video"인 윈도우에 프레임을 표시한다.

if cv2.waitKey(50) == 27:          # ⑥50밀리초를 기다린다. 사용자가 ESC를 누르면 종료
        break
```

① 동영상이나 이미지의 크기를 변경하려면 resize() 메소드를 사용한다. resize()의 첫 번째 인수는 동영상이나 이미지이고 두 번째 인수는 사용자가 원하는 크기이다. 크기는 튜플로 지정한다.

② 이미지를 표시하는 많은 컬러 형식이 있다. OpenCV의 기본적인 컬러 형식은 BGR(Blue-Green-Red)이다. 이것은 RGB를 거꾸로 한 것이다. 하지만 색상을 처리할 때는 HSV가 훨씬 편리하다. RGB 모델을 사용하는 경우, 어두운 이미지에서 색상을 추출하면 잘 추출되지 않는다. HSV 모델의 경우, H는 색조를 나타내고 V는 밝기를 나타내므로 H 범위만 잘 지정해 준다면 어두운 이미지에서도 특정 색상 영역을 잘 추출할 수 있다. 따라서 컬러 형식을 BGR에서 HSV로 변경한다. 컬러 형식을 변경하는 메소드는 cvtColor()이다.

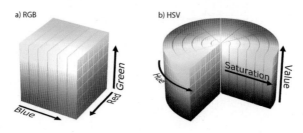

③ HSV에서 녹색의 범위는 (50, 150, 0)에서 (70, 255, 255) 정도이다. OpenCV의 inRange() 함수를 사용하여 특정 색상 영역을 추출할 수 있다. 녹색 영역은 mask에 저장된다.

④ OpenCV의 copyTo() 함수는 마스크를 이용하여 2개의 이미지를 합성할 수 있다.

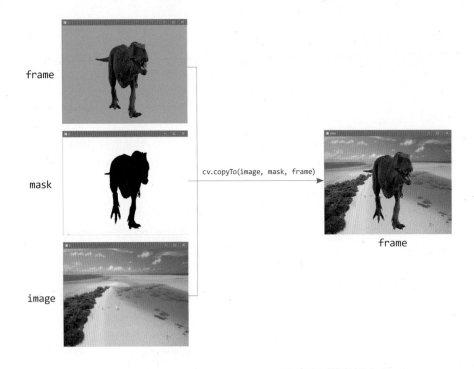

⑤ OpenCV의 imshow() 함수는 이름이 붙여진 윈도우에 이미지나 동영상을 나타낸다.

⑥ OpenCV의 waitKey() 함수는 주어진 밀리초 동안 기다린다. 기다리는 동안에 사용자가 키를 입력하면 키의 코드를 반환한다. 위의 코드에서는 사용자가 ESC 키를 누르면 반복을 중지한다.

(4) 반복 루프가 종료되면 비디오를 삭제하고 모든 윈도우를 종료한다.

```
video.release()
cv2.destroyAllWindows()
```

찾아보기